Männliche Absolute Beginner

W0389287

Robin Sprenger

Männliche Absolute Beginner

Ein kommunikationswissenschaftlicher Ansatz zur Erklärung von Partnerlosigkeit

Springer VS

Robin Sprenger
Duisburg-Essen, Deutschland

ISBN 978-3-658-05923-1 ISBN 978-3-658-05924-8 (eBook)
DOI 10.1007/978-3-658-05924-8

Die Deutsche Nationalbibliothek verzeichnet diese Publikation in der Deutschen Nationalbibliografie; detaillierte bibliografische Daten sind im Internet über http://dnb.d-nb.de abrufbar.

Springer VS
© Springer Fachmedien Wiesbaden 2014
Das Werk einschließlich aller seiner Teile ist urheberrechtlich geschützt. Jede Verwertung, die nicht ausdrücklich vom Urheberrechtsgesetz zugelassen ist, bedarf der vorherigen Zustimmung des Verlags. Das gilt insbesondere für Vervielfältigungen, Bearbeitungen, Übersetzungen, Mikroverfilmungen und die Einspeicherung und Verarbeitung in elektronischen Systemen.

Die Wiedergabe von Gebrauchsnamen, Handelsnamen, Warenbezeichnungen usw. in diesem Werk berechtigt auch ohne besondere Kennzeichnung nicht zu der Annahme, dass solche Namen im Sinne der Warenzeichen- und Markenschutz-Gesetzgebung als frei zu betrachten wären und daher von jedermann benutzt werden dürften.

Springer VS ist eine Marke von Springer DE. Springer DE ist Teil der Fachverlagsgruppe Springer Science+Business Media.
www.springer-vs.de

Für Hedwig und Johannes Henrich

Danksagung

Während der Literaturrecherche hat mich oft die Zahl der Menschen erstaunt, denen im Vorwort von Dissertationen gedankt wird; inzwischen kann ich das nachvollziehen.

An erster Stelle möchte ich Professor H. Walter Schmitz danken, der mir während des gesamten Forschungsprozesses bei inhaltlichen wie methodischen Fragen mit Rat und Tat zur Seite stand und mich auch in schwierigen Phasen immer wieder ermutigte.

Danken möchte ich auch all den wissenschaftlichen Mitarbeitern und Professoren angrenzender Forschungsdisziplinen, die mir wichtige Hinweise zur methodischen Konzeption und Auswertung meiner empirischen Untersuchung gegeben haben: Professor Franz J. Neyer (Universität Jena), Professor Jens B. Asendorpf (Humboldt-Universität zu Berlin) und insbesondere Dr. Fritz Ostendorf (Universität Bielefeld).

Armando Häring (Universität Heidelberg) und Dr. Jochen Hirschle (Universität Innsbruck) danke ich für die langen Telefonate, in denen wir die Bedeutung der Gelegenheitsstrukturen für die Partnersuche diskutieren konnten.

Professor Rainer Schnell (Universität Duisburg-Essen) und seinem wissenschaftlichen Mitarbeiter Tobias Gramlich danke ich für die umfangreiche Beratung bei der Untersuchungsdurchführung und die Erkenntnis, dass gute empirische Forschung nicht mit der Berechnung von Signifikanzen beginnt, sondern der Form der Probandenrekrutierung. Großen Dank möchte ich auch Dr. Frank Trosky von der Planco Consulting GmbH aussprechen für seine Statistik-Crash-Kurse und die unzähligen Hinweise und Hilfestellungen bei der Datenauswertung.

Das Herz dieser Arbeit bildet eine empirische Untersuchung, an der unzählige Leute beteiligt waren. Dem ganzen Team von PACT Zollverein, insbesondere Christian Koch und Wim May, danke ich für das Überlassen der Räumlichkeiten und das Vertrauen, das sie mir entgegen brachten. Marc Friedrich, Jessica Liss, Eileen Sprenger, Philipp Hennen, Julia Wadouh, Falk

Besser, Michael Schumm, Hedwig und Johannes Henrich – ohne eure Hilfe wäre die Durchführung niemals möglich gewesen. Danke!

Großen Dank möchte ich auch allen Probanden aussprechen, die an meiner Untersuchung teilgenommen haben. Insbesondere den teilnehmenden Absoluten Beginnern danke ich für ihr Vertrauen: Es erfordert großen Mut, sich für eine solche Untersuchung zu „outen“ und trotz aller Vorbehalte daran teilzunehmen. Lange Zeit sah es danach aus, als ob diese Arbeit wegen mangelnder Teilnahmebereitschaft niemals zustande kommen würde - es ist ihnen zu verdanken, dass diese Befürchtungen nicht eingetreten sind.

Auch bei den 40 Frauen, die als „naive“ Beobachterinnen das gewonnene Videomaterial bewertet haben, möchte ich mich ganz herzlich bedanken. Hier waren mir insbesondere Corinna Trockel, Kristina Seiferth, Sarah Weimann, Lara Vetter-Diez, Bettina Czodrowski und Vivien Rinas eine große Hilfe, die mir die Suche nach Beobachterinnen erleichtert haben.

Bei Frau Zöe Bass von Elitepartner.de möchte ich mich für die kostenlosen Probe-Gutscheine bedanken, die ich einigen meiner Probanden mitgeben konnte. Bei Herrn Nabiha Ghozali von der Firma Réflectiv möchte ich mich für die kostenlose Zusendung der Einwegspiegelfolie-Probe (aus Frankreich!) bedanken, die wirklich äußerst hilfreich war. Auch für die Unterstützung des Instituts für Kommunikationswissenschaft der Universität Duisburg-Essen möchte ich mich bedanken. In Zeiten, in denen viele Förderanträge abgelehnt werden, bekommen solche Zuwendungen einen ganz besonderen Wert.

Dank an meine Eltern für Ermutigung, das Korrekturlesen und die vielen Verbesserungsvorschläge.

Nicht zuletzt: Meine Freundin Jasmina war mir eine unersetzliche Hilfe bei der Ablauforganisation der Untersuchung und hat meine wechselhaften Gefühlslagen während der letzten Jahre tapfer ertragen. Danke!

Inhaltsverzeichnis

Abkürzungsverzeichnis

AB	Absolute(r) Beginner
AG	Arbeitsgruppe
al.	alii
bspw.	beispielsweise
bzw.	beziehungsweise
DDR	Deutsche Demokratische Republik
etc.	et cetera
f.	folgende (Seite)
ff.	fortfolgende (Seiten)
HD	High Definition
Hrsg.	Herausgeber
K.O.	Knock Out
MifP	Mann / Männer in fester Partnerschaft
Mio.	Million
MRS	Minimal Redundante Skalen
No.	Number
Nr.	Nummer
NZZ	Neue Zürcher Zeitung
Prof.	Professor
r	Korrelationskoeffizient

S.	Seite
s.o.	siehe oben
SD	Standardabweichung
Si	Single-Mann
StGB	Strafgesetzbuch
u.a.	unter anderem
u.U.	unter Umständen
vgl.	vergleiche
vs.	versus
$\bar{x}$	arithmetischer Mittelwert
z.B.	zum Beispiel
z.T.	zum Teil

Abbildungsverzeichnis

Tabellenverzeichnis

„Die Grundfigur der Moderne ist – zu Ende gedacht – der oder die Alleinstehende."
(Ulrich Beck/Elisabeth Beck-Gernsheim)

1 Einleitung

1.1 Einführung in das Thema

Die Zahl der Singles scheint zu explodieren. 2011 galten 17,6 Millionen Menschen in Deutschland als alleinstehend.[1] Vor zehn Jahren waren es noch 14,5 Millionen.[2] In den Stadtstaaten (Berlin, Bremen, Hamburg) wohnt bereits in jedem zweiten Haushalt nur noch eine Person.[3] Auch die Zahl der Geburten pro Frau ist in Deutschland von 1960 bis 2011 von 2,5 auf 1,36 zurückgegangen.[4] Die Zahl der Eheschließungen hat sich seit den 1950er Jahren bis 2011 etwa halbiert, während sich die Zahl der Ehescheidungen etwa verdoppelt hat.[5]

Was kann diese Entwicklung erklären? Sind wir zunehmend bindungsunfähiger geworden? Verspüren wir im 21. Jahrhundert kein Bedürfnis mehr nach Partnerschaft? Wandelt sich unsere Familien-Gesellschaft tatsächlich in eine Single-Gesellschaft, die von „Eigennutz, Isolation, Einsamkeit und Egozentrik"[6] beherrscht wird?

Zur Beantwortung dieser Fragen hilft ein genauerer Blick auf die Zahl von 17,6 Millionen Alleinstehenden: Alleinstehende sind nach der Definition des Statistischen Bundesamtes „ledige, verheiratet getrennt lebende, geschiedene und verwitwete Personen, die im Ein- oder Mehrpersonenhaushalt ohne Lebenspartner/in und ohne ledige Kinder leben."[7] Die Zahl von 17,6 Millionen

---

[1] Vgl. Statistisches Bundesamt: Alleinlebende in Deutschland. Ergebnisse des Mikrozensus 2011, S.37 [Internetquelle].

[2] Vgl. Statistisches Bundesamt: Statistisches Jahrbuch 2010, S.21 [Internetquelle].

[3] Vgl. Statistisches Bundesamt: Demographischer Wandel in Deutschland, S.28 [Internetquelle].

[4] Vgl. Statistisches Bundesamt: Durchschnittliche Kinderzahl [Internetquelle].

[5] Vgl. Statistisches Bundesamt: Lange Reihen: Eheschließungen und Ehescheidungen in Deutschland [Internetquelle].

[6] Hradil 1995, S.169.

[7] Statistisches Bundesamt: Begriffserläuterung „Alleinstehende" [Internetquelle].

sagt also nur etwas darüber aus, wie viele Personen in *Einpersonenhaushalten* oder *Mehrpersonenhaushalten mit familienfremden Personen* leben. So werden bspw. auch nichtverheiratete Paare, die in getrennten Wohnungen leben, vom Statistischen Bundesamt als „Alleinstehende" erfasst, obwohl der feste Partner vielleicht „nur um die Ecke wohnt"[8].

Partnerschaften sind heute statistisch schwieriger zu erfassen, da sie nicht mehr unbedingt mit Ehe und gemeinsamem Wohnen einhergehen. Zumindest in den westlichen Industriegesellschaften führen immer mehr Menschen das, was der britische Soziologe Anthony Giddens eine „reine Beziehung"[9] nennt:

„Diese Beziehung wird nicht durch Institutionen und gemeinsame Aufgaben gestützt, sie wird um ihrer selbst willen eingegangen und hat nur sich selbst. Sie besteht nur, solange sich beide Partner darin wohl fühlen, solange beide einen emotionalen Gewinn an ihr haben. Dadurch ist ihre Stabilität gefährdet, ja es gehört zu ihrer Reinheit, prinzipiell instabil zu sein."[10]

Vor dem Hintergrund dieses modernen Beziehungskonzepts muten die oben angeführten Zahlen über die Eheschließungen und Ehescheidungen weniger dramatisch an. Auch enthüllt sich damit der Single-Trend als eher unspektakulär: Wenn monogam geführte Beziehungen gegenwärtig schneller aufgekündigt werden, führt dies dazu, dass auch immer wieder Phasen der Partnerlosigkeit entstehen:

„Die serielle Monogamie bringt zwangsläufig den seriellen Single hervor. Nach der Beendigung einer Beziehung gibt es zumindest für einen, nicht selten aber für beide Partner eine beziehungslose Zeit – mehr oder minder lange. Der Single ist selten ein Wesen, das sich für einen Lebensstil ohne Beziehung entscheidet. Das Singlesein ist vielmehr ein periodisch wiederkehrender Zustand im Nirgendwo zwischen zwei Beziehungen."[11]

[8] Ankenbrand 2011, S.41.
[9] Vgl. Schmidt 1999, S.57.
[10] Schmidt 1999, S.57.
[11] Schmidt 1999, S.57.

Entpuppen sich die Berichte über die „Single-Gesellschaft" also bei genauerer Analyse als „Panikmacherei", da sie mit einem veralteten Beziehungsbild und den falschen Messgrößen argumentieren?

Die Zusammenhänge sind komplexer. Wie ich im Verlauf dieser Arbeit weiter entfalten werde, kommt es zwar in den amtlichen Statistiken zu einer systematischen Überschätzung der Single-Anzahl, sofern man mit dem Terminus „Single" nicht eine bestimmte *Lebensweise*, sondern eine bestimmte *Lebensform* (ohne feste Partnerschaft) verbindet. Dennoch verweisen die Statistiken auf Richtiges, denn der Anteil Partnerloser an Einpersonenhaushalten (=Alleinlebende) ist überproportional: Etwa zwei Drittel der Alleinlebenden haben keinen festen Partner.[12] Steigt die Zahl der Alleinlebenden, so steigt gleichzeitig auch die Zahl der „echten" Singles (im Sinne von Partnerlosen). Die von der Internet-Partneragentur „Parship.de" veröffentlichte „Single-Studie 2005" beziffert die Anzahl der Singles in Deutschland auf 11,2 Millionen (definiert als Personen im beziehungsfähigen Alter 18 bis 69 Jahre ohne feste Partnerschaft). In dieser Altersgruppe entspricht das 19,3% der Gesamtbevölkerung.[13] Auch wenn es einen deutlichen Unterschied zwischen den 17,6 Millionen Alleinstehenden und den 11,2 Millionen „echten" Singles gibt, so hat diese Zahl immer noch gesellschaftliche Brisanz.

Diese Sprengkraft liegt insbesondere in der Tatsache begründet, dass sich Partnerlose im Allgemeinen als weniger glücklich beschreiben und ihr Leben mehrheitlich nicht als „gelungen" bezeichnen. Nach dem „Glücksatlas Deutschland 2011", der auf Erhebungen des Instituts für Demoskopie Allensbach basiert, sind Ehe und Partnerschaft nach der Gesundheit die wichtigsten Glücksfaktoren.[14] Folglich bilden Partnerlose die Schlusslichter auf der Lebenszufriedenheitsskala.

---

[12] Vgl. Diewald 1989, S.19; vgl. Peuckert 1996, S.60; vgl. Parship.de-Single-Studie 2005 (Berichtsband), S.25.

[13] Parship.de-Single-Studie 2005 (Berichtsband), S.19.

[14] Vgl. Siems 2011, S.5.

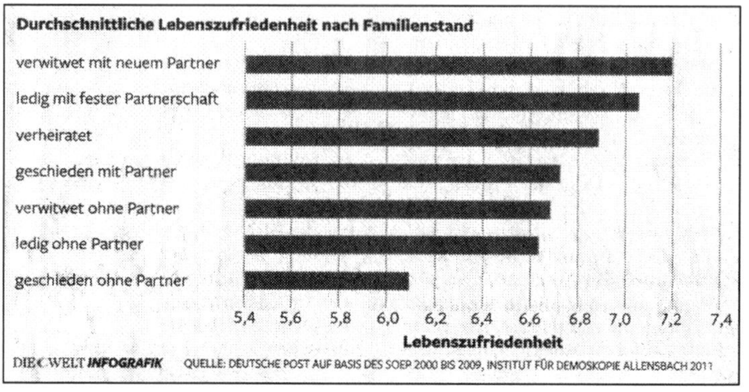

Abbildung 1: Durchschnittliche Lebenszufriedenheit nach Familienstand (Quelle: Siems, Dorothea: Die Deutschen sind so glücklich wie lange nicht. In: Die Welt, 21.09.11, S.5.)

In der Debatte um die Single-Gesellschaft blieb bislang weitgehend ausgeblendet, dass es unter den Partnerlosen offenbar eine nicht unbedeutende Zahl von Männern und Frauen gibt, die noch *nie* eine Beziehung hatten und somit auch keine sexuellen Erfahrungen sammeln konnten: die Gruppe der sogenannten *Absoluten Beginner.* Dass es sich hier nicht nur um Einzelfälle handelt, wurde in Deutschland erst beachtet, als mit dem Aufkommen des Web 2.0 Internetforen für Absolute Beginner entstanden, deren Mitgliederzahlen schnell in die Tausende wuchsen.

Jeder kennt solche Personen aus der Schulzeit oder dem Bekanntenkreis – und wenn nicht, dann zumindest aus dem Fernsehen. Dort hat es sich in den letzten Jahren als quotenträchtiges Konzept erwiesen, Absolute Beginner unter dem Vorwand der Partnervermittlung lächerlich zu machen: „Bauer sucht Frau" (RTL), „Schwer verliebt" (SAT.1), „Das Model und der Freak" (ProSieben), „Auf Brautschau im Ausland" (RTL 2) oder „Beauty & The Nerd" (ProSieben) sind Beispiele für diese Formate.

Aus den wenigen, meist populärwissenschaftlichen Büchern, in denen Absolute Beginner bislang zu Wort kommen, geht eindeutig hervor, dass es sich hier keineswegs um freiwillige „Lifestyle-Singles" handelt. Es sind Männer und Frauen, die große Schwierigkeiten mit der Partnersuche haben und meist unter Selbstzweifeln und Minderwertigkeitsgefühlen leiden. In einer

Gesellschaft, in der partnerschaftliche und sexuelle Erfahrungen zum Standard gehören, fühlen sie sich stigmatisiert.

Welche Gründe erklären Partnerlosigkeit? Wie ich im Verlauf dieser Arbeit noch genauer ausführen werde, gibt es eine Reihe von Erklärungsansätzen, die sich z.T. auf umfangreiches Datenmaterial stützen. Aus kommunikationswissenschaftlicher Perspektive weist der Stand der Forschung jedoch eine nicht unbedeutende Lücke auf: Zwar wurde das Kommunikations- bzw. Flirtverhalten innerhalb der ersten Kontaktsituation zwischen Mann und Frau schon daraufhin untersucht, in wieweit es den Erfolg oder Misserfolg bei der Partnersuche erklären könnte - dies gilt jedoch *nicht* für die Absoluten Beginner. Es finden sich Vermutungen und verstreute Hinweise, dass sich diese Gruppe gegenüber potentiellen Partnern „kommunikativ unbeholfen" verhält. Doch gibt es bislang keine Untersuchung, die dies belegt bzw. widerlegt. Sämtliche Erkenntnisse, die bislang über die Absoluten Beginner zusammengetragen wurden, basieren ausschließlich auf Fragebögen-Auswertungen oder qualitativen Interviews, die in vielen Fällen zudem noch per anonymem E-Mail-Austausch geführt wurden. In den meisten Fällen haben die Forscher und Autoren ihre Teilnehmer niemals getroffen.

Die vorliegende Arbeit will diese Lücke füllen.

1.2 Erkenntnisinteresse

Die vorliegende Arbeit beschäftigt sich mit den Gründen der Partnerlosigkeit von Absoluten Beginnern aus kommunikationswissenschaftlicher Perspektive. Sie konzentriert sich dabei ausschließlich auf *männliche* Absolute Beginner.[15]

Die zentrale Frage dieser Arbeit ist, in wieweit sich das Kommunikationsverhalten männlicher Absoluter Beginner gegenüber einer potentiellen Partnerin während des ersten Kennenlernens unterscheidet von dem Verhalten sexuell erfahrener Männer. Zudem soll geklärt werden, in wieweit diese Unterschiede zugleich „erfolgsrelevant" für die Partnersuche sind:

---

[15] Neben der unvermeidlichen Beschränkung des Forschungsaufwandes legitimiert ein statistischer Befund diese Eingrenzung. Wie ich in einem späteren Kapitel noch aufzeigen werde, ist Partnerlosigkeit bis zu einem Alter von etwa 50 Jahren ein überwiegend männliches Phänomen.

Welche beobachtbaren Faktoren lassen die kommunikative Kontaktanbahnung erfolgreich erscheinen, welche spielen eine Rolle für die Frage, ob ein Mann als potentieller Partner in Betracht gezogen wird? Hierbei geht es mithin um die subjektive Wahrnehmung durch Frauen. Zusätzlich stellt sich die Frage nach möglichen Ursachen, welche den beobachtbaren Unterschieden im Kommunikationsverhalten zugrunde liegen.

Diese Arbeit nimmt zum Ausgangspunkt eine *psychologische* Studie, in der Neyer et al. (1999; 2001; 2007) über mehrere Messzeitpunkte hinweg nachweisen können, dass Männer (und Frauen) durch das Eingehen einer Partnerschaft gewisse „Reifungseffekte" erfahren, die sich in Form von veränderten Persönlichkeitsprofilen nachweisen lassen. Darauf aufbauend untersuche ich, ob und in wie fern sich die mit einzelnen psychologischen Konstrukten korrespondierenden Verhaltensweisen beobachten lassen – und welche Relevanz diesen von weiblicher Seite im Kontext der Partnerwahl zugewiesen wird. Darüber hinaus sollen möglichst viele kommunikative Verhaltensaspekte herausgearbeitet werden, die in der Wahrnehmung durch Frauen eine unterscheidende und z.T. partnerwahl-entscheidende Rolle spielen – unabhängig davon, ob sich diese Verhaltensweisen mehr oder weniger eindeutig psychologischen Konstrukten zuschreiben lassen.

Ich werde in dieser Arbeit eine psychologische Betrachtungsweise nicht scharf von einer kommunikationswissenschaftlichen trennen können, da Persönlichkeitsstruktur und kommunikatives Verhalten miteinander verwoben sind. Auch hinsichtlich der Verhaltens*beobachtung* liegt es auf der Hand, dass diese schon immer mit einem psychologischen Vorverständnis verklammert ist, dieses gleichsam der Beobachtung vorausliegt. Eine Trennung im Sinne eines qualitativen Umschlags der Arbeit von psychologischen Persönlichkeitsprofilen zu einer kommunikationswissenschaftlichen Beobachtung erscheint mir daher vor dem Hintergrund meines Erkenntnisinteresses unergiebig. Mein Interesse gilt nicht lebenspraktisch irrelevanten Verhaltenskodierungen, sondern dem beobachtbaren Verhalten von Absoluten Beginnern im Kontext der Partnerschaftsanbahnung.

1.3 Aufbau der Arbeit

Die vorliegende Arbeit gliedert sich in einen theoretischen sowie einen empirischen Teil und eine daraus folgende Diskussion.

Im theoretischen Teil wird zunächst mit einem allgemeinen Single-Begriff gearbeitet, da zur Untergruppe der „Absoluten Beginner" bislang nur wenige Befunde vorliegen. Die Begriffe der „Singles" und „Absoluten Beginner" werden in Kapitel 2 präzisiert. In einem Unterkapitel (2.2) wird die gesellschaftliche Bedeutsamkeit der Singles im Allgemeinen und der Absoluten Beginner im Speziellen geklärt; hierzu werden statistische Erhebungen herangezogen. In Unterkapitel 2.3 lege ich den Kommunikationsbegriff fest, mit dem diese Arbeit operiert.

Das Kapitel 3 geht der Frage nach, weshalb Partnerlosigkeit nach wie vor als sozialer Makel gilt: Dazu zeigt ein historischer Abriss (3.2), in wieweit Vorurteile gegenüber Partnerlosen historisch tradiert sind. Zum besseren Verständnis ist diesem Unterkapitel ein Exkurs (3.1) vorgelagert, der Terminologien der Individualisierung und Pluralisierung erläutert.

Im Rahmen des vierten Kapitels werden mögliche Gründe der Partnerlosigkeit diskutiert, wozu Erklärungsansätze aus Soziologie, Psychologie und Evolutionsbiologie kontrahiert werden. Hier wird sich zeigen, dass es – bezogen auf die Gruppe der Absoluten Beginner – mögliche Gründe der Partnerlosigkeit gibt, die bislang kaum oder nur unzureichend untersucht wurden.

Mit Rückgriff auf die Befunde des vierten Kapitels und der Hinzunahme einer psychologischen Längsschnittstudie von Neyer et al. wird in Kapitel 5 ein eigener kommunikationswissenschaftlicher Ansatz zur Erklärung der Partnerlosigkeit für die Gruppe der männlichen Absoluten Beginner entwickelt. Auf die theoretischen Vorüberlegungen (5.1) folgt in Kapitel 5.2 die Formulierung der Hypothesen und Fragestellungen. Anschließend widmet sich ein Exkurs (5.3) den grundsätzlichen Schwierigkeiten der Kontaktanbahnung. Diese Schwierigkeiten werden sowohl aus systemtheoretischer wie aus psychologischer Perspektive beschrieben.

Das Kapitel 6 beschäftigt sich mit der methodischen Konzeption der empirischen Untersuchung. Einzelne Unterkapitel beschreiben deren Instrumentarien, Stichproben und die Durchführung.

Kapitel 7 interpretiert das Videomaterial, welches im Rahmen der empirischen Untersuchung gewonnen wurde. Auf eine Entwicklung und detaillierte Beschreibung des „Beobachterinnen-Fragebogens“ folgen weitere Unterkapitel, in denen die Stichprobe der Beobachterinnen und die Durchführung der Bewertung beschrieben werden.

Die Ergebnisse der empirischen Untersuchung werden in Kapitel 8 präsentiert. Auf eine kurze Darstellung des Auswertungsprozesses (8.1) folgt eine Beschreibung der drei Stichprobengruppen (8.2). Geordnet nach Hypothesen und offenen Fragestellungen werden in den Unterkapiteln 8.3-8.6 die zentralen Ergebnisse vorgestellt. Da insbesondere die Ergebnisse zur „Offenen Frage 1“ sehr umfangreich sind, ist dieses Kapitel (8.5) weiter unterteilt.

In Kapitel 9 werden die Ergebnisse in Beziehung zueinander gesetzt und vor dem Hintergrund des in Kapitel 5 entwickelten Erklärungsansatzes kritisch reflektiert. Zudem wird ein soziobiologischer Erklärungsansatz ausgeführt, um die Bewertungen der Beobachterinnen zu plausibilisieren. Die Arbeit schließt mit einem Ausblick auf mögliche weiterführende Untersuchungen.

„Für ein Individuum kann es keine Frage sein, dass wenige klare Begriffe mehr wert sind als viele verworrene.“
(Charles S. Peirce)

2 Definitionen

Die nachfolgenden Kapitel dieser Arbeit über historische Vorurteile gegenüber Partnerlosen sowie mögliche Gründe der Partnerlosigkeit beziehen sich auf einen *allgemeinen* Single-Begriff (innerhalb dessen die „Absoluten Beginner“ eine Untergruppe darstellen). Im Rahmen des nächsten Kapitels werde ich daher zunächst festlegen, welche Personen der Terminus „Singles“ zusammenfasst.

In der empirischen Untersuchung dieser Arbeit wird das Kommunikationsverhalten von Absoluten Beginnern mit dem von zwei weiteren Stichprobengruppen verglichen; den „Single-Männern“ und „Männern in fester Partnerschaft“. Durch welche Merkmale sich die Mitglieder dieser Personengruppen auszeichnen, werde ich ebenfalls festlegen.

Darüber hinaus soll im Unterkapitel 2.2 ein Exkurs über die Anzahl der männlichen Singles und Absoluten Beginner in Deutschland die gesellschaftliche Bedeutsamkeit dieser Gruppen klären.

In Kapitel 2.3 lege ich den Kommunikationsbegriff fest, mit dem diese Arbeit operiert.

2.1 Definitionen: Singles und Absolute Beginner

Der Terminus „Single“ ist unterschiedlichen Merkmalen zugeordnet und somit unscharf. Es existieren zahllose Single-Definitionen, die sich u.a. auch auf die soziologischen Fachbegriffe der „Lebensform“ und der „Lebensweise“ beziehen. Diese möchte ich in Anlehnung an Hradil (1995) wie folgt differenzieren:

Der Terminus „Lebens*form*“ zielt auf das Beziehungsgefüge zwischen den Menschen und repräsentiert Organisationsmuster des Zusammenlebens.[16]

---

[16] Vgl. Huinink/Konietzka 2007, S.32.

Beispiele für Lebensformen sind Alleinerziehende, Paare, Familien oder Alleinlebende.

Der Terminus „Lebens*weisen*“ bezeichnet einerseits die im Alltag von außen beobachtbaren Verhaltensweisen von Menschen sowie auch ihre inneren Haltungen wie bspw. Vorlieben, Meinungen und Einstellungen.[17] Hradil (1995) weist darauf hin, dass sich der Terminus „Lebensweise“ weitgehend mit dem des „Lebensstils“ deckt.[18] Im „Lebensstil“ vermutet Hradil jedoch einen höheren Grad individueller Gestaltbarkeit. Zudem enthält er oft das „Element der Stilisierung und der Expressivität, dadurch auch der ausdrücklichen Abgrenzung gegen andere Lebensstile und der Herstellung von Gemeinsamkeit zwischen Menschen gleichen Lebensstils.“[19]

Was ist nun unter einem „Single“ zu verstehen? Der soziologische Terminus „Single“ stammt ursprünglich aus den USA und kam in den 1970er Jahren nach Europa.[20] Er bezog sich sowohl auf die *Lebensform* des Alleinlebens, als auch auf eine bestimmte *Lebensweise*:

„Als ‚Singles‘ galten jüngere Menschen, die statt Familie zu gründen oder in einer Paarbeziehung zusammen zu leben, bewusst oder freiwillig allein lebten, ohne eine feste Partnerbeziehung zu unterhalten.“[21]

Diese Definition führt zunächst eine Altersbeschränkung auf „jüngere Menschen“ ein. Bezogen auf die Kriterien des Alleinlebens und der Partnerlosigkeit wird zudem das Element der „Freiwilligkeit“ als Voraussetzung festgelegt.

Seit den 1970er Jahren hat der Begriff der Singles zahlreiche definitorische Wandlungen erfahren: Bachmanns (1992) mehrere Seiten füllende Auflistung der Single-Definitionen ist ein eindrucksvoller Beleg dafür.[22] Eine „offizielle“ oder allgemeingültige Single-Definition fehlt jedoch bislang. Auch die amtliche Statistik ist in dieser Frage wenig hilfreich. Sie vermeidet den Terminus

[17] Vgl. Hradil 1995, S.5.
[18] Vgl. Hradil 1995, S.5.
[19] Hradil 1995, S.5.
[20] Vgl. Hradil 1995, S.6.
[21] Hradil 1995, S.6.
[22] Vgl. Bachmann 1992, S.238 ff.

„Singles“ und verwendet stattdessen die Termini „Alleinstehende“ und „Alleinlebende“.[23] Begriffsprägend ist für das Statistische Bundesamt das in den jeweiligen Haushalten bestehende Beziehungsgefüge: Als „alleinstehend“ gelten „ledige, verheiratet getrennt lebende, geschiedene und verwitwete Personen, die im Ein- oder Mehrpersonenhaushalt ohne Lebenspartner/in und ohne ledige Kinder leben.“[24]

Wohnen diese Menschen ausschließlich in einem Einpersonenhaushalt, werden sie als „alleinlebend“ bezeichnet. Die Gruppe der „Alleinlebenden“ ist demnach eine Untergruppe der „Alleinstehenden“.[25]

Wenn im Rahmen dieser Arbeit ein Single durch seinen tatsächlichen Beziehungsstatus und nicht über Haushaltsgröße und Familienstand definiert werden soll, sind die obigen Definitionen und die darauf aufbauenden Daten des Statistischen Bundesamtes ungeeignet: Wohnt bspw. ein unverheiratetes Paar nicht zusammen, gelten beide Partner nach Erfassung des Mikrozensus als „ledig“ und „alleinlebend“ – trotz einer bestehenden Partnerschaft. Die Mikrozensus-Daten des Statistischen Bundesamtes berücksichtigen lediglich „das Beziehungsgefüge der befragten Menschen in den ‚eigenen vier Wänden‘“[26], so dass Partnerschaften über die Haushaltsgrenzen hinaus nicht erfasst werden. Zwar ist erwiesen, dass die meisten Partnerschaften auch in

---

[23] In den Mikrozensus-Datensätzen wird der Terminus „Single“ in der Regel vermieden. Vereinzelt verwendet das Statistische Bundesamt aber dennoch den Terminus „Single“ (vgl. Statistisches Bundesamt: Frauen und Männer in verschiedenen Lebensphasen 2010, S.12). Es herrscht allerdings Uneinigkeit darüber, ob der Terminus „Singles“ nun eher mit „Alleinlebenden“ oder „Alleinstehenden“ synonym verwendet werden soll. In der oben genannten Studie werden *Alleinlebende* und *Singles* synonym verwendet, während mir Johannes Schwarz (Statistisches Bundesamt) auf schriftliche Anfrage mitteilte, dass *Singles* eher mit *Alleinstehenden* synonym zu setzen seien. Hier entstehen Widersprüche. Weitere Informationen über die Behandlung des Terminus „Singles“ in der amtlichen Statistik bietet das Merkblatt „Was ist ein Single?“, welches beim Statistischen Bundesamt angefordert werden kann.

[24] Statistisches Bundesamt: Begriffserläuterung „Alleinstehende“ [Internetquelle].

[25] Statistisches Bundesamt: Begriffserläuterung “Alleinlebende” [Internetquelle].

[26] Statistisches Bundesamt: Begriffserläuterung „Lebensformen“ [Internetquelle].

gemeinsamen Haushalten geführt werden[27] – dennoch wird der tatsächliche Beziehungsstatus in vielen Fällen nicht korrekt erfasst.

Dieses Problem wurde auch von der Privatwirtschaft erkannt, als es um eine valide Zählung der Singles in Deutschland ging. So definiert die Online-Partnerbörse „Parship.de" **Singles** als:

„Personen im beziehungsfähigen Alter ohne feste Partnerschaft"[28]

Für diese Definition steht die tatsächlich bestehende Partnerschaft zwischen Personen im Vordergrund. Wohngemeinschaft, Familienstand oder das Vorhandensein von Kindern sowie die Freiwilligkeit der Partnerlosigkeit sind hier irrelevant. Das "beziehungsfähige Alter" wird auf das Intervall zwischen dem 18. und 69. Lebensjahr festgelegt.[29]

Ich möchte diese Definition im Folgenden für „Singles" im Allgemeinen übernehmen, jedoch die Altersgrenze vollständig nach oben öffnen.[30] Neben dieser altersspezifischen Ausweitung ist mir bewusst, dass diese Definition eine gewisse Unschärfe enthält: Ungeklärt bleibt, was unter einer „festen" Partnerschaft zu verstehen ist und welche Kriterien dafür erfüllt sein müssen. Auch die Parship-Studie liefert hierzu keine weiteren Informationen. Es scheint, als sollten die befragten Personen entscheiden, ob sie ihre Partnerschaft als „fest" oder „lose" bezeichnen. Aber auch die Überlegungen zur Single-Definition von Baas et al. (2008) zeigen, dass sich dieses Problem kaum lösen lässt: Für die valide Erfassung des Beziehungsstatus ist man auf die Auskunft der Befragten angewiesen.[31] Dass Personen unterschiedliche Vorstellungen von einer „festen" Beziehung haben, muss dabei in Kauf genommen werden.

---

[27] In der Parship.de-Single-Studie 2005 geben 66,9% der Befragten an, mit ihrem (Ehe-)Partner zusammen zu leben (vgl. Parship.de-Single-Studie 2005 (Berichtsband), S.21).

[28] Parship.de-Single-Studie 2005 (Berichtsband), S.16.

[29] Vgl. Parship.de-Single-Studie 2005 (Media Summary), S.2.

[30] Aus persönlicher Erfahrung kenne ich zahlreiche Fälle, in denen Menschen auch jenseits des 69. Lebensjahrs Partnerschaften aufkündigen und neu eingehen. Es mag zutreffen, dass einige Singles jenseits des 69. Lebensjahrs auch zu den Witwen und Witwern gezählt werden können. Da ihre Beziehungsfähigkeit jedoch weiterhin besteht, möchte ich diese Personen mit zu den Singles zählen.

[31] Vgl. Baas et al. 2008, S.24 ff.

Neben dieser allgemeinen Single-Definition wird für den empirischen Teil dieser Arbeit die Definition von „Single-Männern" enger gefasst. Neben der geschlechtsspezifischen Einschränkung wird auch das Altersintervall auf 18-35 Jahre eingegrenzt. Um die Gruppe der Single-Männer von der Gruppe der Absoluten Beginner zu trennen, ist zudem das Merkmal der sexuellen Erfahrung von Bedeutung: Single-Männer verfügen im Gegensatz zu Absoluten Beginnern über sexuelle Erfahrungen. Entsprechend dieser Überlegungen lautet die Definition für die **Single-Männer** wie folgt:

> **Männer zwischen 18 und 35 Jahren, die in keiner festen Partnerschaft leben, jedoch bereits über Erfahrungen mit Geschlechtsverkehr verfügen.**

Offen bleibt dabei, ob die sexuellen Erfahrungen im Rahmen von sog. One-Night-Stands oder bereits im Rahmen einer festen Beziehung gesammelt werden konnten.

Anschließend möchte ich nun die Definition für die Absoluten Beginner entwickeln: Nach Wickenhöfer (2004) handelt es sich hierbei um „erwachsene Menschen im mittleren Lebensalter (etwa zwischen 20 und 50 Jahren), die zumindest einen langen Zeitraum ihres Lebens unfreiwillig ohne Partner verbracht haben; viele hatten gar noch nie eine Beziehung in ihrem Leben." Für den empirischen Teil dieser Arbeit werde ich diese Absolute Beginner-Definition von Wickenhöfer (2004) enger fassen, da sie bspw. auch (inzwischen) verheiratete Personen einschließt, sofern diese in ihrem Leben auf lange Phasen der Partnerlosigkeit zurückblicken können. In dieser Arbeit geht es um Männer, die große Schwierigkeiten haben, überhaupt eine Partnerin zu finden und dementsprechend sexuell unerfahren sind. Aufbauend auf der Single-Männer-Definition verstehe ich **Absolute Beginner** in dieser Arbeit als:

> **Männer zwischen 18 und 35 Jahren, die über keine Erfahrungen mit Geschlechtsverkehr verfügen.**

Mit Blick auf die von Wickenhöfer (2004) vorgeschlagene Altersgrenze könnte man einwenden, dass achtzehn Jahre eine sehr frühe Eintrittsgrenze sind, um als „Absoluter Beginner" zu gelten. Doch wie der „Jugendbericht zur Sexualität

2010" der Bundeszentrale für gesundheitliche Aufklärung zeigt, haben bereits zwei Drittel der Jungen mit siebzehn Jahren Erfahrungen mit Geschlechtsverkehr sammeln können.[32] Schon in diesem Alter sind sexuell unerfahrene Jungen also in der Minderheit. Zudem bleibt mit dieser niedrigen Altersgrenze die Chance auf altersparallele Stichprobengruppen erhalten.

Abschließend will ich „Männer in festen Partnerschaften" definieren. Im Gegensatz zu den Absoluten Beginnern verfügen diese bereits über Erfahrungen mit Geschlechtsverkehr; im Gegensatz zu den Single-Männern befinden sie sich zudem in einer festen Partnerschaft. **Männer in festen Partnerschaften** definiere ich somit als:

> **Männer zwischen 18 und 35 Jahren, die in einer festen Partnerschaft leben und über Erfahrungen mit Geschlechtsverkehr verfügen.**

Dadurch, dass die drei Stichprobengruppen dieselben Altersgrenzen verwenden und sich hinsichtlich klar benennbarer Merkmale voneinander unterscheiden, lassen sich die hier verwendeten Definitionen auch graphisch anhand eines Baummodells darstellen:

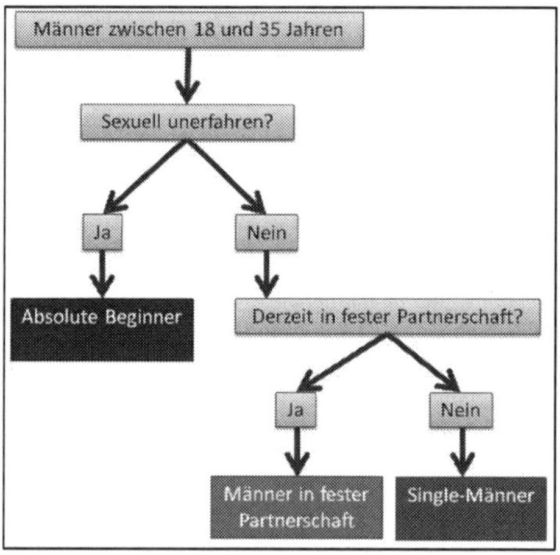

Abbildung 2: Definitions-Schema (eigene Darstellung)

[32] Vgl. Bundeszentrale für gesundheitliche Aufklärung: Jugendsexualität 2010, S.120 [Internetquelle].

Im Anschluss an dieses Definitionskapitel möchte ich nun anhand von Zahlen und Statistiken die gesellschaftliche Bedeutsamkeit der Singles im Allgemeinen und der Absoluten Beginner im Speziellen klären.

2.2 Exkurs: Die Anzahl männlicher Singles und Absoluter Beginner in Deutschland

In der Einleitung wurden bereits einige Zahlen über die Verbreitung der Singles in Deutschland genannt. Zentrale Frage dieses Exkurses ist nun, wie viele *männliche* Singles es in Deutschland gibt, *wie lange* diese im Durchschnitt partnerlos sind und wie viele davon der Untergruppe der *Absoluten Beginner* zuzurechnen sind.

Da die Mikrozensus-Daten des Statistischen Bundesamtes nicht den tatsächlichen Beziehungsstatus von Personen erfassen (siehe voriges Kapitel), liefern sie auch keine Informationen darüber, wie viele partnerlose Menschen es in Deutschland gibt und wie lange diese bereits partnerlos sind. Als valide Quelle bietet sich die bereits in der Einleitung zitierte Parship-Studie von 2005 an, da hier die per Telefonauskunft Befragten genaue Auskunft über ihren Beziehungsstatus geben. Laut den Hochrechnungen der Parship-Studie gibt es in Deutschland etwa 11,2 Mio. Singles und unabhängig von den Altersgruppen etwa gleich viele Single-Männer wie Single-Frauen.[33/34] Somit läge die Zahl der männlichen Singles in Deutschland bei etwa 5,6 Mio. (Stand: 2005).

Darüber hinaus erfasst die Parship-Studie, wie lange die Singles bereits partnerlos sind; sie differenziert diese Angaben zudem nach Alter und Geschlecht:

---

[33] Vgl. Parship Single-Studie 2005 (Berichtsband), S.24.

[34] Auch aus den Daten des Statistischen Bundesamtes lässt sich dieser Befund ableiten: Im Jahr 2009 lebten in Deutschland 41,7 Mio. Frauen und 40,1 Mio. Männer [vgl. Statistisches Bundesamt: Zahl der Woche Nr.010 vom 08.03.2011: Frauen weiterhin in der Mehrzahl: 51% der Bevölkerung sind weiblich. (Internetquelle)]. Das vorherrschende Paarungssystem ist die Monogamie: In der Regel kommt auf einen Mann nur eine Frau und umgekehrt. Somit wird sich auch die Anzahl der partnerlosen Männer und Frauen ungefähr die Waage halten. Dass dies zwar über alle Altersgruppen hinweg, jedoch nicht innerhalb der einzelnen Altersgruppen zutrifft, zeigen die weiter unten aufgeführten Daten von Baas et al. (2008).

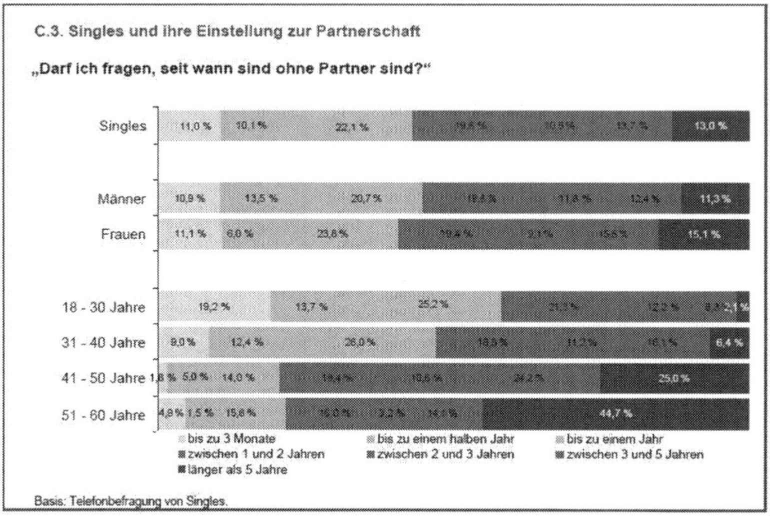

Abbildung 3: Dauer der Partnerlosigkeit von Singles
(Quelle: Parship.de-Single-Studie 2005 (Berichtsband), S.38.)

Lässt man die Altersgruppen zunächst außer Acht, gibt es laut der Parship-Studie geringfügig mehr weibliche Langzeit-Singles als männliche. Während insgesamt 30,6% aller Frauen seit mehr als drei Jahren partnerlos sind, trifft dies auf 23,7% aller Männer zu. In absoluten Zahlen entspräche dies mit der Bezugsgröße von insgesamt 11,2 Millionen Singles etwa 1,71 Millionen Langzeit-Single-Frauen (11,2/2 x 0,306) und 1,32 Millionen Langzeit-Single-Männern (11,2/2 x 0,237).

Ebenfalls zu erkennen ist, dass die Dauer der Partnerlosigkeit mit der Alterszunahme korreliert: Je älter die Singles werden, desto wahrscheinlicher wird es, dass sie über längere Zeit partnerlos bleiben. Im Vergleich zu anderen Altersgruppen scheint es den 18-30 jährigen Männern und Frauen leichter zu fallen, einen neuen Partner zu finden. Die Gruppe der Singles, die länger als fünf Jahre keinen Partner mehr hatten, wird mit zunehmendem Alter rapide größer; in der Gruppe der 51-60-jährigen Singles sind es schließlich 44,7%. Die kürzeren Zeitintervalle wie „bis zu 3 Monate" und „bis zu einem halben Jahr" spielen mit zunehmendem Alter eine immer geringere Rolle, sie werden von den langfristigen Partnerlosigkeits-Intervallen zunehmend verdrängt. Das

Phänomen der „Langzeitsingles" ist also tendenziell eine Erscheinung der späteren Lebensjahrzehnte. Dennoch ist bereits jede zwölfte Person (8,4%) zwischen dem 18. und 30. Lebensjahr länger als drei Jahre partnerlos.

Doch wie sieht es hier mit dem Geschlechterverhältnis aus?

Sucht man nach Aussagen zum Geschlechterverhältnis in dieser Altersgruppe, dann hat die Grafik der Parship-Studie einen entscheidenden Nachteil: sie differenziert die Aussagen zur Dauer der Partnerlosigkeit nur nach dem Geschlecht *oder* dem Alter. Dabei liegt der wirklich interessante Befund darin, dass innerhalb der einzelnen Altersgruppen hinsichtlich der Partnerlosigkeit große geschlechtsspezifische Ungleichgewichte bestehen. Diese werden von Baas et al. (2008) auf Basis der kumulierten ALLBUS-Datensätze von 1980 bis 2004 nachgewiesen. Hier fällt der Männerüberschuss in der jungen Altersgruppe geradezu eklatant aus: 60,4% aller Männer unter 30 Jahre sind nach diesen Berechnungen partnerlos.[35] Frauen leben in dieser Altersgruppe deutlich häufiger mit einem Partner zusammen – ihre Single-Quote beträgt lediglich 35,6%. Ein noch größeres Ungleichgewicht zeichnen Baas et al. (2008) für die Altersgruppe der über 75-jährigen: Dort steht einer weiblichen Single-Quote von 75,8% eine männliche von 15,8% gegenüber.[36] Nach Baas et al. (2008) handelt es sich in dieser Altersgruppe um alleinlebende Witwer und Witwen, wobei die Frauen aufgrund ihrer höheren Lebenserwartung in dieser Altersgruppe überwiegen.[37/38]

Es zeigt sich, dass in den Altersgruppen bis 50 Jahre die männlichen Singles in der Überzahl sind; erst jenseits dieses Alters ist ein weiblicher Single-Überschuss festzustellen. In den unteren Altersgruppen ist das Single-Dasein also ein vornehmlich *männliches* Phänomen, erst in der zweiten Lebenshälfte überwiegen die Single-Frauen. Welche Ursachen diese altersbezogenen Schieflagen (abgesehen von der höheren Lebenserwartung der Frauen) haben könnten und welche Konsequenzen daraus für die Partnersuche erwachsen, diskutiere ich in Kapitel 4.1.

---

[35] Vgl. Baas et al. 2008, S.36.

[36] Vgl. Baas et al. 2008, S.36.

[37] Vgl. Baas et al. 2008, S.34.

[38] Diese Überlegung könnte mit Rückblick auf die Grafik der Parship-Studie auch die dort ausgewiesene Überzahl weiblicher Langzeitsingles erklären.

Für die Gruppe der Absoluten Beginner ist die Datenlage prekär, da es bislang kaum verlässliche Quellen gibt. Laut einer Umfrage von Infratest dimap (N=1007), die 2005 im Auftrag des Magazins „ZeitWissen“ durchgeführt wurde, hatten lediglich 2% der 18-29jährigen Männer und Frauen noch keinen Geschlechtspartner.[39]

In einer vom Meinungsforschungsinstitut Mindline Media für die Zeitschrift „Neon“ durchgeführten Umfrage fällt die Zahl der Absoluten Beginner hingegen doppelt bis dreimal so hoch aus: Von tausend Personen zwischen 20 und 35 Jahren geben 4% der Frauen und 6% der Männer an, noch keinerlei Sexpraktiken ausprobiert zu haben.[40]

Unter Studenten scheint dieser Prozentsatz nochmals höher auszufallen: Nach einer im Jahr 2000 publizierten Studie des Sexualwissenschaftlers Kurt Starke hatte jeder zehnte Student (Männer und Frauen) zwischen 18 und 30 Jahren noch keinen Geschlechtsverkehr. Der große Vorzug dieser Studie ist, dass der Originaldatensatz die Ergebnisse nach Alter und Geschlecht differenziert.[41] Wie schon bei den Single-Zahlen von Baas et al. (2008), zeigt sich hier eine Verteilung, welche die thematische Fokussierung auf *männliche* Absolute Beginner nahelegt:

[39] Vgl. Infratest Dimap: Zeitwissen ‚Asexualität‘, 19. Woche 2005, S.9.

[40] Diese Angaben sind dem Artikel „Die Wahrheit über Sex“ entnommen, der in der Dezember-Ausgabe 2008 der Zeitschrift „Neon“ publiziert wurde. Da es bei dieser Quelle keinen klar benennbaren Autor gibt, findet sich dieser Artikel im Literaturverzeichnis unter „o.V. (2008): Die Wahrheit über Sex. In: Neon, 12, S.50-63“ wieder.

[41] Der Originaldatensatz wurde mir von Professor Kurt Starke persönlich zugänglich gemacht. Die offizielle Publikation findet sich bei Schmidt et al. 2000, S.39 ff.

Tabelle 1: Virginitätsdaten deutscher Studenten – differenziert nach Alter und Geschlecht (Originaldatensatz der Replikationsstudie von Kurt Starke zur Studentensexualität von 1996)

altersgr * Erster Koitus, ja/nein * Geschlecht Crosstabulation

Geschlecht				Erster Koitus, ja/nein: nein	Erster Koitus, ja/nein: ja	Total
maennlich	altersgr	19 - 21 J	Count	44	109	153
			% within altersgr	28,8%	71,2%	100%
		22 - 24 J	Count	82	372	454
			% within altersgr	18,1%	81,9%	100%
		25 - 27 J	Count	38	433	471
			% within altersgr	8,1%	91,9%	100%
		28 - 30 J	Count	26	284	310
			% within altersgr	8,4%	91,6%	100%
	Total		Count	190	1198	1388
			% within altersgr	13,7%	86,3%	100%
weiblich	altersgr	19 - 21 J	Count	44	232	276
			% within altersgr	15,9%	84,1%	100%
		22 - 24 J	Count	29	407	436
			% within altersgr	6,7%	93,3%	100%
		25 - 27 J	Count	19	352	371
			% within altersgr	5,1%	94,9%	100%
		28 - 30 J	Count	4	194	198
			% within altersgr	2,0%	98,0%	100%
	Total		Count	96	1185	1281
			% within altersgr	7,5%	92,5%	100%

Während die Virginitätsrate deutscher Studentinnen zwischen 18 und 30 Jahren bei 7,5% liegt, liegt sie bei den männlichen Studenten mit 13,7% fast doppelt so hoch. Selbst zwischen dem 28. und 30. Lebensjahr hatte jeder zwölfte männliche Student (8,4%) noch keinen Geschlechtsverkehr, während dieses Merkmal in dieser Altersgruppe nur noch auf jede fünfzigste Studentin (2%) zutrifft.[42]

Evident ist, dass es sich bei Absoluten Beginnern um eine soziale Minderheit handelt. Unter Akademikern ist die „Absolute Beginner"-Quote jedoch offensichtlich deutlich höher als in der Gesamtbevölkerung.[43] Insbesondere für die enggeführte Definition von *männlichen* Absoluten Beginnern kann hier fast nicht mehr von einer zu vernachlässigenden Randerscheinung gesprochen werden.

---

[42] Small/Luster (1994) zeigen in ihrer Analyse der Risikofaktoren für frühen Geschlechtsverkehr, dass ein hohes Bildungsniveau der Eltern die sexuelle Aktivität von Jugendlichen hinauszögert. Da der Großteil der Studenten seinerseits aus Akademikerhaushalten stammt, überrascht es nicht, dass die Absolute Beginner-Quote unter Akademikern größer ausfällt als in der Gesamtbevölkerung.

[43] Dieser Befund lässt sich damit erklären, dass ein akademisches Milieu mit hohem Bildungsniveau der Eltern die sexuelle Aktivität ihrer Kinder in der Regel hinauszögert (vgl. Grob/Jaschinski 2003, S.84f.).

Allerdings sind die beiden oben genannten Erhebungen bislang die einzigen[44], die substanzielle quantitative Aussagen über das Phänomen der männlichen „Absoluten Beginner" liefern.[45] Der Grund für den Informationsmangel ist mit hoher Wahrscheinlichkeit aber nicht nur durch den Minderheits-Status dieser Gruppe bedingt, sondern auch darin zu suchen, dass sexuelle Unerfahrenheit und Partnerlosigkeit in unserer Gesellschaft als soziale Makel gelten (siehe folgendes Kapitel). Vor diesem Hintergrund ist in den bisherigen Studien auch von einer nicht unerheblichen Dunkelziffer auszugehen. „Absolute Beginner" schämen sich für ihre Situation[46], sehen sich als „Versager" und entziehen sich deshalb weitgehend der Forschung.

Um zu erläutern, wie und warum Partnerlosigkeit seit jeher mit gewissen Vorurteilen belegt und sozial stigmatisiert wurde, öffne ich in Kapitel 3 noch einmal die zuvor enggeführte Single-Definition und beziehe mich auf einen allgemeinen Single-Begriff.

2.3 Kommunikationstheoretische Basis

Um einen Kommunikationsbegriff für die Interaktionssituation zu entwickeln, welche im Zentrum der empirischen Untersuchung dieser Arbeit steht, müssen zunächst einige Begriffe voneinander abgegrenzt werden. Der Blick in die soziologische und kommunikationswissenschaftliche Fachliteratur zeigt, dass im Wesentlichen die Grundbegriffe des *Verhaltens*, des *Handelns*, der *Interaktion* und der *Kommunikation* verwendet werden, um zwischenmenschliche Prozesse zu beschreiben.[47] Diese Begriffe bauen

---

[44] Ausgespart habe ich an dieser Stelle einen Befund des Gewis-Meinungsforschungsinstituts über weibliche „Absolute Beginner", nach dem 5% der Frauen zwischen 16 und 60 Jahren noch keinen Sexualpartner hatten (vgl. Laura, Nr. 45, 28.10.2002, S.15).

[45] Die weiteren (vornehmlich in Zeitschriften und Internet-Artikeln kursierenden) Zahlen können nach genauerer Recherche nicht bestätigt werden. So wird bspw. häufig die Bundeszentrale für gesundheitliche Aufklärung (BZgA) mit dem Befund angeführt, dass die Zahl der „Jungfrauen über 18" ein Drittel dieser Altersgruppe ausmache (vgl. Hoffmann 2006, S.8). Die Redaktion der BZgA kann sich jedoch nicht erklären, auf welcher ihrer Publikationen diese Zahl basieren soll.

[46] Die von Wickenhöfer (2004), Hoffmann (2006) und Roedenbeck (2012) geführten Interviews mit Absoluten Beginnern belegen dies.

[47] Vgl. Vester 2009, S.45.

definitorisch aufeinander auf und sollen im Folgenden erläutert werden. Zur Übersicht dient die folgende Grafik:

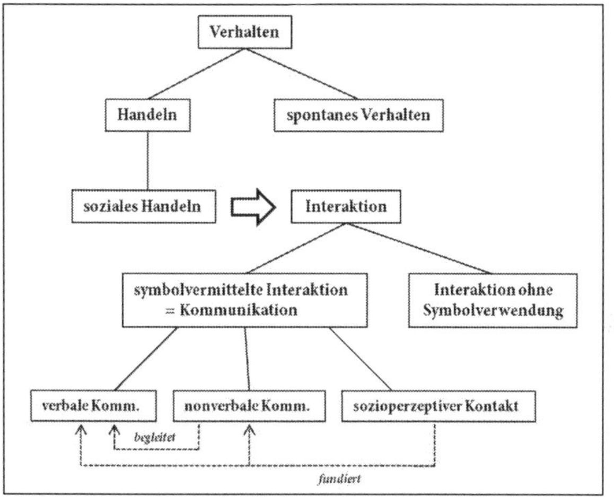

Abbildung 4: Herleitung des Kommunikationsbegriffs (eigene Darstellung)

In der behavioristischen Forschungstradition wird *Verhalten* als eine Abfolge von Reiz-Reaktions-Mechanismen betrachtet, als ein Lernprozess, der durch Belohnung und Verstärkung in Gang gehalten wird.[48] Die Soziologie fokussiert hingegen den Begriff des (sozialen) Handelns. *Handeln* kann nach Max Weber als eine spezielle Form von Verhalten angesehen werden. Er grenzt diese Begriffe voneinander ab und führt zudem den Begriff des *sozialen Handelns* ein:

„'Handeln' soll dabei ein menschliches Verhalten (einerlei ob äußeres oder innerliches Tun, Unterlassen oder Dulden) heißen, wenn und insofern als der oder die Handelnden mit ihm einen subjektiven Sinn *verbinden. ‚Soziales' Handeln aber soll ein solches Handeln heißen, welches seinem von dem oder den Handelnden gemeinten Sinn nach auf das Verhalten* anderer *bezogen wird und daran in seinem Ablauf orientiert ist."*[49]

[48] Vgl. Vester 2009, S.45.
[49] Weber 2005, S.1.

Handeln grenzt sich nach dieser Definition von *Verhalten* durch eine subjektive Sinnhaftigkeit ab, es ist intentional gesteuert. Soziales Handeln setzt zusätzlich eine Orientierung an anderen Menschen voraus. Vester (2009) gelingt zur Abgrenzung dieser Begriffe ein treffendes wie unterhaltsames Beispiel:

„Mit Verhalten hat man es zu tun, wenn jemand schwitzt. Ein Handeln liegt vor, wenn der Schwitzende sich eine Erfrischung zuführt, denn er verbindet mit seiner Handlung einen subjektiven Sinn. Wenn er sich dazu entschließt, ein Deodorant zu benutzen (damit seine Mitmenschen vor den unangenehmen Folgen der Transpiration verschont bleiben), dann können wir von sozialem Handeln sprechen.“[50]

Vom Begriff des sozialen Handelns ist es nur noch ein kleiner Schritt zum Begriff der (sozialen) *Interaktion*. Der wesentliche Unterschied zwischen diesen Begriffen ist, dass soziales Handeln vom einzelnen Subjekt ausgeht, welches das Handeln entwirft und in Orientierung am Handeln eines anderen Subjekts die Handlung durchführt.[51] Dem einzelnen Subjekt wird hier ein hohes Maß an Kontrolle zugesprochen. Im Gegensatz dazu betont der Begriff der (sozialen) Interaktion mit dem „Inter“ den Prozess des Wechselspiels, der zwischen den Akteuren stattfindet. Dadurch umfasst der Begriff der Interaktion neben dem einzelnen Subjekt auch das andere Subjekt sowie den dazwischen stattfindenden Prozess; der Fokus ist multizentrisch. Somit ist das Ergebnis der (sozialen) Interaktion auch nicht mehr auf die Handlungsabsichten eines einzelnen Akteurs zurückzuführen, noch vorhersehbar, da der Sinn einer Interaktion erst in deren Verlauf sozial ausgehandelt wird.[52]

Soziale Interaktion kann nach Ungeheuer (1987) definiert werden als „gegenseitige Handlungsbeeinflussung“[53] zweier (oder mehrerer) Akteure. Es geht um ein „gegenseitiges Aufeinanderabstimmen von Handlungen“[54], um

[50] Vester 2009, S.46.
[51] Vgl. Vester 2009, S.48.
[52] Vgl. Vester 2009, S.48.
[53] Ungeheuer 1987, S.82.
[54] Vester 2009, S.48.

eine Situation, in der beide Individuen unter wechselseitiger Berücksichtigung handeln.[55]

Damit eine *soziale Interaktion* stattfinden kann, müssen ganz bestimmte Voraussetzungen gegeben sein: So bedarf es zunächst einer gemeinsamen Anwesenheit der beteiligten Personen.[56] Diese Voraussetzung „gemeinsamer Präsenz" thematisiert insbesondere Goffman (1971) sehr eingehend.[57] Als weitere Voraussetzung gilt, dass beide Personen sich wechselseitig wahrnehmen können und dies auch *tun*, indem sie ein „Mindestmaß an Aufmerksamkeit"[58] füreinander mobilisieren. Diese Voraussetzung ist bedeutend; sie spielt darauf an, dass trotz gleichzeitiger physischer Anwesenheit und eines funktionierenden Wahrnehmungsapparates der Beteiligten nicht notwendigerweise Interaktion stattfinden muss. Die bloße *Möglichkeit* der gegenseitigen Wahrnehmung reicht nicht aus, trotz körperlicher Präsenz kann es „Zustände kommunikativer Unerreichbarkeit"[59] geben.[60] Und wer physisch anwesend ist, braucht noch lange nicht als sozial anwesend behandelt zu werden.

An einem Beispiel verdeutlicht: Es ist denkbar, dass sich zwei Personen in der Einkaufspassage entgegenkommen, die eine Person jedoch gedankenversunken zu Boden sieht und die andere Person nicht wahrnimmt - obwohl letztere sie lange Zeit angesehen und zudem eine grüßende Geste vollführt hat, um mit ihr ins Gespräch zu kommen. Da eine wechselseitige Wahrnehmung aufgrund der zu geringen Aufmerksamkeit einer Person nicht eingetreten ist, kann in diesem Beispiel auch nicht von Interaktion gesprochen werden; die Wahrnehmung muss als Wahrnehmung ihrerseits wahrgenommen werden.[61]

---

[55] Vgl. Krallmann; Ziemann 2001, S.271.

[56] Vgl. Kieserling 1999, S.17.

[57] Vgl. Goffman 1971, S.28.

[58] Loenhoff 1998, S.235.

[59] Vgl. Loenhoff 1998, S.240.

[60] Hiermit unterscheidet sich ein auf Interaktion beruhender Kommunikationsbegriff erheblich von einer behavioristischen Konzeption wie der von Watzlawick et al.(1996, S.51), die sämtliches Verhalten in Gegenwart anderer mit Kommunikation gleichsetzen – ungeachtet des Kriteriums, ob dieses Verhalten vom Gegenüber auch wahrgenommen wird.

[61] Vgl. Kieserling 1999, S.24.

Sind die Kriterien der gemeinsamen Anwesenheit, der wechselseitigen Wahrnehmung und Aufmerksamkeit erfüllt, sind neben den Voraussetzungen für soziale Interaktion gleichzeitig, ja zuvörderst, auch die Voraussetzungen für das gegeben, was Ungeheuer als *sozioperzeptiven Kontakt* bezeichnet.[62] Beschreibt *Interaktion* den *Prozess* der wechselseitigen Handlungsbeeinflussung, so meint *sozioperzeptiver Kontakt* die *Situation*, in der sich zwei Akteure wechselseitig wahrnehmen und dabei gegenseitig auf der Grundlage sozialer Stereotypen einschätzen und beurteilen.

In einem Satz definiert: „Sozioperzeptiver Kontakt umfasst die Anwesenheit der Beteiligten, deren Möglichkeit, sich wechselseitig wahrnehmen zu können und ein Mindestmaß an mobilisierter Aufmerksamkeit."[63]

Im sozioperzeptiven Kontakt kommt es im Zuge der gegenseitigen Wahrnehmung zur Einschätzung des Gegenübers, da Wahrnehmung stets mit Interpretationsprozessen einhergeht. Das Resultat ist die Stereotypisierung bzw. Einordnung des anderen in bestimmte Kategorien, was auf Basis bestimmter Schemata oder sozial vermittelter Vorurteile geschieht. Diese hat jeder Einzelne im Laufe seines Lebens aufgrund seiner Umgangserfahrungen mit anderen Menschen entwickelt oder erworben.

Im sozioperzeptiven Kontakt verwenden die Akteure nicht notwendigerweise gesellschaftlich konventionalisierte Zeichen und Symbole – wäre dies der Fall, so könnte nach Ungeheuer bereits von verbaler oder nonverbaler Kommunikation gesprochen werden.[64] In der verbalen Kommunikation findet der Austausch von Zeichen und Symbolen auf einer sprachlichen Ebene statt, in der nonverbalen Kommunikation auf einer nichtsprachlichen Ebene mittels Mimik, Gestik, Postur, Proxemik oder paralinguistischer Phänomene. Für eine genaue Abgrenzung vom sozioperzeptiven Kontakt führe ich an dieser Stelle das Kriterium ein, dass im Falle nonverbaler Kommunikation *Zeichen*, sogenannte *Embleme*[65], verwendet werden, während dem nonverbalen *Verhalten* im sozioperzeptiven Kontakt der Zeichencharakter fehlt. Hier

---

62 Vgl. Ungeheuer 1987, S.84.

63 Loenhoff 1998, S.235.

64 Ich werde auf diese Unterscheidung weiter unten genauer eingehen.

65 Embleme haben eine direkte sprachliche Übersetzung bzw. eine gesellschaftlich konventionalisierte Bedeutung (vgl. Ekman/Friesen 1969, S.63).

kommen allenfalls *Anzeichen* zum Einsatz, die im Gegensatz zu *Emblemen* keine gesellschaftlich konventionalisierte Bedeutung haben.

Verbale Kommunikation kann demnach als symbolisch vermittelte Interaktion mittels sprachlicher Zeichen verstanden werden. *Nonverbale Kommunikation* als symbolisch vermittelte Interaktion mittels nichtsprachlicher Zeichen (Embleme).

Verbale Kommunikation steht niemals für sich alleine, sondern wird stets von anderen Ausdrucksphänomenen und/oder nonverbaler Kommunikation begleitet. Selbst bei einem Telefongespräch werden neben der Sprache auch paralinguistische Phänomene (Tonfall, Lautstärke, Dialekt, Lachen, Seufzen, Pausen, Ausdrücke wie „hm" oder „äh", etc.) produziert und wahrgenommen. Es besteht eine weitere Abhängigkeit: Sozioperzeptiver Kontakt ist „als Element in allen Interaktionen enthalten"[66] und kann somit als Voraussetzung für das Stattfinden und als Fundierung von verbaler und nonverbaler Kommunikation angesehen werden.[67]

---

[66] Ungeheuer 1978, S.49

[67] Die Elemente des sozioperzeptiven Kontakts bleiben selbst in einer geschriebenen E-Mail in rudimentären Zügen erhalten (vgl. Schmitz 2003, S.204). Von Aspekten wie der Wortwahl, den Orthographiefehlern oder der Interpunktion kann der Leser immer noch Rückschlüsse auf den Verfasser ziehen, diesen einschätzen und ihn einem Stereotyp zuordnen. Selbst in einer E-Mail sind also Elemente des sozioperzeptiven Kontaktes erhalten, mit denen sich das Individuum ausdrückt und die wiederum als Ausdruck seiner Persönlichkeit gewertet werden.

"Discrimination against singles is seen in the deliberate perpetuation by society of what is believed be the dominant system of couples. Thus, singlehood is described as a negative alternative to being married, and as a means of encouraging conformity to the marriage norm, singles are discriminated against by specific acts and by the application of stereotypes."

(Leonard Cargan)

3 Geschichte und Vorurteile der Lebensform „Single"

Dem Klischee der Einsamen, mit dem Leben unzufriedenen Singles steht polar das Klischee der selbstbestimmten, freiwilligen „Swinging Singles" entgegen. Pointiert formuliert reichen die schablonenhaften Vorstellungen „vom unternehmungslustigen Jet-Set-Typ, vom Karriere-orientierten Yuppie bis hin zur Chips-knabbernden, fernsehsüchtigen Couch-Potatoe, von dem – elterlichen Komfort schätzenden – Nesthocker bis zur alleinerziehenden Sozialempfängerin"[68]. Kurzum: Der Terminus „Single" ist stark typisiert. Der Blick in die Fachliteratur deutet darauf hin, dass in der öffentlichen Wahrnehmung vor allem die negativen Assoziationen überwiegen. Die Frage ist: Handelt es sich bei Singles wirklich um „lonely losers"[69], „eingebildete Wesen mit viel zu hohen Ansprüchen"[70] oder „arme, traurige, von der Natur benachteiligte Kreaturen"[71]?

Im Rahmen dieses Kapitels möchte ich nachzeichnen, in wiefern Vorurteile über Partnerlose historisch geprägt sind und bis heute einen Rechtfertigungsdruck ausüben. Ein historischer Abriss soll die Herkunft einiger Vorurteile klären und zugleich die Entwicklung der Lebensform „Single" nachzeichnen. Ich möchte hierzu anmerken, dass es sich als unpraktikabel erwiesen hat, die Geschichte der Partnerlosen (bzw. Singles) isoliert von anderen Lebensformen zu schildern; die Historie dieser Lebensform ist eng verwoben

---

[68] Pohl 1994, S.47.

[69] Cargan 2007, S.56.

[70] Soltau 1993, S.20.

[71] Soltau 1993, S.20.

mit ihrem Gegenentwurf, der ehelichen bzw. familiären Lebensform. Die Attraktivitätsvolatilität der Lebensform „Single“ zu erklären, ist oft nur in Abgrenzung zur konkurrierenden Lebensform der Ehe und Familie möglich. Daher wird die Lebensform „Ehe“ gleichsam mit behandelt.

Darüber hinaus werden innerhalb einiger Abschnitte dieses historischen Abrisses sogenannte „Individualisierungs- und Pluralisierungstendenzen“ sichtbar. Was darunter zu verstehen ist, soll ein vorgelagerter Exkurs erläutern, damit die spätere Darstellung der gesellschaftlich-historischen Entwicklungen nicht unterbrochen werden muss.

3.1 Exkurs: Individualisierung und Pluralisierung

Das Phänomen der Singles wird im sozialwissenschaftlichen Diskurs ubiquitär als Beweis für den Wandel der Lebensformen herangezogen, der durch Prozesse der Individualisierung und Pluralisierung gekennzeichnet ist. Die Thematik der Individualisierung und Pluralisierung ist recht komplex und wird innerhalb der Soziologie kontrovers diskutiert. Die Literatur zu diesem Thema ist entsprechend umfangreich und nicht im Rahmen eines Exkurses abzuhandeln. Dennoch möchte ich im Folgenden kurz die Terminologie der Individualisierung und Pluralisierung behandeln, da sie in der sozialwissenschaftlichen Fachliteratur immer wieder zur theoretischen Erklärung der zunehmenden Verbreitung der „Lebensform Single“ herangezogen wird.

3.1.1 Pluralisierung

Pluralität bedeutet eine Vielzahl verschiedener Ausprägungen eines Merkmals.[72] Im Rahmen dieser Arbeit ist mit „Pluralisierung“ allerdings die Pluralisierung von Lebensformen gemeint. Es geht also um die Pluralisierung der privaten sozialen Beziehungsstrukturen von Individuen.[73] Mit „Pluralisierung der Lebensformen“ ist demnach gemeint, dass die Anzahl der Konstellationen zunimmt, in denen Menschen zusammenleben. Es kommt zu einer Heterogenitäts-Zunahme der Lebensformen, zu einem Nebeneinander

---

[72] Vgl. Huinink/Wagner 1998, S.88.

[73] Vgl. Huinink/Wagner 1998, S.88.

von vielen gesellschaftlichen Formen des Allein- und Zusammenlebens, aus dem die eigene Lebensform gewählt werden kann.[74]

Der Ursprung der Pluralisierungsdebatte geht bis in die 1980er Jahre zurück, als in familiensoziologischen Arbeiten häufig vermutet wurde, dass die Familie ihre dominante Stellung verliere und es stattdessen zu einer Vielzahl von Lebensformen komme.[75]

Wie noch beispielhaft zu zeigen sein wird, dominierte in vorindustrieller Zeit die Lebensform der Großfamilie, da diese für die ökonomische Versorgung oft unabdingbar war. Im Zuge der Industrialisierung verlor diese Lebensform immer mehr an Bedeutung. Es kam eine Vielzahl weiterer Lebensformen hinzu wie die bürgerliche Familie der Nachkriegszeit (die nur noch aus der Eltern- und Kindergeneration bestand), die Alleinerziehenden oder auch die Alleinlebenden.

3.1.2 Individualisierung

Die von Beck (1986) formulierte Individualisierungsthese mit wenigen Sätzen zu erklären ist schwierig, da er recht vage bleibt, was unter „Individualisierung" genau verstanden werden soll: In diesem Begriff fließen sowohl der „Wertewandel" als auch „Modernisierungs-prozesse", „Emanzipations-bestrebungen" und „zunehmende Wahlfreiheit" zusammen.[76]

Der Grundgedanke der Individualisierungsthese ist, dass „traditionelle Zusammenhänge aufgelöst, neu vernetzt, umgeschmolzen, in jedem Fall entscheidbar, entscheidungsabhängig, rechtfertigungspflichtig"[77] werden. Diese Idee beziehen Beck (1986) und Beck/Beck-Gernsheim (1994) auf eine ganze Reihe von Aspekten wie die eigene Biographie, Lebensentwürfe, Werte, Leitbilder, den gesellschaftlichen Orientierungsrahmen und eben auch auf die sozialen Lebensformen.

[74] Vgl. Lengerer 2011, S.34.
[75] Vgl. Wagner/Franzmann 2000, S. 151.
[76] Vgl. Küpper 2003, S.84.
[77] Beck/Beck-Gernsheim 1994, S.30.

Hinsichtlich letzterer kommt es zu einer „Auflösung traditioneller Bindungen und wachsendem Spielraum für persönliche Entscheidungen“[78]: Menschen können ihr Leben immer stärker nach individuellen Gesichtspunkten gestalten, sie lösen sich aus den traditionellen Sozialformen heraus und integrieren sich stattdessen in frei gewählte Gemeinschaften und Subkulturen.[79]

Wie sich im Rahmen des nachfolgenden Kapitels exemplarisch zeigen lässt, entstand in den 1950er und 1960er Jahren das Ideal der bürgerlichen Kleinfamilie - Mann und Frau heirateten, bekamen Kinder, in den folgenden Jahren war die Frau mit dem Haushalt und der Erziehung der Kinder beschäftigt, während der erwerbstätige Mann die finanzielle Versorgung übernahm. Abweichungen von dieser Norm waren äußerst selten. In heutiger Zeit ist es hingegen zunehmend eine freie Wahlentscheidung, ob man überhaupt zusammen leben, heiraten oder Kinder bekommen möchte. Somit entstehen „Single-Dasein, vor-eheliches und eheliches Zusammenleben, Wohngemeinschaften, variierende Elternschaften über ein oder zwei Scheidungen hinweg“[80], die nicht nur einzeln ausgewählt, sondern auch innerhalb eines einzelnen Gesamtlebenslaufes kombiniert werden können.

Nach Beck/Beck-Gernsheim (1994) ist diese Wahlfreiheit jedoch zugleich ein Wahlzwang, der durch einen Mangel an verbindlichen und richtungsleitenden Vorbildern als Zumutung erlebt wird.[81] Wichtig ist in diesem Zusammenhang, dass das Individuum durch den Wahlzwang auch verantwortlich wird für die eigenen Entscheidungen und die eigene Biographie. Somit kann auch die Entscheidung, *keinen* Partner zu haben, als eine freie Entscheidung interpretiert werden.[82] Singles gelten daher im soziologischen Diskurs als Personifizierung der Individualisierungsthese, als eine – meist negativ beäugte – gesellschaftliche Folge des Individualisierungstrends.

Vor dem Hintergrund der Individualisierungsthese wird Singles mithin eine selbstgewählte und somit „freiwillige“ Partnerlosigkeit unterstellt. Dass diese

---

[78] Lengerer 2011, S.34.
[79] Vgl. Küpper 2003, S.85.
[80] Beck 1986, S.195.
[81] Vgl. Küpper 2003, S.85.
[82] Vgl. Küpper 2003, S.85.

Annahme in vielen Fällen an der Realität vorbeigeht, wurde bereits in der Einleitung erwähnt und wird im nachfolgenden historischen Abriss erneut thematisiert.

3.2 Ein historischer Abriss

Es ist denkbar, mehrere tausend Jahre auf der Zeitachse zurückzugreifen und mit den frühesten Beispielen partnerlos lebender Menschen zu beginnen. Ein Beispiel sind die männlichen Sklaven im alten Ägypten oder in der Antike, denen jegliche Partnerschaft untersagt war. Ein Sprung ins Deutschland des 19. Jahrhunderts reicht jedoch aus, um einen Großteil der heutigen Vorurteile gegenüber partnerlos lebenden Menschen zu erklären und die soziostrukturellen Umstände zu erfassen, die seit Jahrhunderten immer wieder dazu führen, dass Menschen keinen Partner wählen können oder dürfen. In dieser Zeit bilden sich bereits wichtige Grundlagen der Sozialstruktur unserer heutigen Gesellschaft.[83]

Das 19. Jahrhundert war durch die industrielle Revolution und einen damit einhergehenden soziostrukturellen Wandel geprägt: Galt bis ins 19. Jahrhundert noch das dem Feudalismus entspringende Ständesystem[84], so wurde es in dessen Verlauf vom Klassensystem abgelöst. Das Ständesystem spielte für partnerlos lebende Menschen insofern eine entscheidende Rolle, als es auch für die Partnerwahl bestimmte Regularien festlegte. Unterteilt in die vier Hauptstände Adel, Geistlichkeit, Bürger und Bauern sowie die darunter gestellten „unterbäuerlichen" Schichten der Juden, Nichtsesshaften und Armen, gab es gewisse Regeln bezüglich der Heirat und Partnerwahl: Die Heirat war nur durch ökonomische Unabhängigkeit möglich und an eine Hof- oder Meisterstelle gebunden.[85] Dadurch blieb Armen der Aufbau einer Familie häufig verwehrt, da die Ehe seit der Christianisierung im Mittelalter als der

[83] Vgl. Geißler 2008, S.21.

[84] Stände sind nach Geißler definiert als „relativ scharf umrissene, durch Tradition, Sitte und Recht festgelegte soziale Gruppierungen" (vgl. Geißler 2008, S.27). Die Standeszugehörigkeit wurde durch Geburt und weniger durch Verdienst festgelegt und war mit bestimmten Verpflichtungen, Privilegien oder auch Nachteilen verbunden. Dadurch bestimmte die Standeszugehörigkeit entscheidend die Lebensform, Lebensbedingungen und die Lebensweise.

[85] Vgl. Borscheid 1994, S.26.

„einzig legitime Ort für Sexualität"[86] galt. Partnerlosigkeit war also ein Zwangszustand - keinesfalls eine freie Entscheidung. Auch Lehrlingen und Gesellen im Handwerk, Knechten und Mägden in der Landwirtschaft sowie den Dienstmädchen und Dienstboten am Hof des Adels war die Heirat gänzlich untersagt.[87] Erst wenn für das Gesinde oder die Gesellen eine Erwerbsstelle frei wurde, war ihnen die Heirat möglich. Bis dahin waren Gesinde- und Gesellenstatus eine Übergangsphase, deren Dauer schwer einzuschätzen war, da sie meist mit dem Tod des vorigen Stelleninhabers endeten.[88] Aus diesem Grund streute das Heiratsalter breit. Auch bei den Witwen und Witwern war das Alleinsein keineswegs auf eine freie Entscheidung zurückzuführen: Es handelte sich meist um die Überlebenden von Kriegen, Seuchen oder Hungersnöten.[89] Partnerlos zu sein „war Schicksal und nicht schick, dahinter stand höhere Gewalt und nicht eigenes Belieben."[90]

Partnerlose lebten in dieser Zeit nicht in eigenen Haushalten, da in vorindustrieller Zeit nur Mehrpersonenhaushalte durch ihre Arbeitsteiligkeit die wirtschaftliche Versorgung sicherstellen konnten. Hausgemeinschaften waren in erster Linie Produktionsstätten: unter einem Dach fanden sich also die Familienangehörigen aller Generationen sowie die Gesellen, Verwandten, Stiefkinder, unehelich geborene Kinder, Inwohner[91] und das Gesinde ein, um zusammen zu leben und zu wirtschaften.[92] Die Ehe war in der vorindustriellen Gesellschaft daher auch nicht eine Verbindung von Mann und Frau, die auf romantischer Liebe basierte, sondern die zweckgebundene Verbindung von Familien oder ganzen Sippen.[93] In erster Linie ging es um die Sicherung von Status, Besitz und Vermögen.

Auch für Studenten, Gesellen, Waisen und Witwen, die nicht im familiären Mehrpersonenhaushalt bleiben konnten oder wollten, hatten sich

---

[86] Hradil 1995, S.13; Borscheid 1994, S.26.

[87] Vgl. Geißler 2008, S.37.

[88] Vgl. Borscheid 1994, S.30 f.

[89] Vgl. Borscheid 1994, S.24.

[90] Borscheid 1994, S.24.

[91] So genannte „Inwohner" waren meist Dorfarme, Tagelöhner oder Mägde mit unehelichen Kindern (vgl. Borscheid 1994, S.29).

[92] Vgl. Hradil 1995, S.13.

[93] Vgl. Beck/Beck-Gernsheim 1990, S. 106.

gesellschaftliche Institutionen herausgebildet: für Studenten gab es das Kolleg oder die Burse, Gesellen auf der Walz wohnten im Haus des Handwerksmeisters, um die Verwaisten und Verwitweten kümmerten sich Spitäler und Stiftungen, unverheiratet Gebliebene arbeiteten im Haushalt des Dienstherren oder gingen ins Kloster.[94]

Unter dem Einfluss der Aufklärung wurde die ständische Ordnung während des 19. Jahrhunderts immer weiter zurückgedrängt:[95] die feudalen Abhängigkeitsstrukturen in der Landwirtschaft wurden abgebaut, die Privilegien der Zünfte und Gilden gebrochen und 1871 mit Gründung des Deutschen Kaiserreiches auch die besagten Heiratsverbote aufgehoben.[96] Dies machte aus der Institution Ehe als normativem Standard auch einen quantitativen Standard. Die einsetzende Industrialisierung wandelte zudem die Zusammenhänge von Familienleben und Produktionsweise:[97] Hausgemeinschaften lösten sich zunehmend auf, vornehmlich in den Städten wurden in den Haushalten Familienleben und Arbeit klar getrennt, wodurch sich einerseits das bürgerliche Familienideal entwickelte, andererseits Gesellen und Dienstpersonal ihre Schlafstelle verloren.[98] Doch auch die Gesellen und Bediensteten, die bei ihren Meistern und Arbeitgebern wohnten, verließen mit ihren Forderungen nach Selbstbestimmung und einer eigenen Schlafstelle das Haus.[99] Auf dem Land führte die „Kapitalisierung der Agrarwirtschaft" (Mechanisierung der Produktionsweise und Einsatz von Lohnarbeitern) dazu, dass auch dort das Gesinde die Höfe verließ.[100] Diese Freisetzungseffekte lösten Wanderungsströme in die seit dem Einsetzen der Industrialisierung schnell wachsenden Städte aus.[101]

Die jungen Ledigen lebten jedoch weiterhin nicht allein: Entweder sie heirateten oder lebten zur Untermiete. An eine eigenständige Haushaltsführung war aufgrund der geringen Löhne und des Wohnungsmangels in den

[94] Vgl. Spiegel 1986, S.168.
[95] Vgl. Geißler 2008, S.27.
[96] Vgl. Schneider et al. 1998, S.72.
[97] Vgl. Geißler 2008, S.37.
[98] Vgl. Borscheid 1994, S.37.
[99] Vgl. Hradil 1995, S.15.
[100] Vgl. Geißler 2008, S.37.
[101] Vgl. Bachmann 1992, S.48.

Städten nicht zu denken.[102] Oft handelte es sich bei den angemieteten Unterkünften um reine Schlafstätten, welche zur Tageszeit nicht genutzt werden durften. Um diesen Lebensumständen „zwischen Kneipe und Schlafstelle“[103] zu entfliehen, war die Heirat ein probates Mittel.

Hervorzuheben ist jedoch, dass auch eine zunehmend strengere Sexualmoral vorherrschte, die dazu führte, dass alle Lebensformen außer der Ehe beargwöhnt wurden. Einpersonenhaushalte in den rasant wachsenden Städten schienen aufgrund der mangelnden sozialen Kontrolle „zum Ausleben der Sexualität außerhalb der Ehe geradezu einzuladen“[104]. Doch die außerehelich praktizierte Sexualität wurde auch deshalb verunglimpft, weil nichteheliche Geburten in der Regel zu erheblichen finanziellen Problemen führten.[105] Verheiratete galten nach wie vor als die „besseren Menschen“[106], folglich wurden Personen in anderen Lebensformen diffamiert, die sich dem gesellschaftlichen Standard nicht unterwarfen:

„Die ‚alte Jungfer‘ und der ‚Hagestolz‘ wurden zu negativen Sozialfiguren, denen ihre Ehelosigkeit nicht als unverschuldetes Schicksal, sondern als persönliches Versagen angerechnet und bestenfalls mit Mitleid quittiert wurde. Lediglich der ‚Junggeselle‘, vor allem wenn er als wohlhabend und ‚eingefleischt‘ galt, konnte sich diesem Odium entziehen. Es war und blieb aber eine Ausnahme.“[107]

In der zweiten Hälfte des 19. Jahrhunderts wurde der von Männern geführte Einpersonenhaushalt „zähneknirschend, aber dann doch vereinzelt akzeptiert.“[108] Männer erlangten also bereits in dieser Zeit gewisse Freiräume, die unverheirateten Frauen nicht zugestanden wurden: Alleine zu reisen oder zu leben war für Frauen ein Tabu. Erst wenn sie sich in den Dienst der Familie (als Mutter im eigenen Hause oder Dienstmädchen in fremdem Haushalt) stellten, galten sie als gesellschaftlich akzeptiert.

---

[102] Vgl. Bachmann 1992, S.48.
[103] Hradil 1995, S.15.
[104] Hradil 1995, S.15.
[105] Vgl. Hradil 1995, S.15; Borscheid 1994, S.40.
[106] Hradil 1995, S.15.
[107] Spiegel 1986, S.169.
[108] Borscheid 1994, S.43.

Das „traditionelle Singleleben“ im Sinne eines partnerlosen Alleinlebens wurde um die Jahrhundertwende vom 19. ins 20. Jahrhundert nicht von den jungen Ledigen, sondern von den Witwern und Witwen geführt.[109] Ihr selbstständiges Leben wurde durch die Einführung eines Rentensystems[110] (1891) ermöglicht, wodurch sie ihren Hausstand halten konnten und sich nicht in Abhängigkeitsverhältnisse in- oder außerhalb der eigenen Familie begeben mussten.

Zu Beginn des 20. Jahrhunderts lösten sich im Rahmen der „großen Binnenwanderung“[111] in die schnell wachsenden Großstädte die Familienverbände und Generationsbeziehungen der Menschen zunehmend auf.[112] Zudem lockerte sich das bürgerliche Normengefüge für Partnerschaft und Sexualität[113]: Die mit der Verstädterung einhergehende geringe soziale Kontrolle, die Freikörperkultur, die Akzeptanz des freien Studentenlebens - all das führte dazu, dass das Alleinleben weniger kritisch betrachtet wurde.[114] Erwähnenswert ist ebenfalls, dass in der Literatur des frühen 20. Jahrhunderts die Idee der „freien Liebe“ zu einem Hauptthema wurde und Schriftsteller wie Friedrich Nietzsche begannen, die Institution der „Ehe“ in Frage zu stellen. Vor allem in den Bohème-Kreisen unter Künstlern, Intellektuellen und Schriftstellern zeigten sich in dieser Zeit erste Individualisierungstendenzen: Die deutsche Schriftstellerin Franziska zu Reventlow sei angeführt, die zwischen ihren Liebschaften ein selbstbewusstes und freiwilliges Single-Dasein führte.[115] Dieses war ihr jedoch nur aufgrund eines hohen Wohlstandsniveaus möglich. Für die allgemeine Bevölkerung erschwerten

[109] Vgl. Bachmann 1992, S.49.

[110] Vgl. Borscheid 1994, S.34.

[111] Die „große Binnenwanderung“ setzte mit der Industrialisierung um etwa 1870 ein und endete mit dem ersten Weltkrieg um 1914. Wesentliche Gründe für diese Wanderung waren, dass die ostpreußische Agrarwirtschaft die wachsende Bevölkerung nicht mehr ernähren konnte und dass die Agrarkrise der 1870er-Jahre zu starken Differenzen zwischen industriellen und ländlichen Löhnen führte. Darüber hinaus führten die Reformen in den Abhängigkeitsverhältnissen der Landwirtschaft dazu, dass viele Arbeiter in die freie Lohn- und Saisonarbeit auswanderten. (Zu weiteren Aspekten der Binnenwanderung siehe Lampert 2007, S.32 ff.)

[112] Vgl. Borscheid 1994, S.45.

[113] Vgl. Hradil 1995, S.16.

[114] Vgl. Hradil 1995, S.16; Borscheid 1994, S.45.

[115] Vgl. Wunderlich 2009, S.31 ff.

materielle Hindernisse - wie etwa die Wohnungsnot - das Alleinleben weiterhin.

Als besonders einschneidende Ereignisse des 20. Jahrhunderts sind die beiden Weltkriege zu nennen, die zu demographischen Verwerfungen führten: Aus verheirateten Frauen wurden Witwen, viele Frauen der Arbeiterklasse mussten Männerberufe in kriegsrelevanten Betrieben ergreifen, Frauen des Bürgertums arbeiteten in Lazaretten und karitativen Organisationen.[116] Die vielen gestorbenen Männer, darunter viele Ehemänner und Väter, ließen intakte Familien zerfallen und brachten den deutschen Heiratsmarkt in Schieflage. Immer mehr Frauen führten ein partnerloses Leben: Vor dem ersten Weltkrieg wurden etwas mehr als zwei Drittel aller Einpersonenhaushalte (68,5%) von Frauen geführt; vor dem zweiten Weltkrieg waren es bereits drei Viertel (74,8%).[117] Frauen waren notgedrungen „Singles“ und oft alleinerziehend. Zudem wurden sie dienstverpflichtet und mussten sich in Fabriken und Büros behaupten, wie es viele von ihnen bereits während des Krieges getan hatten.[118] Da ihre Lebensform gewissermaßen „von außen“ herbeigeführt worden war, galt sie in dieser Zeit auch als gesellschaftlich akzeptiert. Etwa 10% der Frauen zwischen 30 und 40 Jahren waren als Folge des ersten Weltkrieges bereits verwitwet.[119] Die soziale Kontrolle war, bedingt durch das Chaos der Nachkriegszeit, gering. Somit kamen außer der klassischen Ehe Lebensformen wie die „Onkelehe“ auf, in der die verwitwete Frau eine neue Beziehung ohne Heirat führte, um weiterhin die Witwenrente aus der Vorehe beziehen zu können.[120]

Mit dem Einsetzen des „Wirtschaftswunders“ in den 1950er Jahren verloren die Frauen ihre neu gewonnene Selbstbestimmung weitgehend, denn das kleinbürgerliche Familienideal mit seiner klaren Rollentrennung setzte sich durch: Frauen waren nun zuständig für die Privatsphäre, ihre ökonomische Versorgung war in der Regel durch den Verdienst des Mannes gesichert.[121]

---

[116] Vgl. Sieder 1998, S.215.
[117] Vgl. Hradil 1995, S.17.
[118] Vgl. Spiegel 1986, S.169.
[119] Vgl. Bertram 1995, S.18.
[120] Vgl. Schneider et al. 1998, S.72.
[121] Vgl. Krüger 1990, S.51.

Ledige Frauen mussten für ihren Lebensunterhalt selbst sorgen, hatten jedoch mit ihrem oft geringen Verdienst, wenig beruflichem Ansehen und ihrem Verzicht auf „privates Glück" in der familien- und paarorientierten Gesellschaft der 1950er Jahre einen schweren Stand. Auch die Unterscheidung zwischen dem „Fräulein" und der „Frau" weist darauf hin, dass sie erst durch die Ehe als Frau definiert wurden. Unabhängig vom Geschlecht galt jedoch: „Unverheiratet allein zu leben bedeutet Ende der 50er Jahre, gesellschaftlich und individuell im Abseits zu stehen."[122]

Eine Sicht, die sich auch in der Wissenschaft niederschlug: So beschrieb der Psychotherapeut Erich Stern in seinem Werk aus dem Jahre 1957 die unverheirateten Männer und Frauen als therapiebedürftig. Die Ehe war nach Stern als Form des sozialen Lebens nicht ersetzbar, daher erkannte er bei Unverheirateten auch ein „Versagen" bei „einer der Hauptaufgaben des Lebens"[123]. Auch die Politik lenkte in diese Richtung: Die Rechtsprechung des Bundesgerichtshofs schrieb den Bürgern die „Einehe und Familie als verbindliche Lebensform" vor und dass „der Verkehr der Geschlechter grundsätzlich nur in der Ehe" vollzogen werden sollte.[124] Nach dem „Kuppeleiparagraphen" (§ 180 StGB) war selbst die Sexualität unter Verlobten noch bis in die 1970er Jahre strafbar.[125] Die Ehe war sowohl in der Bundesrepublik als auch in der DDR das gesellschaftliche Leitbild und eine staatlich geschützte Institution. In Verbindung mit den weiterhin strengen Moralvorstellungen über Sexualität und Partnerschaft stiegen im Verlauf der 1950er Jahre die Geburtenraten und die Zahl der Eheschließungen drastisch an: „Niemals zuvor wurde so viel und so jung geheiratet, niemals mehr sollte die Scheidungsrate so niedrig sein, ebenso wie die Ledigenrate."[126] Wurden 1955 in der Bundesrepublik noch 461.818 Ehen geschlossen, so waren es 1960 bereits 521.445.[127] Im selben Zeitraum stieg die Zahl der Neugeborenen

---

[122] Krüger 1990, S.50.

[123] Stern 1957, S.3.

[124] BGHSt 6, 46, 53, zitiert nach Schneider et al. 1998, S.72.

[125] Vgl. Schneider et al. 1998, S.72.

[126] Monyk 2007, S.1.

[127] Vgl. Statistisches Bundesamt: Lange Reihen: Eheschließungen und Ehescheidungen in Deutschland (früheres Bundesgebiet) [Internetquelle].

pro Jahr von 820.128 auf 968.629[128] an: die Geburtsstunde der so genannten „Babyboomer“-Generation.

Mitte der 1960er Jahre kam es jedoch zu einer ganzen Reihe von gesellschaftlichen und wirtschaftlichen Entwicklungen, welche die Einstellungen gegenüber der Ehe und den partnerlos Alleinlebenden veränderten. In der Bundesrepublik wuchs eine Generation Jugendlicher heran, welche die Schrecken des Krieges nicht kannte. Bedingt durch das Wirtschaftswunder herrschte ein enormes Wohlstandsniveau, hinzu kamen die Bildungsreformen der 1960er Jahre, die für viele Jugendliche den Weg zu den höheren Bildungsinstitutionen ebneten.

Es kam zum so genannten „Wertewandel“[129], der sich nicht nur in Deutschland, sondern in fast allen entwickelten Industrieländern dieser Zeit vollzog: Mit der Studentenbewegung von 1968 kamen (wieder) die Ideen „freier Liebe“, sexueller Freizügigkeit und Selbstbestimmung auf: „Eine traditionelle Lebensform galt nicht nur als höchst unmodern, sondern als reaktionär.“[130] 1975 stellte Ingmar Bergmanns Film „Szenen einer Ehe“ die oft unterschlagenen negativen Seiten der Ehe heraus; auch Intellektuelle, Künstler und linksalternative Jugendgruppen kritisierten zunehmend die als „repressiv“ geltende Lebensform der Ehe.[131] Gesellschaftlich wurde es zunehmend akzeptiert, sexuelle Verbindungen einzugehen, bevor diese durch

---

[128] Vgl. Statistisches Bundesamt: Lange Reihen: Geborene und Gestorbene (früheres Bundesgebiet) [Internetquelle].

[129] Ronald Inglehart gilt als Begründer der Wertewandel-Theorie. In seinem 1977 erschienenen Werk „The Silent Revolution“ beschreibt er einen säkularen Wertewandel, der durch einen Bedeutungsverlust der Werte Besitz und Pflicht zugunsten der Werte Selbstverwirklichung und Partizipation charakterisiert ist. Als Ursache für diesen Wertewandel sieht Inglehart die Lebensbedingungen an, unter denen die Jugendlichen der 1960er und 1970er Jahren aufwachsen: Vor allem der gestiegene Wohlstand führe in den Industrieländern dazu, dass es keinen Mangel an materiellen Gütern und Sicherheit mehr gebe. Folglich messe die heranwachsende Generation der Pflichterfüllung zum Erwerb von Wohlstand und Sicherheit weniger Bedeutung bei. Ein Mangel wird nun an anderer Stelle empfunden: Selbstverwirklichung, individuelle Freiheit, Entwicklungsmöglichkeiten und Partizipationschancen drängen an die Spitze der Wertehierarchie (Ingleharts Theorie beruht auf dem Konzept der Bedürfnispyramide von Abraham Maslow). Diese werden auch als die „postmateriellen“ Werte bezeichnet, da sie nicht mehr den Besitz, das „Materielle“ betonen, sondern die persönliche Entwicklung, Freiheit und Eigenständigkeit.

[130] Küpper 2000, S.38.

[131] Vgl. Sieder 1998, S.226.

Heirat legitimiert wurden: Eine selbständige, unabhängige Lebensführung zur Entwicklung der eigenen Identität und Individualität stand hoch im Kurs, viele Paare lebten nun unverheiratet zusammen oder in getrennten Haushalten.[132] Die sexuelle Freizügigkeit wurde neben einer aufgeklärten und freisinnigen Sexualmoral vor allem durch die Erfindung der Anti-Baby-Pille ermöglicht, die den Frauen erstmals sexuelle Selbstbestimmung eröffnete: Die Entscheidung über eine Schwangerschaft konnten sie nun selbst, ohne das Wissen des Partners treffen. In der Folge dieser Entwicklungen ging in der Bundesrepublik die Zahl der Eheschließungen drastisch zurück.[133] Entsprechend stieg das jahrzehntelang gesunkene durchschnittliche Heiratsalter wieder an, da die Heirat hinausgezögert wurde.[134] Auch die Zahl der Scheidungen stieg deutlich an, was die Zahl der partnerlos Alleinlebenden zusätzlich erhöhte: 1960 wurden in der Bundesrepublik 48.878 Ehen geschieden, bis 1975 hatte sich diese Zahl auf 106.829 pro Jahr mehr als verdoppelt.[135] Das in den 1950er Jahren herausgebildete Ideal der bürgerlichen Familie bestand zwar weiterhin, erfuhr jedoch zunehmend weniger Zuspruch.

Im Rahmen des soziokulturellen Bereiches spielte neben der Studentenbewegung von 1968 besonders die Frauenbewegung eine wichtige Rolle: Mit ihren Forderungen nach Gleichberechtigung von Frauen in Ausbildung und Beruf, Selbstbestimmung, Empfängnisverhütung und legalisiertem Schwangerschaftsabbruch stellte sie das Konzept der Familie mit ihrer klassischen Rollenverteilung in Frage.[136] Sofern die gesellschaftlichen Zustände nicht ihren Forderungen entsprachen, wurde „das Alleinleben zu einer durchaus annehmbaren Alternative gemacht“[137]. Als Gegenreaktion auf die Frauenbewegung kam es wiederum zu einer Emanzipationsbewegung des Mannes.[138] Nachdem seine dominante Stellung als Familienoberhaupt zunehmend kritisiert worden war, gab es einen Trend der Männer zu einem

[132] Vgl. Spiegel 1986, S.171.

[133] Vgl. Statistisches Bundesamt: Lange Reihen: Eheschließungen und Ehescheidungen in Deutschland (früheres Bundesgebiet) [Internetquelle].

[134] Vgl. Spiegel 1986, S.170.

[135] Statistisches Bundesamt: Lange Reihen: Eheschließungen und Ehescheidungen in Deutschland (früheres Bundesgebiet) [Internetquelle].

[136] Vgl. Sieder 1998, S.227.

[137] Spiegel 1986, S.172.

[138] Vgl. Spiegel 1986, S.172.

Lebensentwurf, der von einem Weniger an Verantwortung und einem Mehr an Unabhängigkeit charakterisiert war. Ein Ergebnis beider Bewegungen war, dass die Idee eines „vollwertigen Lebens“ nicht mehr untrennbar verbunden war mit einem kinderreichen und verheirateten Leben.[139] Das Ideal der Partnerschaft bestand jedoch weiterhin.

In dem Maße, wie Autonomie, Selbstentfaltung und individueller Freiheit zunehmend Bedeutung beigemessen wurde, wandelte sich auch die gesamtgesellschaftliche Einstellung gegenüber den partnerlos Alleinlebenden. Zudem wurde für diese Lebensform ab den 1970er Jahren der aus den USA stammende Begriff des „Singles“ verwendet. Die Gesellschaft erkannte, dass - bedingt durch den wirtschaftlichen Wandel von Produktions- zu Dienstleistungsberufen - eine längere Ausbildungsdauer erforderlich war. Um ökonomische Sicherheit und einen gewissen Lebensstandard vor der Heirat aufzubauen, wurde diese Lebensform von vielen vorrübergehend als „sinnvoll“ betrachtet.[140]

In dieser Zeit wurden Singles zum „voll-individualisierten, autonomie-orientierten Vorbild der eigenen Lebensführung“[141]. Sie galten mit ihrem Berufserfolg, der Fokussierung auf ihre eigenen Bedürfnisse und der Möglichkeit der Lebensstilisierung gar als „Leitbild“[142] und wurden als „Speerspitze“ der Individualisierung bezeichnet.[143] Cargan (2007) spricht in diesem Zusammenhang (bezogen auf die USA) gar von einem regelrechten „Singles Boom“, der diese Zeit bestimmte.[144] Auch die Zahlen des Statistischen Bundesamtes schienen diesen Befund zu stützen: 1961 betrug der Anteil der Einpersonenhaushalte an allen Haushalten noch 20,6%, im Jahr 1980 lag der Anteil der Einpersonenhaushalte bereits bei 30,2%.[145] Auch die Wirtschaft entdeckte für sich den Single-Trend. Insbesondere die Lebensmittelindustrie, Gastronomie, Reiseindustrie und Fitnessbranche

[139] Vgl. Spiegel 1986, S.171.
[140] Vgl. Cargan 2007, S.54 f.
[141] Hradil 2003, S.38.
[142] Vgl. Hradil 2003, S.46.
[143] Vgl. Hradil 1995, S.55.
[144] Vgl. Cargan 2007, S.19.
[145] Vgl. Statistisches Bundesamt: Lange Reihen: Haushalte nach Haushaltsgrößen [Internetquelle].

entwickelten spezielle Produkte und Angebote, um von den speziellen Bedürfnissen der Singles zu profitieren.[146] Lifestyle-Produkte der Konsumgüterindustrie, Fitness-Studios, Convenience-Food und Single-Reisen - es liegt nahe, dass sich aufgrund dieser Entwicklungen in der öffentlichen Wahrnehmung auch wiederum entsprechende Vorurteile über die scheinbar spaß-, konsum-, sex- und karriereorientierte Gruppe der Singles ausbildeten. Diese mündeten insbesondere in Rollenbild-Klischees wie dem Yuppie (young urban professional) oder dem Playboy.

Dass die „Singles" in den 1970er Jahren gesellschaftlichen Zuspruch erhielten, ist jedoch keinesfalls so zu verstehen, dass neben dem Alleinleben nun auch eine (langfristige) Partnerlosigkeit bewundert und angestrebt wurde. Ganz im Gegenteil: Mit dem Phänomen der „Singles" wurde nicht nur die Lebens*form* des (partnerlosen) Alleinlebens, sondern vor allem auch eine bestimmte Lebens*weise* assoziiert[147], die faszinierte und an Attraktivität gewann. Eine Lebensweise, die - genau genommen - alles andere als partnerlos war:

„Die ‚Swinging Singles' vermieden Festlegungen auf Bekannte, Partner und Lebensstile überhaupt, suchten sich Lebensweisen, Freunde und Liebesbeziehungen nach Gutdünken. Ihr Stil bestand gerade im Wechsel. Gute materielle Voraussetzungen machten ihnen dies möglich."[148]

Selbst wenn also die Lebensform „partnerlos und alleinlebend" proklamierte, schwang zu dieser Zeit im Begriff der „Singles" gleichsam mit, dass diese dennoch eine ganze Reihe von ungezwungenen sexuellen Beziehungen hatten – schließlich waren sie jung, attraktiv und erfolgreich. Nur die Festlegung auf eine langfristige Beziehung vertrug sich nicht mit diesem Konzept.

Nach dieser Popularitätsphase des „Single-Lebens" gegen Ende des 20. Jahrhunderts weisen die Studienergebnisse seit Beginn des 21. Jahrhunderts zunehmend auf eine Gegenbewegung hin. Gensicke (2002) betont bezüglich

---

[146] Zur Entdeckung der Singles als schnell wachsendes und zudem kaufkräftiges Kundensegment empfiehlt sich die Spezialausgabe der „Lebensmittel Zeitung" über Singles (vgl. Biester 2001, S.10 ff.).

[147] Vgl. Hradil 1995, S.6.

[148] Hradil 1995, S.6.

der 14. Shell Jugendstudie, dass die Werte der „Freundschaft“ und „Partnerschaft“ nun ganz oben in der Wertehierarchie rangieren.[149] Auch Klages (2001) spricht im Hinblick auf die Ergebnisse des „Freiwilligensurvey 1999“ davon, dass die „Werte des mitmenschlichen Bezugs“[150] wieder deutlich an Bedeutung gewonnen hätten und Werte der Eigenständigkeit, Eigenverantwortung und Unabhängigkeit überholt haben.[151] Hradil (2003) fasst diese Befunde mit seinen eigenen Beobachtungen zusammen und vermutet, dass Jugendliche zunehmend die negativen Seiten des Individualisierungstrends (Orientierungsprobleme, Einsamkeit, Tendenz zur Anomie, etc.) sahen und daraus ein verstärktes Bedürfnis nach Sicherheit und Gemeinschaft entwickelten. Daraus folgert er:

„Wenn Gemeinschafts- und Sicherheitswerte im Denken der Menschen nach vorn gerückt sind, muss der Stern der Singles sinken, weil deren Leben doch gerade das Gegenteil dieser Werte signalisiert.“[152]

Die Ergebnisse der zitierten Studien können in der Tat so interpretiert werden, dass die Popularitätskurve des Single-Daseins in den 1990er Jahren einen Knick erfahren hat und seitdem sinkt. Es ist anzunehmen, dass die gesamtgesellschaftliche Bewertung von Singles durch eine verschobene Wertehierarchie wieder negativer ausfällt; dies ist jedoch bisher von keiner wissenschaftlichen Studie explizit nachgewiesen. Wenn aber Felicitas von Lovenberg in ihrem Artikel der Frankfurter Allgemeinen Sonntagszeitung von 2006 festhält, dass Singles „in unserer von Nachwuchssorgen tyrannisierten Gesellschaft zum Feindbild geworden“[153] sind und mittlerweile als „kinderfeindliche Egoisten angeprangert“[154] werden, so findet sich Hradils Schlussfolgerung - zumindest an dieser Stelle - bestätigt. Auch Opaschowski (2010) beendet das „Zeitalter der Ichlinge“, da in einer zunehmend von Krisen geschüttelten Welt die Menschen wieder enger zusammenrücken würden.

---

[149] Vgl. Gensicke 2002, S.152.

[150] Klages 2001, S.8.

[151] Vgl. Klages 2001, S.8.

[152] Hradil 2003, S.52.

[153] Von Lovenberg, Felicitas: Der Mensch ist ein Tier mit sehr vielen Stacheln. In: Frankfurter Allgemeine Sonntagszeitung, 07.05.2006, Nr.18, S.27.

[154] Von Lovenberg, Felicitas: Der Mensch ist ein Tier mit sehr vielen Stacheln. In: Frankfurter Allgemeine Sonntagszeitung, 07.05.2006, Nr.18, S.27.

Seiner Einschätzung nach wird die Gesellschaft der Zukunft wieder verstärkt auf Gemeinschaft und Gegenseitigkeit angewiesen sein.[155] Eine Einschätzung, welche die Journalistin Christiane Rösinger schmerzlich bestätigt: Die romantische Zweierbeziehung (RZB) sei „Pflicht, Norm und Religion geworden". Eine Beziehung werde inzwischen als unverzichtbare „emotionale Versorgungsanstalt" gesehen; als überzeugter Single sieht sie sich einem „paarnormativen Druck" ausgesetzt.[156]

Diesen Prognosen ist die Beobachtung entgegen zu setzen, dass in aktuellen Pop-Songs das Wort „ich" immer häufiger vorkommt: Die Psychologen DeWall et al. (2011) von der University of Kentucky analysierten mit einem quantitativen Verfahren die Songtexte der Top 10 der US-amerikanischen Billboard-Charts zwischen 1980 und 2007 und kommen zum Ergebnis, dass in den Songtexten der Popmusik „narzisstische" Ichbezogenheit vorherrscht.[157] „Ich", „mein" und „mir" nehmen als Personalpronomen in den Liedern stetig zu, während „wir" oder „uns" zunehmend seltener vorkommen. Ausgehend von der Annahme, dass sich die psychologischen Veränderungen der Gesellschaft in ihren Erzeugnissen widerspiegeln, stellt das Forscherteam um DeWall – zumindest für die US-amerikanische Gesellschaft - eine zunehmende Selbstverliebtheit fest. Auch für den deutschen Psychologen Hans-Werner Bierhoff ist die Studie ein Beweis dafür, dass in den westlichen Gesellschaften die Individualität weiter in den Vordergrund rückt.[158]

Auch mit den aktuellen Daten des Statistischen Bundesamtes ließe sich die Tendenz zur Ego-Zentrierung untermauern: Die Zahl der Eheschließungen hat sich seit den 1960er Jahren bis 2011 etwa halbiert, während sich die Zahl der Ehescheidungen mehr als verdoppelt hat.[159] Der Einpersonenhaushalt ist seit mittlerweile drei Jahrzehnten die dominierende Haushaltsform, wobei sein Anteil weiterhin steigt.[160] Bundesweit sind hingegen die Haushalte mit drei

---

155 Vgl. Opaschowski 2010.

156 Vgl. Hoffmann, Christina: Was weiß der Eisbär schon von Romantik? In: Frankfurter Allgemeine Sonntagszeitung, 8.4.2012; Nr.14, S.45.

157 DeWall et al. 2011, S.200 ff.

158 Vgl. Schmid 2011, S.53.

159 Statistisches Bundesamt: Lange Reihen: Eheschließungen und Ehescheidungen in Deutschland (früheres Bundesgebiet) [Internetquelle].

160 Statistisches Bundesamt: Demographischer Wandel in Deutschland, S.28 [Internetquelle].

oder mehr Personen auf dem Rückzug, in den Stadtstaaten (Berlin, Bremen, Hamburg) wohnt bereits in jedem zweiten Haushalt nur noch eine Person.[161] Diese Zahlen könnten durchaus den Eindruck einer „versingelnden“ Gesellschaft erwecken, die zunehmend unwillig ist, Partnerschaften einzugehen.

Doch bei genauerem Hinsehen zeigt sich, dass die Kurve der Zweipersonenhaushalte nur knapp unterhalb der Einpersonenhaushalte rangiert und seit Jahren parallel verläuft, also ebenfalls stetig zunimmt. Und wie bereits in der Einleitung dieser Arbeit dargelegt, können Zahlen über die Einpersonenhaushalte keine validen Aussagen über eine tatsächliche Zunahme der Singles im Sinne der Partnerlosigkeit treffen: Was hier gemessen wird, ist, ob Menschen alleine wohnen oder nicht - über ihre sozialen Beziehungen sagt die Haushaltsform nichts aus. Und auch wenn die Daten des Statistischen Bundesamtes eine hohe Scheidungsrate sowie eine zurückgehende Heiratsneigung und Geburtenziffer nachweisen, so darf daraus nicht der Schluss gezogen werden, dass das Konzept der Partnerschaft bedroht wäre, wie Lengerer (2011) treffend formuliert:

„Niemand bezweifelt, dass die Heiratsneigung zurückgegangen und die Wahrscheinlichkeit der Scheidung angestiegen ist. Auch die Geburtenraten sind eindeutig gesunken. Allein daraus kann aber weder auf eine Pluralisierung im Sinne einer größeren Vielfalt der Lebensformen noch auf eine Singularisierung im Sinne einer zunehmenden Abkehr von festen, verbindlichen Beziehungen geschlossen werden. Einige neuere Studien kommen zu dem Ergebnis, dass zwar ein Wandel der Lebensformen, aber keine Pluralisierung in nennenswertem Ausmaß stattgefunden hat […] und sich der Wandel im Kern auf eine Strukturverschiebung vom ehelichen zum nichtehelichen Zusammenleben beschränkt […]. Der Rückgang der Ehe wird demnach durch die Zunahme der nichtehelichen Lebensgemeinschaft nahezu vollständig kompensiert, so dass sich am Ausmaß des Zusammenlebens mit einem Partner insgesamt kaum etwas verändert hat.“[162]

[161] Statistisches Bundesamt: Demographischer Wandel in Deutschland, S.28 [Internetquelle].
[162] Lengerer 2011, S.10.

Wir leben weiterhin in einer familien- und paarorientierten Gesellschaft und die Bedürfnisse der Menschen nach Liebe, Sex, interpersoneller Intimität, Nähe und Geborgenheit haben sich nicht geändert. Auch der Hauptstrom der Anthropologie ist sich einig: Der Mensch ist ein soziales Wesen, weshalb der Fortbestand der Menschheit weiterhin gesichert ist: Uns wurde die „Sehnsucht nach Zweisamkeit in den genetischen Code gestrickt“[163]. Zumindest das Konzept der Partnerschaft gilt daher auch weiterhin als gesellschaftliche Norm.[164] Ob diese nun in Zweipersonenhaushalten oder über die Grenzen von Einpersonenhaushalten hinweg besteht, ist irrelevant. Sicherlich steht außer Frage, dass die Individualisierungstendenzen der letzten Jahrzehnte dazu geführt haben, dass das Single-Dasein im Sinne eines Alleinlebens oder gar eines partnerlosen Alleinlebens gesellschaftlich akzeptiert wurde – doch nur bis zu einem gewissen Alter.[165] Diese Akzeptanz ist nicht zuletzt durch einen zunehmend globalisierten Arbeitsmarkt mit seinen Forderungen nach Bildung, Mobilität und Flexibilität bedingt.[166] Wie bereits weiter oben angeführt, gilt es heutzutage als „normal“, während der Zeit der Ausbildung und ersten Arbeitsjahre allein zu wohnen und damit statistisch gesehen als Single zu gelten. Doch selbst wenn Singles während der Ausbildungsphase nicht mehr pauschal als Abweichler gelten, so kommen sie spätestens nach Ende der Ausbildung unter gesellschaftlichen Rechtfertigungsdruck, wie Cargan (2007) beschreibt:

„The social changes that have made singles more numerous have also made it somewhat more acceptable to be single – but only up to a certain age. Society recognizes that it is now important to attain higher education in order

---

[163] Kegel, Sandra 2007: In den Sehnsuchtsmaschinen. In: Frankfurter Allgemeine Zeitung, 29.09.2007, Nr.227, S.Z1.

[164] Dass neben dem sozialen Umfeld auch die Medien ganz entscheidend unsere Vorstellungen von Liebe, Romantik und Sexualität prägen und das Konzept der Partnerschaft idealisieren (vgl. Schuldt 2004, S. 114 ff.), sei hier nur am Rande angemerkt.

[165] Vgl. Cargan 2007, S.54.

[166] Schon Beck (1986) weist darauf hin: „Einerseits erfordert der Arbeitsmarkt Mobilität unter Absehung von den persönlichen Umständen. Ehe und Familie erfordern das Gegenteil. In dem zu Ende gedachten Marktmodell der Moderne wird die familien- und ehelose Gesellschaft unterstellt. Jeder muß selbständig, frei für die Erfordernisse des Marktes sein, um seine ökonomische Existenz zu sichern. Das Marktsubjekt ist in letzter Konsequenz das alleinstehende, nicht partnerschafts-, ehe- oder familien-‚behinderte‘ Individuum.“ (Vgl. Beck 1986, S.191).

to achieve economic security and that it is smart to build a nest egg for the future expenses before one gets married, and it has become acceptable to delay marriage in order to attain these enviable aims – but ultimately one should marry. The age of thirty now seems to be the turning point. Beyond that age, singleness may become uncomfortable for both men and women. The truth is that we still live in a world of couples and families."[167]

Dieser Befund aus den USA ist bezüglich des Imperativs zur Heirat nicht unbedingt gleichzusetzen mit der Situation in Deutschland. Doch der Kern dieses Zitates ist übertragbar: Partnerlos zu sein ist spätestens mit 30 Jahren ein Makel. Dass dieser Befund auch in Deutschland gültig ist, zeigen die noch recht aktuellen Werke von Hoffmann (2006) und Roedenbeck (2012), in denen „Absolute Beginner“ in E-Mail-Interviews davon berichten, wie sie sich aufgrund ihrer mangelnden Sexual- und Beziehungserfahrung schämen[168] und von Gefühlen der Unzulänglichkeit[169] und Minderwertigkeit[170] geplagt werden. Sie haben den Eindruck, innerhalb einer Gesellschaft, in der partnerschaftliche und sexuelle Erfahrung mit Lebenserfahrung gleichgesetzt wird, nicht dazuzugehören[171], „nicht zu genügen, nicht mithalten zu können“[172]. Auch die von Wickenhöfer (2004) interviewten „Absoluten Beginner“ berichten davon, wie sie ohne Partner ins soziale Abseits[173] geraten und Angst davor haben, ihre „Schwäche“ der Partnerlosigkeit gegenüber ihrer sozialen Umwelt eingestehen zu müssen[174].

3.3 Fazit

Partnerlosigkeit ist kein Phänomen des 21. Jahrhunderts - der historische Abriss verdeutlicht, dass es stets Menschen gab, die über weite Strecken ihres Lebens partnerlos blieben. Die Möglichkeit zur Heirat war in vorindustrieller Zeit ein Privileg, welches an Besitz und sozialen Status gekoppelt war. Vielen

[167] Cargan 2007, S.54.
[168] Vgl. Hoffmann 2006, S.38; Roedenbeck 2012, S.95.
[169] Vgl. Hoffmann 2006, S.43; Roedenbeck 2012, S.53 ff.
[170] Vgl. Hoffmann 2006, S.56.
[171] Vgl. Hoffmann 2006, S.20.
[172] Vgl. Hoffmann 2006, S.46.
[173] Vgl. Wickenhöfer 2004, S.45 ff.
[174] Vgl. Wickenhöfer 2004, S.56.

Menschen wurde daher der Zugang zur Ehe und damit auch zu Partnerschaft und eigener Familie verwehrt, da Sexualität außerhalb der Ehe gesellschaftlich nicht akzeptiert wurde. Unverheiratet zu sein bedeutete also meist auch, gleichsam partnerlos zu sein. Solange Menschen diesen „niederen" Status innehatten, waren sie gewissermaßen „Menschen zweiter Klasse" und wurden in einer paarorientierten Gesellschaft diskriminiert. Wenn die Heirat als Norm galt, so musste die Minorität der Unverheirateten und Partnerlosen zwangsläufig mit negativen Vorurteilen belegt werden, auf deren Basis sie abgewertet wurden. Auch die Wissenschaft unterstützte diese Sichtweise und entwickelte Stereotype, um das abweichende Verhalten von Singles zu erklären und zu verurteilen. Im Rahmen des historischen Abrisses wird deutlich, dass Vorurteile gegenüber dieser Lebensform also durchaus historische Wurzeln haben.

Die Vorurteile konnten sich auch in Zeiten der Industrialisierung und dem damit einhergehenden ersten Individualisierungsschub halten, der gegen Ende des 19. Jahrhunderts einsetzte. Doch selbst als es zu ersten Freisetzungseffekten kam und die Notwendigkeit entfiel, in einem Mehrpersonenhaushalt zu leben, limitierten weiterhin das knappe Wohnungsangebot sowie die strenge Ehenorm und Sexualmoral den Wunsch nach dem alleinigen Leben oder unehelichem Zusammenleben. An den Institutionen der „Ehe" und „Familie" prallte die erste Individualisierungswelle gewissermaßen ab: Weiterhin galt es als Norm, verheiratet zu sein, obwohl in der aufkommenden Industriegesellschaft es ökonomisch möglich war, als „Single" bestehen zu können.[175] Die Regel bestand weiterhin, dass Verheiratete innerhalb der sozialen Hierarchie höher gestellt waren als Unverheiratete.

Die Höherbewertung der Ehe gipfelte im bürgerlichen Eheideal der 1950er Jahre, in denen die Zahl der Heiratsquoten und Geburtenraten auf Höchststände kletterte. In den späten 1960er Jahren folgte jedoch ein weiterer Individualisierungsschub, der dieses Mal auch in einer gewissen Pluralität der Lebensformen mündete. Das gesellschaftliche Normen- und Wertegefüge hatte sich inzwischen gelockert, Wohnungen waren in ausreichender Zahl

[175] Vgl. Borscheid 1994, S.38.

vorhanden, zudem war das Wohlstandsniveau deutlich angestiegen. Nimmt man – ausnahmsweise – die Einpersonenhaushalte als einen validen Indikator für die Entwicklung der Anzahl der Singles, so kam es in den 1970er Jahren zu einem regelrechten „Singles-Boom“. Zudem änderte sich auch die öffentliche Einstellung gegenüber dieser Lebensform: Waren die Partnerlosen und Unverheirateten bis dato mit negativen Stereotypen belegt und verspottet worden, so galten sie nun in der öffentlichen Wahrnehmung mit ihrer selbstbestimmten Lebensweise als Vorbild. Es war die Phase, in welcher Alleinlebende in ihrem Einpersonenhaushalt erstmals auf gesellschaftliche Anerkennung trafen. Dies resultierte jedoch kaum aus dem Prestige der (langfristigen) Partnerlosigkeit, sondern in erster Linie aus dem *Lebensstil*, der mit dem Alleinleben assoziiert wurde und Selbstverwirklichung, Freiheit und Abenteuer versprach.

Seit den späten 1990er Jahren gibt es Anzeichen dafür, dass sich die Wertehierarchie erneut verschoben hat: Werte wie Gemeinschaft, Sicherheit und Ordnung sind wiedererstarkt und haben sich bei jungen Menschen in der Wertehierarchie wieder vor die „postmateriellen Werte“ geschoben. Nimmt damit die gesellschaftliche Akzeptanz von Singles wieder ab?

Hier scheinen sich die einzelnen Studien aufgrund von unterschiedlichen Single-Konzepten zu widersprechen. Insbesondere in den Befunden von Opaschowski (2010), Gensicke (2002) und Hradil (2003) drängt sich der Eindruck auf, dass Singles implizit mit dem Yuppie-Klischee der 80er Jahre assoziiert werden: Junge, dynamische und erfolgreiche Karriere-Menschen, die egozentrisch ausgerichtet sind und kein Interesse an langfristigen Bindungen haben. Dieses Konzept geht jedoch an der Gruppe der „unfreiwilligen Singles“ vorbei, zu denen bspw. auch die „Absoluten Beginner“ zählen. Es mag sein, dass das stark mit dem Konzept des Yuppies oder Playboys verwandte Single-Konzept der 1980er und 1990er Jahre Konjunktur hatte, die nun wieder abklingt. Für die (langfristige) Partnerlosigkeit gilt dies jedoch nicht. Spätestens wenn Partnerlosigkeit zum Dauerzustand wird, gelten Singles seit jeher als abweichlerisch und anormal. Insbesondere dann, wenn sie mit ihrer Partnerlosigkeit eine gewisse Altersgrenze überschreiten.

Für die vorliegende Arbeit ergibt sich aus dem oben beschriebenen Zusammenhang die Empfehlung einer besonders sensiblen Kontaktaufnahme zu möglichen Probanden. Wenn andauernde Partnerlosigkeit als soziales Stigma erlebt wird, ist davon auszugehen, dass die Teilnahmebereitschaft männlicher Absoluter Beginner an einer sie betreffenden Studie äußerst gering sein wird: Mit Misstrauen und Skepsis ist zu rechnen.

„Es gibt für alles zwei Zeitpunkte,
den richtigen und den verpassten."
(Stan Nadolny)

4 Stand der Forschung – mögliche Gründe der Partnerlosigkeit

Die Literatur, die sich mit dem Phänomen der Singles beschäftigt, ist derart umfangreich, dass die Synopse bisheriger Forschungsergebnisse quantitativ kaum zu bewältigen ist. Es handelt sich um ein Forschungsgebiet, welches interdisziplinär von der Soziologie, der Psychologie, aber auch der Ökonomie, Familienforschung und Demographie bearbeitet wird. Hinzu kommen unzählige Publikationen zum Thema Partnerwahl und Sexualität, die das Thema der Singles zumindest tangieren.

Ziel dieses Kapitels ist es nicht, sämtliche Ergebnisse der Single-Forschung zusammenzufassen.[176] Hingegen widmet es sich der konkreten Frage, welche Faktoren bislang als Gründe der Partnerlosigkeit aufgeworfen und untersucht wurden. Überraschend ist, dass es kaum Literatur gibt, welche sich dieser Frage systematisch nähert; die einzelnen Befunde sind über zahllose Studien verteilt. Eine Ausnahme ist die Arbeit von Schock (2007), welche zumindest wesentliche Gründe zusammenfasst, die von der Soziologie diskutiert werden.[177] Darüber hinaus mangelt es der Single-Literatur bei der Erklärung von Partnerlosigkeit an Argumentationsmustern, wie sie in der Soziobiologie und Evolutions-psychologie formuliert werden. Hier sei insbesondere auf den individuellen Partnermarktwert (mate value) hingewiesen. Um im Rahmen dieses Kapitels die zentralen (möglichen) Gründe der Partnerlosigkeit zu erfassen, werde ich diese Perspektive zusätzlich berücksichtigen.

Einige der Unterkapitel benötigen zum besseren Verständnis eigene Exkurse, wiederum andere sind aufgrund der bisherigen Forschungsergebnisse sehr umfangreich. In beiden Fällen werde ich diese Unterkapitel weiter untergliedern und ggf. mit einem Fazit abschließen. Im Vorhinein möchte ich auch anmerken, dass einige der dargestellten empirischen Befunde streng

---

[176] Eine gute Übersicht über soziologische und psychologische Befunde findet sich bei Baas et al. (2008), auch Krüger (1990) widmet einen Großteil ihrer Arbeit der Literaturanalyse.

[177] Vgl. Schock 2007, S.24 ff.

genommen nicht miteinander vergleichbar sind, da unterschiedliche Single-Definitionen zugrunde gelegt wurden. Klaffen die Single-Definitionen der verglichenen Studien weit auseinander, so weise ich darauf hin. Gibt es nur leichte Definitions-Unterschiede, verzichte ich auf diesen Hinweis zugunsten der Lesbarkeit.

4.1 Engpässe auf dem Partnermarkt

Innerhalb der Single-Literatur werden die Gründe der Partnerlosigkeit meist beim Individuum gesucht, wohingegen strukturelle Engpässe auf dem Partnermarkt weitgehend unberücksichtigt bleiben. Dass diese Engpässe jedoch bestehen könnten, kann aus den bereits in Kapitel 2.2 dargestellten Berechnungen von Baas et al. (2008) gefolgert werden. Danach sind bspw. in der Altersgruppe bis 30 Jahre 60,4% aller Männer partnerlos, während Frauen mit einer Single-Quote von lediglich 35,6% deutlich häufiger in Partnerschaft leben.[178]

Es erhebt sich die Frage, ob sich die von Baas et al. (2008) festgestellten Schieflagen innerhalb einzelner Altersgruppen etwa mit Rückgriff auf die amtliche Geburtenstatistik erklären lassen. Gibt es in der Altersgruppe bis 30 Jahre einen signifikanten Männerüberschuss, der vor dem Hintergrund eines monogamen Paarungssystems dazu führt, dass einige Männer einfach keine Partnerin finden *können*?

Der Blick auf die Bevölkerungspyramide des Statistischen Bundesamtes zeigt in der Tat einen leichten Männerüberschuss, der sich bis zu einem Lebensalter von 55 Lebensjahren hält; von dort an herrscht ein zunehmend stärkerer Frauenüberschuss, da Frauen in der Regel deutlich älter werden als Männer[179].

[178] Vgl. Baas; Schmitt; Wahl 2008, S.36.

[179] Vgl. Statistisches Bundesamt: Zahl der Woche Nr.010 vom 08.03.2011: Frauen weiterhin in der Mehrzahl: 51% der Bevölkerung sind weiblich [Internetquelle].

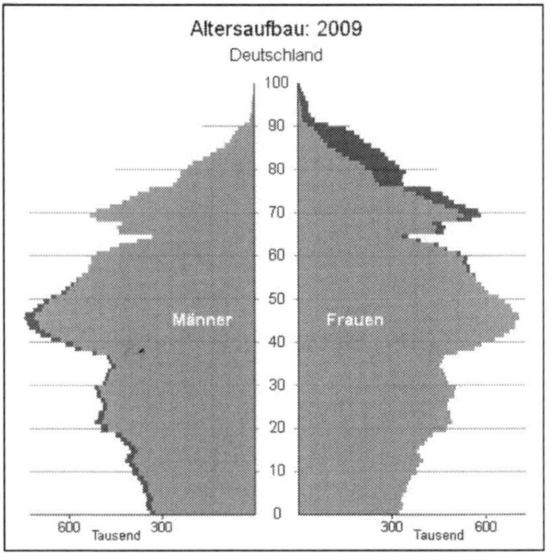

Abbildung 5: Bevölkerungspyramide der Bundesrepublik Deutschland (Stand: 2009) [Quelle: Statistisches Bundesamt (Internetquelle)]

Dennoch bewegt sich der Männerüberschuss in den unteren Altersgruppen lediglich zwischen zwei und fünf Prozent. Der von Baas et al. (2008) nachgewiesene Single-Männer-Überschuss in den unteren Altersgruppen, der weit im zweistelligen Prozentbereich liegt, kann damit nicht hinreichend erklärt werden. Es muss also weitere Einflussfaktoren geben, welche dieses geschlechtsspezifische Ungleichgewicht bedingen.

Ein Erklärungsversuch setzt an regionalen Ungleichgewichten der Geschlechterverteilung an. Laut einer Studie des Berlin-Instituts für Bevölkerung und Entwicklung von 2007 besteht in Ostdeutschland ein zunehmender Frauenmangel. Besonders prekär ist die Lage in den wirtschaftsschwachen Regionen mit einem Frauendefizit von bis zu 25%.[180] Die Studie erklärt dieses Phänomen mit einem Bildungsvorsprung der Frauen. Die Unterschiede in den Schulleistungen von Mädchen und Jungen seien in Ostdeutschland besonders hoch; junge und gut ausgebildete Frauen verfügten über eine höhere berufliche Mobilität und würden ihre Heimat daher häufiger

180 Vgl. Berlin-Institut für Bevölkerung und Entwicklung: „Not am Mann", S.4 [Internetquelle].

als Männer zurücklassen.[181] Zusätzliche Bestätigung dieses Trends liefert der Befund, dass ostdeutsche Frauen dreimal häufiger einen Partner aus dem Westen haben, als ostdeutsche Männer eine Partnerin aus dem Westen.[182] Auch eine Studie von Klein et al. (2010) bestätigt den Frauenmangel auf dem ostdeutschen Partnermarkt: Insbesondere wenn Männer dort den niedrigen Bildungsgruppen (kein Abitur) angehören, berichten sie von einem ungünstigen Geschlechterverhältnis in ihrem sozialen Umfeld und sehen dies als Hindernis für ihre Partnersuche an.[183]

Neben regionalen Ungleichgewichten begründen mit hoher Wahrscheinlichkeit auch die Gesetzmäßigkeiten der Partnerwahl den Single-Männer-Überschuss in jungen Jahrgängen. Es ist kulturübergreifend nachgewiesen, dass Männer in der Regel jüngere Partnerinnen bevorzugen und umgekehrt.[184] Auch in Deutschland sind die Männer durchschnittlich 3,2 Jahre älter als ihre Partnerinnen, wobei der Altersunterschied mit zunehmendem Alter des Mannes immer größer wird.[185] Wie der oben abgebildeten Bevölkerungspyramide zu entnehmen ist, sind Männer ab 40 aufgrund der geburtenstarken Jahrgänge sehr zahlreich; die Zahl ihrer potentiellen Partnerinnen, die einige Jahre jünger sind, fällt aufgrund des Geburtenrückgangs zwischen den 1960er und 1980er Jahren deutlich geringer aus. Fände nun auf breiter Front eine Bindung zwischen 40-jährigen Männern und jüngeren Frauen statt, so ergäbe sich für die jüngeren Männer schnell eine Knappheit potentieller Partnerinnen. Diese Männer müssten ebenfalls auf jüngere Partnerinnen zurückgreifen, so dass sich dieser Prozess bis zu den untersten Jahrgängen fortsetzen würde. Eine erhöhte Single-Quote unter jungen Männern und älteren Frauen wäre die Folge, was zu den Befunden von Baas et al. (2008) passen würde (vgl. Kapitel 2.2).

---

181 Vgl. Berlin-Institut für Bevölkerung und Entwicklung: „Not am Mann“, S.6 [Internetquelle].
182 Vgl. Berlin-Institut für Bevölkerung und Entwicklung: „Not am Mann“, S.62 [Internetquelle].
183 Vgl. Klein et al. 2010, S.201.
184 Vgl. Buss 1989, S.9; Voland 2000, S.142 f.
185 Vgl. Hassebrauck/Küpper 2002, S.105. ff.

Weitere Erklärungsansätze sollen aus Platzgründen nicht erörtert werden.[186] Wichtig ist: Auf dem Partnermarkt gibt es geschlechtsspezifische Schieflagen, die zu Engpässen an potentiellen Partnern führen. In den jüngeren Altersgruppen sind die Männer benachteiligt, in den älteren Altersgruppen sind es die Frauen. Doch selbst wenn es in den Altersgruppen bis 50 Jahre nachweislich einen Single-Männerüberschuss gibt, so kann dessen Bedeutsamkeit argumentativ gemildert werden: Dessen ganze Wucht käme schließlich erst dann zum Tragen, wenn wirklich alle Frauen in den unteren Altersgruppen vergeben wären. Es ist naheliegend, dass der Männerüberschuss in den unteren Altersgruppen die Partnersuche erschwert; dennoch ist sie weiterhin erfolgversprechend, denn die Berechnungen von Baas et al. (2008) weisen nach, dass es in jeder Altersgruppe weiterhin zahlreiche partnerlose Frauen gibt. Es trifft also nicht zu, dass sich sämtliche Frauen in Partnerschaft befinden und die „übrig gebliebenen" Single-Männer auf das „Freiwerden" einer Partnerin warten müssen. Die Bedingungen der Partnersuche sind für Männer unter 50 Jahren also nicht aussichtslos, wenn auch strukturell erschwert – insbesondere in ostdeutschen Regionen.

4.2 Zeitstrukturierung und mangelnde Kontaktgelegenheiten

Bereits die Ausführungen zu den Engpässen auf dem Partnermarkt wiesen darauf hin, dass ostdeutsche Singles männlichen Geschlechts geringere Chancen zum Kennenlernen potentieller Partnerinnen haben als westdeutsche Singles. Das Problem der mangelnden Kontaktgelegenheiten ist jedoch nicht nur durch geographische Strukturen bedingt: Auch ein westdeutscher Single, der viel Zeit in der eigenen Wohnung verbringt, über wenig Sozialkontakte verfügt und das Internet nicht zur Partnersuche verwendet, wird kaum potentielle Partner kennenlernen – insbesondere dann, wenn seine Arbeits- oder Ausbildungsstelle diesen Mangel nicht kompensieren kann. Doch auch diese Institutionen können letztlich ein Hindernis bei der Partnersuche sein: Angenommen, sie beanspruchen viel Zeit und Energie, stellen auf der anderen Seite jedoch kein ausreichendes Angebot an potentiellen Partnern zur

[186] Angemerkt sei jedoch, dass auch der Soziologie-Professor Thomas Klein, der sich im Rahmen seiner Forschung intensiv mit den strukturellen Bedingungen der Partnerwahl beschäftigt, die hier dargestellten Erklärungsansätze als die zwei bedeutsamsten wertet (vgl. Böck 2000, S.259).

Verfügung, so muss die Partnersuche wiederum auf die knapp bemessene Freizeit verlagert werden. Partnerlosigkeit ließe sich demnach auch mit der individuellen Zeitstrukturierung und einem daraus resultierenden Mangel an Kontaktgelegenheiten erklären.

Dass diese Argumentation nicht aus der Luft gegriffen ist, soll zunächst ein Ausschnitt aus der Parship-Single-Studie von 2005 zeigen: Hier nennen Singles einen Mangel an Zeit (bedingt durch zu viel Arbeit) und an Gelegenheiten als die größten Probleme bei der Partnersuche.

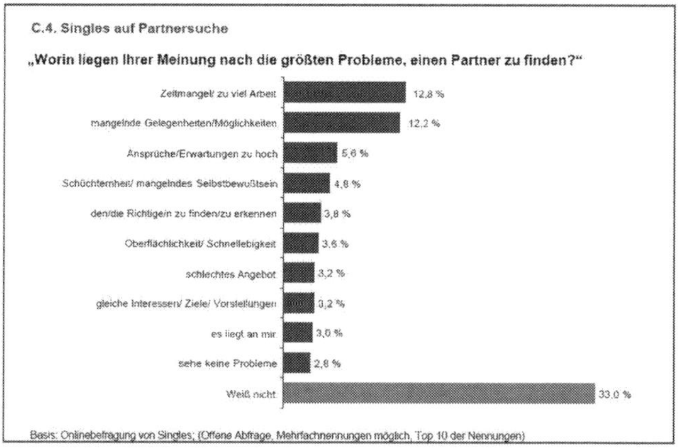

Abbildung 6: Gründe, warum Singles keinen Partner finden
[Quelle: Parship.de Single-Studie 2005 (Berichtsband), S.61.]

Dass sogenannte „Gelegenheitsstrukturen“, die erst die wechselseitige Wahrnehmbarkeit und Interaktion ermöglichen, eine unvermeidliche Voraussetzung für die erfolgreiche Partnersuche sind, wurde auf theoretischer Basis bereits von Feld (1981) herausgearbeitet. Kernidee seines Ansatzes ist, dass die soziale Umgebung aus so genannten „Foki“[187] besteht, um die herum sich alle sozialen Aktivitäten organisieren. Sobald zwei Personen denselben Fokus teilen, besteht die Chance zum sozialen Kontakt und zum Aufbau einer Beziehung. Eine graphische Darstellung der Fokustheorie findet sich bei Hirschle (2007):

---

[187] „Foki“ sind synonym zu verstehen mit sozialen Verkehrskreisen, sozialen Handlungskontexten und Gelegenheitsstrukturen.

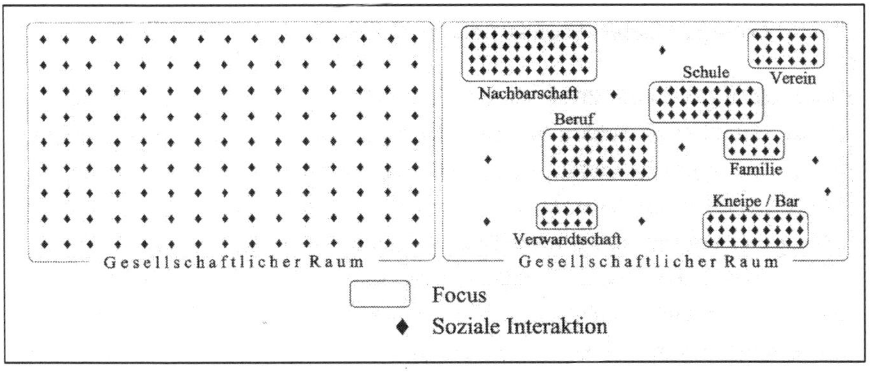

Abbildung 7: Gleichverteilte vs. auf Gelegenheitsstrukturen konzentrierte Interaktionen in einem gesellschaftlichen Raum (Quelle: Hirschle 2007, S.48.)

Das Besondere einzelner Foki ist, dass sie gleichsam Bündelungspunkte von Gemeinsamkeiten sind. Über die Foki finden nicht nur Personen zusammen, die denselben Aktivitäten nachgehen – diesen Aktivitäten unterliegen gleichzeitig ähnliche Gesinnungen, so dass Personen mit kongruenten Interessenslagen und Einstellungen aufeinander treffen. Zudem kommt es innerhalb dieser Foki zur Interaktion zwischen den Personen. Dass Personen, die sich über gemeinsame Foki gefunden haben, schließlich auch soziale Beziehungen miteinander eingehen, erklärt Feld mit Bezug auf die Kontakthypothese Homans' (1950), nach der positive Gefühle zwischen Personen das Resultat von häufigen belohnenden Interaktionen miteinander sind.[188/189]

Die Fokustheorie von Feld (1981) zeigt: Eine (möglichst große) Auswahl an potentiellen Partnern kommt nicht gleichsam „zur Tür herein marschiert", um sich „anzupreisen"; sie muss gesucht und gefunden werden. Erst wenn eine Auswahl von potentiellen Partnern zur Verfügung steht, werden Präferenzen relevant. Rössel (2005) bringt es auf den Punkt:

[188] Vgl. Feld (1981), S.1017; siehe auch Wolf 1996, S.80.

[189] Die von Darley/Berscheid (1967) im Bereich der experimentellen Psychologie durchgeführten Experimente bestätigen diese Hypothese. Sie konnten nachweisen, dass Probanden die Attraktivität einer Person bereits dadurch höher bewerten, dass weitere Treffen mit dieser Person in Aussicht gestellt werden. Die zukünftige Erreichbarkeit einer Person erhöht also deren Attraktivität.

„Sowohl die Auswahl an Freunden als auch von Ehepartnern hängt im ersten Schritt von der jeweiligen Gelegenheitsstruktur ab, eine bestimmte Person überhaupt zu treffen. Erst im zweiten Schritt hängt die Anbahnung einer Freundschaft oder einer Partnerschaft von der präferenzgesteuerten interpersonalen Attraktion ab.“[190]

In Anschluss an diese theoretischen Vorüberlegungen kann mit Blick auf empirische Forschungsergebnisse hinzugefügt werden, dass den einzelnen „Foki“ bzw. Gelegenheitsstrukturen unterschiedlich hohe *Wahrscheinlichkeiten* für den Erfolg bei der Partnersuche zukommen: In der „Parship Single-Studie 2009“, in der gefragt wird, bei welcher Gelegenheit sich Paare tatsächlich kennen gelernt haben, geben 26,7% der 1529 befragten Personen an, ihren Partner über Freunde und Bekannte kennen gelernt zu haben.[191] Beim Ausgehen in Bars, Discotheken, Clubs, etc. haben 19,6% ihren aktuellen Partner kennen gelernt. Auch das Kennenlernen am Arbeitsplatz bzw. durch den Beruf spielt mit 17,3% eine wichtige Rolle, wobei der Abstand zum Kennenlernen über das Internet (16%) sehr knapp ausfällt.[192] Sonstige Gelegenheiten des Kennenlernens wie Sport, Urlaub oder Vereinstreffen sind nur von geringer Bedeutung.

Im Hinblick auf die bisherigen Überlegungen könnte Partnerlosigkeit mithin dadurch erklärt werden, dass einige Singles zu wenig Zeit in den geeigneten Gelegenheitsstrukturen verbringen, um bei der Partnersuche erfolgreich zu sein. Gibt es Studien, welche dies belegen?

Der Blick in die Single-Literatur zeigt, dass insbesondere das *Freizeitverhalten* von Singles schon seit langer Zeit im Fokus der Forschung steht – nicht zuletzt, da es ein großes Interesse der Industrie an diesen Erhebungen zu geben scheint. So führt die Stiftung für Zukunftsfragen (früher: B.A.T.-Freizeitforschungsinstitut) unter der Leitung von Horst Opaschowski bereits

---

[190] Rössel 2005, S.270.

[191] Parship.de Single-Studie 2009 (Tabellenband), S.37 (bisher nicht offiziell veröffentlicht).

[192] Hierzu muss angemerkt werden, dass es sich bei der Parship.de Single-Studie 2009 um eine reine Online-Umfrage handelt. Die Stichprobe besteht also vollständig aus Internetnutzern. Dass diese eher zur Online-Kontaktvermittlung neigen als andere Singles, die das Internet gar nicht oder kaum nutzen, liegt nahe. Daher sollte der 16%-Wert für die Internetbekanntschaften zwar berücksichtigt, jedoch mit Vorsicht interpretiert werden.

seit 1981 eine sich dreijährlich wiederholende Studie zum Freizeitverhalten deutscher Bundesbürger durch, deren Ergebnisse sie nach Lebensformen differenziert darstellt. Da Singles in diesen Publikationen jedoch nicht als Partnerlose (sondern über die Lebensweise) definiert sind, sind die Ergebnisse für die vorliegende Arbeit wenig hilfreich. Quantitative Angaben zum Freizeitverhalten von Singles im Sinne von Partnerlosen finden sich hingegen bei Monyk (2007). Obwohl ihre Fragebogen-basierte Studie in Wien und Umgebung durchgeführt wurde, dürfte sie hinsichtlich ihrer Aussagekraft weitgehend auf die Bundesrepublik übertragbar sein.

Hier verbrachte die Gruppe der Singles (N=124) in der Woche vor der Erhebung durchschnittlich zwei bis drei Abende außer Haus. Doch ein Großteil der Freizeit wird auch alleine zu Hause verbracht: So geben 8% der Singles an, „so gut wie täglich" ihre Freizeit alleine zu Hause zu verbringen. Bei 64% ist dies mehrmals die Woche der Fall, nur bei 28% etwa einmal die Woche oder seltener. Dabei wird diese Zeit des Alleinseins vorwiegend als angenehm erlebt; nur 5% aller Singles empfinden diese Zeit als „eher unangenehm".[193]

Besuch von Freunden, Bekannten, Verwandten oder Kollegen bekommen Singles meistens einmal die Woche (42%) oder „alle paar Wochen" (23%). Nur eine Minderheit (4%) bekommt täglich Besuch, größer fällt hingegen die Gruppe derjenigen aus, die lediglich „alle paar Monate" (7%) oder „so gut wie nie" (7%) Besuch bekommt. In diesen Werten unterscheiden sich Singles übrigens nur geringfügig von den kinderlosen Paaren.[194]

Monyks Fragebogen-Abschnitt über die Aspekte zur Freizeitgestaltung endet mit einer Auflistung von außerhäuslichen Freizeitaktivitäten mit entsprechenden Häufigkeiten:

[193] Die gesammelten Ergebnisse zur Freizeitgestaltung von Singles finden sich bei: Monyk 2007, S.232 ff.

[194] Vgl. Monyk 2007, S.257.

Tabelle 2: Außerhäusliche Freizeitaktivitäten von Singles
(Quelle: Monyk 2007, S.234.)

22. Wenn Sie an Ihre Freizeitaktivitäten ***außer Haus*** denken, tätigen Sie diese ***alleine oder gemeinsam mit anderen Personen*** und ***wie oft*** unternehmen Sie diese Freizeittätigkeiten?

Angaben in %	oft	manchmal	selten	nie	eher alleine	eher mit anderen Personen
Kurzreisen, Wochenendausflüge	14	37	29	20	22	78
motorisiert durch die Gegend fahren	10	19	31	40	40	60
Kurse besuchen	15	20	24	41	68	32
studieren	19	11	11	59	77	23
Diskothekenbesuche	13	19	26	42	19	81
Lokalbesuche (Cafes, Pubs)	53	33	11	3	15	85
Wirtshäuser/Heurigenbesuche	21	37	28	14	8	92
Nachtlokale besuchen	20	14	16	50	20	80
Einkaufsbummel	18	42	30	10	81	19
Ausstellung/Galeriebesuche	14	38	27	21	42	58
Konzerte/Theaterbesuche	15	30	42	13	14	86
zum Essen ausgehen	25	51	21	3	9	91
Spaziergänge/Wanderungen	29	29	31	11	41	59
Besuche machen	23	45	28	4	79	21
selbst Sport betreiben	35	29	21	15	53	47
Sportveranstaltungen besuchen	5	8	22	65	17	83
ins Kino gehen	21	49	23	7	27	73
Sonstiges:						

Hinsichtlich der Aktivitäten, denen Singles „oft" nachgehen, stechen insbesondere die „Lokalbesuche (Cafés, Pubs)" und „selbst Sport betreiben" heraus. Sportveranstaltungen und Nachtlokale werden hingegen vom überwiegenden Teil der Singles „nie" aufgesucht. Als interessanter Befund ist noch festzuhalten, dass das außerhäusliche Essen und Trinken meist in Gemeinschaft stattfindet: Wirtshäuser, Restaurants und Cafés werden ebenso wie Discotheken und Konzerte nur äußerst selten alleine aufgesucht.

Neben diesen Ergebnissen gibt es weitere Studien, die sich mit der quantitativen Analyse des Freizeitverhaltens von Singles beschäftigen. Es sei insbesondere auf die Forschungen von Cargan (2007) hingewiesen, der umfangreiche Ergebnisse für das Freizeitverhalten von *US-amerikanischen* Singles vorlegen kann.[195]

[195] Vgl. Cargan 2007, S.131 ff.

Diese Ergebnisse werde ich jedoch nicht berücksichtigen: Erstens, weil sie sich nur geringfügig von den oben dargestellten Ergebnissen unterscheiden. Zweitens, weil inzwischen deutlich geworden ist, dass die quantitativen Ergebnisse zum Freizeitverhalten nur ungenaue Antworten auf die Frage liefern können, ob Singles nun über viel oder wenig Möglichkeiten zur Partnersuche verfügen: Auch wenn das Freizeitverhalten in einzelne Tätigkeiten mit entsprechenden Häufigkeiten untergliedert wird, sagt dies nur bedingt etwas darüber aus, ob einzelne Tätigkeiten bewusst wegen der Partnersuche ausgeführt werden oder überhaupt die Chance dazu bieten. Natürlich deutet etwa eine hohe Anzahl von Lokalbesuchen auf gesteigerte Chancen zur Partnersuche hin. Doch um was für Lokale handelt es sich, und wie verhalten sich die Singles dort? Bleibt man eher unter sich, oder kommt man dort leicht in Kontakt zu neuen Bekanntschaften? Weitere Probleme dieser quantitativen Studien zur Freizeitgestaltung ergeben sich aus dem verwendeten Untersuchungsinstrumentarium des standardisierten Fragebogens, der nur ein vorgefasstes „Set" an Freizeitaktivitäten abfragt. Alle Aktivitäten, welche sich nicht in diese vorgegebene Struktur einordnen lassen, bleiben ausgeblendet.

Eine Novität stellt vor diesem Hintergrund die erst kürzlich erschienene Studie von Häring et al. (2011) dar, die das Partner-Suchverhalten von deutschen Singles mit einer bislang unerreichten Stichprobengröße untersucht.

Sie folgt der zentralen Fragestellung, auf welche Formen der extensiven und intensiven[196] Partnersuche Singles zurückgreifen, sofern ungünstige Chancen auf dem Partnermarkt bestehen. Die Analysen basieren auf Fragebogenauswertungen von 3.452 Singles mit Partnerwunsch, die im Rahmen der ersten Welle des sogenannten „pairfam-Panels" befragt wurden. Diese Daten werden zusätzlich ergänzt um Auswertungen des „Partnermarktsurvey 2009", in dem Personen per Telefonauskunft über die Opportunitäten und Restriktionen ihres lokalen Partnermarktes befragt wurden.

[196] In Anlehnung an Becker (1993) definieren Häring et al. die *extensive* Partnersuche als die „Suche nach möglichen Partnern" und die *intensive* Partnersuche als „eingehendere Beschäftigung mit den Eigenschaften eines möglichen Partners" (vgl. Häring et al. 2011, S.49).

Ein zentrales Ergebnis der Studie ist, dass die Anzahl der Orte (Handlungskontexte), an denen sich die Singles aufhalten und denen sie zugleich eine hohe Partnermarktrelevanz zusprechen, mit zunehmendem Alter abnimmt. Geben im pairfam-Panel die 15-17-Jährigen und 25-27-Jährigen Singles im Durchschnitt noch etwa 4,0-4,1 relevante Handlungskontexte an, sind es bei den 35- bis 37-Jährigen nur noch 3,3.[197] Auch in weiteren Ergebnissen zeigt sich eine Altersabhängigkeit: Ältere Singles berichten häufiger von einem ungünstigen Geschlechterverhältnis in ihrem sozialen Umfeld und einem Mangel an verfügbaren Partnern. Hier besteht ihren Angaben zufolge zusätzlich das Problem, dass diese potentiellen Partner oft nicht den eigenen Präferenzen entsprechen.[198] Gleichzeitig geben sie sich jedoch weniger aufgeschlossen gegenüber der extensiven Partnersuche als jüngere Singles.[199]

Ein ungünstiges Geschlechterverhältnis im sozialen Umfeld besteht jedoch nicht nur alters-, sondern auch geschlechtsspezifisch: Single-Männer treffen in ihren partnermarktrelevanten Handlungskontexten durchschnittlich auf ein Verhältnis von 74 Frauen pro 100 Männer, während es in der Umgebung weiblicher Singles 85 Männer auf 100 Frauen sind.[200] Konsistent mit diesen Ergebnissen berichten Single-Männer häufiger als Single-Frauen von einer stärkeren Konkurrenz mit attraktiveren Geschlechtsgenossen.[201] Single-Frauen geben hingegen häufiger an, dass die verfügbaren Partner nicht den eigenen Vorstellungen entsprechen.[202]

Auch hinsichtlich der Suchstrategien zeigen sich geschlechtsspezifische Unterschiede: Single-Männer zeigen sich offener für extensive Formen der Partnersuche als Single-Frauen: Sie geben häufiger an (40,1% vs. 21,5%), innerhalb der letzten 6 Monate bewusst eine extensive Form der Partnersuche

[197] Vgl. Häring et al. 2011, S.60.
[198] Vgl. Häring et al. 2011, S.60.
[199] Vgl. Häring et al. 2011, S.61.
[200] Vgl. Häring et al. 2011, S.58.
[201] Vgl. Häring et al. 2011, S.58.
[202] Vgl. Häring et al. 2011, S.58.

betrieben zu haben. Frauen setzen hingegen eher auf intensive Strategien der Partnersuche.[203]

Offenbar besteht auch ein Zusammenhang zwischen den extensiven Suchstrategien und den Handlungskontexten, in die Singles eingebunden sind: Je stärker die soziale Einbindung in Handlungskontexte, desto offener zeigen sich Singles gegenüber extensiven Suchstrategien. Auf die intensiven Suchstrategien hat die Anzahl der Handlungskontexte hingegen keinen signifikanten Effekt.[204] Dieser Befund verwirft die ursprünglich von Häring et al. formulierte Hypothese, dass Singles mit wenigen Kontaktgelegenheiten zu potentiellen Partnern versuchen, dies durch extensive Suchstrategien zu kompensieren und zudem kompromissbereiter hinsichtlich ihrer Partnerwahlkriterien im *intensiven* Suchprozess agieren.[205] Laut den Ergebnissen des Partnermarktsurvey 2009 gilt dies jedoch eher für männliche als für weibliche Singles, da sich Frauen insgesamt stärker daran ausrichten, wie sehr sie in Handlungskontexte eingebunden sind. Bei geringer sozialer Einbindung forcieren sie eher als Männer die extensive Partnersuche.[206]

Der Befund, dass einige Singles trotz schwacher Einbindung in soziale Handlungskontexte nicht versuchen, ihr Ausmaß an Kontaktgelegenheiten zu erhöhen, findet sich bereits in der älteren Studie der Gesellschaft für angewandte Sozialpsychologie (GETAS), die 1977 im Auftrag des SPIEGEL durchgeführt wurde. Ähnlich der Parship-Studie von 2005 beklagt hier ein Großteil der Singles, nicht genügend Zeit für den intensiven Kontakt mit dem anderen Geschlecht zu haben.[207] Auf der anderen Seite weisen die qualitativen Interviews darauf hin, dass der überwiegende Teil derer, die keine Partnerschaftsbeziehung haben, von sich aus nur wenig unternehmen, um diesen Zustand zu ändern.[208]

Auch in den Befunden von Wickenhöfer (2004) spiegelt sich dieser Befund wieder. In seinen E-Mail-Interviews mit Absoluten Beginnern stellt er fest, dass

---

203 Vgl. Häring et al. 2011, S.61 ff.
204 Vgl. Häring et al. 2011, S.65.
205 Vgl. Häring et al. 2011, S.65.
206 Vgl. Häring et al. 2011, S.66.
207 Vgl. Schreiber 1978, S. 297.
208 Vgl. Schreiber 1978, S. 297.

der überwiegende Teil der Befragten bereits resignativ gestimmt ist; nur noch wenige der Absoluten Beginner widmen sich zum Zeitpunkt der Erhebung aktiv der Partnersuche. Dies trifft besonders auf die älteren Befragten zu. Wickenhöfer vermutet, dass sich die aussichtslose Stimmung mit zunehmendem Alter verfestigt, Anbahnungsversuche schließlich zum Erliegen kommen und damit die Chancen auf Partnerschaft im Zeitverlauf schwinden.[209]

4.3 Klassische Push- und Pullfaktoren

Einer der ältesten und bekanntesten Ansätze, der zahlreiche (Beweg-)Gründe sowie Vor- und Nachteile des Single-Lebens zusammenfasst, stammt von Stein (1978), der in den USA als einflussreicher Pionier der Single-Forschung gilt.

Basis seines Ansatzes ist, dass sowohl die Ehe als auch das Single-Dasein Vor- und Nachteile mit sich bringen. Auf der Grundlage seiner Untersuchungen in den USA stellt Stein (1978) eine Liste von Faktoren zusammen, die das Alleinleben oder das Eingehen einer Ehe begünstigen.[210] Bemerkenswert ist, dass Stein diese Faktoren nochmals unterteilt: Es gibt Faktoren, welche die Person aus der bisherigen Lebensform „drängen“ (Push-Faktoren) und solche, die die andere Lebensform attraktiv erscheinen lassen und die Personen somit „anziehen“ (Pull-Faktoren). Die folgende Grafik in der Übersetzung von Krüger (1990) stellt den Ansatz von Stein (1978) dar:

[209] Vgl. Wickenhöfer 2004, S.72.

[210] Das englische Original findet sich bei: Stein 1978, S.4. Ich verwende in diesem Fall die nach Krüger zitierte und übersetzte Variante (vgl. Krüger 1990, S.71).

Faktoren, die das Alleinleben oder das Eingehen einer Ehe begünstigen oder verhindern

Alleinleben

pushes (antreibende Faktoren, um die permanente Beziehung zu verlassen)	pulls (anziehende Faktoren, um Single zu bleiben oder dorthin zurückzukehren)
- wenig Freunde, Isolation, Einsamkeit	- Karrieremöglichkeiten
- eingeschränkte Möglichkeiten für neue Erfahrungen	- Möglichkeiten für sexuelle Erfahrungen
- ersticken in der Beziehung, "in die Falle gehen"	- interessanter Lebensstil, unterschiedliche Erfahrungen und Freiheit zum Wechsel
- wenig Kommunikation mit dem Partner	- psychische und soziale Autonomie, Zufriedenheit mit sich selbst
- sexuelle Frustration	
- Langeweile, Unzufriedenheit	- unterstützende Strukturen: Freundschaften, Frauen-/ Männergruppen, Gruppe von Gleichgesinnten
- Hindernisse zur Selbstentfaltung	

Heirat

pushes (antreibende Faktoren, um die negative gegenwärtige Situation zu verändern)	pulls (Attraktivität in potentiell-möglichen Situationen)
- Druck von den Eltern	- Zustimmung der Eltern
- Wunsch, das Elternhaus zu verlassen	- Wunsch nach Kindern und eigener Familie
- Furcht vor Unabhängigkeit, Alleinsein und Isolation	- Beispiele der Altersgruppe
	- Romantisierung der Ehe
- kein Wissen und keine Vorstellung über Alternativen	- physische Attraktivität/ Anziehung
- kulturelle und soziale Diskriminierung gegenüber Singles	- Liebe und emotionales Zusammengehörigkeitsgefühl
	- Sicherheit, Sozialstatus, Prestige
	- Legitimation von sexuellen Erfahrungen
	- Sozialisation
	- Beruf, Einkommen, Beförderung
	- Soziale Einrichtungen, die Ehe bevorzugen

Abbildung 8: Faktoren, die das Alleinleben oder das Eingehen einer Ehe begünstigen oder verhindern
(Quelle: Stein 1978, S.4, hier zitiert nach Krüger 1990, S.71.)

Krüger (1990) sieht in dieser Liste insgesamt das Bedürfnis nach Zugehörigkeit durchscheinen, welches für die Eheschließung spricht.[211] Auf der anderen Seite sei es primär das Bedürfnis nach Autonomie, welches das Alleinleben attraktiv erscheinen lasse.[212]

Unter der Prämisse, dass Partnerschaft und Partnerlosigkeit beliebig gewählt und abgewählt werden können, liefern die Push- und Pullfaktoren neben den Argumenten für eine Partnerschaft auch eine Auflistung von Gründen, welche

[211] Vgl. Krüger 1990, S.70.

[212] Vgl. Krüger 1990, S.70.

die (freiwillig gewählte) Partnerlosigkeit erklären können. In den folgenden Unterkapiteln werden einige der von Stein (1978) aufgeführten Einflussfaktoren eingehender diskutiert.

4.4 Einfluss des gesellschaftlichen Wandels

Wie bereits in Kapitel 3.2 beschrieben, kam es in Deutschland während des 20. Jahrhunderts zu einer Öffnung des Bildungswesens und des Arbeitsmarktes für Frauen, einem gestiegenen Wohlstandsniveau sowie einem ausreichenden Wohnungsangebot. Hinzu kamen die Ausweitung von Anspruchsrechten gegenüber dem Sozialstaat, eine Lockerung der Sexualmoral, eine Entdiskriminierung von Alleinlebenden und ein Wandel der gesellschaftlich tradierten Werte und Normen bezüglich Eheschließung und Scheidung.[213]

Um zu begründen, weshalb immer mehr Menschen als Singles leben, verweist die soziologische Single-Literatur zunächst auf diese strukturellen Voraussetzungen, die das partnerlose Alleinleben erst ermöglichten.[214] Die folgenden Determinanten können zum Teil auch auf die Individualisierungsthese zurückgeführt werden und sollen genauer dargestellt werden: Emanzipationsbestrebungen, das Aufkommen postmaterieller Werte sowie die Anfordernisse des modernen Arbeitsmarktes.

4.4.1 Emanzipationsbestrebungen und Konflikte mit alten Rollenvorstellungen

Dadurch, dass sowohl das Bildungssystem als auch der Arbeitsmarkt für Frauen zugänglich wurden, eröffnete sich ihnen auch die Möglichkeit einer unabhängigen Lebensführung. Auf die finanzielle Versorgung durch einen Ehemann waren Frauen somit nicht mehr angewiesen.[215]

Es liegt auf der Hand, dass dadurch für einige Frauen das Interesse an einer langfristigen Partnerschaft und einer Familiengründung abnahm. Brüderl/Diekmann (1994) können sowohl für die Bundesrepublik als auch für

---

[213] Für eine Auflistung der einzelnen Determinanten vgl. Hradil 1995, S.74 ff.; Stich 2002, S.20; Spiegel 1986, S.170 ff.

[214] Vgl. Hradil 1995, S.74; Stich 2002, S.20.

[215] Vgl. Sieder 1987, S.244.

die USA einen statistischen Zusammenhang zwischen Bildungsexpansion und steigender Ledigenquote unter Frauen nachweisen.[216]

Doch auch für bereits eingegangene Partnerschaften barg der weiblich-emanzipatorische Wunsch nach einem eigenen Beruf und Selbstbestimmung Konfliktpotential, da er der traditionellen Rollenverteilung mit dem Mann als Ernährer und der Frau als Hausfrau und Mutter widersprach. Empirische Belege dafür liefern insbesondere die Single-Interviews von Meyer/Schulze (1992), in denen „gegensätzliche Rollenauffassungen von Mann und Frau in einer Partnerschaft" als häufigster Trennungsgrund genannt werden.[217] Single-Frauen berichten davon, dass sie sich durch die Ansprüche ihrer Partner eingeengt fühlten und nicht auf die Rolle als Hausfrau reduzieren lassen wollten.[218] Umgekehrt gibt es auch Männer, die sich durch das traditionelle Rollenbild des Ernährers unter Druck gesetzt fühlten und sich deshalb von ihrer Partnerin trennten.[219]

4.4.2 Postmaterielle Werte

Nicht ganz trennscharf zu den emanzipatorischen Werten wird in der soziologisch geprägten Single-Literatur auch vom Aufkommen der so genannten „postmateriellen" Werte gesprochen.[220]

Der von Inglehart (1977) beschriebene Wertewandel wurde in Kapitel 3.2 bereits angesprochen: Da die Jugendgeneration der 1960er und 1970er Jahre den zweiten Weltkrieg nicht miterlebt hatte und zudem in einer wirtschaftlich prosperierenden Zeit aufwuchs, verspürte sie einen geringeren Mangel an materiellen Gütern und Sicherheit als ihre Elterngeneration. Nach Inglehart kam es mit diesen Voraussetzungen zu einem Bedeutungsverlust materieller Werte (Besitz, Vermögen, etc.) zugunsten postmaterieller Werte, zu denen

[216] Vgl. Brüderl/Diekmann 1994, S.68.
[217] Vgl. Meyer/Schulze 1992, S.79 ff.
[218] Vgl. Meyer/Schulze 1992, S.80 f.
[219] Vgl. Meyer/Schulze 1992, S.82.
[220] Vgl. Hradil 1995, S.77; Spiegel 1986, S.171.

nach Maslow (1977) etwa „Selbstverwirklichung", „Autonomie" und „Persönlichkeitsentfaltung" zählen.[221]

Mit dem Bedeutungszuwachs dieser Werte, so die Argumentation vieler Soziologen, verweigern nicht wenige Männer wie Frauen das Eingehen fester Beziehungen. Stattdessen bleiben sie lieber „freiwillig" partnerlos - unabhängig und ungebunden, ohne auf die Bedürfnisse eines Partners Rücksicht nehmen zu müssen. Eine Entwicklung, die im soziologischen Diskurs zum Teil wertend diskutiert wird, wie das folgende Beispiel von Weber/Gaedemann (1980) zeigt:

„Der Ego-Trip, die Beschäftigung mit dem eigenen ‚Ich', ist zur Lieblingsbeschäftigung vieler Gruppen der Gesellschaft geworden. Männer, Frauen, Jugendliche, aber auch ältere Menschen haben in den letzten Jahren begonnen, massiv auf die Erfüllung ihrer persönlichen Bedürfnisse zu pochen. Nicht mehr das Streben nach der Sicherung der Existenz in einem sozialen Gefüge ist vorrangiges Lebensziel, sondern die Selbstverwirklichung um jeden Preis. Um jeden Preis – das ist das, was an diesem Trend bedenklich stimmt."[222]

Es erhebt sich die Frage, ob sich die These vom „egoistischen" und „freiwilligen" Single in der empirischen Forschung halten lässt.

Zunächst ist festzuhalten, dass die postmaterialistische Wertorientierung von Singles vielfach bestätigt wird: „Persönliche Freiheit", „Selbstverwirklichung" und „Lebensgenuss" sind Werte, die studienübergreifend bei Opaschowski (1994)[223], Schofer et al. (1991)[224], Hradil (1995)[225] und Monyk (2007)[226] aufgeführt werden. Sie stehen bei Singles in der Regel häufiger an der Spitze der Werthierarchie als bei Nicht-Singles.

Geht es nun um die These der „freiwillig" gewählten Partnerlosigkeit, scheinen die Studienergebnisse von Meyer/Schulze (1992) diese am ehesten zu bestärken. Ihre Interviews beschränken sich hauptsächlich auf „freiwillige"

[221] Eine Auflistung materieller und postmaterieller Werte findet sich bei Hillmann 2001, S.30 f.
[222] Weber/Gaedemann 1980, S.33.
[223] Vgl. Opaschowski 1994, S.34 f.
[224] Vgl. Schofer et al. 1991, S.474.
[225] Vgl. Hradil 1995, S.58 f.
[226] Vgl. Monyk 2007, S.132.

Singles, die sie definieren als „Personen, die mit ihrer jetzigen Lebenssituation zufrieden sind und sich zumindest für die nächsten Jahre vorstellen können, diese Lebensform beizubehalten."[227] Diese Singles berichten etwa, dass ihnen der Beruf, die Freunde oder die intensive Freizeitgestaltung wichtiger seien als eine Partnerschaft.[228] Zudem betonen sie die Vorteile des Single-Daseins mit seinen Möglichkeiten zur individuellen Entwicklung.[229]

Auch in den Interviews von Bachmann (1992) geben etwa zwei Drittel der befragten Singles die „Freiheit, ein eigenbestimmtes Leben führen zu können", als den primären Vorteil ihres Single-Daseins an.[230] Insbesondere ledig gebliebene und männliche Akademiker zählen in dieser Studie zu den „entschiedensten Verfechtern persönlicher Unabhängigkeit"; Frauen im Allgemeinen und geschiedene Männer erweisen sich als weniger entschieden in ihrem Streben nach Autonomie.[231] Doch wie Bachmann selbst anmerkt, ist der Wunsch einer freiheitsbetonten Lebensweise noch kein sicheres Indiz für eine freiwillige Partnerlosigkeit.[232] In seiner Stichprobe erweisen sich nur 15% der befragten Singles als tatsächlich *bindungsdesinteressiert*, womit sie nach Bachmann eine „eindeutige Ausnahmeerscheinung" darstellen.[233] Der überwiegende Teil der Singles (85%) ist trotz etwaiger Vorbehalte an einer Partnerschaft interessiert.[234]

Dieser Befund wird von weiteren Studien bestätigt: In der Untersuchung von Küpper (2000) gibt zwar ein Drittel der befragten Singles an, freiwillig partnerlos zu sein[235], gleichzeitig will jedoch *keiner* der Singles für immer ohne festen Partner leben.[236] Auch in den von Kunze (1995) durchgeführten

[227] Meyer/Schulze 1992, S.78.
[228] Vgl. Meyer; Schulze 1992, S.78.
[229] Vgl. Meyer/Schulze 1992, S.83 ff.
[230] Vgl. Bachmann 1992, S.131.
[231] Vgl. Bachmann 1992, S.138.
[232] Vgl. Bachmann 1992, S.139.
[233] Vgl. Bachmann 1992, S.139.
[234] Vgl. Bachmann 1992, S.139.
[235] Vgl. Küpper 2000, S.238.
[236] Vgl. Küpper 2000, S.223.

Interviews betonen Singles vor allem die Nachteile des Alleinlebens.[237] Die Ehe wird hier einvernehmlich als Garant lebenslangen Glücks gesehen.[238]

Die Ausführungen zeigen, wie kontrovers die Frage diskutiert wird, ob Singles infolge einer postmateriellen Wertorientierung kein Interesse (mehr) an einer Partnerschaft haben. In ihrer Summe legen die empirischen Befunde nahe, dass unter Singles zwar eine Präferenz für postmaterielle Werte wie Autonomie und Freiheit besteht, doch scheint es nur eine kleine Minderheit von Singles zu geben, die tatsächlich bindungsdesinteressiert ist.

4.4.3 Der Arbeitsmarkt

Abhängig von den Anforderungsprofilen einiger Berufe können diese mit einer Partnerschaft oder einem Familienleben schwer vereinbar sein. Insbesondere die Globalisierungstendenzen der letzten Jahrzehnte haben dazu beigetragen, dass die Mobilitäts- und Flexibilitätsansprüche des Arbeitsmarktes gestiegen sind.[239] Vom Arbeitnehmer der Moderne wird erwartet, dass er „auf Abruf" verfügbar ist.[240] Um dieser Anforderung nachzukommen, sollte er möglichst frei von inflexibilisierenden privaten Verpflichtungen sein.[241]

Der Arbeitsmarkt kann mithin einen erheblichen Einfluss auf das Beziehungsleben eines Menschen nehmen und droht, die Aufrechterhaltung einer Partnerschaft und die Familiengründung zu erschweren.[242] Auch Beck (1986) beschreibt, wie der moderne Arbeitsmarkt die sozialen Bindungen der Menschen ignoriert und pointiert in Anlehnung an Lerke Gravenhorst:

„Die Grundfigur der Moderne ist – zu Ende gedacht – der oder die Alleinstehende."[243]

In der Tat gibt es empirische Belege dafür, dass die Anforderungsprofile moderner Berufe zum Scheitern von Partnerschaften beitragen können. Etwa

[237] Vgl. Kunze 1995, S.45 f.
[238] Vgl. Kunze 1995, S.74.
[239] Vgl. Schneider et al. 2002, S.207.
[240] Vgl. Bachmann 1992, S.16.
[241] Vgl. Schneider et al. 2002, S.13; siehe auch Schock 2007, S.33.
[242] Vgl. Beck/Beck-Gernsheim 1990, S.15; siehe auch Schock 2007, S.36.
[243] Beck 1986, S.199.

zwei Drittel der von Schneider et al. (2002) befragten Personen geben an, dass ihr Berufsleben die Qualität ihrer Partnerschaft beeinträchtige.[244] Oft würden sie die Bedürfnisse des Partners den beruflichen Interessen unterordnen, Entfremdungsprozesse und Streitigkeiten hätten darauf hin häufig zum Scheitern der Beziehung geführt.[245] Insbesondere bestehe dieses Risiko, wenn aufgrund der Mobilitätsanforderungen des Arbeitgebers aus dem vorigen Zusammenleben eine Wochenend- oder Fernbeziehung werde.[246]

Neben den Schwierigkeiten, die das Berufsleben für die Aufrechterhaltung einer Partnerschaft darstellt, besteht die Möglichkeit, dass es auch das Interesse am *Eingehen* einer Partnerschaft mindert. Meyer/Schulze (1992) stellen fest, dass die Arbeit insbesondere für Singles in selbstständigen und kreativen Berufen oft der wichtigste Lebensinhalt ist.[247] Sie würden sich mit ihrer Tätigkeit identifizieren, keine Trennung zwischen Beruf und Freizeit einführen und somit einen Partner als „Störfaktor" empfinden.[248] Auch Bachmann (1992) bewertet den Beruf als ein „konkurrierendes Sinnsystem"[249] zur Zweisamkeit und Familiengründung. Viele der von ihm interviewten Singles sind stark auf ihre berufliche Weiterentwicklung bedacht. Jeder dritte männliche und jeder vierte weibliche Single seiner Stichprobe neigt dazu, die Karriere mit mehr Vehemenz zu verfolgen als die Partnersuche.[250] Insbesondere ledig gebliebene und akademisierte Singles würden ihre Bindungswünsche zeitweise zurückstellen, da dies „funktional" zur Erreichung beruflicher Ziele sei.[251] Dieses berufsbezogene Singleleben mit dem freiwilligen Verzicht auf Partnerschaft ist jedoch die Ausnahme.[252]

Bestätigungen der Karriereorientierung unter Singles finden sich auch in den Untersuchungen von Kunze (1995) und Monyk (2007), jedoch stellen sie die These der aus Arbeitsbelastung resultierenden Partnerlosigkeit in Frage. So

[244] Vgl. Schneider et al. 2002, S.132.
[245] Vgl. Schneider et al. 2002, S.132 f.
[246] Vgl. Schneider et al. 2002, S.134 f.
[247] Vgl. Meyer/Schulze 1992, S.95.
[248] Vgl. Meyer/Schulze 1992, S.95.
[249] Vgl. Bachmann 1992, S.182.
[250] Vgl. Bachmann 1992, S.188.
[251] Vgl. Bachmann 1992, S.188 f.
[252] Vgl. Bachmann 1992, S.190.

kann Monyk (2007) im Gegensatz zu Bachmann (1992) neben den Singles auf eine Vergleichsgruppe partnerschaftlich gebundener Personen zurückgreifen und nachweisen, dass diese Personen *noch* mehr Zeit in ihren Beruf investieren und stärker in ihrer Arbeitswelt verankert sind als Singles.[253] Die von Kunze (1995) interviewten Singles mit einer starken Karriereorientierung geben an, dass diese nicht Ursache, sondern Folge ihrer Partnerlosigkeit sei: Gerade weil sie von ihrem Partner verlassen worden seien, würden sie sich in ihren Beruf stürzen.[254]

4.4.4 Zusammenfassung

Die vorstehenden drei Unterkapitel zeigen, dass gesellschaftliche Wandlungsprozesse einen starken Einfluss auf das Zustandekommen und die Stabilität von sozialen Beziehungen haben können.

Aufgrund des hohen Wohlstandsniveaus sowie der gestiegenen Bildungs- und Erwerbschancen für Frauen müssen Partnerschaften nur noch selten aus ökonomischer Notwendigkeit eingegangen werden. In Einklang mit den postmodernen Werten wie Autonomie, Selbstverwirklichung und Persönlichkeitsentfaltung können Frauen wie Männer ein selbstbestimmtes, voneinander unabhängiges (Erwerbs-)Leben führen.

Selbst wenn der Wunsch nach Zweisamkeit und eventueller Familienplanung besteht, lässt sich dieser aufgrund steigender Flexibilitäts- und Mobilitätsanforderungen des Arbeitsmarktes zunehmend schwieriger erfüllen.

4.5 Bindungsstile

Um die nachgeordneten Befunde zum Bindungsverhalten von Singles interpretieren zu können, ist zunächst ein kurzer Exkurs in die Bindungsforschung nötig. Hierbei handelt es sich um eine relativ junge Disziplin der Psychologie, die im Wesentlichen auf den britischen Kinderarzt

[253] Vgl. Monyk 2007, S.199 f.
[254] Vgl. Kunze 1995, S.92 f.

und Psychoanalytiker John Bowlby sowie seine Mitarbeiterin Mary Ainsworth zurückgeht.[255]

4.5.1 Exkurs: Die Bindungstheorie

Bei der Bindungstheorie – die hier aus Platzgründen nur verkürzt wiedergegeben wird – handelt es sich um eine psychologische Sozialisationstheorie, welche die Rolle enger Bindungen für die emotionale und soziale Entwicklung untersucht. Sie hat ihren Ursprung in der Kleinkindforschung und fokussiert dort insbesondere das Mutter-Kind-Verhältnis, wobei sich der Fokus inzwischen auf die gesamte Lebensspanne ausgeweitet hat.[256]

Nach Bowlby (1969/1975) gibt es ein evolutionär angelegtes Bedürfnis des Kleinkindes, die Nähe von Bezugspersonen zu suchen, da ihn diese vor den Gefahren der Umwelt schützen.[257] Bereits in der frühkindlichen Interaktion mit den engsten Bezugspersonen (meist der Mutter) macht das Kleinkind erste Bindungserfahrungen, die es in einem „inneren Arbeitsmodell" abspeichert.[258] Das hier entwickelte Schema über das Bindungsverhalten von Bezugspersonen bildet gewissermaßen das „Skript" für Beziehungen, die im weiteren Lebensverlauf eingegangen werden. Neben den Verhaltens-Erwartungen gegenüber anderen Personen werden dabei auch Modellvorstellungen von der eigenen Person und dem eigenen Selbstwert gebildet.[259]

Obwohl die Bedeutung der frühkindlichen Interaktion mit den Bezugspersonen empirisch nachgewiesen werden konnte[260], ist die Bindungsforschung

---

[255] Vgl. Krumwiede 2001, S.2.

[256] Vgl. Vorlesung von Prof. Sabine Walper zur Bindungstheorie vom 20.11.2003 [Internetquelle].

[257] Vgl. Bowlby 1969/1975 S.172.

[258] Vgl. Bowlby 1969/1975 S.320.

[259] Vgl. Vorlesung von Prof. Sabine Walper zur Bindungstheorie vom 20.11.2003 [Internetquelle]; siehe auch: Bierhoff/Grau 1999, S.26.

[260] Ainsworth et al. (1978) zeigen, dass das Bindungsverhalten von Kleinkindern ganz entscheidend davon abhängt, wie feinfühlig die engsten Bezugspersonen auf die Bedürfnisse des Kindes reagieren. Hier geht es darum, die Signale des Kindes wahrzunehmen, richtig zu interpretieren und ohne Zeitverzögerung „angemessen" zu reagieren (vgl. Ainsworth et al. 1978, S.142).

inzwischen von der deterministischen Annahme abgerückt, nach der *ausschließlich* diese frühkindlichen Interaktionserfahrungen über die „inneren Arbeitsmodelle" und das daraus resultierende Bindungsverhalten einer Person entscheiden. Sowohl das genetisch vererbte Temperament als auch Kontextfaktoren wie sozioökonomische Belastungen oder kritische Lebensereignisse (Scheidung der Eltern) spielen eine Rolle.[261] Nicht zu vernachlässigen sind zudem spätere Bindungserfahrungen, welche die in der Kindheit vorstrukturierten Arbeitsmodelle verändern können, sofern sie nicht assimiliert werden.[262]

Doch ungeachtet der Faktoren, die Einfluss auf die Entstehung des individuellen Bindungsverhaltens haben, ist innerhalb dieses Kontextes vor allem relevant, dass inzwischen auch *Liebesbeziehungen* aus der Bindungsperspektive analysiert werden.[263] Hier wird insbesondere die Bedeutung der so genannten „Bindungsstile" diskutiert, bei denen es sich um eine Klassifikation der inneren Arbeitsmodelle handelt. Nach Ainsworth et al. (1978) lassen sich bereits Kleinkinder mit Hilfe eines Tests verschiedenen Bindungsstilen zuweisen.[264] Daran angelehnt entwickeln Hazan/Shaver (1987) sowie Bartholomew (1990) Bindungsstil-Klassifikationen für Erwachsene.[265] Strukturbildend für die Klassifikation von Bartholomew (1990) ist die Kombination positiver und negativer Selbst- und Fremdbilder.[266] Er unterscheidet insgesamt vier Bindungsstile, wohingegen andere Konzeptionen die nachfolgend letztgenannten meist zusammenziehen und nicht differenzieren.

---

[261] Vgl. Vorlesung von Prof. Sabine Walper zur Bindungstheorie vom 20.11.2003 [Internetquelle].

[262] Umfassende Ergebnisse über die Stabilität von Bindungsstilen finden sich bei Davila et al. 1997, S.830 ff.

[263] Vgl. Stöcker et al. (2003), S.145.

[264] Hier handelt es sich um den so genannten Fremde-Situations-Test (FST), bei dem Kleinkinder in einer fremden Versuchssituation auf den Verlust und die Wiedervereinigung ihrer Mutter reagieren. Eine übersichtliche Beschreibung dieses Tests findet sich bei Bierhoff/Grau 1999, S.24 f. sowie Otto 2011, S.396 f.

[265] Vgl. Bierhoff/Grau 1999, S.34.

[266] Vgl. Bartholomew 1990, S.162.

1. Eine positive Sichtweise des Selbst und des Partners zeichnet einen ***sicheren Bindungsstil*** aus. Die Person kann Nähe zulassen und empfindet die Partnerschaft als emotional unterstützend.
2. Eine negative Sichtweise des Selbst und eine positive Sichtweise des Partners führt zu einem ***ängstlich-ambivalenten Bindungsstil***. Die Person ist ängstlich, was sie im Hinblick auf die Beständigkeit der Beziehung verunsichert, und sie fühlt sich zum Partner emotional stark hingezogen.
3. Eine negative Sichtweise des Selbst und des Partners ergibt einen ***ängstlich-vermeidenden Bindungsstil***. Die Person hat Angst vor Intimität und vermeidet tiefergehende soziale Beziehungen.
4. Eine positive Sichtweise des Selbst und eine negative Sichtweise des Partners charakterisiert einen ***gleichgültig-vermeidenden Bindungsstil***. Die Person vermeidet Intimität in der Partnerschaft, betont ihre eigene Autonomie und empfindet keine starke emotionale Abhängigkeit von ihrem Partner.

Abbildung 9: Die vier Bindungsstile nach Bartholomew (1990)
[Quelle: Bierhoff; Rohmann (2003): Bindung in Partnerschaften (Internetquelle).]

Wären Singles überzufällig häufig den unsicheren Bindungsstilen zuzuordnen (insbesondere 3. und 4.), so wäre dies ein plausibler Erklärungsansatz für ihre Partnerlosigkeit.[267] In wieweit diese Vermutung empirisch bestätigt wird, zeigt das folgende Kapitel.

4.5.2 Bindungsstile als möglicher Grund der Partnerlosigkeit

Eine insbesondere in der populärwissenschaftlichen Single-Literatur häufig gefundene Vermutung lautet, dass Singles aufgrund bestimmter Persönlichkeitseigenschaften nicht zu einer langfristigen Partnerschaft fähig seien oder Bindungsangst dazu führe, dass sie sich Partnerschaften verweigern.

So unterstellt etwa Opaschowski (1994) „freiwilligen" Singles eine „Angst vor zu viel Nähe"[268]. Ihre Bedürfnisse befriedigten sie deshalb durch Geliebte auf Zeit oder Swinging-Singles-Affären.[269]

---

[267] Vgl. Küpper 2000, S.87.
[268] Opaschowski 1994, S.28.
[269] Opaschowski 1994, S.28.

So weit verbreitet die Vorurteile über die Bindungsstile von Singles in der populärwissenschaftlichen Literatur auch sind: wissenschaftliche Befunde darüber gibt es relativ wenige.[270]

Eine Ausnahme ist die Studie von Küpper (2000). Hier zeigt sich, dass Singles in der Tat „bindungsängstlicher und bindungsvermeidender als Paarpersonen“[271] sind. Sie sind seltener dem sicheren Bindungstyp und häufiger den Bindungstypen „ängstlich-vermeidend“ und „ängstlich-ambivalent“ zuzuordnen: In Küppers Stichprobe entfallen 54% der Singles auf den sicheren Bindungstyp, 29% sind ängstlich-ambivalent, 10% sind ängstlich-vermeidend und 7% sind gleichgültig-vermeidend.[272] Entlang dieser Abfolge bildet die Bindungsstil-Verteilung der Personen in Partnerschaft mit 81%, 8%, 1% und 10% einen deutlichen Kontrast.[273]

Neben diesen Ergebnissen kann Küpper (2000) einen Zusammenhang zwischen Partnerwunsch und Bindungsstil herstellen: Die ängstlich-ambivalenten Singles haben den stärksten Partnerwunsch aller Probanden, die gleichgültig-vermeidenden Singles den geringsten.[274]

Um diese Befunde interpretieren zu können, bedarf es eines erneuten Blicks in die Fachliteratur der Bindungsforschung. Hier zeigt sich, dass es bestimmte innerpartnerschaftliche Kombinationen von Bindungsstilen gibt, die eine langfristige Beziehung versprechen.

So können etwa Hazan/Shaver (1987) anhand ihrer Stichprobe zeigen, dass die Partnerschaften von Personen mit jeweils sicherem Bindungsstil im Durchschnitt zehn Jahre bestehen, während die Partnerschaften von unsicher

---

[270] Vgl. Küpper 2000, S.78.

[271] Küpper 2000, S.236.

[272] Vgl. Küpper 2000, S.237 f.

[273] Nach Hazan/Shaver (1987) verteilt sich die US-Bevölkerung hinsichtlich der Bindungsstile auf 56% sichere, 19% ängstlich-ambivalente und 25% vermeidende Personen (vgl. Hazan/Shaver 1987, S.514). Mit einer deutlich kleineren Stichprobe kommt Neumann (2004) in der deutschen Bevölkerung auf eine Bindungsstil-Verteilung von etwa 75% sichere und jeweils 15% ängstlich-ambivalente und vermeidende Personen (vgl. Neumann 2004, S.149). Vor diesem Hintergrund stellt die von Küpper (2000) rekrutierte Stichprobe von Personen in Partnerschaft eine weitgehend angemessene Vergleichsgruppe zu den rekrutierten Singles dar.

[274] Vgl. Küpper 2000, S.239.

gebundenen Personen lediglich fünf Jahre bestehen.[275] Sicher-gebundene Personen beschreiben ihre Beziehungen als besonders glücklich und vertrauensvoll. Sie geben häufiger an, ihre Partner trotz deren Fehler zu akzeptieren und zu unterstützen. Auch zeichnen sich die sicher-gebundenen Personen durch geringere Scheidungsraten aus: Nur 6% von ihnen sind geschieden, hingegen haben bereits 10% der ängstlich-ambivalenten und 12% der vermeidenden Personen eine Scheidung erlebt.[276]

Diese Ergebnisse lassen vermuten, dass die unter Singles häufiger vorgefundenen unsicheren Bindungsstile zum Scheitern ihrer zukünftigen Beziehungen führen können. Die Wahrscheinlichkeit für das serielle Single-Dasein ist offenbar erhöht.

Dass diese Folgerung zu undifferenziert ist, zeigen die Ergebnisse von Kirkpatrick/Davis (1994). Sie untersuchten die Stabilität von Beziehungen in einer Längsschnittstudie, die über insgesamt drei Jahre lief. Zwar bestätigt ihre Studie die These, dass sicher-gebundene Personen die glücklichsten und stabilsten Partnerschaften führen. Bei der Betrachtung der unsicher-gebundenen Personen zeigt sich jedoch, dass auch hier stabile Partnerschaften bestehen können: Ein häufig gefundenes Beispiel ist das eines vermeidend orientierten Mannes in Kombination mit einer ängstlich-ambivalenten Frau.[277] Auch wenn diese Partnerschaft ein permanentes Aushandeln von Nähe und Distanz, ein „Verfolger-Verfolgten-Drama“[278] impliziert, erweisen sich diese Partnerschaften als sehr stabil.[279] Eine Trennung ist hingegen wahrscheinlich, sobald sich in dieser Bindungsstil-Kombination die Geschlechterzuweisung dreht: Partnerschaften zwischen ängstlich-ambivalenten Männern mit vermeidend orientierten Frauen sind in der Regel zum Scheitern verurteilt.[280]

---

275 Vgl. Hazan/Shaver 1987, S.515.

276 Vgl. Hazan/Shaver 1987, S.515.

277 Vgl. Kirkpatrick/Davis 1994, S.506 ff.

278 Vgl. Vorlesung von Prof. Sabine Walper zur Bindungstheorie vom 04.11.2008 [Internetquelle].

279 Vgl. Kirkpatrick/Davis 1994, S.508.

280 Vgl. Kirkpatrick/Davis 1994, S.510.

Liefern die unter Singles vorgefundenen Bindungsstile nun eine mögliche Erklärung für ihre Partnerlosigkeit? Unstrittig ist, dass Personen mit einem sicheren Bindungsstil glücklichere und stabilere Beziehungen haben. Wenn Singles vermehrt über unsichere Bindungsstile verfügen, so deutet dies zunächst darauf hin, dass die Wahrscheinlichkeit des Beziehungs-Scheiterns erhöht ist. Eingeschränkt wird diese Prognose dadurch, dass es auch bestimmte innerpartnerschaftliche Kombinationen unsicherer Bindungsstile gibt, die sich zwar als weniger glücklich, dennoch ähnlich stabil erweisen wie die Kombination sicherer Bindungsstile. Hinzu kommt eine weitere Einschränkung: Bindungsstile können sich in Folge von Beziehungserfahrungen ändern.[281] Es ist möglich, dass eine ängstlich-vermeidende Person durch die Beziehungserfahrung mit einer sicher-gebundenen Person ebenfalls zu einem sicheren Bindungsstil findet.

Dieser Umstand schwächt nicht nur die Wirkungsprognosen der unter Singles festgestellten Bindungsstile, sondern erschwert zugleich die Frage nach deren Ursachen. Es stellt sich die Frage: Wurden diese im Erwachsenenalter festgestellten Bindungsstile bereits in der Kindheit geformt, so dass sie u.U. während des Lebensverlaufs fortlaufend dazu führten, dass Beziehungen nicht eingegangen wurden oder scheiterten? Oder sind sie auf negative Erfahrungen innerhalb der letzten Partnerschaft zurückzuführen?

Zusammenfassend zeigt sich, dass die unter Singles festgestellten „unsicheren" Bindungsstile eine *mögliche* Erklärung sowohl für die aktuelle Partnerlosigkeit als auch für das zukünftige Vermeiden und Scheitern von Beziehungen liefern. Hierfür gibt es jedoch keine Gewissheit. Die Wandelbarkeit von Bindungsstilen und der Befund, dass auch Personen mit unsicheren Bindungsstilen stabile Partnerschaftsverhältnisse bilden können, schränkt die Erklärungskraft der Bindungsstile ein.

4.6 Einschneidende Erlebnisse oder negative Beziehungserfahrungen

Bereits im Zusammenhang mit konfliktären Rollenvorstellungen sowie den Bindungsstilen deutete sich der mögliche Einfluss von schlechten Beziehungserfahrungen und einschneidenden Erlebnissen auf die Fähigkeit

[281] Vgl. Davila et al. 1997, S.830 ff.; Bierhoff/Grau 1999, S.30.

an, Partnerschaften einzugehen. Ohne erneut die wahrscheinlichen Implikationen dieser Erlebnisse auf die Ausbildung von Bindungsstilen zu diskutieren, soll an dieser Stelle auf einer allgemeineren Ebene die Möglichkeit erörtert werden, dass bestimmte Erfahrungen das Eingehen und Aufrechterhalten einer Partnerschaft erschweren können.

Angenommen, eine Person wird Opfer von Gewalt und Missbrauch oder erleidet etwa den Verlust einer engen Bezugsperson, so könnte dies den Willen oder die Fähigkeit zum Eingehen einer Partnerschaft beeinträchtigen. Auch die Erfahrung von Unterdrückung und Untreue innerhalb einer Beziehung mag dazu führen, dass sich eine Person vor weiteren Verletzungen schützen möchte und deshalb nicht das Risiko einer erneuten Partnerschaft eingeht.[282]

Die Vermutung, dass einige Singles aufgrund von bestimmten negativen Erlebnissen partnerlos bleiben, ist empirisch gut gestützt. Die von Bodmann (2000) befragten Singles (darunter insbesondere diejenigen ohne Partnerschaftserfahrung) berichten häufiger als Personen in fester Partnerschaft von negativen Kindheitserfahrungen und einer schwierigen Beziehung zu den Eltern.[283] Eine erhöhte Anzahl belastender Lebensereignisse (Scheidung der Eltern, Krankheit eines Familienangehörigen, Gewalterlebnisse, etc.) kann speziell für die Gruppe der Single-Frauen nachgewiesen werden.[284]

Die von Meyer/Schulze (1992) befragten „freiwilligen" Singles berichten *nicht* von allgemein belastenden Lebensereignissen, jedoch blicken fast alle auf negative Erfahrungen mit früheren Partnerschaften zurück.[285] Wieder sind es vorwiegend Frauen, die sich eingeengt, dominiert und in ihren Interessen nicht respektiert fühlen. Aber auch Männer fühlen sich eingeengt und in ihren Entfaltungsmöglichkeiten beschnitten.[286]

---

[282] Vgl. Bodmann 2000, S.197.
[283] Vgl. Bodmann 2000, S.192 f.
[284] Vgl. Bodmann 2000, S.193 ff.
[285] Vgl. Meyer/Schulze 1992, S.79.
[286] Vgl. Meyer/Schulze 1992, S.145 f.

Auch wenn Bodmann (2000) unter Single-Frauen eine höhere Anzahl belastender Lebensereignisse feststellen kann, so bleibt die daraus ableitbare Folge für die Partnerlosigkeit eine Vermutung. Auf einen etwas engeren Ursache-Wirkungs-Zusammenhang verweisen die Ergebnisse von Meyer/Schulze (1992). Hier deuten die Interviewausschnitte darauf hin, als sei der „freiwillige" Verzicht auf Partnerschaft die Konsequenz negativer Beziehungserfahrungen.

4.7 Geringer Partnermarktwert und hohes Anspruchsniveau

Ein möglicher Grund der Partnerlosigkeit, der innerhalb der Single-Literatur kaum berücksichtigt wird, ist ein niedriger Partnermarktwert. Nach derzeitigem Forschungsstand setzt sich dieser im Wesentlichen aus der physischen Attraktivität, bestimmten Persönlichkeitseigenschaften und dem sozialen Status einer Person zusammen, wobei die Gewichtung einzelner Faktoren geschlechtsspezifisch ausfällt. Eine Auflistung der einzelnen Kriterien, aus denen sich der Partnermarktwert weitgehend zusammensetzt, findet sich etwa bei Grammer (1998):

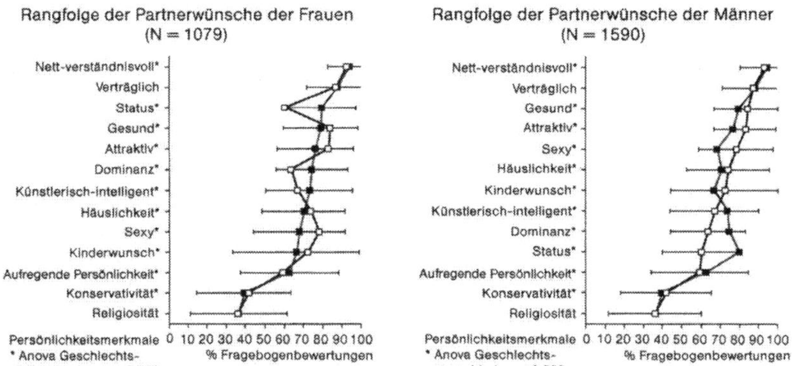

Abbildung 10: Rangfolge der Partnerwünsche von Frauen und Männern
(Quelle: Grammer 1998, S.141.)

Die Auswertungen dieser Studie zeigen, dass für beide Geschlechter die Persönlichkeitseigenschaften „Nett-Verständnisvoll" und „Verträglich" die höchste Bedeutung für die Partnerwahl haben. Auf den Plätzen drei und vier zeigt sich der Unterschied, dass Männer großen Wert auf die äußere Erscheinung ihrer Partnerin legen, während sich Frauen einen Partner mit hohem sozialem Status wünschen. Dass Frauen bei der Partnerwahl eher auf Versorgerqualitäten achten, während Männer stärker vom Erscheinungsbild der Frauen angezogen werden, ist ein Befund, der sich soziobiologisch plausibel erklären lässt[287] und von Buss et al. (1990) in 37 Ländern nachgewiesen werden konnte.[288]

Die oben dargestellte Präferenzstruktur von Grammer (1998) muss dennoch in vielerlei Hinsicht relativiert werden: So gibt es weitere Studienergebnisse, wie etwa die von Reagan/Berscheid (1997), die mit anderen Kriteriendefinitionen zu leicht abweichenden Ergebnissen kommen.[289] Zudem ist insbesondere die Bedeutung der männlichen Attraktivität umstritten:[290] Feingold (1990) kann in einer Meta-Analyse mehrerer Studien nachweisen, dass Frauen zwar *angeben*, dass ihnen körperliche Attraktivität bei potentiellen Partnern weniger wichtig sei, ihr tatsächliches Partnerwahl*verhalten* dieser Angabe jedoch widerspricht.[291] Darüber hinaus wird die Präferenzstruktur auch durch die individuellen Sozialisations- und Umweltbedingungen beeinflusst.[292] Abschließend sei erwähnt, dass Männer wie Frauen ihre Ansprüche auch am eigenen Partnermarktwert ausrichten[293] und darüber hinaus die Zielvorstellungen der Beteiligten eine Rolle spielen: Kenrick et al. (1990) weisen nach, dass die Minimalansprüche an einen Partner davon abhängen, ob eine kurze Affäre, eine feste Beziehung oder ein Heiratspartner gesucht wird.[294]

Doch auch ohne das Thema der Partnerwahlpräferenzen weiter aufzufächern, liegt auf der Hand, dass es Kriterien gibt, die auf dem Partnermarkt

---

[287] Auf die soziobiologische Argumentation werde ich im Rahmen des Diskussions-Kapitels (9.1.2) dieser Arbeit näher eingehen.

[288] Vgl. Buss et al. 1990, S. 5 ff.

[289] Vgl. Regan/Berscheid 1997 S.25 ff.

[290] Vgl. Aronson et al. 2004, S.366.

[291] Vgl. Feingold 1990, S.981 ff.

[292] Gangestad/Buss (1993) können nachweisen, dass in Gebieten der Welt mit einer hohen Verbreitung von krankheitsübertragenden Parasiten die Bedeutung der körperlichen Attraktivität deutlich höher liegt als in Gebieten mit niedrigem Parasitenvorkommen (vgl. Gangestad/Buss 1993, S.89 ff.).

[293] Vgl. Grammer 1998, S.147.

[294] Vgl. Kenrick et al. (1990), S.108.

geschlechtsspezifisch gewichtet werden. Merkmale wie körperliche Attraktivität, Intelligenz oder sozialer Status sind nicht gleichverteilt und daher dem Spiel von Angebot und Nachfrage unterworfen. Ausgehend von diesem Marktkonzept besitzt somit jeder Mann und jede Frau einen individuellen Partnermarktwert:

„Der Partnermarktwert beschreibt, wie viele potentielle Partner eine Person haben könnte. Der Partnermarktwert hängt davon ab, wie häufig ein gewünschtes Merkmal in einer Population von bestimmten Individuen vorkommt. Je seltener ein wichtiges Merkmal ist, um so höher ist der Partnermarktwert des Merkmalbesitzers."[295]

Jeder Markt produziert (situativ) Gewinner und Verlierer. Es ist denkbar, dass einige Singles deshalb partnerlos bleiben, weil sie bezüglich der präferierten Kriterien nicht mit ihren Geschlechtsgenossen mithalten können; in den Augen potentieller Partner liegt ihr Partnerwert unter dem ihrer Konkurrenten. Oder wie es Precht (2009) formuliert:

„Wer unterdurchschnittlich aussieht, nur über mäßigen Charme verfügt und einen als langweilig geltenden Beruf ausübt, kann sich seinen Traumpartner meist nicht aussuchen."[296]

Ein geringer Partnermarktwert droht für Singles insbesondere dann zum Hindernis bei der Partnersuche zu geraten, wenn er mit einem hohen Anspruchsniveau an potentielle Partner einhergeht. Käme es zu einer Überschätzung des eigenen Partnermarktwertes, so würden Singles gewissermaßen „außerhalb ihrer Liga" nach einem Partner suchen. Den Marktgesetzen folgend bilden sich Partnerschaften jedoch in der Regel zwischen „gleichwertigen" Partnern[297], weshalb eine erfolgreiche Partnersuche bei jenen Singles unwahrscheinlich ist, deren Selbst- und Fremdeinschätzung des Marktwertes auseinanderklaffen.

---

[295] Grammer 1998, S.135.
[296] Precht 2009, S.307.
[297] Vgl. Grammer 1998. S.135 f.

Auch wenn in der bisherigen Single-Forschung der Partnermarktwert von Singles weitgehend unberücksichtigt bleibt[298], so geben zumindest die von Bodmann (2000) befragten Singles an, „sich oft in Menschen zu verlieben, die attraktiver als die eigene Person sind“[299]. Ein Befund, der insbesondere auf Single-Männer zutrifft und nach Bodmanns Einschätzung die Partnersuche erschweren könnte.[300] Zudem stellt Bodmann (2000) fest, dass Singles über ein ausdifferenziertes Idealbild ihres zukünftigen Partners verfügen[301] – ein Befund, den auch Kunze (1995) bestätigt.[302]

Bezogen auf männliche Singles kann Küpper (2000) diese Ergebnisse nicht stützen. In der Auswertung ihrer Fragebögen zeigen sich keine signifikanten Anspruchsdifferenzen zwischen männlichen Singles und Männern in festen Beziehungen. Sie stellt vielmehr einen Geschlechtseffekt fest: Unabhängig vom Beziehungsstatus haben Frauen demnach höhere Ansprüche als Männer, mit einer Spitze bei Single-Frauen.[303]

Empirisch bestätigt wird ein geschlechtsunabhängig erhöhtes Anspruchsniveau von Singles wiederum von Bachmann (1992). Zwei Drittel der von ihm befragten Singles verfügen über ein „ausgesprochen hohes Anspruchsniveau gegenüber einer neuen Bindung“[304], was hier primär als Reaktion auf eine zuvor gescheiterte Partnerschaft interpretiert wird. Auch Wickenhöfer (2004) stellt in seinen E-Mail-Interviews mit Absoluten Beginnern fest, dass sich diese oft in einen Partner verlieben, von dem sie auch bei Aussichtslosigkeit nicht ablassen.[305] Die zitierten Interviewausschnitte deuten zudem auf überzogen romantische Vorstellungen bezüglich der Partnerschaft

[298] Eine der wenigen Arbeiten, die den Partnermarktwert von Singles berücksichtigt, ist die Arbeit von Küpper (2000). Hier besteht jedoch das Problem, dass der Marktwert per Fragebogen anhand einer Selbsteinschätzung erfasst wird (vgl. Küpper 2000, S.296). Da die für die tatsächliche Ermittlung des Partnermarktwertes unverzichtbare Fremdeinschätzung jedoch außen vor bleibt, sind diese Ergebnisse nicht aussagekräftig genug.

[299] Bodmann 2000, S.213.

[300] Vgl. Bodmann 2000, S.213.

[301] Vgl. Bodmann 2000, S.232.

[302] Vgl. Kunze 1995, S.47 f.

[303] Vgl. Küpper 2000, S.295.

[304] Bachmann 1992, S.164.

[305] Vgl. Wickenhöfer 2004, S.68 f.

hin. Oft werden sich die Befragten ihrer Chancenlosigkeit und der Unangemessenheit ihres Verhaltens erst Jahre später bewusst.[306]

4.8 Androgynität

Der Terminus „Androgynität" bezeichnet die Vermischung weiblicher und männlicher Merkmale.[307] Küpper (2000) kann in ihrer Arbeit über die Persönlichkeitsunterschiede zwischen Singles und Personen in fester Partnerschaft erhöhte Androgynitätswerte unter Singles nachweisen. Nach ihren Fragebogenauswertungen sind Single-Männer deutlich weniger maskulin als ihre Geschlechtsgenossen in festen Beziehungen.[308] Ähnlich weisen Single-Frauen weniger feminine Persönlichkeitseigenschaften auf als partnerschaftlich gebundene Frauen.[309] Bemerkenswert ist zudem, dass Single-Frauen gar mehr maskuline Eigenschaften aufweisen als die Single-Männer; die am wenigsten maskuline Gruppe in der Untersuchung von Küpper (2000) ist die der „unfreiwilligen"[310] Single-Männer.

Ist es möglich, dass Singles aufgrund ihrer Androgynität partnerlos bleiben? Weil Single-Männer nicht ausreichend männlich und Single-Frauen nicht geschlechtstypisch weiblich auf potentielle Partner wirken?

Wie bereits im vorigen Kapitel erwähnt, ist das kommunikative Verhalten von Singles bislang kaum erforscht. Somit fehlt der Nachweis, ob die per Fragebogen diagnostizierte Androgynität auch in der äußeren Erscheinung

---

306 Vgl. Wickenhöfer 2004, S.68 f.

307 Vgl. Regan 2003, S.200; Grob/Jaschinski 2003, S.50.

308 Vgl. Küpper 2000, S.266

309 Vgl. Küpper 2000, S.267.

310 Küpper unterscheidet zwischen „unfreiwilligen" und „freiwilligen" Singles. Diese Unterscheidung ist nicht ganz unproblematisch, da Freiwilligkeit die bewusste Entscheidung und den freien Willen zum Single-Dasein impliziert. Oft wird der einzelne Proband danach befragt, ob er sich bspw. bewusst für die Trennung der letzten Beziehung entschlossen hat. Egal wie seine Antwort ausfällt: Sieht der ehemalige Partner das wohl genau so? Werden die Ursachen für das Single-Dasein hier nicht „einseitig" abgefragt? Vielen Singles sind die wirklichen Ursachen für ihre Lebensform nicht bewusst. Dies zeigt auch die Untersuchung von Vaskovics et al. (2000): Singles können auf die Frage, warum man partner- bzw. kinderlos geblieben sei, oft keine passende Antwort finden (vgl. Vascovics et al. 2000, S.36). Es hat sich „einfach nicht ergeben" wird als Grund genannt. Die in der Fachliteratur häufig angeführte Dichotomie freiwillig/unfreiwillig ist daher aus meiner Sicht heikel.

von Singles sichtbar wird und zu einer negativen Attraktivitätseinschätzung durch potentielle Partner führt.

Ohne diese Befunde geht die Single-Forschung bislang davon aus, dass Androgynität mehr *Folge* als Ursache des Single-Daseins ist: Nach Soltau (1993) und Stich (2002) führt das Alleinleben zwangsweise zur Aneignung gegengeschlechtlicher Kompetenzen.[311] Männer müssen ihre Wäsche waschen, bügeln, putzen und einkaufen, während Frauen die Bohrmaschine bedienen und Wasserkästen tragen müssen, sofern sie nicht durch Haushaltshilfen, Freunde oder Verwandte unterstützt werden.[312] In wieweit sich die Ausübung dieser Tätigkeiten auch auf die Persönlichkeitsstruktur auswirkt, wird jedoch nicht weiter thematisiert.

Abschließend sei jedoch erwähnt, dass androgyne Persönlichkeitseigenschaften zumindest die *Stabilität* einer Beziehung nachweislich erhöhen.[313] Als Erklärung für diesen Befund wird bislang vermutet, dass androgyne Personen besser auf Beziehungsprobleme reagieren und ihr Verhalten leichter anpassen können. Auch die Beziehungskonstellation von femininen Männern und femininen Frauen erweist sich als stabil; mit femininen Persönlichkeitseigenschaften scheinen sich beide Partner besser auf die Bedürfnisse ihres Gegenübers einstellen zu können, wodurch es seltener zu innerpartnerschaftlichen Friktionen kommt.[314]

4.9 Sozialisationsbedingte Gründe und verpasste Gelegenheiten

Gibt es in den Lebensläufen von partnerschaftlich wie sexuell unerfahrenen Singles (Absolute Beginner) bestimmte Erfahrungsmuster, mit denen sich ihre spätere Partnerlosigkeit erklären lässt? Gibt es sozialisationsbedingte Gründe der Partnerlosigkeit? Diese Fragen blieben im deutschen Sprachraum lange Zeit unbeachtet, da sich die wissenschaftlich geprägte Single-Literatur des deutschen Sprachraumes auf den Einfluss des gesellschaftlichen Wandels und die damit einhergehenden Individualisierungsprozesse fokussierte.

---

[311] Vgl. Stich 2002, S.201; Soltau 1993, S.144 f.

[312] Vgl. Stich 2002, S.201.

[313] Vgl. Regan 2003, S.200 ff.

[314] Vgl. Regan 2003, S.202.

Anders in den USA, wo Gilmartin (1985, 1987a, 1987b, 1989) bereits in den 1980er Jahren Ergebnisse vorlegen konnte, die einen plausiblen Zusammenhang zwischen den Sozialisationsbedingungen und unfreiwilliger Partnerlosigkeit in späteren Lebensjahren aufzeigen. Auch die etwas später veröffentlichten Ergebnisse von Donnelly et al. (2001) gehen in eine vergleichbare Richtung, betonen jedoch eher die Bedeutung von verpassten Gelegenheiten während der Pubertät und späteren Entwicklung.

Diese US-amerikanischen Studien stellen insofern eine Besonderheit dar, als sie mit der im soziologischen Diskurs lange vertretenen Annahme brechen, dass Partnerlosigkeit ein Zustand sei, der vor dem Hintergrund gesellschaftlicher Umwälzungsprozesse „freiwillig" gewählt würde. Zudem weisen sie als erste auf die Gruppe der so genannten „Absoluten Beginner" hin, die auf *keine* Beziehungserfahrungen zurückblicken können und ihre Partnerlosigkeit als Zwangszustand empfinden. Die erste Studie, welche die Ergebnisse von Gilmartin (1987) und Donnelly et al. (2001) rezipiert und in einer empirischen Untersuchung auf die Bundesrepublik überträgt, stammt von Wickenhöfer (2004). Nachfolgend werden zunächst die US-amerikanischen Ansätze vorgestellt, auf denen die anschließend vorgestellte Studie von Wickenhöfer (2004) aufbaut. Die populärwissenschaftlichen Publikationen von Hoffmann (2006) und Roedenbeck (2012) lasse ich außen vor, da sich diese weitgehend mit den Ergebnissen von Wickenhöfer (2004) überschneiden.

4.9.1 Die Ergebnisse von Gilmartin

Gilmartin (1985, 1987a, 1987b, 1989) identifiziert Liebes-Schüchternheit („Love-Shyness") als Hauptproblem der Partnerlosigkeit; dabei handele es sich um eine Form der Schüchternheit, die sowohl vererbt als auch sozialisationsbedingt sei. Insbesondere wenn sich genetische Dispositionen und Reaktionen der Umwelt gegenseitig verstärken, bildet sich nach Gilmartin die „Love-Shyness" aus.[315] Da in der Regel *Männer* diejenigen seien, von denen der „erste Schritt" der Beziehungsanbahnung erwartet würde, stellt nach Gilmartin insbesondere für sie die Liebes-Schüchternheit ein großes Problem dar. Für Frauen sei dies weniger der Fall, da Schüchternheit selbst im

[315] Vgl. Gilmartin 1987b, S.37 ff., siehe auch Wickenhöfer 2004, S.22.

Zeitalter der Emanzipation mit ihren Rollenerwartungen vereinbar sei.[316] Folglich konzentrieren sich Gilmartins Forschungen ausschließlich auf Männer.[317]

Im Rahmen seiner Forschungen kann Gilmartin (1987b) eine ganze Reihe von Sozialisations-Unterschieden zwischen liebes-schüchternen Männern und „normalen" Männern herausarbeiten, die sich über die verschiedensten Lebensbereiche erstrecken. So wachsen liebes-schüchterne Männer bspw. oft als Einzelkind[318] oder ohne Schwester[319] in recht instabilen Familienverhältnissen[320] auf. Innerhalb der Familien werden sie öfters herabgesetzt[321], teilweise auch übermäßig behütet[322]. Auch sind sie in ihrer Kindheit oft Außenseiter, die in der Schule gehänselt werden[323] und raue Mannschaftssportarten ablehnen[324]. Später verfügen sie über weniger Sozialkontakte als ihre nicht liebesschüchternen Geschlechtsgenossen[325], sind physisch meist unterdurchschnittlich attraktiv[326], trinken deutlich seltener Alkohol[327] und können sich schlecht in sozialen Gruppen behaupten[328].

4.9.2 Die Ergebnisse von Donnelly et al.

Donnelly et al. (2001) sehen im Gegensatz zu Gilmartin die Partnerlosigkeit vorrangig erzeugt durch verpasste Gelegenheiten während des Lebenslaufs.[329] In Anlehnung an Hagestad (1990, 1996) gehen sie davon aus, dass

---

[316] Vgl. Gilmartin 1987b, S.118 f., siehe auch Wickenhöfer 2004, S.22.
[317] Vgl. Gilmartin 1987b, S. 118 f.
[318] Vgl. Gilmartin 1987b, S.166 ff.
[319] Vgl. Gilmartin 1987b, S.161 f.
[320] Vgl. Gilmartin 1987b, S.175 ff.
[321] Vgl. Gilmartin 1987b, S. 179 ff.
[322] Vgl. Gilmartin 1987b, S. 180 ff.
[323] Vgl. Gilmartin 1987a, S.483 f.; Gilmartin 1987b, S.230 f.
[324] Vgl. Gilmartin 1987b, S.237 ff.
[325] Vgl. Gilmartin 1987b, S.225 ff.
[326] Vgl. Gilmartin 1987b, S.307.
[327] Vgl. Gilmartin 1987b, S. 350 ff.
[328] Vgl. Gilmartin 1987b, S.415.
[329] Vgl. Donnelly et al. 2001, S. 159 ff.

es ganz bestimmte Zeitfenster und Übergangsphasen („transitions“[330] und „trajectories“[331]) während des Lebenslaufs gebe, in denen sich Gelegenheiten für sexuelle Erfahrungen bieten. Würden diese Gelegenheiten verpasst, so setze eine Art „Teufelskreis“ ein, in dem die Hemmschwelle zur partnerschaftlichen Kontaktaufnahme immer größer werde:

"With the exception of those who choose celibacy, adults who have never had sex, or who go for long periods of time without a partner, may begin to feel off time in regards to sexuality. Once the person begins to feel different from others, it may become more difficult to interact and establish intimacy, and chances for sexually intimate relationships may be reduced. This may be particularly true when the person wants a sexual relationship and feels that everyone else his or her age is more experienced at and knowledgeable about sexual matters."[332]

Diese zunehmend steigende Hemmschwelle resultiert nach Donnelly et al. (2001) aus dem Normen- und Wertesystem einer Gesellschaft, in dem gewisse normative Erwartungen bezüglich der sexuellen Erfahrungen bestehen. Obwohl sich die Erwartungen bezüglich des Kinderkriegens und der Eheschließung deutlich gelockert hätten[333], hielten sich die kulturellen Erwartungen bezüglich der sexuellen Aktivitäten hartnäckig und führten bei Nichterfüllung zu stärkeren Konsequenzen[334].

In ihrer Online-Umfrage mit 82 weiblichen wie männlichen Probanden können Donnelly et al. (2001) drei Gruppen voneinander unterscheiden:

1. „Virginal celibates“ (*virgins*), die noch niemals Geschlechtsverkehr hatten.

---

[330] „Transitions“ sind als kurze Ereignisse zu verstehen, welche den Übergang von einem Stadium ins nächste markieren wie z.B. der erste Kuss, der erste Geschlechtsverkehr oder die erste Beziehung (vgl. Donnelly et al. 2001, S.160).

[331] „Trajectories“ sind keine punktuellen Ereignisse, sondern komplexe und langfristig angelegte Prozesse. Die Erfahrung einer langjährigen Ehe ist ein Beispiel dafür (vgl. Donnelly et al. 2001, S.160).

[332] Donnelly et al. 2001, S. 161.

[333] Hier beziehen sich Donnelly et al. (2001) auf die Ergebnisse von Coontz (1992).

[334] Hier beziehen sich Donnelly et al. (2001) auf die Ergebnisse von Lawrence (1996).

2. „Single celibates" (*singles*), die seit mindestens sechs Monaten partnerlos sind, aber bereits auf sexuelle Erfahrungen zurückblicken können.
3. „Partnered celibates" (*partnered*), die zwar in einer Partnerschaft leben, welche jedoch keinerlei sexuelle Aktivitäten beinhaltet.[335]

In den Ergebnissen der Studie zeigt sich, dass vor allem *virgins* die in ihrer Jugend verpassten Gelegenheiten für interpersonelle und sexuelle Erfahrungen als Ursache ihrer aktuellen Partnerlosigkeit ansehen.[336] Auch geben 91% der *virgins* und immerhin 52% der *singles* an, in ihrer Zeit als Teenager keinerlei gegengeschlechtliche Verabredungen gehabt zu haben.[337]

Ebenfalls lassen sich Hinweise auf eine mit zunehmendem Alter steigende Hemmschwelle finden. So berichten zahlreiche Probanden von einem Zeitpunkt, an dem ihr soziales Umfeld - im Gegensatz zu ihnen - bereits seit längerem über sexuelle Erfahrungen verfügte, worauf sie anfingen, sich Gedanken über Faktoren zu machen, welche sie am Paarungserfolg hinderten. Mit zunehmendem Alter drängt sich den *virgins* immer stärker das Gefühl auf, die „cultural deadline of sexual intimacy with a partner"[338] überschritten zu haben und gewissermaßen aus dem Rahmen zu fallen. Auch *singles* machen sich Sorgen um ihren Mangel an sexueller Aktivität. Gefühle der Wut, Nervosität, Depression sowie Unsicherheit in Bezug auf die eigene Sexualität sind in beiden Gruppen die Folge.[339]

Neben diesen Problemen, die sich aufgrund der Diskrepanz zwischen der eigenen sexuellen Entwicklung und der des sozialen Umfeldes ergeben, liefern Donnelly et al. (2001) zahlreiche weitere Befunde: So geben 94% der *virgins* und 84% der *singles* an, besonders schüchtern im Umgang mit dem anderen Geschlecht zu agieren, wobei jeweils besonders die Männer betroffen

[335] Obwohl diese Personen keine sexuelle Beziehung haben, leben Sie dennoch in Partnerschaft. Die Ergebnisse zu dieser Gruppe sind für diese Arbeit nicht weiter relevant und werden daher außen vor gelassen.
[336] Vgl. Donnelly et al. 2001, S.164.
[337] Vgl. Donnelly et al. 2001, S.164.
[338] Donnelly et al. 2001, S.167.
[339] Vgl. Donnelly et al. 2001, S.167.

sind.[340] Zudem berichten 41% der *virgins* und 24% der *singles* über einen Mangel an sozialen Fähigkeiten, welcher ihnen die Kontaktaufnahme zusätzlich erschwere.[341] Auch hier wird der mangelnde Umgang mit dem anderen Geschlecht als Grund genannt. Weitere Befunde sind, dass etwa ein Drittel der Probanden ebenfalls seine äußerliche Erscheinung und negative Selbstwahrnehmung als wesentliche Faktoren ansieht.[342]

Die Bedeutung der von Donnelly et al. (2001) betonten „verpassten Gelegenheiten" für die spätere Fähigkeit, eine Partnerschaft einzugehen und aufrecht zu halten, wird auch von den Befunden der deutschen Psychotherapeutin Helga Spranger bestätigt. Bei *Frauen*, die ihre Kindheit in Zeiten des zweiten Weltkrieges durchliefen, stellt sie fest, dass diese im späteren Leben überzufällig häufig als Singles leben. Den Grund dafür sieht sie darin, dass diese Frauen aufgrund der äußeren Umstände ihre Pubertät gewissermaßen „übersprungen" hätten.[343] Nach Sprangers Einschätzung hätten diese Frauen eine Lebensphase versäumt, die für das spätere Beziehungsleben essentiell sei. Allerdings kann diese Lebensphase nach Sprangers Einschätzung kaum oder nur in einzelnen Elementen nachgeholt werden.[344]

4.9.3 Die Ergebnisse von Wickenhöfer

Wickenhöfer (2004) greift für seine Untersuchung sowohl die Ergebnisse von Gilmartin (1985, 1987a, 1987b, 1989) als auch die von Donnelly et al. (2001) auf. Auf dieser Basis führte er mit 21 Personen eines deutschen Internetforums für „Absolute Beginner" anonyme E-Mail-Interviews durch, um ebenfalls deren Sozialisationsgeschichte und Alltagspraxis auf Gesetzmäßigkeiten abzuklopfen. Obwohl es sich um keine repräsentative Stichprobe handelt und die Angaben aufgrund der Befragungsform nicht genauer überprüft werden konnten, kann diese Studie mit einer ganze Reihe

---

[340] Vgl. Donnelly et al. 2001, S.165.
[341] Vgl. Donnelly et al. 2001, S.165.
[342] Vgl. Donnelly et al. 2001, S.165.
[343] Vgl. Bode 2005, S.86.
[344] Vgl. Bode 2005, S.86.

von Befunden aufwarten, welche die bisherigen Ergebnisse von Gilmartin und Donnelly et al. bestätigen.

Übereinstimmend mit Gilmartin stellt Wickenhöfer bei unfreiwilligen Langzeitsingles eine häufige Überbehütung oder Unterdrückung in der Kindheit fest.[345] Zudem herrschte in der Familie oft ein verklemmter Umgang mit sexuellen Themen.[346] Im Gegensatz zu Gilmartin kann Wickenhöfer jedoch keine negativ geprägte Eltern-Kind-Beziehung während der Kindheit bestätigen: Die Probanden werteten die Beziehung zu ihren Eltern vorwiegend positiv.[347]

Relativ eindeutig fallen die Befunde über die soziale Stellung innerhalb der Peergroup aus: Fast alle der von Wickenhöfer befragten Probanden blicken auf eine Karriere als Außenseiter zurück.[348] Während sie in einer historisch langsam gewachsenen Peergroup zunächst Anschluss finden können, findet die soziale Ausgrenzung meist statt, wenn der soziale Kontext gewechselt wird (etwa durch einen Umzug oder Schulwechsel).[349] Die Gründe dafür sind nicht eindeutig zuzurechnen, jedoch scheinen Übergewicht, die „falsche" Kleidung, Unsportlichkeit und körperliche Defekte sowie ein Mangel an sozialer Kompetenz die Isolation zu begünstigen.[350] Dies ist tendenziell auch der Fall, wenn die Personen aufgrund guter Schulnoten als „Streber" etikettiert werden.[351] Wickenhöfer synthetisiert gleichsam die amerikanischen Forschungsergebnisse mit ihrer Betonung der Sozialisationsbedingungen und der verpassten Gelegenheiten: Das soziale Außenseitertum begünstige insofern die spätere Partnerlosigkeit, als die Befragten bspw. von den ersten Partys ausgeschlossen würden und somit nicht die impliziten Regeln der Beziehungsanbahnung lernen könnten. Als weiteren Einflussfaktor beschreibt er die Minderung eines (ohnehin niedrigen) Selbstwertgefühls:

---

345 Vgl. Wickenhöfer 2004, S.37 f.
346 Vgl. Wickenhöfer 2004, S.43.
347 Vgl. Wickenhöfer 2004, S.43.
348 Vgl. Wickenhöfer 2004, S.47.
349 Vgl. Wickenhöfer 2004, S.45.
350 Vgl. Wickenhöfer 2004, S.45f.
351 Vgl. Wickenhöfer 2004, S.57.

„Wer ständig von anderen mitgeteilt bekommt, dass er so, wie er ist, nicht akzeptabel erscheint, wird sich schwer tun mit der Annahme, womöglich für ein Vertreter des anderen Geschlechts attraktiv zu sein. Folglich wagt er kaum Annäherungsversuche an potentielle Partner und kommt auch nicht zum Erfolg.“[352]

Bezüglich der Freizeitgestaltung stellt Wickenhöfer fest, dass viele Befragte schon in ihrer Kindheit das Alleinsein bevorzugten und über die Hälfte von ihnen zumindest in der Schulzeit unsportlich war.[353] Dies steht im Einklang mit den oben erwähnten Ergebnissen von Gilmartin (1987b), nach der die „Liebesscheuen“ raue Mannschafts- und Kontaktsportarten tendenziell meiden. Auffällig ist in der Freizeitgestaltung der Befragten zudem eine spätere Abneigung gegen Partys und Discotheken. Hinter diesen spezifischen Abneigungen vermutet Wickenhöfer denselben Mechanismus: Die Introvertiertheit, das tendenziell geringe Selbstwertgefühl und die unterentwickelten sozialen Fähigkeiten der Befragten seien unvereinbar mit größeren gesellschaftlichen Veranstaltungen, in denen bezüglich der sozialen Kompetenzen hohe Anforderungen an die Teilnehmer gestellt würden. Aufgrund einer Überforderung würden diese Ereignisse daher als „Bedrohung“ eingeschätzt und folglich gemieden.[354]

Große Übereinstimmungen mit den Ergebnissen von Donnelly et al. (2001) zeigen sich bei Wickenhöfer auf dem Gebiet der Beziehung zum anderen Geschlecht: Keiner der Befragten kann im Jugendalter auf Erfahrungen mit Liebe und Sexualität zurückblicken.[355] Die aus der mangelnden Erfahrung resultierende Unsicherheit sehen viele Befragte als wesentliches Hindernis bei späteren Anbahnungsversuchen.[356] Auch scheint sich die mangelnde Erfahrung selbst dann weiterhin auszuwirken, wenn die Hürde des Anbahnungsversuches erfolgreich genommen wurde. So berichten diejenigen

[352] Vgl. Wickenhöfer 2004, S.48 f.
[353] Vgl. Wickenhöfer 2004, S.50.
[354] Vgl. Wickenhöfer 2004, S.54.
[355] Vgl. Wickenhöfer 2004, S.61.
[356] Vgl. Wickenhöfer 2004, S.65.

Befragten, die trotz aller anfänglichen Schwierigkeiten eine Partnerschaft aufbauen konnten, dass diese in der Regel nach kurzer Zeit scheiterte.[357]

4.9.4 Zusammenfassung

Es ist wichtig, darauf hinzuweisen, dass es sich bei den oben vorgestellten Studien um Querschnittsstudien handelt, in denen aus Sozialisationsbedingungen und einschneidenden Erlebnissen rückblickend auf mögliche Ursachen der Partnerlosigkeit geschlossen wird. Streng genommen bleiben dies lediglich Vermutungen, da es bei einer unermesslichen Fülle von Einflussfaktoren (genetische Dispositionen, Zufälle, strukturelle Umstände, etc.) nahezu unmöglich ist, eindeutige Kausalbeziehungen zwischen den Sozialisationsbedingungen oder verpassten Gelegenheiten und der späteren Partnerlosigkeit herzustellen.

Doch auch wenn sich die zugrunde liegenden Erklärungsansätze von Gilmartin (1985, 1987a, 1987b, 1989) und Donnelly et al. (2001) unterscheiden: In ihren empirischen Befunden zeigen sich starke Überschneidungen. Einen Großteil davon kann auch Wickenhöfer (2004) bei seinen deutschen Probanden bestätigen. Offensichtlich gibt es unter sexuell unerfahrenen Singles, den „Absoluten Beginnern", eine überzufällige Häufung gewisser Sozialisationsbedingungen und Erlebnisse während ihrer Pubertät und Adoleszenz. In wiefern diese tatsächlich eine spätere Partnerlosigkeit bedingen, ist schwierig nachzuweisen. Dass hier ein Zusammenhang besteht, gilt vor dem Hintergrund der aufgezeigten Befunde jedoch als wahrscheinlich.

4.10 Flirtverhalten

Bereits im vorigen Kapitel deutete sich beim Thema der „(Liebes-)Schüchternheit" an, dass auch das kommunikative Verhalten gegenüber potentiellen Partnern entscheidenden Einfluss darauf haben kann, ob Partnerlosigkeit zum Dauerzustand wird oder nicht. Man kommt um die banale Erkenntnis nicht herum, dass sich die Chance zum Kennenlernen einer Person drastisch erhöht, sobald man sie anspricht. Natürlich birgt dieses Vorgehen das Risiko einer Zurückweisung. Doch die Strategie, sich auf das

---

[357] Vgl. Wickenhöfer 2004, S.67 f.

Beobachten aus der Distanz zu beschränken und zu warten, bis man angesprochen wird, ist deutlich weniger erfolgversprechend. Dabei ist die Art und Weise des Ansprechens (Eloquenz, Geschicklichkeit bei der Distanzüberwindung, etc.) noch gar nicht berücksichtigt.

Dennoch wird dieser Aspekt in der Single-Literatur *nahezu vollständig ausgeblendet*. Neben den bereits im vorigen Kapitel angeführten Befunden zur Schüchternheit und mangelnden Sozialkompetenz von Absoluten Beginnern finden sich nur vereinzelt Hinweise darauf, dass einige Singles Schwierigkeiten mit dem kommunikativen Anbahnungsprozess haben: Etwa bei Bodmann (2000) berichten Single-Männer davon, bei der Partnersuche unsicher zu agieren und häufig die Verhaltensweisen anderer nicht richtig wahrnehmen und interpretieren zu können.[358]

Bei Monyk (2007) beschreibt sich die Mehrheit der befragten Singles hingegen als kontaktfreudig und aufgeschlossen, wobei die Altersgruppe zwischen 30 und 40 Jahren eine Ausnahme darstellt: Hier berichten zwei Drittel der Singles über Schwierigkeiten beim Aufbau neuer Kontakte.[359] Erwähnenswert ist zudem, dass 61% der befragten Singles altersunabhängig angeben, Probleme mit dem Aufbau persönlicher Nähe zu haben, *nachdem* der erste Kontakt hergestellt worden sei.[360]

Zuletzt sei noch auf eine Umfrage der Partnerbörse „Elitepartner.de“ von 2007 hingewiesen, in der Singles in einer Selbsteinschätzung die Gründe ihrer Partnerlosigkeit angeben sollten: Hier geben 28,6% der befragten Single-Männer an, schüchtern zu sein und nicht auf Andere (potentielle Partner) zugehen zu können. Diesen Grund geben sie fast drei Mal so häufig an wie Frauen (10,4%).[361]

Diesen „auf dem Papier“ diagnostizierten Befunden steht jedoch ein Mangel an Studien gegenüber, die das *tatsächliche* kommunikative Verhalten der Singles in Anbahnungssituationen untersuchen. Zwar gibt es eine ganze Reihe experimenteller Studien, die das Flirtverhalten aus psychologischer oder

358 Vgl. Bodmann 2000, S.234.
359 Vgl. Monyk 2007, S.175.
360 Vgl. Monyk 2007, S.176.
361 Vgl. Elitepartner.de: Liebestrendmonitor 2007, S.9 [Internetquelle].

ethologischer Perspektive analysieren.[362] Deren Ergebnisse werden jedoch in der Regel nicht nach dem aktuellen Beziehungsstatus oder dem Ausmaß der Partnerschaftserfahrungen differenziert.

Obwohl es nahe liegt, dass insbesondere die Absoluten Beginner auch deshalb partnerlos bleiben, weil sie über mangelnde kommunikative Fähigkeiten bei der Partneranbahnung verfügen oder große Angst vor einer möglichen Zurückweisung haben, werden diese Vermutungen bislang ausschließlich von Studien gestützt, die sich mit der Auswertung von Interviews oder Fragebögen begnügen. Untersuchungen fehlen, die das kommunikative Anbahnungsverhalten von Absoluten Beginnern in einer experimentellen und praxisnahen Situation näher beleuchten.

4.11 Fazit: Der Gordische Knoten der Partnerlosigkeit

Die obigen Ausführungen zeigen, dass es eine Vielzahl von Gründen gibt, mit denen Partnerlosigkeit erklärt werden kann. Auf einer allgemeingültigen Ebene bietet die dargestellte Fülle von Erklärungsansätzen ein komplexes, kaum durchdringbares Zusammenspiel einzelner Faktoren; ein „Gordischer Knoten der Partnerlosigkeit", bestehend aus (zu) vielen „Erklärungsansatz-Schnüren", die sich untereinander verwinden. Monokausale Erklärungen der Partnerlosigkeit müssen vor diesem Hintergrund zwangsweise arglos und primitiv anmuten, dennoch ist theoretisch auch jeder einzelne der angeführten Faktoren in der Lage, eine hinreichende Erklärung der Partnerlosigkeit zu liefern.

Die aufgeführten Erklärungsansätze zeigen jedoch zugleich, dass es mögliche Gründe der Partnerlosigkeit gibt, die von der Single-Forschung bislang kaum oder nur unzureichend präzise untersucht wurden. Dies gilt insbesondere, sobald die Ergebnisse aus einer *kommunikationswissenschaftlichen* Perspektive betrachtet werden.

Reduziert auf den einfachen Gedanken, dass es innerhalb einer Kontaktsituation gewisser kommunikativer Anbahnungsstrategien und Fähigkeiten bedarf, um den potentiellen Partner in ein Gespräch zu verwickeln

---

[362] Vgl. exemplarisch Moore 1985, S.237 ff.; Morris 1977; Doermer-Tramitz 1990; Bossi 1995; Grammer et al. 2000.

und von den eigenen Partnerqualitäten zu überzeugen, zeigt der Stand der Forschung insbesondere für die Absoluten Beginner eine Forschungslücke auf.

Ein bislang nicht untersuchter Aspekt ist das kommunikative (Flirt)-Verhalten von Absoluten Beginnern in Alltagssituationen, in denen sie auf potentielle Partner treffen. Zwar gibt es verstreute Hinweise darauf, dass insbesondere diese Single-Untergruppe Schwierigkeiten mit dem kommunikativen Anbahnungsprozess hat; alle diese Befunde beruhen jedoch ausschließlich auf der Auswertung von Fragebögen und Interviews. Es fehlt an Beobachtungsdaten, die klare Aussagen darüber treffen, wie sich diese Personen tatsächlich verhalten. Somit fehlen auch Informationen darüber, ob und wie sich die per Selbstauskunft berichtete Schüchternheit und Unbeholfenheit im Kommunikationsverhalten äußert und u.U. Misserfolge bei der Partnersuche erklären kann. An dieser Frage wird die empirische Untersuchung dieser Arbeit ansetzen.

„Nicht weil es schwer ist, wagen wir es nicht, sondern weil wir es nicht wagen, ist es schwer.“
(Seneca)

5 Konzept der Partnerlosigkeit aus kommunikationswissenschaftlicher Perspektive

Für die Formulierung der zentralen Fragestellung dieser Arbeit möchte ich zunächst auf die in Kapitel 4.9 dargestellten Ergebnisse von Gilmartin (1987b) und Donnelly et al. (2001) zurückkommen. Anschließend werde ich eine Untersuchungsreihe vorstellen, die der Psychologe Professor Dr. Franz J. Neyer mit wechselnden Forschungskollegen über insgesamt acht Jahre erstellt hat. Diese wurde im Rahmen des Kapitels 4 über den Stand der Forschung nicht erwähnt, da sie – zumindest auf den ersten Blick – kein Erklärungsangebot für dauerhafte Partnerlosigkeit liefert. Aus kommunikationswissenschaftlicher Perspektive und verknüpft mit den Befunden von Gilmartin und Donnelly et al., liefert diese jedoch das theoretische Fundament, auf dem die zentralen Fragestellungen der empirischen Untersuchung aufbauen. Im Anschluss daran werden in Unterkapitel 5.2 die zentralen Hypothesen und offenen Fragestellungen präsentiert, die im Rahmen dieser Arbeit überprüft bzw. beantwortet werden sollen. Darauf folgt ein Exkurs (5.3), in dem ich einmal aus systemtheoretischer und einmal aus psychologischer Perspektive erklären möchte, weshalb das Ansprechen einer potentiellen Partnerin meist so schwer fällt.

5.1 Theoretische Vorüberlegungen

In den Biografien „liebes-schüchterner“ Männer stößt Gilmartin (1987b) überzufällig häufig auf ein schwieriges und instabiles Familienumfeld, in dem sie in der Regel als Einzelkind oder ohne weibliche Geschwister aufwuchsen. Im Schulalltag waren diese Männer aufgrund ihres Außenseiter-Status kaum in Peergroups eingebunden und verfügten auch jenseits der Schule nur über wenige Sozialkontakte. Auch Donnelly et al. (2001) stellen fest, dass sexuell unerfahrene Männer in ihrer Jugend kaum gegengeschlechtliche Verabredungen hatten und diese Lebensphase nicht für erste romantische Erfahrungen wie Liebe, Partnerschaft und Sexualität nutzen konnten.

Wie bereits erwähnt, erklärt Gilmartin (1987b) die spätere Partnerlosigkeit mit genetischen Dispositionen und den Sozialisationsbedingungen, während Donnelly et al. (2001) die Bedeutung von „verpassten Gelegenheiten" betonen. Auf den ersten Blick mögen sich diese Erklärungsansätze in ihrer Ausschließlichkeit widersprechen; bei genauerer Betrachtung stehen sie jedoch eher komplementär zueinander: Eine – genetisch und/oder sozialisationsbedingte – Schüchternheit kann dazu beitragen, dass wichtige Gelegenheiten (bspw. erste Flirterfahrungen) im späteren Lebensverlauf verpasst werden.

Lässt man die Erklärungsansätze einmal außer Acht und blickt erneut auf die oben angeführten Ergebnis-Auszüge der Untersuchungen, so drängt sich die Vermutung auf, *dass die Partnerlosigkeit dieser Männer vor allem dadurch bedingt ist, dass sie nur auf wenige gegengeschlechtliche Interaktionserfahrungen zurückgreifen können.*

Wenn Gilmartin (1987b) aufzeigt, dass männliche „Absolute Beginner" in der Regel ohne Schwester aufwuchsen, stets am Rande der Klassengemeinschaft standen und wenige Freunde hatten, und wenn Donnelly et al. (2001) zudem darauf hinweisen, dass sie in ihrer Jugend kaum die Gelegenheit hatten, sich mit Mädchen zu treffen, dann liegt in beiden Fällen die Vermutung nahe, dass diese Männer „sozial untrainiert" sind. Ausgehend von der Annahme, dass soziale Interaktion gelernt wird und jemand besonders dann geschickt mit anderen Menschen interagiert, wenn er darin geübt ist, dann kann diesen Männern mangelnde Interaktionserfahrung zum Verhängnis werden, wenn es um das Ansprechen einer potentiellen Partnerin geht. „Schüchternheit" kann auch umformuliert werden als ein Nicht-Beherrschen sozialer Umgangsformen.

Diese Überlegungen leiten über zu Befunden des Psychologen Franz Neyer: In einer repräsentativen Studie befragte Neyer (1999) junge Erwachsene zwischen 18 und 30 Jahren nach ihren sozialen Beziehungen und Persönlichkeitseigenschaften auf Basis des Fünf-Faktoren-Modells[363].

[363] Der verbreitetste Klassifikationsansatz in der Persönlichkeitspsychologie ist der Versuch, die Vielzahl aller denkbaren Persönlichkeitseigenschaften auf statistisch voneinander unabhängige Dimensionen zu reduzieren (Vgl. Asendorpf 2007, S.149). Als praktikabler

Zentrales Erkenntnisinteresse dabei war, in wieweit die Persönlichkeitsstruktur der Probanden in Abhängigkeit von ihrem Beziehungsstatus und ihrer Lebensform variiert. Die Stichprobe (N=637) wurde dabei in drei Gruppen unterteilt: junge Erwachsene mit Partner und Kind, junge Erwachsene mit Partner und junge Singles.

Bereits in der Erstuntersuchung zeigt Neyer (1999), dass der Beziehungsstatus einen starken Effekt auf die Persönlichkeitsprofile der Probanden zu haben scheint: Personen der ersten beiden Gruppen, die über einen Partner verfügen, weisen geringe Werte in den Dimensionen des Neurotizismus und der Schüchternheit auf, zeigen jedoch zugleich hohe Ausprägungen in den Bereichen der Extraversion, Gewissenhaftigkeit und des allgemeinen Selbstwertes. Fast spiegelbildlich dazu weisen Singles höhere Werte bei Neurotizismus und Schüchternheit auf, aber geringere Werte bei Extraversion, Gewissenhaftigkeit und allgemeinem Selbstwert. Für diese Arbeit von besonderem Interesse: Gerade beziehungsunerfahrene Singles (Absolute Beginner) weisen die niedrigsten Werte im Bereich der Extraversion und die höchsten Schüchternheits-Werte auf.[364] In den Dimensionen der Verträglichkeit und der Geselligkeit zeigen sich hingegen keine signifikanten Unterschiede.[365]

Die besondere Aussagekraft dieser Studie erwächst jedoch erst ihrer Längsschnitt-Konzeption: In einer zweiten Erhebung, die vier Jahre später mit einem Großteil der Stichprobe (489 von 637 Probanden) durchgeführt wurde, können Neyer/Asendorpf (2001) zeigen, in wiefern sich die selbstberichteten Persönlichkeitseigenschaften der Probanden durch eingegangene bzw. aufgelöste Partnerschaften geändert haben.

Ansatz hat sich das Fünf-Faktoren-Modell („Big Five") erwiesen: Es handelt sich um einen lexikalischen Ansatz, der davon ausgeht, dass sich die Persönlichkeitsmerkmale von Menschen in der Sprache niederschlagen. Norman (1967) und Goldberg (1990) reduzierten die von Allport und Odbert (1936) gesammelten 18000 Eigenschaftsworte auf 100, eine anschließende Faktorenanalyse ergab die fünf Hauptfaktoren der Persönlichkeit, die „Big Five" (Vgl. Asendorpf 2009, S.54). Offenheit gegenüber neuen Erfahrungen, Gewissenhaftigkeit, Extraversion, Verträglichkeit und Neurotizismus sind diese Faktoren, anhand derer weite Bereiche der Persönlichkeit auf effiziente Weise beschrieben werden können.

[364] Vgl. Neyer 1999, S.491.

[365] Vgl. Neyer 2003, S.184.

Während das Persönlichkeitsprofil von 80 Absoluten Beginnern[366] weitgehend unverändert blieb, zeigen die 63 „Ex-Singles", die in der Zwischenzeit einen Übergang zur Partnerschaft vollzogen haben, deutliche „Reifungsschritte": eine Abnahme der Neurotizismus- und Schüchternheitswerte zugunsten einer Zunahme von Extraversion, Gewissenhaftigkeit und allgemeinem Selbstwertgefühl. Das Eingehen einer Partnerschaft hatte offensichtlich einen Effekt auf ihre Persönlichkeitsstruktur.[367]

Auch der Effekt des Partnerschaftsabbruchs wurde untersucht: Dazu wurde die Persönlichkeitsstruktur der Probanden, deren Beziehung über die vier Jahre stabil blieb, mit den Probanden verglichen, die in dieser Zeit eine Trennung erlebten und wieder zu Singles geworden waren. In beiden Gruppen blieben die Persönlichkeitsprofile stabil, die Partnerschaftslösung hatte im Gegensatz zum erstmaligen Eingehen einer Partnerschaft also keinen signifikanten Effekt.[368]

Die einmal durch das Eingehen einer Partnerschaft gewonnenen „Ego-Effekte"[369] bleiben offensichtlich erhalten, selbst wenn die Partnerschaft nach einiger Zeit wieder aufgelöst wird. Neyer (2003) interpretiert die Ergebnisse der ersten zwei Erhebungen wie folgt:

„Wenn beide partnerschaftlichen Übergänge im Sinne aufeinander folgender Entwicklungsschritte betrachtet werden – nämlich beginnend mit dem Single-Sein, dem Eingehen und Aufrechterhalten einer Partnerschaft und einer evtl. darauf folgenden Trennung – legen die Ergebnisse nahe, dass die mit dem Übergang zur Partnerschaft erzielten Reifungsschritte irreversibel sind: Wer eine Partnerschaft eingeht, kann deshalb nur gewinnen! Dieser Befund bezieht sich jedoch auf einen spezifischen Entwicklungsschritt im frühen Erwachsenenalter und besagt natürlich nicht, dass das Zerbrechen einer Partnerschaft nicht auch schmerzliche Folgen haben kann, z.B. in späteren Lebensabschnitten."[370]

---

366 Neyer bezeichnet diese Personen in seiner Studie als "Dauersingles".

367 Vgl. Neyer/Asendorpf 2001, S.1196 f.

368 Vgl. Neyer/Asendorpf 2001, S.1197.

369 Vgl. Schuldt 2004, S.19.

370 Neyer 2003, S.185.

Der Wirkungszusammenhang zwischen Partnerschaftserfahrung und Persönlichkeitsstruktur wurde weitere vier Jahre später abermals bestätigt. Mit den insgesamt drei Messungen können Neyer/Lehnart (2007) nun in Bezug auf die ersten Partnerschaftserfahrungen vier Gruppen voneinander unterscheiden:

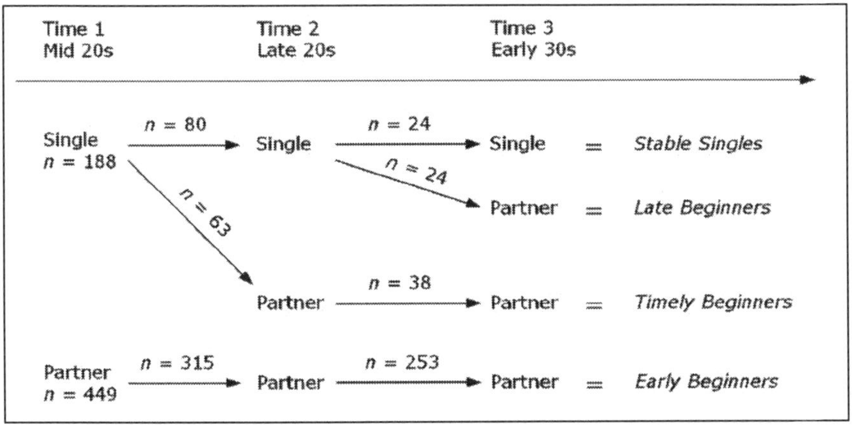

Abbildung 11: Prospektives Design des Übergangs zur ersten Partnerschaft
(Quelle: Neyer/Lehnart 2007, S.553.)

Die „Stable Singles" (Absolute Beginner) blieben während der gesamten Längsschnittstudie partnerlos, die „Late Beginners" haben ihren Partner erst vor der letzten Erhebung gefunden, „Timely Beginners" bereits vor der zweiten. Die Gruppe der „Early Beginners" lebte über die gesamte Zeitspanne hinweg in fester Partnerschaft.

Die unten angefügte Grafik zeigt, dass der (in der zweiten Erhebung) festgestellte Effekt der ersten Partnerschaftserfahrung anhand der „Late Beginners" in der letzten Erhebung erneut bestätigt wird.

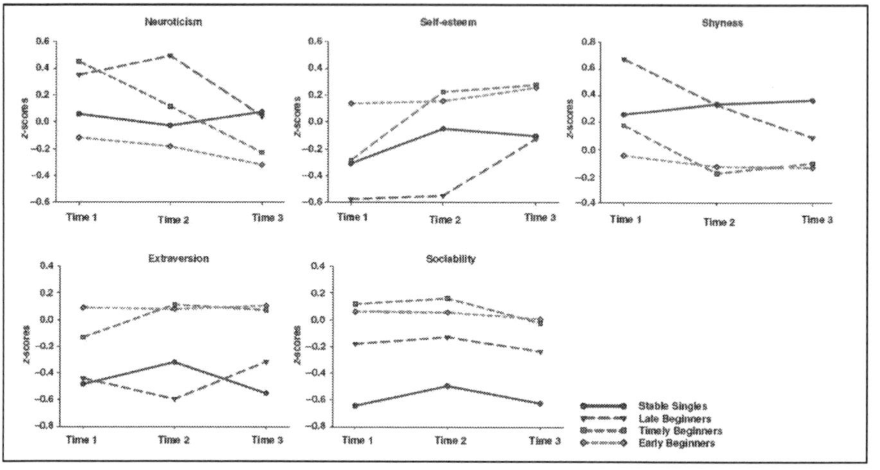

Abbildung 12: Nullniveau-Abweichung der Persönlichkeitseigenschaften von "Stable Singles", "Late Beginners", Timely Beginners" und "Early Beginners" über drei Erhebungen hinweg (Quelle: Neyer/Lehnart 2007, S.555.)

Die „Early Beginners" zeigen hier deutliche Wertezuwächse im Bereich der Extraversion und des Selbstwertgefühls als auch eine Abnahme der Schüchternheit und des Neurotizismus. Genau diese Effekte wurden für „Timely Beginners" schon in einer früheren Erhebung diagnostiziert. In einer 2010 publizierten Studie können Lehnart/Neyer/Eccles diese mit der ersten Partnerschaft einhergehenden „Reifungseffekte" auch mit US-amerikanischen Probanden replizieren.[371]

In der Entwicklungspsychologie werden die von Neyer et al. (1999, 2001, 2007) nachgewiesenen Effekte bereits seit längerem diskutiert – wenn auch nur auf *theoretischer* Ebene und nicht nach einzelnen Persönlichkeitseigenschaften differenziert. Schon Erikson (1973) erkennt in der Erfahrung von Sexualität und Partnerschaft eine Entwicklungsstufe zur eigenen Identität.[372] Auch Neuenschwander (1996) betont, dass es sich hierbei um „außerordentliche Lebensereignisse" und „entwicklungsrelevante Erfahrungen"

---

[371] Vgl. Lehnart et al. 2010, S.639 ff.

[372] Vgl. Erikson 1973, S.114 f., siehe auch: Grob/Jaschinski 2003, S.44.

handelt.[373] Nach Grob/Jaschinski (2003) dienen romantische Beziehungen Jugendlichen als „Spiegel“ ihrer selbst; sie helfen, „die eigene Person aus der Perspektive eines anderen Menschen wahrzunehmen und tragen somit zur Identitätsentwicklung bei“[374].

Diese Überzeugung herrscht auch in der Soziologie vor: Ausgehend von dem Gedanken, dass eine „Beglaubigung der eigenen Identität nur von außen kommen kann“[375], werden auch hier den Erfahrungen von Liebe, Partnerschaft und Sexualität *identitätsbildende Kräfte* zugeschrieben; durch sie versichert sich das Individuum des eigenen Geschlechts und der eigenen Attraktivität. Exemplarisch sei der Soziologe Christian Schuldt (2004) zitiert, welcher der Liebe vor dem Hintergrund einer zunehmend anonymisierten Welt eine immense Bedeutung für die eigene Persönlichkeits- bzw. Identitätsentwicklung beimisst.

„Deswegen zielt die Liebe heute weniger auf eine unendliche Steigerung der Leidenschaft als darauf, den modernen Menschen mit einem besonders wertvollen Gut zu versorgen: Identität. Je ‚unpersönlicher‘ die Gesellschaft wird, desto ‚persönlicher‘ wird die Liebe, weil es umso wichtiger wird, die eigene Persönlichkeit bestätigt zu finden und sich selbst als ganzer Mensch zu erfahren. Eine solche Allround-Bejahung der eigenen Selbstdarstellung können berufliche […] Erfolge nicht leisten, sondern nur die Liebe. Nur hier kann man das Bild, das man von sich selbst aufbaut, absolut bestätigt finden.“[376] Und weiter: *„Die Liebe leistet die ultimative Bestätigung von Individualität und ist damit hochgradig identitätsaufbauend und – verstärkend.“*[377]

Aus kommunikationswissenschaftlicher Perspektive stellt sich nun die Frage: Äußert sich diese Identitätsbestätigung auch im kommunikativen Verhalten?

---

[373] Vgl. Neuenschwander 1996, S.126.
[374] Grob/Jaschinski 2003, S.49.
[375] Vgl. Schuldt 2004, S.102.
[376] Schuldt 2004, S.66.
[377] Schuldt 2004, S.102.

Wie so etwas im Einzelfall aussehen könnte, führen uns zahlreiche „Coming-of-age-Filme“[378] vor Augen. Ein prägnantes Beispiel findet sich in der Teenager-Komödie „Wayne's World 2“, in dem die spätpubertierenden Heavy Metal-Fans Wayne Campbell (Mike Myers) und Garth Algar (Dana Carvey) versuchen, ein Rockkonzert zu organisieren. Während Wayne bereits seit längerem eine feste Freundin hat, ist Garth in Liebesdingen gänzlich unerfahren und verhält sich Frauen und Fremden gegenüber äußerst schüchtern. Doch in „Wayne's World 2“ gerät er an „Honey Hornée“, gespielt von Kim Basinger, die Garth in einer heißen Nacht verführt. Dass sie dies lediglich tut, um Garth am folgenden Tag um die Ermordung ihres Ex-Manns zu bitten, ist an dieser Stelle nebensächlich; wichtig ist, welche Persönlichkeitswandlung Garth in dieser Nacht durchläuft: Noch am Abend zuvor sitzt er stocksteif und zitternd auf der Couch. In Anblick von Honeys Körper beginnt er zu stottern. Als er zum Tanzen aufgefordert wird, mangelt es ihm an motorischem Feingefühl. Er vollführt unbeholfene und ruckartige Bewegungen, die durch die fließend-schwungvollen Bewegungen von Honey kontrastiert werden. Doch am Morgen danach ist Garth wie ausgewechselt: Schwungvoll öffnet er die Schlafzimmertür und begrüßt Honey mit einem souverän-grinsenden „Guten Morgen, Darling!“.

Dazu trägt er einen Morgenmantel in der Manier von Hugh Heffner und raucht Pfeife. Praktisch über Nacht hat Garth seine Schüchternheit verloren. Selbstbewusst blickt er Honey nun tief in die Augen. Noch bedeutender: Er kann plötzlich mit ihr flirten, kann souverän mit ihr interagieren.

Diese Filmszene ist zweifellos drastisch überzeichnet: Dass die ersten partnerschaftlichen und sexuellen Erfahrungen die Persönlichkeit praktisch „über Nacht“ so sehr verändern, dass die Person in ihrem kommunikativen Verhalten nicht mehr wiederzuerkennen ist, darf als unrealistisch gelten. Meiner Vermutung nach beschreibt diese Filmszene dennoch in überspitzter Form den von Neyer et al. (1999, 2001, 2007) „auf dem Papier“ nachgewiesenen Effekt, dass die Erfahrungen von Partnerschaft und Sexualität identitätsbestätigend sind und zu einer Restrukturierung des Persönlichkeitsprofils führen.

---

[378] „Coming-of-age-Filme“ handeln vom Erwachsenwerden der Protagonisten.

Die Frage stellt sich: Können die von Neyer et al. (1999, 2001, 2007) unter „Absoluten Beginnern“ nachgewiesenen Persönlichkeitsdefizite bereits das *Eingehen* einer Partnerschaft erschweren oder gar verhindern? Angenommen, Persönlichkeitseigenschaften wie geringe Extraversion, hoher Neurotizismus, niedrige Gewissenhaftigkeit und hohe Schüchternheit zeigen sich nicht nur „auf dem Papier“, sondern auch im kommunikativen Verhalten – wären diese Persönlichkeitseigenschaften nicht auch ein großes Hindernis bei einem kommunikativen Anbahnungsversuch? Indem etwa ein hohes Maß an Schüchternheit dazu führt, dass sich diese Männer nicht trauen, eine attraktive Frau anzusprechen? Oder dass sie dabei unbeholfen wirken, somit in ihrem Flirtverhalten weniger erfolgreich sind und *deshalb* partnerlos bleiben? Auch Bodmann (2000), die in ihrer Fragebogenauswertung unter Single-Männern eine „soziale Unsicherheit“ feststellt, äußert diese Vermutung:

„Die größere soziale Unsicherheit des Single-Mannes kann nicht nur erschwerend für das Eingehen einer Partnerschaft sein, der Single-Mann könnte dadurch auch unattraktiver für eine potentielle Partnerin werden.“[379]

Diese Überlegungen möchte ich anhand der folgenden Grafik zusammenfassend darstellen, welche die Zusammenhänge als grafisches Netzwerk, als „Schaltplan“[380] der Beziehungen und Abhängigkeiten darstellt:

[379] Bodmann 2000, S.234.

[380] Vgl. Töpfer 2010, S.8.

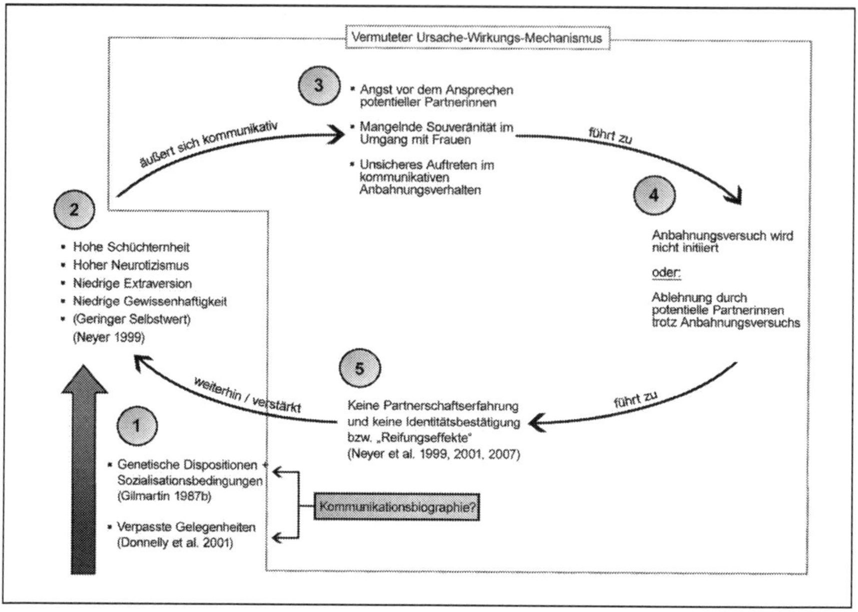

Abbildung 13: Vermuteter Ursache-Wirkungs-Mechanismus (eigene Darstellung)

Im ersten Wirkungsfaktor sei auf die Ergebnisse von Gilmartin (1987b) und Donnelly et al. (2001) hingewiesen, nach denen in der Biographie von beziehungsunerfahrenen Männern bestimmte Faktoren überzufällig häufig auftreten; zugleich stellen sie unter diesen Männern eine erhöhte Schüchternheit fest und setzen diese Befunde in eine kausale Beziehung zueinander. Ohne über die ursprünglichen Gründe der Schüchternheit zu mutmaßen, kann Neyer (1999) diese Persönlichkeitseigenschaft unter beziehungsunerfahrenen Männern bestätigen (2. Wirkungsfaktor). Darüber hinaus stellt er eine geringe Extraversion, ein niedriges Selbstwertgefühl, geringe Gewissenhaftigkeit und hohen Neurotizismus bei ihnen fest. An diese Befunde knüpft nun der von mir vermutete Ursache-Wirkungs-Zusammenhang an: Angenommen, diese Persönlichkeitseigenschaften äußern sich auch in der zwischenmenschlichen Kommunikation (3. Wirkungsfaktor), bspw. in Hemmungen vor dem Ansprechen einer potentiellen Partnerin oder in einem unsicheren Auftreten, dann könnten diese Persönlichkeitseigenschaften das Eingehen einer Partnerschaft erschweren oder gar verhindern. Hier liegt die

Überlegung zugrunde, dass Schüchternheit auch als ein „Nicht-Beherrschen von sozialen Umgangsformen" bezeichnet werden kann. Es würde bedeuten, dass diese Männer nicht über rudimentäre Formen des sozialen Umgangs mit dem anderen Geschlecht verfügen. Unter der Voraussetzung, dass sich Frauen in der Regel[381] eher von selbstsicheren, „identitätsbestätigten" und souverän agierenden Männern angezogen fühlen[382], werden sie die weniger extravertierten, schüchternen und unsicher agierenden Männer ablehnen (4. Wirkungsfaktor) – sofern diese Persönlichkeitseigenschaften nicht bereits die Initiierung eines Anbahnungsversuches oder die eines ungezwungenen Gesprächs „blockieren". In beiden Fällen hätte dies zur Folge (5. Wirkungsfaktor), dass die von Neyer et al. (1999, 2001, 2007) beschriebenen „Reifungseffekte" ausbleiben: Ohne „identitätsbestätigende", partnerschaftliche Erfahrungen bleiben Persönlichkeits-eigenschaften wie erhöhte Schüchternheit und Neurotizismus bestehen und werden nicht zugunsten einer höheren Extraversion, Gewissenhaftigkeit und eines gesteigerten Selbstwertgefühls kompensiert. Es ist sogar denkbar, dass wiederholte Misserfolge bei der Partnersuche diese Persönlichkeitsdefizite noch verstärken: Eine ständige Zurückweisung der eigenen Person könnte sowohl die eigene Schüchternheit als auch das geringe Selbstwertgefühl weiter beeinträchtigen, so dass ab einem gewissen Zeitpunkt keine weiteren Anbahnungsversuche mehr unternommen werden. Doch selbst wenn ein verstärkender Effekt für die Persönlichkeitsdefizite ausbliebe, ist mit dem Verweis auf die Ergebnisse von Neyer et al. (1999, 2001, 2007) zumindest nicht davon auszugehen, dass diese kompensiert werden. Durch diese Abfolge ergibt sich letztlich ein sich selbst verstärkender Zirkel, in dem die männlichen Absoluten Beginner „gefangen" sind und der ihre lang andauernde Partnerlosigkeit erklärt.

[381] Hier gehe ich von einer „durchschnittlichen" Reaktion potentieller Partnerinnen aus. Es ist denkbar, dass es auch einzelne Frauen gibt, die sich – aus was für Beweggründen auch immer – von Attributen wie Schüchternheit und unsicherem Verhalten eher angezogen fühlen.

[382] Schon die Ergebnisse von Buss (1985) weisen darauf hin, dass Frauen großen Wert auf die Dominanzstellung des Mannes legen (vgl. Buss 1985, S.48).

5.2 Hypothesenformulierung

Bevor sich nachfolgende Kapitel mit einer empirischen Überprüfung des hier entworfenen Modells beschäftigen, seien an dieser Stelle einige wichtige Anmerkungen zum Anspruch der Untersuchung vorweg geschickt: Bei Modellen handelt es sich stets um vereinfachte Darstellungen der Realität. Auch das im vorigen Kapitel dargestellte Modell ist vereinfachend und erfasst nicht die gesamte Dynamik und Komplexität des vermuteten Ursache-Wirkungs-Zusammenhangs. Wie ich in Kapitel 6.2 noch aufzeigen werde, ließe sich an zahlreichen Stellen des Modells der Einfluss weiterer Störvariablen diskutieren, die im Rahmen einer empirischen Überprüfung nicht alle zu kontrollieren sind. Ziel dieser Untersuchung kann es daher nicht sein, den vermuteten Ursache-Wirkungs-Zusammenhang zu *testen* – denn wie noch zu zeigen sein wird, lassen sich in Anbetracht möglicher Störvariablen nicht alle Erklärungsalternativen ausschließen. In dieser Untersuchung kann es daher lediglich darum gehen, diesen Ursache-Wirkungs-Zusammenhang zu *plausibilisieren;* es sollen möglichst viele Indikatoren gefunden werden, die in ihrer Summe für dessen Annahme sprechen. Verglichen mit dem Ansatz eines eindeutigen *Tests* erhebt die nachfolgende Untersuchung somit einen moderateren Anspruch.

Um den im vorigen Kapitel beschriebenen Ursache-Wirkungs-Zusammenhang zu plausibilisieren, stelle ich für die nachfolgende Untersuchung folgende Hypothesen auf:

Hypothese 1a:

Männliche Absolute Beginner wirken in ihrem kommunikativen Anbahnungsverhalten gegenüber potentiellen Partnerinnen

- schüchterner
- neurotischer
- weniger extravertiert
- weniger gewissenhaft

als sexuell erfahrene Männer.

Hypothese 1b:

Diese Unterschiede führen dazu, dass die Anbahnungsversuche der Absoluten Beginner von potentiellen Partnerinnen als weniger erfolgversprechend gewertet werden als diejenigen von sexuell erfahrenen Männern.

Offene Frage 1:

Anhand welcher weiteren beobachtbaren Kriterien unterscheidet sich das kommunikative Anbahnungsverhalten Absoluter Beginner von dem sexuell erfahrener Männer?

Offene Frage 2:

Lässt sich in den Kommunikationsbiographien von Absoluten Beginnern nachweisen, dass diese im Gegensatz zu beziehungserfahrenen Männern weniger Erfahrungen machen konnten mit herausfordernden sowie gegengeschlechtlichen Interaktionssituationen?

Mit Blick auf das im vorigen Kapitel dargestellte Modell zeigt sich, dass die Hypothese 1a den dritten Wirkungsfaktor abdeckt, während die Hypothese 1b dem vierten Wirkungsfaktor entspricht. Der fünfte Modellpunkt, der die ausbleibende Partnerschaftserfahrung und Identitätsbestätigung umfasst, ließe sich aus einer Bestätigung der Hypothese 1b vor dem Hintergrund der Befunde von Neyer et al. (1999, 2001, 2007) folgern.

In der Ausformulierung der Hypothese 1a zeigt sich zudem, dass das von Neyer et al. (1999, 2001, 2007) festgestellte „geringe Selbstwertgefühl" unter „Absoluten Beginnern" nicht aufgeführt ist. Dies möchte ich dadurch begründen, dass das Konstrukt des „Selbstwertes" nur schwerlich von außen eingeschätzt werden kann; die gängigen psychologischen Item-Skalen zur Selbstwert-Messung sind ausschließlich für die Selbstauskunft konzipiert. Auf die Probleme, die mit einer validen Operationalisierung der zu messenden Konstrukte einhergehen, werde ich im Kapitel 6.3 über die Fragebogenkonstruktion genauer eingehen.

Zuvor möchte ich in einem Exkurs der Frage nachgehen, warum es vielen Männern *grundsätzlich* schwer fällt, eine potentielle Partnerin anzusprechen. Diese Betrachtung bildet den theoretischen Hintergrund, vor dem die Untersuchungsergebnisse ihre kontrastive Wirkung erzielen.

5.3 Exkurs: Warum es so schwer fällt, eine potentielle Partnerin anzusprechen

Warum es so schwer fällt, eine potentielle Partnerin anzusprechen, soll im Rahmen dieses Kapitels einmal aus systemtheoretischer und einmal aus psychologischer Perspektive erörtert werden. Diese zwei Erklärungsansätze beleuchten jeweils unterschiedliche Aspekte: Während die Psychologie einen Individuum-zentrierten Ansatz pflegt, fokussiert die soziale Systemtheorie das gesamte Interaktionsgeschehen und vornehmlich den Prozess, der *zwischen* den Beteiligten abläuft. Während also der psychologische Ansatz eine detaillierte Beschreibung der Prozesse liefert, die *innerhalb* des einzelnen Individuums ablaufen, kann der systemtheoretische die "Eigengesetzlichkeiten des sozialen Geschehens"[383] etwas schärfer erfassen.

5.3.1 Der Anbahnungsprozess aus systemtheoretischer Sicht nach Luhmann

Bevor aus systemtheoretischer Sicht anhand einer beispielhaft gewählten Interaktionssituation zwischen Mann und Frau erklärt werden soll, weshalb das Ansprechen eines potentiellen Partners so schwierig ist, sollen zunächst zentrale Prinzipien und erste Grundbegriffe der sozialen Systemtheorie erklärt werden. Hierbei stütze ich mich auf den Text "Einfache Sozialsysteme" von Luhmann (1972).

Um das Entstehen eines "einfachen Sozialsystems" nach Luhmann (1972) zu erklären, ist zunächst festzuhalten, dass jeder Mensch von einem Wahrnehmungsraum umgeben ist, dessen Radius von seinen Sinneskräften bestimmt wird. Sobald sich die Wahrnehmungsräume mindestens zweier Menschen überschneiden - sie sich also *wechselseitig* wahrnehmen (können) - ist die zentrale Bedingung für das Entstehen eines "einfachen Sozialsystems" gegeben: Simultane *Anwesenheit der Beteiligten.*[384] Die *Beteiligten* (Personen) stellen die Elemente des "einfachen[385] Sozialsystems" dar, zwischen denen nun eine Beziehung besteht. Umgeben wird dieses System von der *Umwelt*; diese schließt alles jenseits der Wahrnehmung der

---

[383] Luhmann 1972, S.52.

[384] Vgl. Luhmann 1972, S.52.

[385] "Einfach" meint in diesem Kontext keineswegs "trivial", sondern eine "unmittelbare Überschaubarkeit" des Systems für alle Beteiligten (vgl. Luhmann 1972, S.52).

beteiligten Menschen ein. Anders formuliert, markieren die Wahrnehmungsgrenzen der Beteiligten die Grenzen des "einfachen Sozialsystems". Dieses zerfällt, sobald sich die Personen von einander entfernen und sich ihre Wahrnehmungsräume nicht mehr überschneiden: Bei einem Spaziergang im Wald, bei dem eine Person alle paar Minuten weiteren Spaziergängern begegnet, entstehen und zerfallen demnach permanent "einfache Sozialsysteme", ohne dass sich die daran beteiligten Personen dieses Umstands unbedingt bewusst wären.

Ist das einfache Sozialsystem gebildet, besteht zwischen den Beteiligten die Möglichkeit zum *Informationsaustausch* und zur *Kommunikation*. Luhmann (1972) unterscheidet diese zwei Prozessarten, um nonverbales Verhalten von (intentionsgesteuerter) sprachlicher Kommunikation abzugrenzen. Informationsaustausch findet bereits in der "sprachlosen, unthematisierten wechselseitigen Wahrnehmung"[386] statt und bedeutet, dass das Wahrnehmen durch den anderen registriert, also wiederum wahrgenommen wird:

"Ego kann wahrnehmen, daß er von Alter wahrgenommen wird und an der laufenden Wahrnehmung von Wahrnehmungen sein Verhalten steuern."[387]

Wahrnehmung zeichnet sich gegenüber der Kommunikation mittels Sprache durch eine höhere Komplexität der vermittelten Eindrücke aus, die zudem schneller übermittelt und verarbeitet werden. Beim Informationsaustausch, dem reflexiven "Wahrnehmen von Wahrnehmung", verschwinden diese Vorzüge jedoch: Ego nimmt zwar wahr, *dass* er von Alter wahrgenommen wird, jedoch bleibt relativ unklar, *was* für einen Eindruck Alter von ihm hat und *wodurch* dieser entsteht.[388] Eine weitere Besonderheit ist, dass der Wahrnehmende im Gegensatz zum Sprechen nicht für seine Wahrnehmung verantwortlich gemacht werden kann; Wahrnehmen ist daher nach Luhmann (1972) auch *keine* Handlung[389]:

"Das Wahrnehmenlassen, ja selbst gezielte 'Mitteilungen' von Stimmungen, Aufforderungen, Ablehnungen über den Wahrnehmungsmechanismus werden

---

386 Luhmann 1972, S.54.

387 Luhmann 1972, S.54.

388 Vgl. Luhmann 1972, S.54.

389 Vgl. Luhmann 1972, S.54.

nicht als verantwortliche Kommunikation behandelt; für Rückfragen, für Rechenschaftspflichten ist das Auslösen von Wahrnehmungen zu diffus, die Intention wird nicht greifbar, ist nicht scharf genug interpretierbar. Man kann jederzeit leugnen, eine Kommunikation gemeint zu haben."[390]

Hingegen ist Sprechen unmissverständlich intentional und somit auch eine eindeutige Handlung. Es besitzt zudem einen höheren "Störeffekt" als die wechselseitige Wahrnehmung und lässt sich daher nicht ohne weiteres ignorieren; es setzt den Angesprochenen unter Antwortzwang.[391]

Indem Ego zu Alter etwas sagt, definiert Ego gewissermaßen die Situation - sehr viel präziser, als es ein (nonverbaler) Informationsaustausch durch wechselseitiges Wahrnehmen leisten könnte. Denn die Auswahl an verwendbaren Wörtern und deren Kombination ist ungleich größer als die Zahl unterscheidbarer nonverbaler Akte (wie bspw. Blickbewegungen, Gesten, etc.). Luhmann (1972) spricht daher auch davon, dass der Sprechakt im Gegensatz zum Wahrnehmungsprozess über eine höhere *Selektivität*[392] verfügt: Mit Hilfe der Sprache kann aus einer weitaus größeren Auswahl verschiedener Situationsdeutungen gewählt werden. Ist dies einmal geschehen, so ist das einfache Sozialsystem zugleich thematisch *konzentriert*. Blieb das Thema des "einfachen Sozialsystems" während der wechselseitigen Wahrnehmung noch weitgehend *kontingent*, also nicht eindeutig festgelegt, wird diese Kontingenz mit den ersten sprachlichen Äußerungen drastisch reduziert. Der Sprechakt hat also einen *Zentralisierungseffekt*, der die Aufmerksamkeit der Beteiligten auf ein spezielles Thema lenkt.[393] Dieses

[390] Vgl. Luhmann 1972, S.54.

[391] Vgl. Luhmann 1972, S.54.

[392] Selektion findet bereits auf höherer Ebene, bei der *Bildung* des Sozialsystems statt, da ein Sozialsystem theoretisch auch mit anderen Personen gebildet werden könnte. Schon das System selbst konstituiert sich also aus der Umwelt durch selektive Prozesse (vgl. Luhmann 1972, S.60). Auch der weitere Verlauf *innerhalb* des Systems ist nach Luhmann eine "Geschichte der Selektionsleistungen" (vgl. Luhmann 1972, S.57): Wo vorher die Kontingenz, das "so oder anders" herrschte, wird mit dem System und dessen zunehmender thematischer Fixierung die Kontingenz und somit das Ausmaß der Komplexität stufenweise reduziert. Immer geht es um die Wahl aus einer Vielzahl von Möglichkeiten; Individuen führen sowohl bei der Systembildung als auch innerhalb des Systems permanent Selektionsleistungen aus.

[393] Vgl. Luhmann 1972, S.55.

Thema gibt dem System eine - schwache[394], aber dennoch bestehende - Struktur, die weitere Beiträge darauf prüft, ob sie zum Thema passen oder nicht.[395] Somit stellt die thematische Fixierung eine weitere Selektionsleistung dar, da sie erneut Kontingenz und dadurch auch die Komplexität reduziert: aus einer Vielzahl von Möglichkeiten wird das Thema ausgewählt, welches wiederum die Wahl der geeigneten Beiträge einengt.

Nach dieser Darstellung grundlegender Prinzipien und erster Begriffe bezüglich der Bildung "einfacher Sozialsysteme" soll nun anhand eines fiktiven Beispiels aus der Praxis erklärt werden, weshalb wir Menschen in der Regel große Schwierigkeiten mit dem Ansprechen und "Anflirten" potentieller Partner haben. Wie sich zeigen wird, entstehen diese Schwierigkeiten bereits kurz nach der Bildung des Sozialsystems aufgrund eines Zustands *doppelter* Kontingenz, der nachfolgend erläutert wird.

Begegnen sich ein Mann und eine Frau im öffentlichen Raum (bspw. in einem Museum), so dass sich ihre Wahrnehmungsfelder überschneiden und sie sich reflexiv wahrnehmen, haben sie nach der hier vertretenen Definition bereits ein Sozialsystem gebildet. Mit der Bildung des Sozialsystems entsteht jedoch gleichzeitig das Problem *doppelter Kontingenz*: Der Mann weiß nicht, wie sich die Frau ihm gegenüber verhalten wird, und diese weiß wiederum ebenso wenig, wie sich der Mann ihr gegenüber verhalten wird. Zudem kann die eigene *Reaktion* auf das Verhalten des anderen nicht prognostiziert werden, wenn dieses ungewiss (bzw. kontingent) ist. Diese Situation doppelter Kontingenz bedeutet also vor allem eins: *Unsicherheit*. Diese kann nur dadurch beseitigt werden, dass einer der Beteiligten etwas tut, damit der andere darauf reagieren kann. Die schwierige Frage ist allerdings, *womit* die Interaktion thematisch zentriert werden soll. Die gegenseitige Musterung mithilfe von Blicken ist nicht eindeutig und zudem unverbindlich; für Blicke kann - wie oben beschrieben - niemand verantwortlich gemacht werden. Selbst wenn die Frau den Blick des Mannes lächelnd erwidert, so geht sie keine Verpflichtung ein. Sie kann sich bedenkenlos wieder von ihrem Interaktionspartner entfernen, bis das Sozialsystem mangels über-

[394] "Schwach" insofern, als ein Themenwechsel weiterhin möglich ist, wodurch sich die Struktur des Gesprächs unweigerlich ändern würde.

[395] Vgl. Luhmann 1972, S.55.

schneidender Wahrnehmungsräume wieder zerfällt. Erst die Sprache hat genügend "Störkraft": Sie ist kaum zu ignorieren und setzt den anderen unter Antwortzwang.[396]

Doch wenn den ersten Worten eine so entscheidende Bedeutung zukommt, weil sie bereits das Thema und somit die Struktur des einfachen Sozialsystems bestimmen, weil sie die Richtung vorgeben, die über Erfolg oder Misserfolg des Anbahnungsversuchs entscheidet, welche Worte sollten dann gewählt (Selektion!) werden? Sollte man mit einer unverbindlichen Frage nach der Uhrzeit beginnen oder das Gespräch von Beginn an als offensichtlichen Anbahnungsversuch deklarieren? Diese Fragen induzieren Unsicherheit, denn die Reaktion der Frau bleibt unvorhersehbar.

Darüber hinaus stehen der Frau auch Mittel *sozialer Kontrolle* zur Verfügung, mit denen sie sich vor der Kontingenz des Verhaltens ihres Gegenübers schützen kann. Bei einer Begegnung im öffentlichen Raum besteht zunächst die Möglichkeit des *Austritts*[397] aus dem Sozialsystem: Die Frau kann wegblicken oder weglaufen, sich außer Wahrnehmungsreichweite bringen und somit das Sozialsystem auflösen. Bei einer gemeinsamen Aufzugfahrt ist dies natürlich nur mit zeitlicher Verzögerung, in der hier beispielhaft gewählten Museumssituation hingegen jederzeit möglich.[398]

Neben der Möglichkeit des Austritts bestehen jedoch weitere Mittel der sozialen Kontrolle, die selbst in Situationen funktionieren, die *nicht* kurzfristig verlassen werden können: Die Frau kann das Verhalten des Mannes mit Rückgriff auf gesellschaftlich etablierte Werte- und Normengefüge *moralisieren*. Im Falle eines anzüglichen Anmachspruchs seitens des Mannes

---

[396] Vgl. Luhmann 1972, S.54.

[397] In Situationen, wo bereits gewisse *Zugangs*rechte verweigert werden können, kann soziale Kontrolle auch durch eine *Zugangsbeschränkung* ausgeübt werden: Wird Ego aus bestimmten Kriterien als inakzeptabel für das soziale System eingestuft, kann er von Alter am Zugang zum Sozialsystem gehindert werden, sofern Alter die entsprechenden Zugangsbarrieren (Haustür, Zaun, Sicherheitsdienst, etc.) kontrolliert.

[398] Luhmann merkt hierzu an, dass je weniger die Mobilität eingeschränkt ist, je weniger externe Gründe also das Eintreten und Verlassen eines einfachen Sozialsystems beschränken, desto eher kann Anwesenheit als ein Indikator von Zustimmung gewertet werden. Wenn der Interaktionspartner die freie Wahl hat, im System zu verweilen oder das System zu verlassen, so kann seine Entscheidung zur Anwesenheit als freiwillige Entscheidung eingestuft werden, eben weil sie *nicht* durch äußere Restriktionen erzwungen wird (vgl. Luhmann 1972, S.61).

könnte die Frau ihn etwa darüber aufklären, dass sich eine solche Wortwahl gegenüber einer Dame "nicht gehört" - schon gar nicht, wenn sich diese in einem Museum (und nicht auf einem Rummelplatz) aufhält. Sie könnte den Mann auch mit der Gegenfrage konfrontieren, ob es überhaupt erlaubt sei, sich innerhalb der Museumsausstellung zu unterhalten. Moralisierung würde in diesen Fällen dazu verwendet, die Kontingenz, also die Auswahl möglicher Verhaltensweisen des Interaktionspartners, zu reduzieren.

Doch auch ohne das Verhalten zu moralisieren, könnte die Frau das Fehlverhalten des Mannes *direkt thematisieren* und in Frage stellen, wobei ebenfalls zahlreiche Varianten (Selektion!) denkbar wären: So könnte sie dem Mann etwa deutlich machen, dass sie nicht mit dem Vorsatz der Partnersuche ins Museum gekommen sei oder ihn "geflissentlich übersehen"[399], also ihren Museumsbesuch unbeirrt fortsetzen und so tun, als ob sie den Mann nicht wahrgenommen hätte. In diesen Fällen würde sie die thematische Zentrierung seitens des Mannes verwerfen und ihm gewissermaßen zeigen, dass von ihrer Definitionsseite aus "Flirten" nicht das Systeminteresse ist.

Kurz angesprochen sei auch die Möglichkeit, dass weitere Personen in den Wahrnehmungsraum der Beteiligten vorstoßen und somit Teil des Sozialsystems werden. In diesem Falle werden die Möglichkeiten sozialer Kontrolle noch bedrohlicher für den Initiator: Nun wird der Mann von weiteren Beteiligten bei seinem Anbahnungsversuch beobachtet. Sollte er dabei scheitern - etwa indem die Frau ihn zurechtweist, ignoriert oder die Flucht ergreift - so kann er diesen Umstand nicht mehr wie im Falle eines "Zwei-Beteiligten-Systems" für sich behalten. Nun steht er auch aus Sicht der anderen Beteiligten als Verlierer da. Die Anwesenheit von weiteren Beteiligten bedeutet auch zusätzlichen Schutz: Appelliert die Frau gegenüber dem Mann etwa an gängige Verhaltensnormen, so können die weiteren Beteiligten sie darin bestärken. Zudem hat die Frau als Gegenwehr-Reaktion auf den unpassenden Anmachspruch des Mannes nun auch die Möglichkeit, die (verbale wie physische) Sanktionsgewalt der anderen Beteiligten zu mobilisieren.

---

[399] Vgl. Luhmann 1972, S.61.

Indirekt lassen sich aus diesen Überlegungen wiederum Strategien für den Mann entwickeln, die Möglichkeiten sozialer Kontrolle einzuschränken und das Risiko ablehnender Reaktionen seitens der Frau zu reduzieren. Wäre der Mann geschickt, so könnte er das Gespräch etwa mit einem sozial etablierten und routinisierten Zug eröffnen: Eine Frage nach dem Weg, der Uhrzeit oder dem nächstgelegenen Café würde den Anbahnungsversuch zunächst als reinen Informationsbedarf tarnen. Da diese Eröffnungen alltäglich sind und in der Regel von Personen verwendet werden, die keinerlei partnerschaftliches Interesse verfolgen, sind sie nahezu "unangreifbar"; seitens der Frau können sie kaum abgewiesen werden. Auch ihr soziales Umfeld würde bei einem Hilferuf nach Unterstützung in dieser Situation mit Unverständnis reagieren. Für den Mann sind die ersten Züge des Gesprächs somit gesichert und können als Basis für den nachfolgenden Anbahnungsversuch dienen. Dieser kann eher offensichtlich ("Hätten Sie vielleicht Lust, mich ins Café zu begleiten?") oder subtil (Zwinkern, Lächeln) gestaltet werden, unabhängig davon bietet diese Vorgehensweise im Hinblick auf die Möglichkeiten sozialer Kontrolle jedoch einen großen Vorteil: Sollte der Anbahnungsversuch seitens der Frau durchschaut werden und sie sich daraufhin ihrem Arsenal sozialer Kontrollmöglichkeiten bedienen, kann sich der Mann jederzeit wieder unter Berufung auf seine offiziellen Absichten und legitimen Interessen zurückziehen - er wollte schließlich nur wissen, wo das nächste Café liegt.[400]

Diese Ausführungen zeigen, dass die *Unsicherheit* darüber, ob und wie man einen potentiellen Partner ansprechen soll, bereits aus systemtheoretischer Sicht erklärt werden kann: Die Situation *doppelter Kontingenz* und das Problem der *Selektivität* stellen eine nicht überschaubare Fülle von möglichen Verhaltensweisen bereit, bei denen die Reaktionen des Partners und somit der weitere Verlauf der Interaktion ungewiss bleiben. Indem die weiteren Abfolgen nicht prognostizierbar sind, entsteht in der Interaktion immer etwas, was über

[400] Wie sich noch im Rahmen des nachfolgenden Kapitels über die *psychologischen* Gründe von sozialer Schüchternheit zeigen wird, hat diese Strategie zwei weitere Vorteile: Indem sie das Gespräch mit fremden Personen durch routinisierte Züge sozialer Kontaktaufnahme einleitet, die mit fast unangreifbarer Legitimität ausgestattet sind, wird die Gefahr negativer oder unzureichend positiver Bewertung herabgesetzt. Denn nun geht es - zumindest offiziell - nicht um das "Umwerben" der anderen Person, sondern um eine Informationsauskunft. Desweiteren leugnet oder verdeckt diese Strategie zunächst die sexuelle Thematik des Gesprächs, die laut einer Studie von Zimbardo et al. (1974) ebenfalls zu den zentralen Situationsfaktoren gehört, die Schüchternheit auslösen.

die ursprüngliche Intention des Einzelnen hinausgeht. Hierbei spielen auch die Mittel der *sozialen Kontrolle* eine wichtige Rolle, mit denen der andere das "vorgeschlagene" Thema der Interaktion in Frage stellen und korrigieren kann. Das Appellieren an gesellschaftlich tradierte Normen- und Wertgefüge, das bewusste Ignorieren oder das zügige Verlassen des Sozialsystems dürften für den Initiator peinlich sein - insbesondere, wenn er dabei von anderen beobachtet wird. Soziale Kontrolle erhöht somit die Risikowahrnehmung des Initiators, wobei sie durch gesellschaftlich konventionalisierte und routinisierte Eröffnungsformen auch erheblich eingeschränkt werden kann. Wie sich im Rahmen des nächsten Kapitels zeigen wird, setzt auch die Psychologie u.a. an dem Risiko der erwarteten Bestrafung (bzw. nicht hinreichenden Belohnung) an, um die Angst vor dem Ansprechen eines attraktiven Partners zu erklären.

5.3.2 Der Anbahnungsprozess aus psychologischer Perspektive

Um zu erklären, weshalb es einer Person so schwer fällt, einen potentiellen Partner anzusprechen, verweist die Psychologie auf die Persönlichkeitseigenschaft der "Schüchternheit". Nach derzeitigem Forschungsstand handelt es sich hierbei um ein Konstrukt, das dem individuellen *Temperament* einer Person zuzuordnen ist.[401]

Nach der Definition von Rothbart/Bates (1998) beziehen sich Temperamentsunterschiede immer auf die drei A's der Persönlichkeit: Affekt, Aktivierung, Aufmerksamkeit. In der Regel wird daher versucht, Temperamentsmerkmale über ihre Nähe zu physiologischen Prozessen zu charakterisieren.[402]

Wichtig für die Fragestellung ist, dass interindividuelle Temperamentsunterschiede stark genetisch bedingt und schon im ersten Lebensjahr beobachtbar sind. Darüber hinaus weisen sie auch eine langfristige Stabilität

---

[401] Temperamentseigenschaften unterliegen in der Regel einem starken genetischen Einfluss, treten bereits sehr früh auf und weisen eine langfristige Stabilität auf. Da dies allerdings auch auf zahlreiche andere Persönlichkeitseigenschaften zutrifft und zudem nicht auf alle Temperamentseigenschaften, ist eine klare Grenzziehung zwischen Temperamentseigenschaften und anderen Persönlichkeitseigenschaften nicht möglich. Dennoch wird das Konstrukt der Schüchternheit in den Psychologie-Lehrbüchern meist unter der Überschrift des Temperaments behandelt (vgl. Asendorpf 2007, S.179).

[402] Vgl. Asendorpf 2007, S.178 f.

auf. Fragt man also nach den Gründen der Schüchternheit, so ist die Antwort zu einem nicht unerheblichen Teil in der Erbinformation zu suchen.[403] Mit anderen Worten: Es gibt Personen, die bereits von ihrer genetischen *Disposition* her schüchterner sind als andere.

Unabhängig von diesen Unterschieden gibt es jedoch gewisse Phasen während des weiteren Entwicklungsprozesses, in denen *alle* Kinder bestimmte Schüchternheitsreaktionen zeigen. So tritt etwa bei Kleinkindern im Alter von ca. acht Monaten erstmals die (universelle) Reaktion des "Fremdelns" auf, die als früheste Form sozialer Angst gilt.[404]

Selbst im Erwachsenenalter gibt es zahlreiche Situationen, in denen eigentlich nichtschüchterne Personen schüchtern reagieren. Asendorpf (1989) differenziert daher auch zwischen *situativer* und *dispositionaler* Schüchternheit: *Situative Schüchternheit* ist ein situationsgebundener Zustand, der bei nahezu allen Menschen im Erwachsenenalter vorkommt. *Dispositionale Schüchternheit* definiert Asendorpf (1989) hingegen als "zeitlich relativ stabile Tendenz, in sozialen Situationen im Vergleich zu anderen mehr oder weniger stark situativ schüchtern zu reagieren"[405]. Während *situative Schüchternheit* also gelegentlich auch bei ansonsten unschüchternen Personen vorkommen kann, beschreibt die *dispositionale Schüchternheit* die Tendenz, sich in sozialen Situationen *generell* schüchtern zu verhalten.

In seiner Analyse des alltagspsychologischen Phänomens der Schüchternheit stellt Asendorpf (1989) fest, dass situative Schüchternheit *motivational* offenbar durch einen "Annäherungs-Vermeidungs-Konflikt" gekennzeichnet ist: Sowohl das Motiv der Annäherung an andere Menschen als auch das Motiv der ängstlichen Vermeidung dieser Menschen sind gleichzeitig und in etwa gleicher Stärke aktiviert.[406] Die gleichzeitige Aktivierung dieser gegensätzlichen Motive führt zu ambivalentem Verhalten und einem Gefühlszustand, der nach Mosher/White (1981) auch als ein "Oszillieren

[403] Vgl. Asendorpf 2007, S.178 f.
[404] Vgl. Asendorpf 1989, S.57.
[405] Asendorpf 1989, S.28.
[406] Vgl. Asendorpf 1989, S.39.

zwischen Furcht und Interesse" beschrieben werden kann.[407] Diese Gefühle beziehen sich stets auf die Interaktionspartner, wobei die Furcht insbesondere durch die *Fremdheit* der Interaktionspartner und/oder deren *Bewertungsvalenz*[408] ausgelöst wird. Das Ergebnis ist eine Hemmung des sozial-interaktiven Verhaltens.[409]

Damit diese Motiv-Konflikte in sozialen Situationen wiederholt auftreten, muss bei einer Person demnach das Motiv der ängstlichen Vermeidung überdurchschnittlich stark ausgeprägt sein. Nach Asendorpf (1989) ist *dispositionale Schüchternheit* daher durch "starke soziale (d.h. auf den Interaktionspartner bezogene) Ängste"[410] charakterisiert.

Um das alltagspsychologische Schüchternheits-Konzept in ein psychologisches Konzept der "sozialen Gehemmtheit" zu übersetzen, bedient sich Asendorpf (1989) zunächst des Ansatzes von Gray (1982), der auf Basis von Tierexperimenten zu dem Schluss kommt, dass Schüchternheit (die er als eine Form passiver Vermeidung beschreibt) vom Verhaltenshemmungs-System[411] ausgelöst wird. Dieses organisiert "die Reaktion auf Reize, die unbekannt sind oder Bestrafung oder Nichtbelohnung signalisieren"[412].

Gray unterscheidet insgesamt drei Formen der passiven Vermeidung[413]:

1. Hemmung durch konditionierte Strafreize
2. Hemmung durch frustrierende Nichtbelohnung (Ausbleiben der Belohnung)
3. Hemmung durch die Unbekanntheit von Reizen

Hemmung setzt nach diesem Konzept nicht reflexartig ein, sondern sie erfordert einen Abgleich mit den im Gedächtnis abgespeicherten Reizen. Dies

---

[407] Vgl. Mosher/White (1981), zitiert nach Asendorpf 1989, S. 21.

[408] Mit "Bewertungsvalenz" ist die Möglichkeit einer negativen oder unzureichend positiven Bewertung durch die Interaktionspartner gemeint.

[409] Vgl. Asendorpf 1989, S.261.

[410] Asendorpf 1989, S.39.

[411] Verhaltenssysteme müssen nach Grays Auffassung nicht unbedingt eine neuroanatomische Entsprechung haben (vgl. Asendorpf 2007, S.183). Das Verhaltenshemmungs-System scheint jedoch im limbischen System verortet zu sein und die Hippocampus-Formation sowie das Septum zu umfassen (vgl. Asendorpf 1989, S.43).

[412] Vgl. Gray 1982, zitiert nach Asendorpf 2007, S.183.

[413] Vgl. Asendorpf 1989, S.41.

unterscheidet die Hemmung von Reaktionen auf *unkonditionierte* Reize, die von einem anderen Verhaltenssystem, dem Angriff/Flucht-System, ausgelöst werden.[414]

Vor dem Hintergrund des Grayschen Ansatzes übersetzt Asendorpf (1989) schüchternes Verhalten mit *gehemmtem Verhalten.*[415] Analog dazu übersetzt er dispositionale Schüchternheit in *(soziale) Gehemmtheit.*[416] Sobald in sozialen Interaktionssituationen neben dem Annäherungsverhalten das Verhaltenshemmungssystem aktiviert ist, weil die Interaktionspartner fremd sind, eine Bestrafung oder eine frustrierende Nichtbelohnung signalisieren, herrscht nach Asendorpf der Zustand der "sozialen Hemmung"[417]:

"Dieser Zustand ist im Verhalten durch motorische Hemmung, ambivalentes Annäherungs-Vermeidungs-Verhalten oder Kompromißverhalten gegenüber den Interaktionspartnern, psychophysiologisch durch erhöhte Erregung und Aufmerksamkeit und emotional durch Angst vor den Interaktionspartnern bei gleichzeitigem starkem Interesse an ihnen gekennzeichnet."[418]

Im Rahmen seiner eigenen Forschungen kann Asendorpf auf der Ebene der Selbstbeschreibung wie auch mithilfe von Verhaltensexperimenten nachweisen, dass in sozialen Situationen sowohl *Fremdheit* (des Interaktionspartners) als auch *signalisierte Strafe* oder *Nichtbelohnung* (Erwartung negativer oder unzureichend positiver sozialer Bewertung) unabhängig voneinander *situative Schüchternheit* (bzw. gehemmtes Verhalten) hervorrufen.[419] Grays Gehemmtheitskonstrukt kann somit auf die Gehemmtheit in sozialen Situationen übertragen und in diesem Kontext bestätigt werden.[420]

Darüber hinaus decken sich die Befunde von Asendorpf (1989) weitgehend mit einer älteren Umfrage-Studie von Zimbardo et al. (1974), die 800 US-

---

[414] Vgl. Asendorpf 1989, S.41.
[415] Vgl. Asendorpf 1989, S.41.
[416] Vgl. Asendorpf 1989, S.47.
[417] Vgl. Asendorpf 1989, S.55.
[418] Asendorpf 1989, S.55 f.
[419] Vgl. Asendorpf 1989, S.184 ff., für eine Zusammenfassung siehe Asendorpf 2007, S.185.
[420] Vgl. Asendorpf 1989, S.261, Asendorpf 2007, S.185.

Amerikaner zwischen 18 und 21 Jahren danach befragten, welche Situationen Schüchternheit hervorrufen würden. Mithilfe einer Faktorenanalyse konnten diese Situationen in folgende vier Klassen unterteilt werden[421]:

1. Kontakt mit einem Fremden aufnehmen
2. Im Zentrum der Aufmerksamkeit einer größeren Gruppe stehen
3. Sich mit Autoritätspersonen unterhalten
4. Situationen, die eine mehr oder weniger latente sexuelle Thematik beinhalten

Auch hier zeigen sich sowohl der Kontakt mit unvertrauten Interaktionspartnern als auch die Erwartung einer negativen sozialen Bewertung durch diese als Gründe der Schüchternheit.

Darüber hinaus zeigt sich, dass das Ansprechen eines potentiellen Partners gleich zwei Situations-Klassen zuzuordnen ist: Es bedeutet, sowohl den Kontakt mit einer fremden Person aufzunehmen als auch mit großer Wahrscheinlichkeit in eine sexuelle Thematik hineinzugeraten - schließlich geht es um zwischenmenschliche Attraktivität und eine mögliche Partnerschaftsanbahnung.

Obwohl diese Ausführungen nun ein genaueres Bild von den Faktoren geben, die Schüchternheit auslösen, bleibt die Frage nach den interindividuellen Unterschieden: Was für weitere Gründe gibt es jenseits der genetischen Dispositionen dafür, dass einige Menschen in sozialen Situationen häufiger gehemmt reagieren als andere?

Mit dem Rückgriff auf den Grayeschen Ansatz liegt ein weiterer Grund wohl in den *unterschiedlichen Erfahrungen* während der individuellen Entwicklung.[422] Je häufiger sich das gehemmte Verhalten als begründet erweist, je häufiger also eine Person von anderen abgelehnt oder ignoriert (und somit bestraft) wird, umso wahrscheinlicher ist es, dass dieses Verhalten beibehalten oder gar verstärkt wird.

---

[421] Vgl. Zimbardo et al. (1974), zitiert nach Asendorpf 1989, S.20.

[422] Persönliche Mitteilung von Asendorpf.

Ein dritter Grund sind unterschiedliche *Bewältigungsstile* im Umgang mit den Erfahrungen von Ablehnung und Ignoriertwerden. Asendorpf (1994) kann anhand einer Längsschnittstudie mit Schulkindern nachweisen, dass gerade diejenigen ihre Schüchternheit leicht überwinden, die über eine hohe Intelligenz und soziale Kompetenz verfügen: Sie entwickeln offenbar schneller passende Bewältigungsstrategien für den Umgang mit schwierigen sozialen Situationen.[423]

Die Befunde zusammenfassend, lässt sich Schüchternheit aus motivationaler Sicht als ein "Annäherungs-Vermeidungs-Konflikt" beschreiben, der vom Individuum als ein ambivalentes und diffuses Gefühl zwischen Furcht und Interesse wahrgenommen wird. Die tiefergehenden Analysen zeigen, dass es offensichtlich ein Verhaltenshemmungs-System gibt, welches innerhalb der sozialen Interaktion durch die *Fremdheit* der Interaktionspartner als auch durch die *Erwartung negativer oder unzureichend positiver sozialer Bewertung* aktiviert wird. Warum sich einige Menschen in sozialen Situationen schüchterner verhalten als andere, lässt sich hingegen mit drei weitgehend unabhängigen Gründen beantworten: So gibt es zunächst eine genetische Disposition für Schüchternheit. Zweitens führen unterschiedliche Erfahrungen mit schwierigen sozialen Situationen im Verlauf der Entwicklung dazu, dass sich die Neigung zur Schüchternheit entweder verstärkt oder vermindert. Drittens spielen die Bewältigungsstrategien im Umgang mit schwierigen sozialen Situationen eine wichtige Rolle: Je höher die Intelligenz und soziale Kompetenz eines Kindes, desto leichter fällt es diesem, passende Bewältigungsstrategien für schwierige soziale Situationen zu entwickeln. In der Folge kann es seine Schüchternheit schneller überwinden als andere Kinder. Vor dem Hintergrund dieses Befundes scheint soziale Kompetenz mithin darin zu bestehen, über vielfältige geeignete Strategien zu verfügen, mittels derer schwierige soziale Situationen erfolgreich (gemäß eigenen Zielen und Zwecken) bewältigt werden können - und dass man sie situationsadäquat auszuwählen und umzusetzen in der Lage ist.

---

[423] Vgl. Asendorpf 1994, S.917 f.

„Rede einfach, rede langsam und sag nicht zu viel."
(John Wayne)

6 Methodische Konzeption

Um die formulierten Hypothesen und Fragestellungen zu überprüfen, wird ein kommunikationswissenschaftliches Experiment mit Probanden dreier verschiedener Stichprobengruppen durchgeführt. Dabei wird das nonverbale und verbale Kommunikationsverhalten der Probanden von versteckten Videokameras aufgezeichnet und anschließend einer Gruppe „naiver" Beobachterinnen zur Einschätzung präsentiert.

Nach einer ersten Darstellung des Untersuchungsablaufs gliedert sich dieser Methodenteil in weitere Unterkapitel, in denen ich zunächst zentrale Störvariablen anspreche, die bei der Experimentdurchführung kontrolliert werden sollen (6.2). Es folgt eine detaillierte Darstellung des Fragebogens (6.3), den die Probanden zusätzlich zu ihrer Experimentteilnahme ausfüllen werden. In Unterkapitel 6.4 folgt eine Beschreibung der drei Stichprobengruppen, anschließend thematisiere ich die Repräsentativität sowie den damit korrespondierenden Umfang der Stichprobengruppen (6.5). Das Kapitel 6.6 beschreibt die Gewinnung der Stichprobe, abschließend folgt eine detaillierte Berichterstattung über die Durchführung des Experiments (6.7).

6.1 Wahl des Erhebungsinstruments

Wie „Absolute Beginner" im sozioperzeptiven Kontakt mit potentiellen Partnerinnen agieren und ob es, verglichen mit ihren sexuell erfahrenen Geschlechtsgenossen, zu Unterschieden im kommunikativen Anbahnungsverhalten kommt, soll ein *Experiment* ermitteln.

Dieses soll in einer kontrollierbaren, aber möglichst realitätsnahen Situation stattfinden, weshalb für diesen Zweck ein Café angemietet wird. Innerhalb dieses Cafés wird eine typische Alltagssituation nachgestellt: Es herrscht normaler Cafébetrieb, an einem Tisch sitzt als „Lockvogel" eine attraktive junge Frau. In diese Situation werden nichtsahnende[424] Probanden mit dem Hinweis geschickt, den Anweisungen innerhalb eines Briefumschlags zu folgen, den sie zuvor ausgehändigt bekommen haben. Öffnet der Proband nach dem Betreten des Cafés den Briefumschlag, so findet er darin einen Zettel mit der Aufforderung, mit der allein am Tisch sitzenden jungen Dame ins Gespräch zu kommen und sie zu einem gemeinsamen Abendessen zu überreden.

Der Verlauf des nun folgenden Anbahnungsprozesses wird aus mehreren Perspektiven von versteckten Kameras aufgezeichnet.

Im Anschluss an ihren Anbahnungsversuch füllen die Probanden einen Fragebogen aus, der neben soziodemographischen Daten auch Aspekte der Kommunikationsbiographie und die Selbsteinschätzung auf zentralen Persönlichkeitsdimensionen enthält.

Für die Auswertung des Experiments werden die Videoaufzeichnungen einer Gruppe von 40 Frauen vorgespielt, die über einen Fragebogen sowohl ihre ersten Eindrücke als auch ihre Persönlichkeitseinschätzung der Probanden festhalten können. Hinzu kommen weitere Aspekte wie eine Attraktivitätseinschätzung sowie eine Erfolgsbeurteilung des Anbahnungsversuches. Eine statistische Auswertung dieser Fragebögen wird schließlich Antwort auf die Frage geben, ob sich die von Neyer et al. (1999, 2001, 2007) diagnostizierten Persönlichkeitsunterschiede zwischen den drei Probandengruppen auch im tatsächlichen kommunikativen Anbahnungsverhalten zeigen.

Diesen Aspekt möchte ich noch einmal hervorheben: Sieht man sich die verwendeten Skalen zur Operationalisierung von Schüchternheit, Extraversion, Neurotizismus, etc. an, die Neyer et al. (1999, 2001, 2007) im Fragebogen ihrer Langzeitstudie verwenden[425], so wird deutlich, dass die Untersuchungsteilnehmer hier meist zu ihrem konkreten *Verhalten* in Interaktionssituationen befragt werden. Diese Angaben werden anschließend

---

[424] Den Probanden wird vor ihrer Teilnahme lediglich mitgeteilt, dass sie an einem kommunikationswissenschaftlichen Experiment teilnehmen.

[425] Die Fragebögen wurden mir von Prof. Franz J. Neyer zugesandt, wofür ich mich an dieser Stelle noch einmal herzlich bedanken möchte.

in einzelne Konstrukte übersetzt und gewissermaßen in die Teilnehmer hinein projiziert. Vom selbstberichteten Verhalten wird auf die Persönlichkeitsstruktur geschlossen. Nicht überprüft wird hingegen, ob sich die Teilnehmer innerhalb von Interaktionssituationen *tatsächlich* so verhalten, wie sie es per Selbstauskunft angeben. Hier setzt meine kommunikations-wissenschaftliche Untersuchung an. Darüber hinaus wird sie weitere Erkenntnisse über das verbale wie nonverbale Kommunikations- bzw. Flirtverhalten der Probanden liefern. Die Frage, in wieweit diese Befunde auch in der Lage sind, Erfolgsunterschiede in der Partnerschaftsanbahnung zu erklären, wird die Untersuchung abschließen.

Bei dem hier beschriebenen Experiment handelt es sich um ein Laborexperiment, bei dem ein Sachverhalt „unter planmäßig vereinfachten, ‚reinen' Bedingungen untersucht wird."[426] Eine Experimentalgruppe (männliche Absolute Beginner) und zwei Kontrollgruppen (beziehungserfahrene männliche Singles und Männer in fester Partnerschaft) werden in einer „künstlichen" Situation daraufhin beobachtet, ob ein Kausalfaktor (unabhängige Variable = sexuelle Unerfahrenheit) auch tatsächlich die ihm zugeschriebene Wirkung (abhängige Variable= Anbahnungsverhalten) hervorruft.[427]

Es handelt sich zudem um ein projektives, sukzessives Quasi-Experiment: Projektiv, weil es einen sozialen Prozess untersucht, der mit dem Setzen eines neuen Reizes beginnt und dessen Verlauf verfolgt.[428] Sukzessiv, da im Versuchsraum immer nur *ein* Proband beim Ausführen der ihm gestellten Aufgabe beobachtet wird und nicht alle Probanden gleichzeitig. Zudem handelt es sich um ein Quasi-Experiment, da das Kommunikationsverhalten von drei

---

[426] Atteslander 2003, S.200.

[427] Für diese Untersuchung gehe ich von diesem Wirkungszusammenhang aus. Streng genommen kann mit dem Experiment jedoch keine belastbare Aussage über das Verhältnis von Ursache und Wirkung getroffen werden: Anstatt die sexuelle Unerfahrenheit als Ursache des Kommunikationsverhaltens zu sehen, wäre es auch umgekehrt möglich, dass die Besonderheiten im Kommunikationsverhalten die (oder eine) Ursache der sexuellen Unerfahrenheit sind. Auf die Schwierigkeit, Ursache und Wirkung nicht eindeutig festlegen zu können, werde ich im weiteren Verlauf dieser Arbeit mehrfach zurückkommen.

[428] Vgl. Atteslander 2003, S.200.

„natürlichen“ Gruppen untersucht wird und die Probanden somit nicht zufällig auf einzelne Stichprobengruppen verteilt werden.[429]

6.2 Kontrolle der Störvariablen

Im Rahmen eines Experiments, welches eine kausale Beziehung zwischen abhängiger und unabhängiger Variable überprüft, können (neben der unabhängigen Variable) eine ganze Reihe von Störvariablen auf die abhängige Variable einwirken und somit den Zusammenhang zwischen Ursache und Wirkung verzerren. Erst wenn die Wirkung der Störvariablen ausgeschaltet werden kann, kann ein beobachteter Unterschied in der abhängigen Variable (hier: kommunikatives Anbahnungsverhalten) ausschließlich auf die unabhängige Variable (hier: Ausmaß der Beziehungserfahrung) zurückgeführt werden.[430]

Bei den Störvariablen lässt sich grob zwischen den versuchspersonspezifischen Störvariablen (Intelligenz, Alter, etc.) und denen der Versuchssituation (Raumgestaltung, Geschlecht des Versuchsleiters, etc.) unterscheiden.[431] In einer wissenschaftlichen Untersuchung müssen keineswegs alle Variablen als Störvariablen behandelt werden, „sondern nur diejenigen, die man in dem untersuchten Bereich für relevant hält. Im Experiment wären das die Variablen, welche vermutlich einen Effekt auf die abhängige Variable haben.“[432]

Wie ich noch in Kapitel 6.7 über die Durchführung des Experiments aufzeigen werde, können die Störvariablen der Versuchssituation weitgehend kontrolliert oder vernachlässigt werden. Problematisch für diese Versuchsanordnung sind insbesondere die versuchspersonspezifischen Störvariablen. Für den hier untersuchten Ursache-Wirkungs-Zusammenhang sind diese so zahlreich, dass dieser lediglich plausibilisiert und nicht getestet werden kann: Es handelt sich um menschliche Individuen, die in unterschiedlichen Milieus unter

---

[429] Indem die Verteilung per Zufallsprinzip wegfällt, kann nicht ausgeschlossen werden, dass sich die Stichprobengruppen hinsichtlich weiterer Merkmale unterscheiden, die einen Einfluss auf die abhängige Variable haben.

[430] Vgl. Huber 2005, S.70.

[431] Vgl. Huber 2005, S.105.

[432] Vgl. Huber 2005, S.73.

verschiedenen Sozialisationsbedingungen aufgewachsen sind; sie haben unterschiedliche Lebenserfahrungen gemacht und sind von Geburt an mit verschiedenen Intelligenzniveaus und Temperamenten ausgestattet. Alle diese beispielhaft aufgeführten Parameter sind bereits potentielle Störvariablen, denn sie könnten unabhängig vom Ausmaß der Beziehungserfahrung einen Einfluss auf das kommunikative Verhalten innerhalb der simulierten Flirtsituation haben.

Obwohl es nicht möglich sein wird, sämtliche potentielle Störvariablen zu kontrollieren, möchte ich zumindest diejenigen herausgreifen und kontrollieren, denen ich für die geplante Untersuchung die höchste „Verzerrungsgefahr" zuschreibe.

An erster Stelle möchte ich das *Alter* der Probanden anführen: Dem oben beschriebenen Ursache-Wirkungs-Mechanismus liegt die Annahme zugrunde, dass das Ausmaß an Interaktionserfahrungen mit anderen Menschen einen entscheidenden Einfluss darauf hat, wie souverän eine Person mit anderen interagieren bzw. kommunizieren (und somit auch flirten) kann. Wenn ein „Absoluter Beginner" mit 20 Jahren noch äußerst schüchtern ist, aber im Laufe der folgenden Lebensjahre zahlreiche Interaktionserfahrungen sammeln kann, so wird er wahrscheinlich einen Teil seiner Schüchternheit über die Jahre abbauen – auch ohne partnerschaftliche Erfahrungen.[433] Es ist also naheliegend, dass ein 30jähriger „Absoluter Beginner" souveräner und selbstsicherer mit anderen Menschen (und auch mit potentiellen Partnerinnen) interagieren wird als ein 20jähriger. Ob er allerdings auch souveräner agiert als ein 20jähriger Mann mit jahrelanger Beziehungserfahrung, wäre eine spannende Frage.

Störvariablen wie diese kann man entweder als unabhängige Variable in das Experiment mit einbeziehen (und damit ihre Wirkung aktiv erforschen), oder man schaltet ihre Wirkung aus, indem man sie kontrolliert.[434] Im Falle der versuchspersonspezifischen Störvariablen bietet sich dafür entweder die

[433] Psychologische Längsschnittanalysen zeigen eine leichte Abnahme sozialer Hemmung mit wachsendem Alter (vgl. Asendorpf 1989, S.181).

[434] Vgl. Huber 2005, S.74.

Möglichkeit des Parallelisierens (matching) oder des Randomisierens (randomizing) der Versuchspersonen an.

Beim Parallelisieren wird zunächst die entsprechende Störvariable bei jeder Versuchsperson gemessen. Anschließend werden die Versuchspersonen so auf die Stichprobengruppen verteilt, so dass die Durchschnittswerte der Gruppen möglichst ähnlich sind.[435]

Beim Randomisieren werden die Personen hingegen *zufällig* auf Experimental- und Kontrollgruppe verteilt. Vorteil dieser Kontrollmethode ist, dass die Störvariable dafür weder bekannt noch operationalisiert werden muss. Insbesondere bei kleinen Stichproben ist jedoch die Wahrscheinlichkeit groß, zufällig Extremgruppen zu erzeugen.[436]

Da diese Untersuchung mit relativ kleinen Stichproben arbeitet, sollen die Experimental- und Kontrollgruppen hinsichtlich des Alters der Probanden parallelisiert werden – jedoch nur, wenn dadurch nicht allzu viele der rekrutierten Probanden aus der Auswertung ausgeklammert werden müssen. Für die Probandensuche ergibt sich somit die Vorgabe, dass sich die Altersverteilungen der einzelnen Stichproben (ungefähr) entsprechen, bestenfalls soll aber der Altersdurchschnitt der Gruppen nicht groß voneinander abweichen.[437]

Da eine altersbedingte Vorselektion in der Experimentalgruppe aufgrund der ohnehin geringen Teilnahmebereitschaft dieser Gruppe nicht in Frage kommt, werden dieser die Kontrollgruppen hinsichtlich der Altersverteilung angepasst. Ich werde dieses Vorgehen im Rahmen der Stichprobenzusammenstellung erneut erläutern.

---

[435] Vgl. Huber 2005, S.105.

[436] Vgl. Huber 2005, S.108.

[437] Da es sich um ein Laborexperiment handelt, bestünde darüber hinaus auch die Option, die Störvariablen konstant zu halten. Konkret würde dies bedeuten, bspw. nur 24jährige Männer miteinander zu vergleichen. Zwei Argumente sprechen gegen dieses Vorgehen: Das Konstanthalten einer Störvariable hätte zur Folge, dass die Ergebnisse nur für eine einzelne Wertstufe der Störvariable gelten würden. Die Verallgemeinerungsfähigkeit wäre äußerst gering (vgl. Huber 2005, S.110). Hinzu kommt, dass es äußerst schwierig ist, ***überhaupt*** teilnahmewillige Probanden für das geplante Experiment zu finden. Mit einer scharfen Einschränkung der Zugangsvoraussetzungen auf ein bestimmtes Alter wäre das Experiment im Vorhinein zum Scheitern verurteilt.

Neben allzu starken Altersunterschieden könnte eine Verzerrung der Ergebnisse auch dadurch entstehen, dass einige Probanden ihr Flirtverhalten bereits in professionellen Kursen „trainieren" konnten. Sie hätten damit u.U. einen Vorteil gegenüber anderen Probanden, welche nicht an solchen Kursen teilgenommen haben. Im Rahmen des experimentbegleitenden Fragebogens soll daher die bisherige Flirtkurs-Teilnahme der Probanden erfasst werden. Sollten sich starke Ungleichgewichte zwischen den Stichproben ergeben, werden diese (zusätzlich zum Alter) nach dem Kriterium der Flirtkursteilnahme parallelisiert.

Darüber hinaus gibt es eine weitere Störvariable, die im Rahmen der *Auswertung* berücksichtigt werden sollte, jedoch – zumindest im Vorhinein - kaum zu kontrollieren sein wird: Der in Kapitel 4.7 angesprochene Partner(markt)wert. Die Art und Weise, wie ein Mann auf eine potentielle Partnerin zugeht, sie anspricht und versucht, sie von seinen Qualitäten zu überzeugen, spielt sicherlich eine große Rolle für ihr Interesse, ihn näher kennen lernen zu wollen. Allerdings wird sie bei dieser Entscheidung auch immer seine äußere Erscheinung mit „in die Waagschale werfen". Eine mögliche Ablehnung des Mannes durch eine potentielle Partnerin kann somit einerseits auf ungeschicktes Werbe- bzw. Anbahnungsverhalten zurückgeführt werden, andererseits ist dieses niemals von seiner äußeren Erscheinung zu isolieren. Im Extremfall (bspw. geistige oder körperliche Behinderung) könnte ein niedriger Partnermarktwert auch den elegantesten und überzeugendsten Anbahnungsversuch vereiteln. Bezogen auf den beschriebenen Ursache-Wirkungs-Mechanismus ergibt sich mithin das Problem, dass es nicht nur die Persönlichkeitseigenschaften und das davon geprägte Kommunikationsverhalten der „Absoluten Beginner" sein könnten, die ihre andauernde Partnerlosigkeit bedingen; ein geringer Partnerwert könnte in der direkten Interaktionssituation einen vergleichbar starken Einfluss auf die Entscheidung der Frau haben, diese Männer als potentielle Partner abzulehnen. Mit anderen Worten: In dem Urteil über die Attraktivität der Männer sind die unabhängigen Variablen des kommunikativen Verhaltens und der äußeren Erscheinung *konfundiert* – sie können nur schwerlich voneinander isoliert werden. Diesem Problem werde ich mit einer gesonderten Attraktivitätseinschätzung der Männer entgegentreten, die von den beobachtenden Frauen vor der

Bewertung des kommunikativen Anbahnungsverhaltens stattfinden soll. Somit kann eine grobe Aussage über das Bedeutungsausmaß dieser Störvariable getroffen werden. Dennoch entspringt dieser Variablen-Konfundierung das Problem, dass die bewertenden Frauen nicht danach gefragt werden können, ob das Anbahnungsverhalten des jeweiligen Probanden „attraktiv" wirkt; denn in diesem Urteil würden unweigerlich die Einzelurteile der physischen Attraktivität und des kommunikativen Verhaltens miteinander verschmelzen. Aus diesem Grund zielt die Hypothese 1b auch auf ein weniger *erfolgversprechendes* Anbahnungsverhalten der „Absoluten Beginner" ab - und nicht auf ein weniger „attraktives".

6.3 Aufbau des Probanden-Fragebogens

Nach Durchführung des Experiments wird jedem Probanden ein anonymisierter Fragebogen vorgelegt. Dieser beginnt mit einer zu unterzeichnenden Einverständniserklärung zur Videoauswertung und Hinweisen zum Ausfüllen des anschließenden Fragebogens. Im Anschluss daran folgt der fünfseitige Fragebogen, der in insgesamt sechs Abschnitte (A bis E) unterteilt ist:

Teil A: Fragen zum Experiment
Teil B: Fragen zur Kommunikationsbiographie
Teil C: Persönlichkeitseigenschaften (Schüchternheit und Selbstwert)
Teil D: Persönlichkeitseigenschaften (Fünf-Faktoren-Modell)
Teil E: Soziodemographische Daten

Im Folgenden wird der komplette Fragebogen in seiner endgültigen Druckform graphisch dargestellt und erläutert. Hier wird auch erklärt, für welche Hypothesen die einzelnen Items von Relevanz sind.

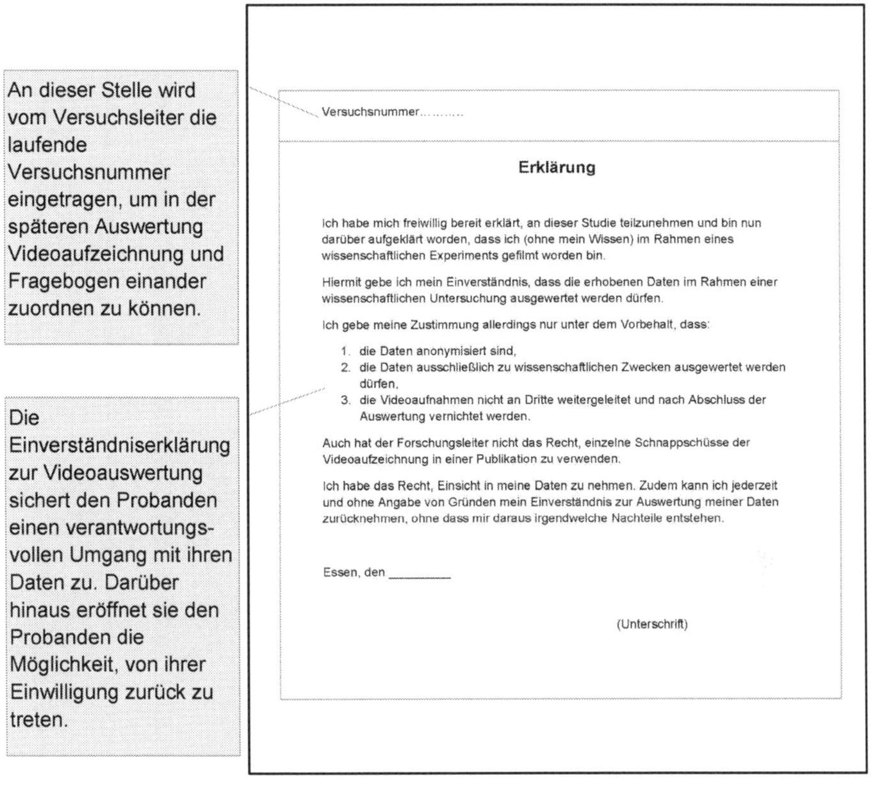

An dieser Stelle wird vom Versuchsleiter die laufende Versuchsnummer eingetragen, um in der späteren Auswertung Videoaufzeichnung und Fragebogen einander zuordnen zu können.

Die Einverständniserklärung zur Videoauswertung sichert den Probanden einen verantwortungsvollen Umgang mit ihren Daten zu. Darüber hinaus eröffnet sie den Probanden die Möglichkeit, von ihrer Einwilligung zurück zu treten.

Versuchsnummer..........

Erklärung

Ich habe mich freiwillig bereit erklärt, an dieser Studie teilzunehmen und bin nun darüber aufgeklärt worden, dass ich (ohne mein Wissen) im Rahmen eines wissenschaftlichen Experiments gefilmt worden bin.

Hiermit gebe ich mein Einverständnis, dass die erhobenen Daten im Rahmen einer wissenschaftlichen Untersuchung ausgewertet werden dürfen.

Ich gebe meine Zustimmung allerdings nur unter dem Vorbehalt, dass:

1. die Daten anonymisiert sind,
2. die Daten ausschließlich zu wissenschaftlichen Zwecken ausgewertet werden dürfen,
3. die Videoaufnahmen nicht an Dritte weitergeleitet und nach Abschluss der Auswertung vernichtet werden.

Auch hat der Forschungsleiter nicht das Recht, einzelne Schnappschüsse der Videoaufzeichnung in einer Publikation zu verwenden.

Ich habe das Recht, Einsicht in meine Daten zu nehmen. Zudem kann ich jederzeit und ohne Angabe von Gründen mein Einverständnis zur Auswertung meiner Daten zurücknehmen, ohne dass mir daraus irgendwelche Nachteile entstehen.

Essen, den _________

(Unterschrift)

Abbildung 14: Seite 1 des Probanden-Fragebogens

Hinweis , dass nun mit dem anonymisierten Fragebogen der zweite Teil der Studie folgt.

Erneute Zusicherung, dass die Angaben anonym sind und vertraulich behandelt werden.

Hinweise zum Ausfüllen des Fragebogens und zur Korrektur einzelner Angaben.

Dank für die Teilnahme

Teil 2 der Studie:
Anonymisierter Fragebogen

Zeitaufwand: 8 Minuten

Lieber Studienteilnehmer,

mit dem Ausfüllen dieses Fragebogens wird die Untersuchung abgeschlossen. Ziel des Fragebogens ist es zu erfahren, wie Sie sich während des Experiments gefühlt haben und in was für einem kommunikativen Umfeld Sie aufgewachsen sind. Darüber hinaus werden einige Persönlichkeitseigenschaften per Selbsteinschätzung sowie ihre bisherigen Beziehungserfahrungen erfasst.

Bei einigen Angaben handelt es sich um sehr intime Dinge – bitte beantworten Sie die Fragen dennoch **ehrlich** und **vollständig**. Die Angaben sind anonym, werden streng vertraulich behandelt und nur für die einmalige Auswertung genutzt – anschließend wird der Fragebogen vernichtet.

An keiner Stelle wird also die Angabe eines Namens erforderlich. Auch die soziodemographischen Angaben am Ende dieses Fragebogens helfen uns lediglich bei der wissenschaftlichen Auswertung der sonstigen Angaben.

Noch ein Hinweis zum Ausfüllen des Fragebogens:

Es gibt keine falschen oder richtigen Antworten, sondern nur solche, die für Sie zutreffend sind. Wenn Sie nur schwer zwischen zwei verschiedenen Antwortmöglichkeiten entscheiden können, kreuzen Sie bitte diejenige an, die Ihnen als erste in den Sinn kommt oder am ehesten zutrifft. In vielen Fällen hilft es, zügig und schnell zu antworten.

Falls Sie eine Angabe korrigieren möchten, gehen Sie bitte wie folgt vor:

Ursprünglich: ①—☒—③—④—⑤

Korrektur: ①—■—③—☒—⑤

Vielen Dank für Ihre Mitarbeit!

Abbildung 15: Seite 2 des Probanden-Fragebogens

Selbsteinschätzung der Probanden, wie sie sich während des Experiments gefühlt haben.

Angaben dazu, wie sich die Probanden in der Regel in Flirt-Situationen verhalten. Hier findet bereits eine erste Selbsteinschätzung der eigenen Schüchternheit statt.

Attraktivitäts-einschätzung der eigenen Person und der Versuchspartnerin (vgl. Doermer-Tramitz 1990, S.84).

Die ersten sieben Fragen zur "Kommunikations-biographie" der Probanden. Hier geht es um kommunikative Fähigkeiten sowie um Sozialisations-bedingungen und Erlebnisse der Probanden, anhand derer sie diese u.U. trainieren konnten. Die Zustimmung zu den Aussagen kann auf einer 4er-Likert-Skala (Forced-Choice) eingetragen werden, die eine Mittelkategorie ausschließt.

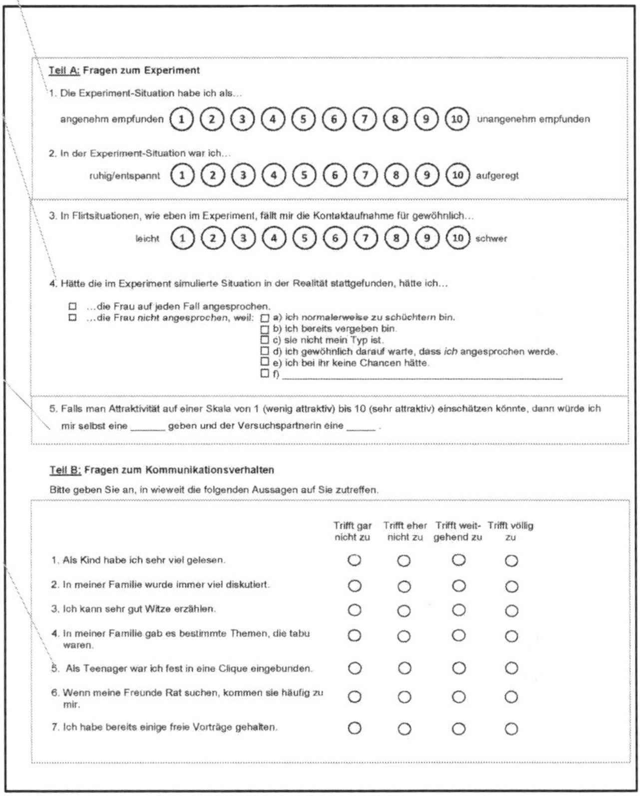

Teil A: Fragen zum Experiment

1. Die Experiment-Situation habe ich als...

angenehm empfunden (1) (2) (3) (4) (5) (6) (7) (8) (9) (10) unangenehm empfunden

2. In der Experiment-Situation war ich...

ruhig/entspannt (1) (2) (3) (4) (5) (6) (7) (8) (9) (10) aufgeregt

3. In Flirtsituationen, wie eben im Experiment, fällt mir die Kontaktaufnahme für gewöhnlich...

leicht (1) (2) (3) (4) (5) (6) (7) (8) (9) (10) schwer

4. Hätte die im Experiment simulierte Situation in der Realität stattgefunden, hätte ich...

☐ ...die Frau auf jeden Fall angesprochen.
☐ ...die Frau *nicht angesprochen*, weil:
 ☐ a) ich *normalerweise zu schüchtern* bin.
 ☐ b) ich bereits vergeben bin.
 ☐ c) sie nicht mein Typ ist.
 ☐ d) ich gewöhnlich darauf warte, dass *ich* angesprochen werde.
 ☐ e) ich bei ihr keine Chancen hätte.
 ☐ f) ________________

5. Falls man Attraktivität auf einer Skala von 1 (wenig attraktiv) bis 10 (sehr attraktiv) einschätzen könnte, dann würde ich mir selbst eine ______ geben und der Versuchspartnerin eine _____ .

Teil B: Fragen zum Kommunikationsverhalten

Bitte geben Sie an, in wieweit die folgenden Aussagen auf Sie zutreffen.

	Trifft gar nicht zu	Trifft eher nicht zu	Trifft weit-gehend zu	Trifft völlig zu
1. Als Kind habe ich sehr viel gelesen.	○	○	○	○
2. In meiner Familie wurde immer viel diskutiert.	○	○	○	○
3. Ich kann sehr gut Witze erzählen.	○	○	○	○
4. In meiner Familie gab es bestimmte Themen, die tabu waren.	○	○	○	○
5. Als Teenager war ich fest in eine Clique eingebunden.	○	○	○	○
6. Wenn meine Freunde Rat suchen, kommen sie häufig zu mir.	○	○	○	○
7. Ich habe bereits einige freie Vorträge gehalten.	○	○	○	○

Abbildung 16: Seite 3 des Probanden-Fragebogens

In *Teil A* des Fragebogens haben die Probanden zunächst die Gelegenheit, ihren Gefühlszustand während des Experiments anzugeben: Die Fragen A1 und A2 zielen darauf ab, wie angenehm sie die Experimentsituation empfunden haben und wie aufgeregt sie dabei waren.

Die Fragen A3 und A4 zielen auf die gewöhnlich praktizierten Strategien der Probanden in einer Anbahnungssituation ab, wenn sich diese im Alltag ergibt. Hiermit versucht der Fragebogen Informationen über die Verallgemeinerungsfähigkeit des im Experiment gezeigten Verhaltens zu erheben. Anschließend fordert die Frage A5 die Probanden auf, eine Attraktivitätseinschätzung der eigenen Person sowie der Versuchspartnerin abzugeben.

Der *Teil B* des Fragebogens fokussiert die „Offene Frage 2“ und damit den thematischen Komplex der "Kommunikationsbiographie": Entsprechend den theoretischen Vorüberlegungen (siehe Kapitel 5) soll dieser Abschnitt überprüfen, ob es zwischen den einzelnen Stichproben bedeutende Unterschiede in den Sozialisationsbedingungen und Erlebnissen der Probanden gibt, anhand derer sie (mit hoher Wahrscheinlichkeit) ihre kommunikativen Fähigkeiten trainieren konnten.

Die als Aussagen formulierten Items B1 bis B10 sowie B16 bis B30 wurden im Wesentlichen in Zusammenarbeit mit Professor H. W. Schmitz und wissenschaftlichen Mitarbeitern des Instituts für Kommunikationswissenschaft der Universität Duisburg-Essen entwickelt. Sie basieren auf der Reflexion alltagsweltlicher Ereignisse, die nach eigener Erfahrung die kommunikativen Fähigkeiten nachhaltig stärken. Andere Items zielen auf kommunikative Fähigkeiten ab, über welche die Probanden zum Zeitpunkt der Untersuchung nach eigenen Angaben verfügen. Einzelne Items, die bspw. die Mannschaftssport-Erfahrungen (B10) erfassen, das Außenseiter-Dasein (B16) oder die frühen Interaktionserfahrungen mit Mädchen (B19), basieren auf den Befunden von Gilmartin (1987b), Donnelly et al. (2001) und Wickenhöfer (2004).

Bei den Items B11 bis B15 handelt es sich um die Geselligkeitsskala nach Asendorpf (1997), die treffende Items dafür bereitstellt, wie sehr ein Proband die Nähe und Interaktion zu anderen Menschen sucht. Item 29 überprüft die in

Kapitel 6.2 angesprochene Störvariable, an wie vielen Flirtseminaren die Probanden bislang teilgenommen haben. Zusammen mit Item 30, welches die bisherige Teilnahme an Jugendfreizeiten abfragt, werden hier die Angaben auf einer Verhältnisskala eingetragen.

Weitere 23 Fragen zur Kommunikations-biographie.

Darin enthalten sind auch die Selbstbeurteilungsskalen zur Erfassung von "Geselligkeit" nach Asendorpf (1997).

	Trifft gar nicht zu	Trifft eher nicht zu	Trifft weit-gehend zu	Trifft völlig zu
8. Mündliche Vorträge absolviere ich lieber als schriftliche Arbeiten.	○	○	○	○
9. Bei Vorträgen bin ich nicht übermäßig nervös.	○	○	○	○
10. Als Teenager habe ich Mannschaftssportarten (Fußball, Basketball, Handball, etc.) betrieben.	○	○	○	○
11. Ich habe gerne viele Leute um mich herum	○	○	○	○
12. Ich unterhalte mich wirklich gerne mit anderen Menschen.	○	○	○	○
13. Ich ziehe es gewöhnlich vor, Dinge alleine zu tun.	○	○	○	○
14. Ich finde Menschen anregender als alles andere.	○	○	○	○
15. Ich arbeite lieber mit anderen zusammen als alleine.	○	○	○	○
16. Es gab Phasen in meinem Leben, da war ich ein Außenseiter.	○	○	○	○
17. In der Schule, im Studium oder Beruf musste ich schon einige schwierige Gespräche führen.	○	○	○	○
18. In Diskussionen bin ich sehr schlagfertig	○	○	○	○
19. Als Teenager hatte ich viele Verabredungen mit Mädchen.	○	○	○	○
20. Mit meinen Eltern hatte ich häufig verbale Auseinandersetzungen.	○	○	○	○
21. In der Schule war ich Klassensprecher.	○	○	○	○
22. Ich kann gut zuhören.	○	○	○	○
23. Im Alltag habe ich oft spontane Unterhaltungen (z.B. in der Bahn, im Supermarkt an der Kasse, etc.).	○	○	○	○
24. Es fällt mir leicht, neue Leute kennen zu lernen.	○	○	○	○
25. In neuen Umgebungen finde ich schnell Anschluss.	○	○	○	○
26. Ich kann sehr gut Geschichten erzählen.	○	○	○	○
27. Ich versuche oft, andere von meiner Meinung zu überzeugen.	○	○	○	○
28. In der Schulzeit habe ich an vielen Aufführungen (Theater AG, etc.) teilgenommen.	○	○	○	○

29. Anzahl der Flirtseminare, an denen ich bislang teilgenommen habe: ____________

30. Anzahl der Jugendfreizeiten, an denen ich bislang teilgenommen habe: __________

Abbildung 17: Seite 4 des Probanden-Fragebogens

Teil C und D des Fragebogens geben den Probanden Gelegenheit zur Selbsteinschätzung ihrer Persönlichkeitseigenschaften. Wie bereits in Kapitel 5.2 dargestellt, soll im Rahmen der Hypothese 1a überprüft werden, ob sich die Konstrukte der Extraversion, Gewissenhaftigkeit, Schüchternheit und des Neurotizismus im kommunikativen Verhalten der Probanden unterschiedlich stark zeigen. Dass diese Persönlichkeitseigenschaften zusätzlich per Fragebogen erfasst werden, hat eine Kontrollfunktion: Zwischen den für das Experiment gewonnenen Stichproben sollten - wie in der Studie von Neyer (1999) - abweichende Durchschnittswerte hinsichtlich dieser Dimensionen bestehen. Würde sich jedoch in der Fragebogenauswertung bspw. die Stichprobe der Absoluten Beginner als extravertierter erweisen als die der Männer in fester Beziehung, so wären die gewonnenen Experiment-Stichproben nicht mit denen von Neyer (1999) zu vergleichen.

Selbsteinschätzung der eigenen Schüchternheit mit der Schüchternheits-Skala nach Asendorpf (1997). Für die Auswertung sind das dritte und vierte Item umzupolen.

Teil C:

Bitte geben Sie an, in wieweit die folgenden Aussagen auf Sie zutreffen.

	gar nicht	wenig	teils-teils	ziemlich	völlig
1. Ich fühle mich in Gegenwart anderer schüchtern.	O	O	O	O	O
2. Ich fühle mich anderen gegenüber gehemmt.	O	O	O	O	O
3. Ich gehe ungezwungen auf andere Menschen zu.	O	O	O	O	O
4. Ich finde es leicht, mit Fremden in Kontakt zu kommen.	O	O	O	O	O
5. Ich fühle mich auf Partys und in anderen größeren Gruppen unwohl.	O	O	O	O	O

Für das Konstrukt des Selbstwertes wird die Rosenberg-Selbstwertskala in der deutschen Übersetzung von Collani/Herzberg (2003) verwendet. Für die Auswertung sind die Items C7, C10, C11, C13 und C14 umzupolen.

	Trifft gar nicht zu	Trifft eher nicht zu	Trifft weitgehend zu	Trifft völlig zu
6. Alles in allem bin ich mit mir selbst zufrieden.	O	O	O	O
7. Hin und wieder denke ich, dass ich gar nichts tauge.	O	O	O	O
8. Ich besitze eine Reihe guter Eigenschaften.	O	O	O	O
9. Ich kann vieles genauso gut wie die meisten anderen Menschen auch.	O	O	O	O
10. Ich fürchte, es gibt nicht viel, worauf ich stolz sein kann.	O	O	O	O
11. Ich fühle mich von Zeit zu Zeit richtig nutzlos.	O	O	O	O
12. Ich halte mich für einen wertvollen Menschen, jedenfalls bin ich nicht weniger wertvoll als andere auch.	O	O	O	O
13. Ich wünschte, ich könnte vor mir selbst mehr Achtung haben.	O	O	O	O
14. Alles in allem neige ich dazu, mich für einen Versager zu halten.	O	O	O	O
15. Ich habe eine positive Einstellung zu mir selbst gefunden.	O	O	O	O

Abbildung 18: Seite 5 des Probanden-Fragebogens

Die Itembatterien, mit denen die psychologischen Konstrukte dieses Abschnitts operationalisiert wurden, gleichen weitgehend denen, die bereits von Neyer (1999) eingesetzt werden: Zur Erfassung der Schüchternheit wird die Schüchternheitsskala nach Asendorpf (1997) verwendet. Extraversion, Neurotizismus und Gewissenhaftigkeit werden über das „45 bipolare Adjektivpaare umfassende Inventar minimal redundanter Skalen" (MRS-Inventar) von Ostendorf (1990) erfasst.[438] Diese Konstrukte werden um weitere zentrale Persönlichkeitseigenschaften ergänzt: Hierzu zählen die zwei verbleibenden Hauptdimensionen der Persönlichkeit ("Verträglichkeit" und "Offenheit für neue Erfahrungen") sowie der Selbstwert, der mit der "Rosenberg-Skala" in der deutschen Übersetzung von Collani/Herzberg (2003) erfasst wird. Diese ergänzenden Persönlichkeitseigenschaften wurden auch von Neyer (1999) abgefragt, waren jedoch in dessen Auswertung nicht statistisch bedeutsam (siehe Kapitel 5.1). Auch wenn diese Persönlichkeitseigenschaften daher nicht in die Hypothesenformulierung einfließen, werden sie dennoch in den Fragebogen eingeschlossen: sie ermöglichen u.U. eine differenziertere Erklärung späterer Ergebnisse und stellen sowohl beim Ausfüllen als auch beim Auswerten der Bögen nur einen geringen Mehraufwand dar.

[438] Vgl. Ostendorf 1990, S.148 ff.

Zur Erfassung der fünf Hauptdimensionen der Persönlichkeit („Big 5") wird der MRS-45-Itemkatalog von Ostendorf (1990) verwendet. Dieser besteht aus insgesamt 45 bipolaren Adjektivpaaren, von denen jeweils neun eine einzelne Dimension messen.

Die ersten neun Adjektivpaare messen die Extraversion; es folgen Verträglichkeit, Gewissenhaftigkeit, Neurotizismus und Offenheit für neue Erfahrungen.

Bis auf die Skalen zur Messung des Neurotizismus sind alle weiteren Skalen dieses Abschnitts invertiert; je höher der spätere Punktwert, desto niedriger die Ausprägung des entsprechenden Konstrukts.

Teil D: Es folgen nun **Gegensatzpaare** von Eigenschaftsbegriffen, anhand derer Sie sich selbst beurteilen sollen. Bitte schauen Sie sich jedes Begriffspaar zunächst an, und überlegen Sie dann, welcher von beiden Begriffen eher auf Sie zutrifft.
Bitte beschreiben Sie sich ehrlich und so, wie Sie sich zur Zeit sehen. Beschreiben Sie nicht, wie Sie sein oder werden wollen. Dabei sollen Sie für jede Eigenschaft angeben, wie Sie sich **im Allgemeinen** (oder im Durchschnitt) verhalten.

	völlig -3	wesentlich eher -2	eher -1	eher +1	wesentlich eher +2	völlig +3	
gesprächig	O	O	O	O	O	O	schweigsam
direkt	O	O	O	O	O	O	taktierend
kontaktfreudig	O	O	O	O	O	O	zurückhaltend
freimütig	O	O	O	O	O	O	gehemmt
gesellig	O	O	O	O	O	O	zurückgezogen
anschlussbedürftig	O	O	O	O	O	O	einzelgängerisch
aktiv	O	O	O	O	O	O	passiv
offen	O	O	O	O	O	O	zugeknöpft
impulsiv	O	O	O	O	O	O	selbstbeherrscht
zustimmend	O	O	O	O	O	O	gegensätzlich
vertrauensvoll	O	O	O	O	O	O	misstrauisch
gutmütig	O	O	O	O	O	O	reizbar
nachsichtig	O	O	O	O	O	O	barsch
selbstlos	O	O	O	O	O	O	selbstsüchtig
friedfertig	O	O	O	O	O	O	streitsüchtig
weichherzig	O	O	O	O	O	O	rücksichtslos
leichtgläubig	O	O	O	O	O	O	zynisch
höflich	O	O	O	O	O	O	grob
gründlich	O	O	O	O	O	O	unsorgfältig
ordentlich	O	O	O	O	O	O	unachtsam
geordnet	O	O	O	O	O	O	ungeordnet
strebsam	O	O	O	O	O	O	ziellos
geschäftstüchtig	O	O	O	O	O	O	verspielt
übergenau	O	O	O	O	O	O	ungenau
gewissenhaft	O	O	O	O	O	O	nachlässig
fleißig	O	O	O	O	O	O	faul
sparsam	O	O	O	O	O	O	verschwenderisch
robust	O	O	O	O	O	O	verletzlich
selbstzufrieden	O	O	O	O	O	O	selbstmitleidig
entspannt	O	O	O	O	O	O	überempfindlich
mutig	O	O	O	O	O	O	furchtsam
ruhig	O	O	O	O	O	O	ängstlich
überzeugt	O	O	O	O	O	O	selbstachtungslos
selbstvertrauend	O	O	O	O	O	O	hilflos
gefühlsstabil	O	O	O	O	O	O	labil
sicher	O	O	O	O	O	O	unsicher
künstlerisch	O	O	O	O	O	O	unkünstlerisch
kreativ	O	O	O	O	O	O	unkreativ
komplex	O	O	O	O	O	O	einfach
originell	O	O	O	O	O	O	konventionell
liberal	O	O	O	O	O	O	konservativ
phantasievoll	O	O	O	O	O	O	phantasielos
intelligent	O	O	O	O	O	O	unintelligent
gebildet	O	O	O	O	O	O	ungebildet
modern	O	O	O	O	O	O	traditionell

Abbildung 19: Seite 6 des Probanden-Fragebogens

In *Teil E* des Fragebogens werden soziodemographische Daten der Probanden erfasst. Als Besonderheit ist hier die differenzierte Angabe über die Anzahl und das Geschlecht der Geschwister hervorzuheben: Obwohl den soziodemographischen Daten zugeordnet, stellt sie eine wichtige Information für die in Teil B abgefragte "Kommunikationsbiographie" dar, denn wie bereits in Kapitel 4.9 aufgezeigt, wuchsen Absolute Beginner häufig als Einzelkinder oder mit gleichgeschlechtlichen Geschwistern auf. Das daraus u.U. resultierende Erfahrungsdefizit mit gegengeschlechtlicher Interaktion könnte ein weiterer Punkt sein, in dem sich die Kommunikationsbiographien Absoluter Beginner von denen der Singles oder Männer in fester Partnerschaft abheben.

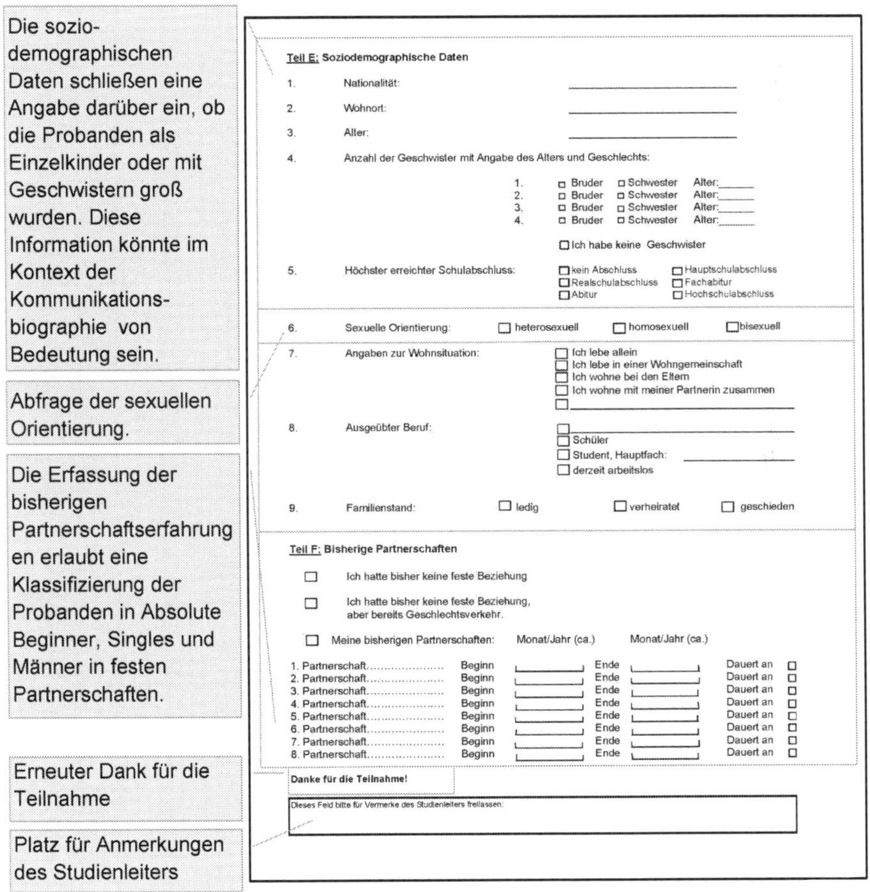

Teil E: Soziodemographische Daten

1. Nationalität: ____________
2. Wohnort: ____________
3. Alter: ____________
4. Anzahl der Geschwister mit Angabe des Alters und Geschlechts:
   1. ☐ Bruder ☐ Schwester Alter:____
   2. ☐ Bruder ☐ Schwester Alter:____
   3. ☐ Bruder ☐ Schwester Alter:____
   4. ☐ Bruder ☐ Schwester Alter:____

   ☐ Ich habe keine Geschwister
5. Höchster erreichter Schulabschluss: ☐ kein Abschluss ☐ Hauptschulabschluss ☐ Realschulabschluss ☐ Fachabitur ☐ Abitur ☐ Hochschulabschluss
6. Sexuelle Orientierung: ☐ heterosexuell ☐ homosexuell ☐ bisexuell
7. Angaben zur Wohnsituation: ☐ Ich lebe allein ☐ Ich lebe in einer Wohngemeinschaft ☐ Ich wohne bei den Eltern ☐ Ich wohne mit meiner Partnerin zusammen ☐ ____________
8. Ausgeübter Beruf: ☐ ____________ ☐ Schüler ☐ Student, Hauptfach: ____________ ☐ derzeit arbeitslos
9. Familienstand: ☐ ledig ☐ verheiratet ☐ geschieden

Teil F: Bisherige Partnerschaften

☐ Ich hatte bisher keine feste Beziehung

☐ Ich hatte bisher keine feste Beziehung, aber bereits Geschlechtsverkehr.

☐ Meine bisherigen Partnerschaften:

		Monat/Jahr (ca.)		Monat/Jahr (ca.)	
1. Partnerschaft......	Beginn	____	Ende	____	Dauert an ☐
2. Partnerschaft......	Beginn	____	Ende	____	Dauert an ☐
3. Partnerschaft......	Beginn	____	Ende	____	Dauert an ☐
4. Partnerschaft......	Beginn	____	Ende	____	Dauert an ☐
5. Partnerschaft......	Beginn	____	Ende	____	Dauert an ☐
6. Partnerschaft......	Beginn	____	Ende	____	Dauert an ☐
7. Partnerschaft......	Beginn	____	Ende	____	Dauert an ☐
8. Partnerschaft......	Beginn	____	Ende	____	Dauert an ☐

Danke für die Teilnahme!

Dieses Feld bitte für Vermerke des Studienleiters freilassen:

Abbildung 20: Seite 7 des Probanden-Fragebogens

Teil F des Fragebogens erfasst die bisherigen Partnerschaftserfahrungen der Probanden. Dieser Teil ist insofern von großer Bedeutung, als er eine eindeutige Klassifizierung der Probanden in Absolute Beginner, sexuell erfahrene Single-Männer (mit und ohne Partnerschaftserfahrungen) sowie Männer in fester Partnerschaft erlaubt. Dadurch, dass die bisherigen Beziehungen recht detailliert aufgelistet werden müssen, kann in der späteren Auswertung zudem das Ausmaß der Beziehungserfahrung jedes Probanden auf den Monat genau angegeben werden. Der Aufbau dieses Fragebogenteils wurde mit leichten Modifikationen von Neyer (1999) übernommen.

Der Fragebogen wurde mit Rücksicht auf die etablierten Empfehlungen zur Fragebogengestaltung[439] angelegt und anschließend drei männlichen Studenten der Universität Duisburg-Essen zum Pretest vorgelegt, die nicht am späteren Experiment teilnahmen. Dieser "Probelauf" diente der Überprüfung auf Verständlichkeit und zur Ermittlung der Bearbeitungsdauer. Zudem wurden die Probanden gebeten, durch "lautes Denken" während des Ausfüllens eventuelle Missverständnisse in den Anweisungen oder Fragestellungen aufzudecken.[440] Basierend auf den Ergebnissen des Pretests wurden insbesondere der Fragebogenteil A und B erneut überarbeitet: Die ursprünglich verwendeten Skalen für die Fragen A1 bis A3 wurden auf polare 10er-Skalen erweitert und damit zugleich einheitlich gestaltet. In Teil B wurden die Items B4, B8 und B18 für eine bessere Verständlichkeit umformuliert. Darüber hinaus gab es kleine Korrekturen an Abständen und Zeilenumbrüchen.

6.4 Stichprobe

Untersuchungsgruppe dieses Experiments sind „Absolute Beginner“: Männer zwischen 18 und 35 Jahren, die sexuell unerfahren sind.

Das kommunikative Anbahnungsverhalten dieser Gruppe soll mit dem von zwei Kontrollgruppen aus demselben Altersintervall verglichen werden: Zum einen mit Männern, die bereits auf sexuelle Erfahrungen zurückblicken können, allerdings momentan Single sind und demnach in keiner festen

---

[439] Vgl. Raab-Steiner/Benesch 2010, S.47 ff.

[440] Vgl. Raab-Steiner/Benesch 2010, S.59.

Partnerschaft leben. Zum anderen mit Männern, die derzeit in fester Partnerschaft leben.

Die Alterseinschränkung für diese drei Stichprobengruppen, die bereits im Definitionskapitel 2.1 festgelegt wurde, entspringt der Experimentkonzeption: Da innerhalb des Experiments die Frau in der Rolle des Lockvogels aus Gründen der Vergleichbarkeit immer dieselbe sein muss und diese ein bestimmtes (von außen grob einschätzbares) Alter hat, kann nicht von einem 18- wie 63-jährigen gleichermaßen erwartet werden, auf diese Frau in vergleichbarer Weise zu reagieren. Die gesuchten Probanden sollten also in Bezug auf den Lockvogel das Gefühl haben, dass diese auch als potentielle Partnerin in Betracht käme. Der Altersunterschied sollte daher nicht zu groß ausfallen.

Für die Untersuchung ergeben sich folgende Stichprobengruppen:

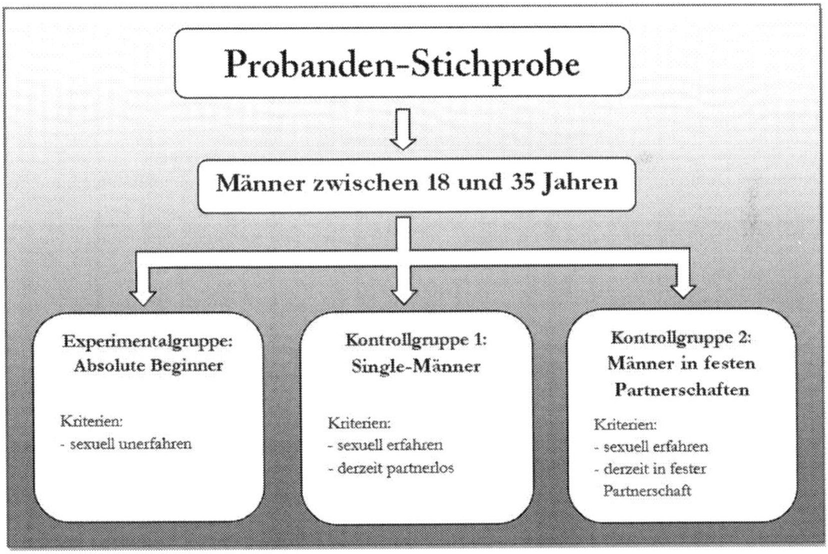

Abbildung 21: Kriterien zur Rekrutierung der drei Stichprobengruppen

Um die Ergebnisse nicht zu verzerren und korrekte Folgerungen aus den gewonnenen Daten abzuleiten, soll bei der Zusammenstellung der Stichproben beachtet werden, dass der Altersdurchschnitt der teilnehmenden

Probanden innerhalb der jeweiligen Stichproben nicht allzu stark voneinander abweicht. Andernfalls wäre nicht zu entscheiden, ob sich der beobachtete Effekt tatsächlich auf die hypothetische Ursache zurückführen lässt oder dem unkontrollierten Faktor des Alters zuzuschreiben ist.[441]

6.5 Anmerkungen zu Repräsentativität und Stichprobenumfang

Bei der Stichprobenzusammensetzung und deren Umfang sollte berücksichtigt werden, dass sich die späteren Befunde auch auf diejenigen Individuen der relevanten Grundgesamtheit übertragen lassen, die nicht an der Untersuchung teilgenommen haben.[442] Die mit der Stichprobe gewonnenen Ergebnisse sollten also generalisierbar sein.

Um dies zu gewährleisten, geht die quantitative Sozialforschung in der Regel wie folgt vor: In einem ersten Schritt wird die für die Untersuchung eingegrenzte Grundgesamtheit erfasst, da für die statistische Schätztheorie berechenbare Auswahlwahrscheinlichkeiten benötigt werden. In einem zweiten Schritt werden per Zufallsauswahl[443] einzelne Elemente (bzw. Probanden) aus dieser Grundgesamtheit gezogen. Somit ergibt sich eine Zufallsstichprobe, die mit einer angebbaren Überdeckungswahrscheinlichkeit[444] (coverage probability) die Schätzung der Grundgesamtheitsparameter erlaubt.

Obwohl dieses Vorgehen für die Generalisierbarkeit der Ergebnisse den Idealfall darstellt[445], lässt es sich in zahlreichen Fällen nicht anwenden – wie auch im Rahmen dieses Experiments. Die Schwierigkeiten beginnen bereits

---

441 Vgl. Atteslander 2003, S.205 f.

442 Vgl. Lavori et al. 1983, S.1291 f.

443 Bei Zufallsstichproben (random samples) handelt es sich um „Stichproben, deren Auswahlregeln es dem Untersuchenden ermöglichen, vor der Durchführung einer Auswahl für jedes Element der Grundgesamtheit die Wahrscheinlichkeit zu berechnen, dass dieses Element der Grundgesamtheit Teil der Stichprobe wird. Zusätzlich muss die Auswahlwahrscheinlichkeit für jedes Element der Grundgesamtheit auch größer als Null sein, ansonsten würden Teile der Grundgesamtheit systematisch ausgeschlossen" (vgl. Schnell et al. 2011, S.259).

444 Diese ist definiert als „1-α". Der α -Fehler (Fehler 1. Art) gibt die Wahrscheinlichkeit an, mit der die ursprünglich formulierte Nullhypothese (Experimentergebnis, welches geprüft werden soll) verworfen wird, obwohl sie eigentlich gültig ist.

445 Vgl. Shadish et al. 2002, S.343.

mit der Erfassung der Grundgesamtheit: Wie bereits in Kapitel 2.2 aufgezeigt, fehlt es bislang an strukturellen Analysen, wie sich das Phänomen der Absoluten Beginner über Altersstufen und weitere soziodemographische Attribute hinweg verteilt. Die verfügbaren Zahlen deuten darauf hin, dass dieses Phänomen in der „Normalbevölkerung" relativ selten ist, jedoch in akademischen Milieus deutlich häufiger vorkommt. Zudem gibt es Hinweise auf eine altersspezifische Häufung zwischen 18 und 35 Jahren. Weitere Informationen liegen bislang nicht vor.

Es ergeben sich weitere Schwierigkeiten: Das Erhebungsproblem einmal eingeklammert, dass Umfrageteilnehmer auf die Frage nach ihren sexuellen Erfahrungen u.U. sozial erwünschte Antworten geben und es eine entsprechend hohe Dunkelziffer geben könnte - es bliebe immer noch das Problem bestehen, dass anschließend zwar Struktur-, aber keine Kontaktdaten von Absoluten Beginnern existierten. Die erste Schwierigkeit bei der Bildung einer repräsentativen Stichprobe besteht mithin darin, dass es keinen „Pool" Absoluter Beginner gibt, aus dem per Zufallsverfahren eine Stichprobe gezogen werden könnte. Auch fehlen soziodemographische Informationen dazu, anhand welcher Kriterien dies geschehen sollte. Eine Zufallsstichprobe scheidet somit aus.[446]

In aller Klarheit: Das Problem dieser Untersuchung sind nicht die Signifikanzen. Es ist die Frage, wie ich *überhaupt* „Absolute Beginner" finde, die sich trotz der gesellschaftlichen „Versager"-Etikettierung, ihrer Schüchternheit und der (unbegründeten) Befürchtung einer Bloßstellung bereit erklären, an einer wissenschaftlichen Studie teilzunehmen.

Ich wähle also gezwungenermaßen einen „bescheideneren" Ansatz: Ich versuche über verschiedenste Kommunikationskanäle so viele „Absolute Beginner" wie möglich für die Studienteilnahme zu gewinnen und gehe davon aus, wenn der von mir vermutete Ursache-Wirkungs-Zusammenhang stimmt,

---

[446] Auch die Verfahren von Kalton/Anderson (1986), die speziell für seltene Populationen entwickelt wurden, können in diesem Fall nicht angewendet werden (vgl. Kalton/Anderson 1986, S.65 ff.).

er auch bereits in kleineren Stichproben festzustellen ist, die durch Anhäufung und nicht durch Zufallsauswahl entstanden sind.[447]

Ließen sich zwischen den Stichproben bereits deutliche Unterschiede feststellen, so wäre dieses „direkte" Effektstärke-Maß u.U. sogar besser zur Beurteilung einer Effektstärke geeignet als ein Signifikanztest.[448] Denn ein häufiger Irrtum im Umgang mit letzterem ist, einen „signifikanten" Effekt mit einem „starken" Effekt zu verwechseln:[449]

„Ein ‚signifikanter' Effekt kann so schwach sein, dass er praktisch und theoretisch bedeutungslos ist. Wenn man die Stärke eines Effekts beurteilen will, benötigt man Maße für die Stärke des Effekts. Signifikanztests sind keine Effektstärkemaße, da sie unter anderem von der Anzahl der untersuchten Fälle abhängen. [...] Ein Effektstärkemaß sollte unempfindlich gegenüber der Zahl der Fälle sein. [...] Weder sagt die ‚Signifikanz' etwas über die Wahrscheinlichkeit der Existenz noch etwas über die theoretische Wichtigkeit dieses Effekts."[450]

Diese Ausführungen sollen nicht den Anschein erwecken, als sei die Zusammensetzung und der Umfang der Stichprobe irrelevant. Um dem Gütekriterium der Repräsentativität bzw. externen Validität trotz kleiner Stichprobe und des Verzichts auf eine Zufallsauswahl dennoch (weitgehend) zu entsprechen, orientiere ich mich an der „Grounded Theory of Generalized Causal Inference" von Shadish et al. (2002). Diese beinhaltet Prinzipien, mit denen experimentelle Ergebnisse auch ohne Zufallsstichprobe einen hohen Generalisierungsgrad erreichen können.[451] Eine Auswahl dieser Prinzipien werde ich im Rahmen der Experimentkonzeption anwenden.

So empfiehlt das Prinzip der „surface similarity", Labor-Experimente möglichst realitätsecht nachzustellen, da hierdurch die Konstruktvalidität erhöht wird:[452] Je näher das Experiment an eine „echt" wirkende Situation angelehnt ist,

---

[447] Vgl. King et al. 1994, S.208.
[448] Vgl. Schnell et al. 2011, S.443.
[449] Vgl. Schnell et al. 2011, S.443.
[450] Vgl. Schnell et al. 2011, S.443.
[451] Vgl. Shadish et al. 2002, S.387 ff.
[452] Vgl. Shadish et al. 2002, S.378.

desto eher lassen sich die Ergebnisse auf die Realität übertragen. Diesem Prinzip versuche ich dadurch zu entsprechen, dass die im Experiment simulierte „Café-Situation" so lebensecht und alltagsnah wie möglich nachgestellt wird: Sie findet in einem *echten* Café mit Bedienung, anderen Cafébesuchern und *gut versteckten* Kameras statt - und nicht in einem nüchternen Untersuchungsraum, in dem der Proband mit dem Lockvogel allein gelassen wird, während er aus mehreren Perspektiven von gut sichtbaren Kameras beobachtet wird.

Eine zweite Methode, die von Shadish et al. (2002) ebenfalls dem Prinzip der „surface similarity" zugeordnet wird, ist die Wahl einer „typischen" Stichprobe, wobei weniger der einzelne Proband typisch für die Grundgesamtheit sein muss, als vielmehr der aggregierte Durchschnitt der Stichprobe.[453] Wie bereits beschrieben, deuten die bisherigen Erhebungen darauf hin, dass „Absolute Beginner" in der Regel zwischen 18 und 35 Jahre alt sind und vornehmlich in einem akademischen Umfeld anzutreffen sind. Die „typischen" Absoluten Beginner sollten also in diesem Altersintervall und zudem an Gymnasien, Berufskollegs, Fachhochschulen und Hochschulen gesucht werden. Die Vorgehensweise bei der Probandensuche beschreibe ich ausführlich in Kapitel 6.6.

Das Prinzip der „interpolation and extrapolation" empfiehlt u.a., mehrere Abstufungen der unabhängigen Variable in das Experiment einfließen zu lassen.[454] Ließen sich diesen Abstufungen bspw. linear zunehmende Werte in der abhängigen Variable zuordnen, so würde dieses Prinzip einen Zusammenhang aufdecken, der sich in Form einer Funktion darstellen ließe. Das Dilemma in der Anwendung dieses Prinzips besteht darin, wie viele Abstufungen gewählt und wie groß die Bandbreite dieser Abstufungen ausfallen soll.[455] Übertragen auf das Experiment wird das Ausmaß der Beziehungserfahrung der Probanden die abgestufte Variable sein, welche mittels des Fragebogens präzise erfasst wird. In der späteren Auswertung kann mit dieser zusätzlichen Information aufgezeigt werden, ob sich die abhängige Variable (kommunikatives Anbahnungsverhalten) mit zunehmender

[453] Vgl. Shadish et al. 2002, S.379.
[454] Vgl. Shadish et al. 2002, S.383.
[455] Vgl. Shadish et al. 2002, S.384.

Beziehungserfahrung der Probanden verändert, was einen kausalen Zusammenhang zwischen diesen Variablen unterstreichen würde.

Das Prinzip „ruling out irrelevancies" empfiehlt, irrelevante Attribute der Probanden, Settings oder Verfahren zu identifizieren, die eine Generalisierung voraussichtlich nicht beeinflussen; diese Attribute werden für das Experiment heterogenisiert, um die Annahme ihrer Irrelevanz zu überprüfen.[456] Wie in den theoretischen Vorüberlegungen beschrieben, ist es nach der Untersuchungsreihe von Neyer et al. (1999, 2001, 2007) für die Persönlichkeitsstruktur nicht entscheidend, wie lange Personen in Partnerschaft gelebt haben, sondern *dass* sie diese Erfahrung machen konnten – auch nach einer Trennung blieben die „Ego-Effekte" erhalten. Daraus könnte für das Experiment abgeleitet werden, dass der aktuelle Beziehungs*status* (partnerlos oder in fester Partnerschaft) irrelevant für die abhängige Variable sein sollte – hingegen sollte es primär die Beziehungs*erfahrung* überhaupt sein, die deutliche Unterschiede in der abhängigen Variable bedingt. Im Rahmen des Experiments soll daher die Stichprobe der Absoluten Beginner mit *zwei* Stichproben beziehungserfahrener Männer verglichen werden: Sowohl mit Männern, die zum Zeitpunkt der Untersuchung partnerlos sind (Singles), als auch mit Männern, die zum Zeitpunkt der Untersuchung in fester Partnerschaft leben. Die Unterschiede zwischen (beziehungserfahrenen) Singles und Männern in fester Partnerschaft sollten gering ausfallen, während sich die Ergebnisse dieser Gruppen deutlich von denen der Absoluten Beginner abheben sollten. In diesem Falle wäre der vermutete Kausalmechanismus von einer weiteren Störvariable (aktueller Beziehungsstatus) „bereinigt" und die Verallgemeinerbarkeit der Hypothese erhöht.

Unter der Bedingung, dass für dieses Experiment keine Zufallsstichprobe gezogen werden kann, sind dies die Maßnahmen, mit denen der Generalisierungsgrad der späteren Ergebnisse erhöht werden soll.

[456] Vgl. Shadish et al. 2002, S.380.

6.6 Gewinnung der Stichprobe

Die erste Suchstrategie bestand aus einem schriftlichen Aufruf im größten „Absolute Beginner"-Internetforum Deutschlands („ABtreff")[457] und in drei weiteren „AB-Foren" mit geringeren Mitgliederzahlen.[458] In diesem Aufruf wurde explizit von einer kommunikationswissenschaftlichen Studie gesprochen, mit der die Wirkung der Probanden auf potentielle Partnerinnen untersucht und somit die Gründe der Partnerlosigkeit untersucht werden sollten. Auch die Partneragentur „Elitepartner.de" veröffentlichte diesen Aufruf auf der Startseite der „Elitepartner Akademie". Obwohl der Aufruf binnen weniger Tage mehrere hundert Male aufgerufen wurde, war die Resonanz äußerst gering[459]: Es gab etwa vier bis fünf Anfragen und nur eine einzige Zusage. Zudem gestaltete sich die Korrespondenz mit den potentiellen Teilnehmern äußerst schwierig, da die Anfragen meist von anonymen und temporär-gültigen E-Mail-Adressen geschickt wurden, die nach 24 Stunden wieder erloschen.

Es wurde schnell deutlich, dass die größte Schwierigkeit für die Durchführung des geplanten Experiments darin bestehen würde, *überhaupt* Absolute Beginner zu finden, die zu einer Studienteilnahme bereit waren.

Um die Stichprobe der „Absoluten Beginner" aufzufüllen, wurden schließlich zahlreiche weitere Suchstrategien angewandt. Zunächst wurde folgender Aushang in nahezu allen Berufskollegs, Gymnasien und Gesamtschulen Essens ausgehängt:

---

457 Vgl. http://forum.abtreff.de/

458 Das Anschreiben findet sich in Anhang I.

459 Ein Grund für die geringe Resonanz war sicherlich auch, dass in diesen Internetforen Nutzer aus ganz Deutschland zusammenkommen. Der Aufwand, für ein halbstündiges Experiment bspw. von München nach Essen zu fahren, ist zweifellos unangemessen hoch.

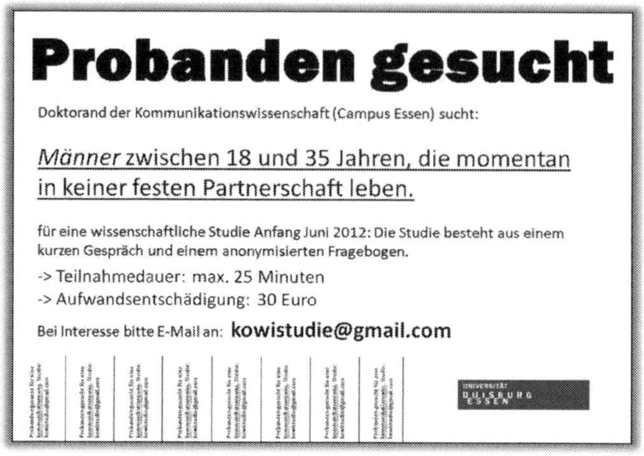

Abbildung 22: Aushang zur Probandensuche

Auch in den Universitätsgebäuden in Bochum, Duisburg und Essen sowie in der Fachhochschule Gelsenkirchen wurde der Aushang an zahlreichen „schwarzen Brettern" angebracht.

Dieser Aufruf suchte bewusst nach Männern, „die *momentan* in keiner festen Partnerschaft leben". Die Formulierung wurde gewählt, um eine höhere Teilnahmebereitschaft zu erzielen. Die Annahme dahinter: Dabei gesehen zu werden, wie man sich einen Schnipsel zu einer Studie abreißt, die nach Männern sucht, die *momentan* nicht in fester Partnerschaft leben, ist weniger peinlich als zu einer Studie über Männer, die *noch nie* in fester Partnerschaft gelebt haben. Zudem ermöglichte dieser Aufruf das Auffüllen der Single-Männer-Stichprobe und eröffnete gleichzeitig die Chance, dass sich bereits der eine oder andere Absolute Beginner darunter befand. Auch beschreibt dieser Aufruf (im Gegensatz zum ersten Aufruf in den Internetforen) die zwei Komponenten der Untersuchung: Ein Gespräch und ein Fragebogen. Dass dieses Gespräch in einer „experimentellen Situation" stattfinden sollte, wurde den Probanden bis zum Tag der Teilnahme verschwiegen, um sie nicht zu verschrecken.[460]

[460] Diese Entscheidung basiert auf dem ersten Schriftverkehr mit Absoluten Beginnern, die sich auf den Internet-Foren-Aufruf gemeldet hatten: In fast allen E-Mails fragten

Die Resonanz auf diesen Aufruf war deutlich größer als auf den Internetaufruf: Die Gruppe der Single-Männer war schnell aufgefüllt, so dass nach zwei Wochen der Aufruf in leicht abgeänderter Form erneut ausgehängt werden konnte. Diesmal suchte der Aufruf nach Männern, „die bislang in *keiner* festen Partnerschaft gelebt haben“.

Auf diesen Aufruf meldeten sich erwartungsgemäß deutlich weniger Probanden, doch insbesondere die Aushänge an *naturwissenschaftlichen Fakultäten* von Hochschulen weckten großes Interesse. Von den ca. sechzehn Absoluten Beginnern, die den E-Mail-Verkehr mit mir aufnahmen, sagten schließlich zwölf ihre Teilnahme zu.

Um die Absoluten Beginner jenseits der Bildungsinstitutionen zu erreichen, gab es am 18. April 2012 zudem eine Zeitungsannonce im „Essener Kurier“, der alle Essener Stadtteile abdeckt.

Der Anzeigentext lautete:

> **Probanden gesucht!** Die Uni Essen sucht für eine Studie Männer zwischen 18 und 35 Jahren, die bislang in keiner festen Partnerschaft gelebt haben. Teilnahmedauer max. 25 Min., Aufwandsentschädigung 30€. kowistudie@gmail.com

Abbildung 23: Zeitungsinserat im "Essener Kurier" vom 18.04.2012

Über diese Anzeige meldeten sich weitere Absolute Beginner und Single-Männer, die ihre Teilnahme zusagten. Diese wurden zudem gebeten, aus ihren Freundeskreisen weitere Männer mit oder ohne Beziehungserfahrungen zu rekrutieren.

Die verbleibende Stichprobe der „Männer in fester Partnerschaft“ wurde durch einen erneut abgeänderten Aushang aufgefüllt, in dem nach Männern gesucht wurde, die "seit mindestens 6 Monaten in fester Partnerschaft leben". In den letzten Wochen vor dem Experiment wurden diese Aushänge mit gezielten Altersvorgaben ergänzt, um zu erreichen, dass die Altersverteilung der

---

Interessenten nach dem genauen Aufbau des nicht näher erläuterten „Experiments“ und wollten ohne detaillierte Angaben zum Untersuchungsablauf nicht teilnehmen.

Stichprobe gleichmäßig zwischen achtzehn und 35 Jahren streut. Darüber hinaus wurden auch hier einzelne Probanden in gewissen Altersstufen gebeten, Freunde oder Bekannte mitzubringen, auf welche das Kriterium der mindestens sechs Monate andauernden Partnerschaft oder der Beziehungsunerfahrenheit zutraf.

Mit diesen Suchstrategien konnten insgesamt 16 Absolute Beginner, 22 Single-Männer und 20 Männer in fester Partnerschaft für die Teilnahme rekrutiert werden. Der Altersdurchschnitt lag dabei in allen drei Stichprobengruppen auf vergleichbarem Niveau.

Zu den rekrutierten Probanden möchte ich noch eine wichtige Anmerkung machen: Wie bereits in Kapitel 6.5 aufgezeigt, gibt es keinen Pool von Absoluten Beginnern, aus dem Probanden für eine wissenschaftliche Untersuchung selektiert werden könnten. Auf das daraus resultierende Problem der Selbstselektion möchte ich deutlich hinweisen: Obwohl die Teilnahmeaufrufe die Probanden auf unterschiedlichen Wegen erreichten, besteht weiterhin das Problem einer selbstselektierten Stichprobe - letztlich entscheidet jeder Proband selbst, ob er an dieser Studie teilnehmen möchte oder nicht. Dies stellt insbesondere für den Untersuchungsgegenstand *dieser* Studie ein Problem dar: gesucht werden Personen, von denen angenommen wird, dass diese äußerst introvertiert und schüchtern sind. Wer sich auf einen Uni-Aushang meldet und zudem weiß, dass es ausgerechnet seine Beziehungsunerfahrenheit ist, weswegen er als Proband zu einer wissenschaftlichen Untersuchung eingeladen wird, der wird vermutlich weniger introvertiert und schüchtern sein als derjenige, der vor einer Teilnahme zurückschreckt.[461] Auch in Internetforen besteht ein Selektionseffekt: Jemand, der bereit ist (wenn auch nur unter einem Pseudonym), sich in entsprechenden Online-Foren anzumelden und zu seiner sexuellen Unerfahrenheit zu bekennen, ist vermutlich bereits „extravertierter" als andere „Absolute Beginner".

Diese Selektionseffekte könnten dazu führen, dass sich die vermuteten Ausprägungen von mangelnder Extraversion, hoher Schüchternheit etc. nicht so deutlich unter den rekrutierten Absoluten Beginnern zeigen wie erwartet.

[461] Vgl. Huber 2005, S.79

Doch falls sich diese zumindest in Grundtendenzen zeigen, könnte mit Fug und Recht behauptet werden, dass diese Persönlichkeitsstrukturen bei den nicht teilnehmenden Probanden noch deutlich stärker ausfallen könnten.

6.7 Durchführung des Experiments

Das Experiment wurde nach fünfmonatiger Vorbereitungsphase am 2. und 3. Juni im Foyer der Essener Kulturstätte "PACT Zollverein" durchgeführt. Diese Räumlichkeiten boten eine authentische Café-Atmosphäre, ermöglichten durch ihre Weitläufigkeit einen zügigen, reibungslosen Durchlauf der einzelnen Probanden und erfüllten darüber hinaus zahlreiche technische Anforderungen für die Video- und Tonaufzeichnung.

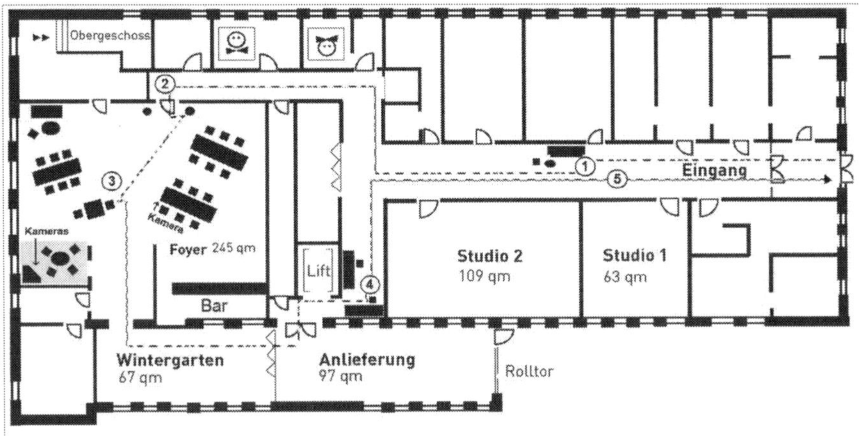

Abbildung 24: Grundriss des Untergeschosses von PACT Zollverein

Mit jedem der Probanden war im Vorfeld ein individueller Termin vereinbart worden, um die Teilnehmeranzahl gleichmäßig auf beide Tage zu verteilen und gemeinsame Wartezeiten der Probanden (und die damit einhergehende Gelegenheit zur Konversation) zu vermeiden.

Nachdem ein Proband den Haupteingang betreten hatte, wurde er zunächst von einer Forschungsassistentin begrüßt. Nach einem kurzen Gegencheck seines Namens mit der Teilnehmerliste wurde ihm eine Nummer zugewiesen, die er in Form eines 6x4 cm großen Stickers auf die Schulter geklebt bekam. In der Regel konnte er sich anschließend ein bis zwei Minuten auf einem gemütlichen Sofa (siehe Punkt 1 auf dem Grundriss-Plan) ausruhen, während die Assistentin ihm aus dem Café im Foyer etwas zu trinken holte. Bei dieser Gelegenheit informierte sie die fiktiven Cafébesucher und mich als Forschungsleiter darüber, dass der nächste Proband in wenigen Minuten bereit sei. Während ein Forschungsassistent die HD-Kameras in den Aufnahmemodus versetzte und alle weiteren Personen innerhalb des Cafés ihre festgelegten Sitzpositionen einnahmen, wurde der Proband von mir in Empfang genommen und den langen Gang entlang zur Vordertür des Foyers (2) geführt. Dabei erläuterte ich den Ablauf der Studie wie folgt:

"Wie auf dem Aushang beschrieben, besteht diese Studie aus zwei Teilen: einem Gespräch und einem anonymisierten Fragebogen. Das Gespräch findet hier im Café von PACT Zollverein in einer Art experimenteller Situation statt. Um ***was*** *für ein Gespräch es sich handelt und mit* ***wem*** *Sie es führen müssen, das steht hier in diesem roten Briefumschlag. Sie gehen durch die Tür, öffnen den roten Briefumschlag, lesen die Instruktionen und legen den Briefumschlag dann auf einen Stehtisch, der links hinter der Tür steht. Anschließend folgen Sie den zuvor gelesenen Instruktionen. Haben Sie soweit alles verstanden oder noch irgendwelche Fragen?"*

Nach dem Überreichen des Briefumschlags betraten die Probanden das Café, während ich als Untersuchungsleiter hinter der Tür zurückblieb. Auf der anderen Seite der Tür bot sich dem Probanden folgendes Bild:

Abbildung 25: Die räumliche Gestaltung des Cafés bei PACT Zollverein

An zwei größeren Tischen auf der linken Seite sowie in einer Sitzgruppe in der rechten Ecke saßen insgesamt acht Statisten, die sich unterhielten, Kaffee tranken, in Bücher vertieft waren oder mit ihren Laptops im Internet surften. Die Geräuschkulisse der Gespräche wurde von leiser Hintergrundmusik untermalt, an der Bar war der Barkeeper mit der Kaffeezubereitung beschäftigt (in diesem Bild nicht sichtbar). Rechts vom Probanden und relativ mittig im Raum saß an einem kleineren Tisch eine junge attraktive Dame (nachfolgend „Franziska“ genannt[462]), welche die Rolle des Lockvogels übernahm. In der dahinterliegenden Sitzgruppe stand eine unscheinbare Vitrine, die mit speziellem Einwegspiegelglas ausgerüstet worden war. Darin waren insgesamt drei HD-Kameras auf unterschiedlicher Höhe installiert, ohne für den Probanden sichtbar zu sein. Weitere Umbauarbeiten an der Vitrine sorgten für eine permanente Stromversorgung der Kameras.

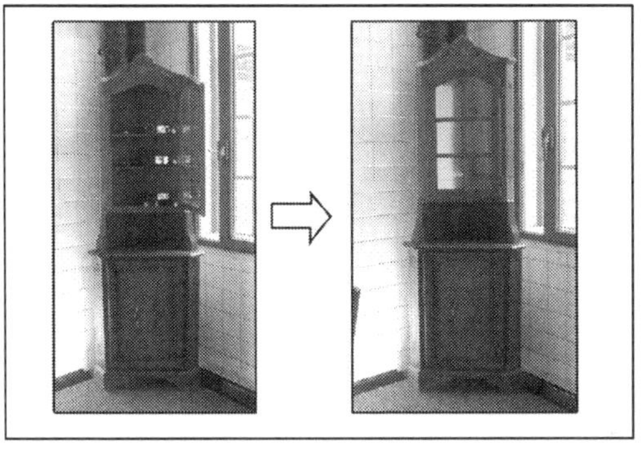

Abbildung 26: Die Vitrine mit Kameras hinter Einwegspiegelglas

Da für die Ton-Aufzeichnung ein eventuell sichtbares Richtmikrofon ausschied, wurden zwei Funkstrecken mit Spezialmikrofonen eingesetzt, die in Franziskas Dekolleté und in einem Blumenstrauß versteckt wurden, der auf ihrem Tisch stand. Neben diesen drei HD-Kameras und zwei Funkstrecken wurde vom hinteren Tisch der fiktiven Cafébesucher eine (besonders kleine) vierte HD-Kamera zugeschaltet, sobald der Proband sich an den Tisch mit der jungen Dame gesetzt hatte. Damit diese Kamera beim Betreten des Raumes nicht sichtbar war, wurde sie solange unter einem Hut versteckt, der auf dem Tisch lag. Diese vierte Kamera ermöglichte eine Gegenschuss-Perspektive, um die Reaktionen der jungen Dame auf die Äußerungen des Probanden aufzuzeichnen.

[462] Ihr Name ist aus Gründen des Datenschutzes geändert.

Zurück zum Durchlauf des einzelnen Probanden; öffnete dieser nach Betreten des Raumes den Briefumschlag, befand sich darin ein laminierter Zettel mit folgender Anweisung:

> Rechts von Ihnen sitzt eine junge Dame an einem Tisch. Versuchen Sie, sie für ein gemeinsames Abendessen zu gewinnen! Erwähnen Sie dabei nicht diesen Zettel.

Abbildung 27: Anweisung zum Experimentablauf

Nachdem der Proband diesen Zettel auf den Stehtisch neben der Tür gelegt hatte, startete er seinen Anbahnungsversuch und näherte sich dem Tisch mit der jungen Dame (3). Die Instruktionen für letztere bestanden darin, einen kurzen Blickkontakt mit dem Probanden aufzubauen, sobald dieser den Raum betreten hatte und sich orientierend umsah.[463] Darüber hinaus sollte sie im Gespräch mit dem Probanden freundlich sein, ihm jedoch nicht allzu große Hilfestellungen bei der Überbrückung von "peinlicher Stille" geben. Wenn der Proband sie nach dem gemeinsamen Abendessen fragte, sollte sie bereitwillig zustimmen und damit das Gespräch beenden, sofern dies nicht direkt der erste Satz des Anbahnungsversuches gewesen sein sollte. Für diesen Fall, dass der Proband gewissermaßen "mit der Tür ins Haus fallen" sollte, war die Anweisung, ihn zunächst aufzufordern, etwas von sich zu erzählen und dann über eine Zustimmung zur Einladung zu entscheiden. Die folgenden Fotos stellen den Anbahnungsversuch eines Probanden aus Perspektive der Videokameras nach:

---

[463] Diese Anweisung basiert auf dem Befund von Grammer et al. (2000), dass in der ersten Interaktionsphase zwischen Mann und Frau meist die *Frauen* das Geschehen steuern und den Männern etwa durch Kopfnicken signalisieren, dass sie sie ansprechen dürfen (Vgl. Grammer et al. 2000, S.383 ff.).

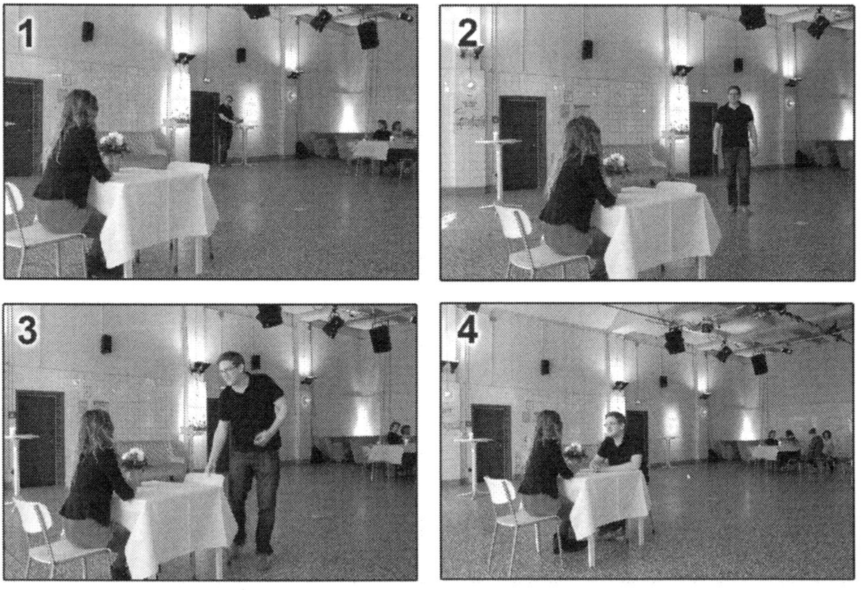

Abbildung 28: Ablauf des Anbahnungsgesprächs aus Kameraperspektive (nachgestellte Szene)

Während des Gesprächs hatte ich als Versuchsleiter genügend Zeit, das Café von der anderen Seite durch den Wintergarten zu betreten und hinter einem Mauervorsprung zu warten. Nach Beendigung des Gesprächs wurde der Proband von mir durch den Wintergarten zu einer Tischgruppe (4) geführt, wo er darüber aufgeklärt wurde, dass er während des Experiments von versteckten Videokameras aufgezeichnet worden war. Ihm wurde die Möglichkeit eingeräumt, seine Zustimmung zur Auswertung seines Videomaterials zu widerrufen. Sofern er von diesem Recht keinen Gebrauch machen wollte, wurde ihm anschließend der Aufbau des anonymisierten Fragebogens erklärt. Für die Dauer des Ausfüllens wurde er allein gelassen, wobei eine Forschungsassistentin oder ich nach einigen Minuten nachsahen, ob eventuelle Unklarheiten bestanden. Sobald der Proband seinen Fragebogen ausgefüllt hatte, wurde er zurück zum Empfangssofa (5) begleitet, wo er gegen Unterschrift auf einem Quittungsblock eine Aufwandsentschädigung in Höhe von 30 Euro erhielt. Anschließend konnte er das Gebäude wieder verlassen.

Stichpunktartige Anmerkungen über den Verlauf des Experiments:

- Von 58 Probanden, die ihre Teilnahme zugesagt hatten, erschienen über beide Experimenttage hinweg insgesamt 47. Die Ausfallquote war insbesondere am zweiten Experimenttag recht hoch. Ein Grund dafür war, dass das vorige Sonnenscheinwetter an diesem Tag von starkem Regen abgelöst wurde, der bis in die Abendstunden anhielt.[464]
- Von den insgesamt 47 Probandenvideos konnten zwei nicht zur späteren Auswertung zugelassen werden: In einem Fall litt der Proband sichtlich unter einer Persönlichkeitsstörung und füllte zudem den Fragebogen nicht korrekt aus. Ein zweiter Proband kannte die Frau in der Rolle des Lockvogels (Franziska) aus seinem weiteren Bekanntenkreis.
- Die Reaktion der Probanden auf die Information, dass das angekündigte Gespräch in einer experimentellen Situation stattfinden würde, fiel unterschiedlich aus: Die meisten Probanden wirkten überrascht, bestätigten die Frage nach der Verständlichkeit der Anweisungen aber mit einem "Okay" oder "Alles klar!", und waren sofort bereit, durch die Foyer-Tür zu gehen. Eine häufige Reaktion war jedoch auch, die Anweisungen paraphrasierend zu wiederholen, um sicher zu gehen, dass sie alles richtig verstanden hatten. Insbesondere der Umstand, dass sie *erst* durch die Tür gehen sollten und *anschließend* die Anweisungen lesen sollten, wollten einige der Probanden erneut bestätigt bekommen. Einige wenige von ihnen wurden vor der Foyer-Tür auch sichtlich nervös, wobei sich diese Reaktion in Grenzen hielt. Jeder der Probanden war innerhalb weniger Sekunden bereit, das Experiment zu beginnen.
- Innerhalb des Cafés gingen die Probanden, nachdem sie den Zettel gelesen hatten, meist auf direktem Wege auf den Tisch mit der jungen Dame zu und fragten, ob sie sich setzen dürften. Einzelne Probanden nahmen sich hingegen deutlich mehr Zeit und warteten bis zu einer Minute ab, bevor sie sich an den Tisch mit der jungen Dame setzten. In

[464] Einige der Probanden, die mir ihre Handynummer hinterlassen hatten, gaben an, bei diesem Wetter "keine Lust" zu haben, das Haus zu verlassen.

einem dieser Fälle setzte sich der Proband (Single-Mann) nach dem Lesen des Zettels zunächst auf ein gemütliches Sofa neben der Eingangstür, sondierte in aller Ruhe die Lage, um erst dann seinen Weg zum Tisch der jungen Dame anzutreten.

- Keiner der Probanden brach seinen Anbahnungsversuch ab. Auch erklärte sich anschließend jeder Proband damit einverstanden, dass die Videoaufzeichnung seines Anbahnungsversuches im Rahmen der wissenschaftlichen Analyse ausgewertet werden durfte.
- Nur wenige der Probanden fielen gewissermaßen "mit der Tür ins Haus" und fragten Franziska bereits nach ein bis zwei Sätzen, ob sie mit ihnen essen gehen würde. Alle anderen Probanden bauten längere Gespräche auf, die in der Regel zwischen drei und fünf Minuten dauerten und an deren Ende die Einladung zum gemeinsamen Essen ausgesprochen wurde. Hier gab es jedoch ebenfalls einige Ausnahmen: In einem Fall (Mann in fester Partnerschaft) dauerte das Gespräch ganze zehn Minuten, in sechs Fällen sprachen die Probanden die Einladung zum gemeinsamen Essen nicht aus.
- Wie ich noch im Rahmen der Fragebogenauswertung belegen werde, wurde Franziska von den Männern als sehr attraktiv eingeschätzt. Nach der Durchführung des Experiments bekam ich zahlreiche Anfragen, ob ich nicht ihre Handynummer weitergeben könnte.
- Sämtliche Kameras und Mikrofone blieben während der Durchläufe unentdeckt. Entsprechend reagierten die meisten Probanden überrascht über die spätere Aufklärung, dass ihr Anbahnungsversuch aufgezeichnet worden war.
- Die Bild- und Tonqualität der HD-Videos fiel insbesondere bei den 25 Probanden vom ersten Experimenttag hervorragend aus. Obwohl das Einwegspiegelglas der Glasvitrine viel Licht „schluckte“, fiel durch die überdimensionalen Fenster des Cafés so viel Licht ein, dass dieses Manko fast vollständig kompensiert wurde. Am zweiten Experimenttag war (bedingt durch den Dauerregen) der Lichteinfall in das Café deutlich vermindert, weshalb die Bilder entsprechend "rauschiger" wurden.

Durch eine nachträgliche Helligkeitskorrektur konnte dieses Problem jedoch weitgehend behoben werden.

- Während Franziska mit einigen Probanden sehr lustige Gespräche führte, erregten andere auch ihr Mitleid. Es war äußerst vorteilhaft, dass sich unter den "Cafégästen" auch eine ausgebildete Psychologin und Psychotherapeutin befand, um ihr als Gesprächspartnerin zwischen den Durchläufen zur Seite zu stehen.
- Obwohl Franziska instruiert war, den Probanden bei der Kontaktanbahnung nicht entgegen zu kommen, schaffte sie es in der Regel nicht, längere Gesprächspausen „auszusitzen". Nach etwa drei Sekunden übernahm sie in der Regel die Gesprächsführung, brachte das Gespräch wieder in Gang und gab dem Probanden zugleich eine neue Chance, die Einladung zum gemeinsamen Abendessen vorzubereiten. Dies stellt für die spätere Auswertung insofern ein Problem dar, als durch ihre Übernahme der Gesprächsführung u.U. die Gehemmtheitsunterschiede zwischen den Probanden verdeckt werden könnten. Diese Befürchtung sollte sich im Rahmen der Auswertung jedoch nicht bestätigen: Auch mit Franziskas „Hilfe" waren die interindividuellen Unterschiede im Kommunikationsverhalten immer noch gravierend. Schon die Beobachtung, dass ein Gespräch ins Stocken gerät, der Proband offensichtlich nicht weiß, wie er damit umgehen soll, und es *Franziska* ist, die das Schweigen bricht, war aus Sicht der Beobachterinnen bezeichnend.
- Franziska war darüber informiert, welche drei Probandengruppen an dem Experiment teilnahmen. Hingegen wusste sie nicht, welcher Stichprobengruppe der jeweils nächste Proband angehörte. Auf ihre eigene Initiative hin machte sie sich nach jedem Probandendurchlauf kurze Notizen. Wie sich später zeigte, konnte sie die Absoluten Beginner mit einer neunzigprozentigen Genauigkeit von den sexuell erfahrenen Probanden unterscheiden.

„Manche Männer bemühen sich lebenslang, das Wesen einer Frau zu verstehen. Andere befassen sich mit weniger schwierigen Dingen, zum Beispiel der Relativitätstheorie."
(Albert Einstein)

7 Bewertung des Videomaterials durch „naive" Beobachterinnen

Da es in dieser Arbeit um die Gründe der Partnerlosigkeit und den alltagsrelevanten Eindruck geht, den männliche Absolute Beginner beim anderen Geschlecht erzeugen, wird das gewonnene Videomaterial von *Frauen* ausgewertet.[465]

Bevor ich die Zusammensetzung der Beobachterinnen-Stichprobe sowie den Bewertungsablauf näher beschreibe, möchte ich zunächst erläutern, wie die formulierten Hypothesen und offenen Fragestellungen in entsprechende Skalen übersetzt werden sollen. In diesem Zusammenhang wird auch erläutert, wie für die Offene Frage 1 mit Hilfe eines Pretests eine ganze Reihe von kommunikativen Verhaltensunterschieden herausgearbeitet werden konnte, hinsichtlich derer sich die Probanden voneinander unterscheiden.

7.1 Entwicklung des Beobachterinnen-Fragebogens

Die erste Vorgabe für den Beobachterinnen-Fragebogen besteht darin, für die Hypothese 1a[466] die Persönlichkeitseigenschaften des Neurotizismus sowie der Extraversion, Gewissenhaftigkeit und Schüchternheit zu erfassen. Hier ist jedoch auf eine erste Operationalisierungs-Problematik hinzuweisen: Zwar wird das Fünf-Faktoren-Modell jährlich in zahlreichen Untersuchungen auf seine Validität geprüft, wobei auch stets eine hohe Trennschärfe zwischen den

---

465 Ausgenommen sind hiervon die „harten" Kriterien, die im Rahmen dieses Kapitels noch entwickelt werden.

466 Die Hypothese 1a geht der Frage nach, ob männliche Absolute Beginner in ihrem kommunikativen Anbahnungsverhalten gegenüber potentiellen Partnerinnen schüchterner, neurotischer, weniger extravertiert und weniger gewissenhaft wirken als sexuell erfahrene Männer (vgl. Kapitel 5.2).

einzelnen Konstrukten bestätigt wird.[467] Bei der Operationalisierung von Persönlichkeitseigenschaften *jenseits* des Fünf-Faktoren-Modells treten jedoch schnell Unschärfen auf, wie auch beim Konstrukt der Schüchternheit. Dieses liegt "quer" zu den Konstrukten des Neurotizismus und der Extraversion im Raum des Fünf-Faktoren-Modells:[468] Ein hoher Neurotizismus-Wert kombiniert mit geringer Extraversion (Introversion) entspricht weitgehend hoher Schüchternheit, wobei das Schüchternheits-Konstrukt etwas "enger" liegt und daher mit einer zusätzlichen Operationalisierung erfasst werden soll.[469]

Auf der Suche nach einem validen Messinstrument, um beobachtbares Verhalten als "schüchtern" einschätzen zu lassen, kommt Asendorpf (1989) auf Basis von zahlreichen Beobachtungs-Experimenten zu dem Ergebnis, dass es nur zwei valide Indikatoren gibt, die situationsunabhängig[470] als Ausdruck sozialer Hemmung (Schüchternheit) gewertet werden können: Gehemmte sprachbegleitende Gestik und eine geschlossene Körperhaltung.[471]

Asendorpfs weitergehende Analysen zeigen jedoch, dass das alltagspsychologische Konzept von Schüchternheit, welches sich Menschen mit der Zeit aneignen, so valide ist, dass es keinen Unterschied macht, ob Schüchternheit auf einer einfachen Skala (schüchtern - nicht schüchtern)

---

[467] Vgl. Asendorpf 1989, S.263.

[468] Vgl. Asendorpf 1989, S.224 f.

[469] Wie Ostendorf (1990) in einer Faktorenanalyse zeigt, läd das der Schüchternheit besonders nahe kommende Adjektiv "scheu" eindeutig auf dem ersten Faktor "Extraversion - Introversion" der deutschen Big-Five (vgl. Ostendorf 1990, S.174). In klinischen Studien zeigt sich jedoch, wie stark Introversion und hoher Neurotizismus miteinander korrelieren (vgl. Asendorpf 1989, S.224 f.).

[470] Weitere Indikatoren wie die Länge des gemeinsamen Schweigens oder der Anteil des Wegsehens beim Schweigen wären ebenfalls signifikante Verhaltenskodierungen, um soziale Hemmung zu operationalisieren. Jedoch sind diese in hohem Maße situationsabhängig, denn die Ausprägung dieser Indikatoren wird ganz entscheidend von der jeweiligen Experiment-Aufgabenstellung beeinflusst. Wird dem Probanden bspw. wie in unserem Fall eine konkrete Aufgabe gestellt, ein Gespräch zu führen, so wird die Ausprägung dieser Indikatoren auf anderem Niveau liegen als bei einem Experiment, in welchem der Proband ohne konkrete Aufgabe in einen Raum mit fremden Personen gesetzt wird; hier kann er nun selbst entscheiden, ob und wie intensiv er den Kontakt zu den anderen Personen aufbaut oder nicht.

[471] Vgl. Asendorpf 1989, S.221.

eingeschätzt oder durch die oben genannten Verhaltenskodierungen operationalisiert wird.[472]

Für die vier Persönlichkeitseigenschaften, welche die "naiven" Beobachterinnen im Rahmen der Hypothese 1a einschätzen sollen, ergibt sich somit folgende Operationalisierung: Extraversion, Neurotizismus und Gewissenhaftigkeit werden (wie im Selbsteinschätzungs-Fragebogen der Männer) über den MRS-45-Katalog von Ostendorf (1990) operationalisiert, da sich dieser sowohl für die Selbst- als auch zur Fremdeinschätzung eignet. Für die Operationalisierung von "Schüchternheit" werden hingegen nicht mehr die Asendorpf-Skalen zur Messung dispositionaler Schüchternheit verwendet, sondern eine einfache 6-stufige Skala von "schüchtern" bis "nicht schüchtern". Den MRS-45-Skalen beigefügt, wird diese für eine valide Einschätzung ausreichen, ob sich ein Proband schüchtern verhält oder nicht.

Im Rahmen der Hypothese 1b[473] muss der Fragebogen erfassen, ob die (möglicherweise) im kommunikativen Verhalten feststellbaren Persönlichkeitsunterschiede auch der Grund sind, weshalb die Anbahnungsversuche von einigen Männern weniger erfolgversprechend wirken als die von anderen. Hierzu wäre eine Itembox mit geschlossenen Frageformulierungen zu den obigen vier Persönlichkeitseigenschaften denkbar: So könnten die Beobachterinnen gefragt werden, ob der Anbahnungsversuch bspw. wegen der geringen Extraversion des Probanden nicht erfolgversprechend wirkt. Dieses Vorgehen hätte jedoch erstens den Nachteil, dass sich psychologisch ungeschulte Beobachterinnen unter den Termini "Extraversion" oder "Neurotizismus" nichts vorstellen könnten. Zweitens würde dieses Antwortformat alternative Angaben ausblenden, obwohl sie vielleicht den viel treffenderen Grund für einen misslungenen Anbahnungsversuch benennen könnten. Aufgrund dieser Überlegungen soll die Antwortmöglichkeit so offen wie möglich gestaltet werden - auch wenn dadurch u.U. in Kauf genommen werden muss, dass es nur wenige Übereinstimmungen zwischen den angegebenen Gründen gibt.

---

[472] Vgl. Asendorpf 1989, S.256.

[473] Die Hypothese 1b geht der Frage nach, ob die in Hypothese 1a nachgewiesenen Unterschiede dazu führen, dass die Anbahnungsversuche der Absoluten Beginner von potentiellen Partnerinnen als weniger erfolgversprechend gewertet werden als diejenigen von sexuell erfahrenen Männern (vgl. Kapitel 5.2).

Gestellt wird die Frage nach den mehr oder weniger erfolgversprechenden Anbahnungsversuchen am Ende des Fragebogens mit der Formulierung "Als wie erfolgversprechend schätzen Sie den Flirtversuch des Probanden insgesamt ein?", in Verbindung mit einer Antwortskala von eins bis zehn. Die Abfrage möglicher Gründe wird hingegen am Anfang des Fragebogens platziert: Hier werden die Beobachterinnen gefragt, ob sie den jeweiligen Mann als potentiellen Partner in Betracht ziehen würden, falls sie derzeit auf Partnersuche wären. Zusätzlich zur geschlossenen Ja/Nein-Antwortoption wird eine offene Frage nach dem Grund für die positive oder negative Antwort gestellt. Diese Fragenkombination wird bewusst an den Anfang des Fragebogens gesetzt, um eine möglichst unverfälschte und spontane Antwort zu erhalten: Müssten die Beobachterinnen sie am Ende des Fragebogens beantworten, nachdem sie eine Vielzahl von Skalen mit bipolaren Adjektivpaaren und kommunikativen Verhaltensweisen "abgearbeitet" haben, so wäre es wahrscheinlich, dass sie sich in ihrem Urteil von diesen leiten lassen würden. Der angegebene Grund dafür, den Probanden als potentiellen Partner anzunehmen oder abzulehnen, wäre entsprechend verzerrt.

Wie in der Offenen Frage 1[474] beschrieben, soll im Rahmen der Auswertung auch nach *weiteren* beobachtbaren Kriterien gesucht werden, hinsichtlich derer sich das Kommunikationsverhalten der Probanden voneinander unterscheidet. Zur Identifikation dieser Kriterien und deren (möglichen) Operationalisierung wurde ein Pretest durchgeführt: In entspannter Wohnzimmer-Atmosphäre wurden fünf Frauen zwischen 25 und 30 Jahren eines Essener Handballvereins gebeten, die Videoaufzeichnungen von fünfzehn Probanden (jeweils fünf Absolute Beginner, Singles und gebundene Männer) zu beurteilen. Ihre Eindrücke hielten sie auf Blanko-Fragebögen fest, die wie folgt gestaltet waren:

[474] Die Offene Frage 1 fokussiert weitere beobachtbare Kriterien, hinsichtlich derer sich das kommunikative Anbahnungsverhalten Absoluter Beginner von dem sexuell erfahrener Männer unterscheidet (vgl. Kapitel 5.2).

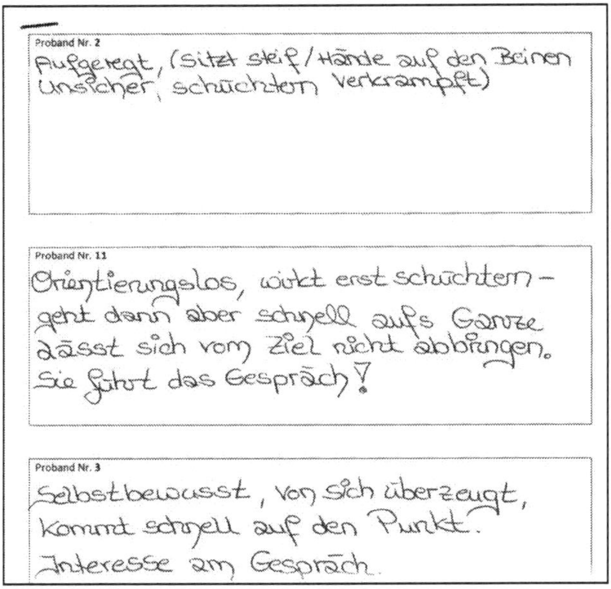
Proband Nr. 2

Aufgeregt, (sitzt steif / Hände auf den Beinen
unsicher, schüchtern verkrampft)

Proband Nr. 11

Orientierungslos, wirkt erst schüchtern –
geht dann aber schnell aufs Ganze
lässt sich vom Ziel nicht abbringen.
Sie führt das Gespräch!

Proband Nr. 3

Selbstbewusst, von sich überzeugt,
kommt schnell auf den Punkt.
Interesse am Gespräch.

Abbildung 29: Ausschnitt eines Pretest-Fragebogens

Über diese Aufzeichnungen hinaus wurden die Frauen nach jedem Probandenvideo gebeten, die aus ihrer Sicht bedeutsamsten Eindrücke zu nennen und zu diskutieren. Ziel dieser Diskussion war es, die gewonnenen Eindrücke auf klar benennbare kommunikative Verhaltensindikatoren zurückzuführen, mit denen der spätere Fragebogen das Kommunikationsverhalten der Probanden erfassen sollte. Die unten dargestellte Grafik zeichnet diesen Ablauf schematisch nach: Häufig äußerten die Beobachterinnen etwa, dass ein Proband "schüchtern" wirke. Mit der Frage, an welchen beobachtbaren Verhaltensweisen sie diesen Eindruck festmachten, wurde versucht, diesen "globalen" Eindruck in einzelne kommunikative Verhaltensindikatoren aufzugliedern. Ziel dieser Aufgliederung war es, den auch als "theoretisches Konstrukt" etikettierbaren Eindruck mithilfe von kommunikativen Gegensatzpaaren für den Fragebogen operationalisierbar zu machen.

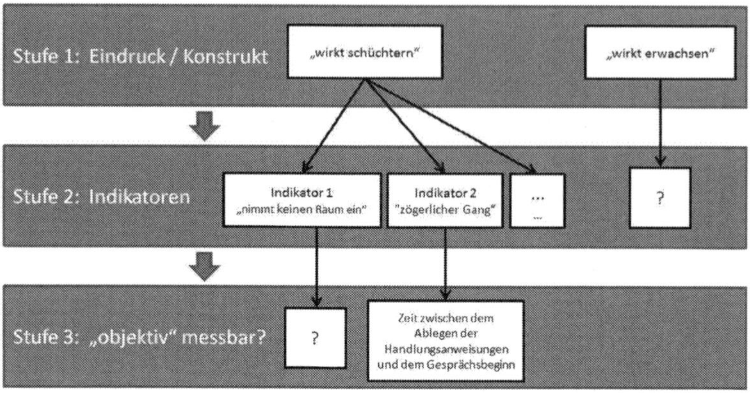

Abbildung 30: Schema zur Kriterien-Entwicklung (eigene Darstellung)

Wie die Probanden auf die fünf Frauen wirkten, war diesen in der Regel bereits nach wenigen Sekunden klar. Die Frage, aus welchen Faktoren sich der Eindruck im Einzelnen zusammensetzte, also *wodurch* der jeweilige Eindruck entstand, war für die Frauen weitaus schwieriger zu beantworten. Häufig mussten sie einige Zeit nachdenken, bevor sie bspw. ihren Eindruck der Schüchternheit u.a. am zögerlichen, "schleichenden" Gang des Probanden oder seiner verschlossenen oder verkrampften Körperhaltung festmachten. Für jeden herausgearbeiteten Indikator wurden die Frauen gebeten, nach einem entsprechenden Gegenpol zu suchen, der in ihrer Wahrnehmung der passendste war. Vom Präzisierungsgrad her liegen die daraus entstandenen Skalen auf der zweiten Stufe (siehe Grafik).

In einigen Fällen konnten die Frauen ihren Eindruck jedoch nicht in eindeutig benennbare Elemente aufgliedern; so wirkten bspw. einige Probanden "erwachsen", während andere wiederum „kindlich“ wirkten. Aufgrund von welchen Indikatoren, vermochten die Frauen nicht genau zu sagen. Einige der Skalen liegen vom Präzisierungsgrad her somit nur auf der ersten Stufe. Diese sollen jedoch ebenfalls in die spätere Skalenbatterie integriert werden, da sie trotz mangelnder Konkretisierung aus Sicht der Frauen eine wichtige Rolle für die Einschätzung der Probanden besitzen.

Im Rahmen des Pretests konnten insgesamt neunzehn Skalen herausgearbeitet werden. Da sich die ersten zwei ausschließlich auf das nonverbale Kommunikationsverhalten der Probanden *vor* dem Anbahnungsgespräch beziehen, werden sie an den Anfang des späteren Beobachterinnen-Fragebogens gezogen. Die anderen Skalen werden am Ende des Fragebogens platziert, da sie sich auf das verbale wie nonverbale Kommunikationsverhalten *im* Gespräch beziehen.

Tabelle 3: Skalen, die im Rahmen des Pretests herausgearbeitet werden konnten

1.	entschlossen	-	zögerlich
2.	lockerer Gang	-	angespannter Gang
3.	hält den Blickkontakt	-	hält den Blickkontakt nicht
4.	nimmt Raum ein	-	nimmt keinen Raum ein
5.	entspannte Körperhaltung	-	steife Körperhaltung
6.	offene Körperhaltung	-	verschlossene Körperhaltung
7.	sprachgewandt	-	nicht sprachgewandt
8.	gestikuliert viel	-	gestikuliert wenig
9.	ausdrucksvolle Mimik	-	ausdruckslose Mimik
10.	interessant	-	langweilig
11.	präsentiert sich	-	präsentiert sich nicht
12.	erwachsen	-	kindlich
13.	selbständig	-	unselbständig
14.	erregt kein Mitleid	-	erregt Mitleid
15.	männlich	-	unmännlich
16.	wirkt echt	-	wirkt gestelzt
17.	Körpersprache und Sprache stimmen überein	-	Körpersprache und Sprache stimmen nicht überein
18.	Gespräch auf Augenhöhe	-	Gespräch nicht auf Augenhöhe
19.	beherrscht die Situation	-	beherrscht die Situation nicht

Diese Skalen lassen sich insgesamt sechs „globaleren“ Eindrücken zuordnen: Die ersten neun Skalen verknüpften die fünf Frauen primär mit dem Eindruck der Schüchternheit und Unsicherheit. Das Ausmaß der Gestik und Mimik schien jedoch zugleich eine wichtige Rolle für die Einschätzung der „Langweiligkeit“ zu haben, die mit der zehnten Skala nochmals „global“ abgefragt wird. Die nachfolgenden vier Skalen (11.-14.) verwendeten die Frauen in erster Linie dazu, die „Männlichkeit“ der Probanden zu bewerten. Die fünfzehnte Skala fragt diesen Eindruck noch einmal global ab; im Rahmen der späteren Auswertung soll eine Korrelationsanalyse aufzeigen, ob die 40 „naiven“ Beobachterinnen diese Zuordnung der Pretest-Beobachterinnen teilen. Die sechzehnte und siebzehnte Skala kreisen um den (recht diffusen) Eindruck der „Authentizität“. Da die fünf Frauen jedoch kaum von Authentizität, sondern meist von „echt“ oder „gestelzt“ wirkenden Probanden sprachen, wurden *diese* Formulierungen verwendet. Die Übereinstimmung von Körpersprache und Sprache der Probanden ist eine weitere Ergänzung zur Einschätzung der Authentizität, die von den Frauen diskutiert wurde.

Die achtzehnte Skala beruht auf dem Eindruck einer asymmetrischen Beziehung zwischen dem Probanden und seiner Gesprächspartnerin; insbesondere das Ausmaß, wie sprachgewandt sich ein Proband während des Anbahnungsversuchs zeigte (7. Skala), schien darüber zu entscheiden, ob ihn die Frauen "auf Augenhöhe" mit seiner Gesprächspartnerin sahen. Offenbar spielten jedoch auch Faktoren der Körperhaltung in diesen Eindruck hinein, durch die der Proband in unterschiedlich hohem Maße selbstbewusst und von sich überzeugt[475] wirkte. Eine eindeutige Aufspaltung des Eindrucks in einzelne Indikatoren wollte ebenso wenig gelingen wie der Versuch, diesen Eindruck als Indikator für einen anderen übergeordneten Eindruck (z.B. Männlichkeit oder Schüchternheit) auszuweisen. Dies gilt auch für die letzte Skala, die recht grob danach fragt, ob der Proband die (Gesprächs-)Situation beherrscht.

In einigen Fällen konnten diese Eindrücke und Indikatoren zusätzlich mit „objektiven“ Messdaten ergänzt werden. An einem Beispiel verdeutlicht: Selbstsichere Probanden wirkten nach dem Lesen der Anweisungen sehr

---

[475] Diese zwei Eigenschaften werden bereits im Rahmen des Neurotizismus-Konstrukts (MRS-45) erfasst.

vorwärtsstrebend und entschlossen, da sie ohne Umwege direkt auf den Tisch zugingen und sich Franziska vorstellten. Schüchterne Probanden hingegen wirkten zögerlich, lasen die Anweisungen oft ein zweites Mal, orientierten sich noch einmal im Raum und gingen erst dann (langsamen Schrittes) zu Franziskas Tisch. Dieser Unterschied zwischen den Probanden wird über die Skala "entschlossen" und "zögerlich" erfasst. Zudem kann er jedoch auch metrisch erfasst werden, indem die Zeit gemessen wird, wie lang der Proband für das Lesen des Zettels oder den Weg von der Tür zu Franziskas Tisch benötigt. Sofern es sich um sinnvolle Ergänzungen der herausgearbeiteten Indikatoren handelt, sollen „harte Kriterien" wie diese durch eine eigene Videoanalyse erfasst und den Ergebnissen beigefügt werden.

Doch auch ohne gleich die entsprechende Interpretation „mitliefern" zu können, fiel den Frauen beim Betrachten der Videosequenzen eine ganze Liste „objektiv" messbarer Kriterien auf. Diese bezogen sich zunächst auf das Verhalten der Probanden, wenn diese bspw. fast ausschließlich geschlossene Frageformulierungen verwendeten oder beim Aussprechen der Einladung den Kopf auffällig zur Seite legten, während andere Probanden dies nicht taten. Doch auch in *Franziskas* Kommunikationsverhalten konnten die Frauen auffällige Unterschiede feststellen. Hierzu zählten etwa, wie häufig Franziska während des Gesprächs mit dem Probanden lachen musste und dass sie bei manchen Probanden deutliche Gesten der Automanipulation zeigte.

Zusammen mit den „objektiven" Präzisierungen von Indikatoren der zweiten Stufe ergibt sich folgende Liste „harter" Kriterien, die zusätzlich im Rahmen der *Offenen Frage 1* ausgewertet werden soll.

- Zeit, die der Proband zwischen dem Betreten des Raumes und dem Gesprächsbeginn benötigt
- Zeit, die der Proband für das Lesen der Anweisungen benötigt
- Zeit, die der Proband für den Gang zu Franziskas Tisch benötigt (= Zeit zwischen dem Ablegen der Anweisungen und dem ersten Wort)
- Erster Satz der Vorstellung des Probanden
- Anzahl von Franziskas Lachern während des Gesprächs
- Anzahl der Automanipulationsgesten, die Franziska während des Anbahnungsgesprächs zeigt

- Anzahl geschlossener Fragen im Verhältnis zu offenen Fragen des Probanden
- Spricht der Proband die Einladung zum Abendessen aus?
- Formulierung der Einladung zum gemeinsamen Abendessen durch den Probanden
- Schieflegen des Kopfes beim Aussprechen der Einladung
- Dauer des Gesprächs

Dass diese Kriterien separat ausgewertet werden und nicht Teil des Beobachterinnen-Fragebogens werden, möchte ich wie folgt begründen: Es sind meist die spontanen und unreflektierten Eindrücke einer Person, die im Alltag darüber entscheiden, wie wir diese als potentiellen Partner taxieren oder nicht. Je stärker die spontan geäußerten Eindrücke der Beobachterinnen für den Fragebogen in ihre einzelnen Bestandteile aufgespalten werden, desto weiter werden sie sich auch von dem im Alltag relevanten Eindruck der Beobachterinnen entfernen. Aus diesem Grund sollten die einzelnen Indikatoren nicht *zu* konkret werden. Dies ist in Anbetracht der *Offenen Frage 1* auch keineswegs nötig, da spätestens die zweite Präzisierungs-Stufe mit ihren kommunikativen Verhaltensindikatoren den Such-Anforderungen entspricht.

Obwohl es im Rahmen des Pretests primär darum ging, kommunikative Verhaltensindikatoren herauszuarbeiten, hinsichtlich derer sich die Probanden unterscheiden, war die Bedeutung ihrer äußeren Erscheinung nicht auszuklammern. Zweifellos nimmt dieses Kriterium eine zentrale Rolle bei der Partnerwahl ein (vgl. Kapitel 4.7), was sich im Pretest darin widerspiegelt, dass immer auch die *physische Attraktivität* und die *Kleidung* der Probanden seitens der fünf Frauen diskutiert wurden.

Hinsichtlich der physischen Attraktivität sprachen die Frauen z.T. einzelne Aspekte (Haarfarbe, Frisur, Körperbau, etc.) der äußeren Erscheinung gezielt an, in der Regel schien es jedoch der Gesamteindruck des Probanden zu sein, der als mehr oder weniger attraktiv eingeschätzt wurde.[476] Aufgrund dieser

[476] Gerade zu Beginn der Videosequenz, wenn der Proband die Cafésituation betritt, wird er in einer weiten Kameraeinstellung (Totale) gezeigt, bei der er von „Kopf bis Fuß“ sichtbar

offensichtlichen Relevanz soll die physische Attraktivität mithilfe einer zehnstufigen Skala[477] von "sehr unattraktiv" bis "sehr attraktiv" in den Fragebogen übernommen werden. Da sie auch im Rahmen des Probanden-Fragebogens mit derselben Skalierung verwendet wurde, kann ein späterer Abgleich zeigen, wie gut die einzelnen Stichprobengruppen ihren Marktwert einschätzen können und in wieweit Selbst- und Fremdwahrnehmung auseinander liegen. Die Skala der physischen Attraktivität wird bewusst an den Anfang des Fragebogens in einen Bereich gezogen, der seitens der „naiven" Beobachterinnen *vor* der ersten verbalen Äußerung des Probanden ausgefüllt wird. Ziel dieses Vorgehens ist es, die physische Attraktivität möglichst unabhängig vom Eindruck des verbalen Kommunikationsverhaltens bewerten zu lassen. Nicht vermeiden lassen wird sich hingegen der Einfluss des nonverbalen Kommunikationsverhaltens auf die Attraktivitätseinschätzung: Da den Beobachterinnen keine Standbilder, sondern Videosequenzen gezeigt werden, wird das Attraktivitätsurteil nicht unabhängig sein von Aspekten wie der Bewegungskoordination, der Körperhaltung oder der Mimik des Probanden. Dies ist jedoch erwünscht, da sich die Probanden auch in der alltäglichen Praxis nicht als „Standbilder", sondern innerhalb ihres gesamten Bewegungsablaufs gegenüber potentiellen Partnerinnen präsentieren.

Ein ebenso bedeutender Faktor wie die physische Attraktivität war die *Kleidung* der Probanden. Schon innerhalb der ersten Sekunden, nachdem also der Proband im Video gerade erst die Cafésituation betreten hatte, kommentierten die Frauen die Kleiderwahl der Probanden. Dies taten sie insbesondere dann, wenn ihnen diese negativ auffiel. Die Diskussion über den Kleidungsstil der Probanden ließ keinen Zweifel daran, dass die Kleidung für den ersten Eindruck und die Attraktivitätseinschätzung der Probanden eine nicht unbedeutende Rolle spielt. Aus diesem Grund wird der Skala zur Einschätzung der physischen Attraktivität der Probanden eine Skala zur Einschätzung des Kleidungsstils beigefügt. Diese spannt sich zwischen den Polen "unvorteilhaft gekleidet" und "vorteilhaft gekleidet" auf.

---

ist – dieser Umstand wird möglicherweise die Tendenz zur Bewertung des Gesamteindrucks begünstigen.

[477] In der Diskussion mit den Frauen zeigte sich, dass eine zehnstufige Skala zur Einschätzung der Attraktivität ihrer gängigen Alltagspraxis entspricht.

Nach diesen theoretischen Vorüberlegungen und Pretest-Befunden soll nun der Beobachterinnen-Fragebogen graphisch dargestellt werden.

7.2 Aufbau des Beobachterinnen-Fragebogens

Dem Fragebogen zur Einschätzung der Probanden ist eine Seite vorangestellt, auf der die Beobachterinnen ihre soziodemographischen Daten angeben können. Insbesondere die Angaben des Alters (2.) und des Bildungsgrads (6.+7.) sind wichtig für den Abgleich mit der Probandenstichprobe. In dem umrandeten Kästchen wird der jeweiligen Beobachterin für die spätere Auswertung eine Nummer zugewiesen und vermerkt, welches Videoset in welcher Abfolge[478] ihr zugelost wurde.

Der Beobachterinnen-Fragebogen besteht aus insgesamt drei Seiten, die für jeden einzelnen Probanden ausgefüllt werden. Die erste Seite widmet sich ausschließlich dem nonverbalen Kommunikationsverhalten und bezieht sich somit auf die ersten 20-30 Sekunden jeder Videosequenz: Der Proband betritt die Cafésituation, orientiert sich kurz, liest die Anweisungen, legt diese auf einem Beistelltisch ab und geht anschließend zu Franziskas Tisch. Bevor der Proband das erste Wort ausspricht, wird das Video für zehn Sekunden „eingefroren", so dass die Beobachterinnen genug Zeit haben, die Wiedergabe zu pausieren und anschließend die erste Fragebogenseite auszufüllen.

[478] Um den Bewertungsprozess zu beschleunigen, wurde die Abfolge der Probandenvideos im *Vorhinein* per Zufallsverfahren verändert: Für jedes Videoset wurden drei verschiedene Abfolgen erstellt, die in jeweils einzelnen Videodateien zusammengefasst wurden. Jede Beobachterin konnte ihre Probandenvideos somit komfortabel durchlaufen lassen, ohne die elf bis zwölf Videodateien einzeln öffnen und schließen zu müssen.

Beobachterinnen-Fragebogen

soziodemographische Daten

Beobachterin Nr. ________

Videoset ____ Abfolge ____

1. Vorname: ______________________

2. Alter: ______________________

3. Familienstand: ☐ ledig ☐ verheiratet ☐ geschieden

4. Sexuelle Orientierung: ☐ heterosexuell ☐ homosexuell ☐ bisexuell

5. Beziehungsstatus: ☐ ich lebe derzeit in fester Partnerschaft
☐ ich bin derzeit Single

6. Höchster erreichter Schulabschluss:

☐ Hochschulabschluss ☐ Hauptschulabschluss
☐ Realschulabschluss ☐ Fachabitur
☐ Abitur ☐ kein Abschluss

7. Ausgeübter Beruf: ☐ ______________________
☐ Studentin
☐ Auszubildende
☐ Schülerin
☐ arbeitslos

Abbildung 31: Abfrage der soziodemographischen Daten der "naiven" Beobachterinnen

Vor jeder Videosequenz wird die Nummer des folgenden Probanden für 5 Sekunden eingeblendet.

Abfrage des ersten Eindrucks.

Die Beobachterinnen werden gefragt, ob (und aus welchem Grund) sie den jeweiligen Probanden als potentiellen Partner in Betracht ziehen würden.

Darauf folgt die Einschätzung der Attraktivität und der Kleidung des Probanden.

Auch befinden sich in diesem Fragebogenabschnitt bereits zwei Pretest-Skalen, die sich ausschließlich auf das nonverbale Kommunikationsverhalten der Probanden während der ersten Sekunden

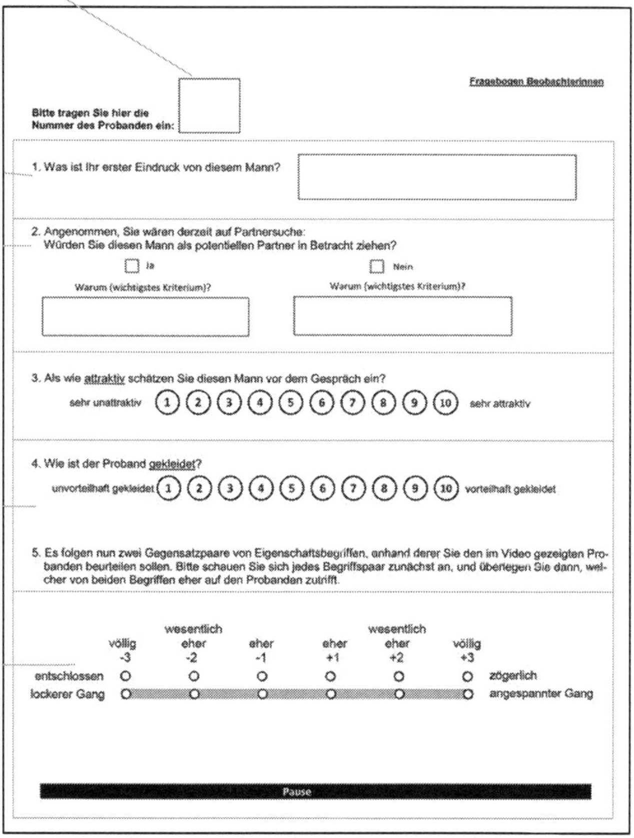
Fragebogen Beobachterinnen

Bitte tragen Sie hier die Nummer des Probanden ein:

1. Was ist Ihr erster Eindruck von diesem Mann?

2. Angenommen, Sie wären derzeit auf Partnersuche:
Würden Sie diesen Mann als potentiellen Partner in Betracht ziehen?

Ja — Warum (wichtigstes Kriterium)?

Nein — Warum (wichtigstes Kriterium)?

3. Als wie attraktiv schätzen Sie diesen Mann vor dem Gespräch ein?

sehr unattraktiv 1 2 3 4 5 6 7 8 9 10 sehr attraktiv

4. Wie ist der Proband gekleidet?

unvorteilhaft gekleidet 1 2 3 4 5 6 7 8 9 10 vorteilhaft gekleidet

5. Es folgen nun zwei Gegensatzpaare von Eigenschaftsbegriffen, anhand derer Sie den im Video gezeigten Probanden beurteilen sollen. Bitte schauen Sie sich jedes Begriffspaar zunächst an, und überlegen Sie dann, welcher von beiden Begriffen eher auf den Probanden zutrifft.

	völlig -3	wesentlich eher -2	eher -1	eher +1	wesentlich eher +2	völlig +3	
entschlossen	O	O	O	O	O	O	zögerlich
lockerer Gang	O	O	O	O	O	O	angespannter Gang

Pause

Abbildung 32: Seite 1 des Beobachterinnen-Fragebogens

Nach dem Ausfüllen der ersten Seite sehen sich die Beobachterinnen den Rest der jeweiligen Videosequenz an, in der es zum Anbahnungsgespräch zwischen dem Probanden und Franziska kommt. Ab der zweiten Seite bezieht sich der Beobachterinnen-Fragebogen somit auch auf das verbale Kommunikationsverhalten der Probanden.

Zunächst werden die von außen einschätzbaren Eigenschaften der Probanden erfasst. Wie bereits im Probanden-Fragebogen werden hierzu die von Ostendorf (1990) entwickelten Skalen zur Messung von Extraversion, Gewissenhaftigkeit und Neurotizismus nach dem MRS-45-Katalog eingesetzt.[479] Diesen vorangestellt ist die zusätzliche Skala zur Einschätzung der Schüchternheit der Probanden.

6. Wie im vorigen Abschnitt folgen nun erneut Gegensatzpaare von Eigenschaftsbegriffen, anhand derer Sie den im Video gezeigten Probanden beurteilen sollen. Bitte schauen Sie sich jedes Begriffspaar zunächst an, und überlegen Sie dann, welcher von beiden Begriffen eher auf den Probanden zutrifft.

	völlig -3	wesentlich eher -2	eher -1	eher +1	wesentlich eher +2	völlig +3	
nicht schüchtern	O	O	O	O	O	O	schüchtern
gesprächig	O	O	O	O	O	O	schweigsam
direkt	O	O	O	O	O	O	taktierend
kontaktfreudig	O	O	O	O	O	O	zurückhaltend
freimütig	O	O	O	O	O	O	gehemmt
gesellig	O	O	O	O	O	O	zurückgezogen
anschlussbedürftig	O	O	O	O	O	O	einzelgängerisch
aktiv	O	O	O	O	O	O	passiv
offen	O	O	O	O	O	O	zugeknöpft
impulsiv	O	O	O	O	O	O	selbstbeherrscht
gründlich	O	O	O	O	O	O	unsorgfältig
ordentlich	O	O	O	O	O	O	unachtsam
geordnet	O	O	O	O	O	O	ungeordnet
strebsam	O	O	O	O	O	O	ziellos
geschäftstüchtig	O	O	O	O	O	O	verspielt
übergenau	O	O	O	O	O	O	ungenau
gewissenhaft	O	O	O	O	O	O	nachlässig
fleißig	O	O	O	O	O	O	faul
sparsam	O	O	O	O	O	O	verschwenderisch
robust	O	O	O	O	O	O	verletzlich
selbstzufrieden	O	O	O	O	O	O	selbstmitleidig
entspannt	O	O	O	O	O	O	überempfindlich
mutig	O	O	O	O	O	O	furchtsam
ruhig	O	O	O	O	O	O	ängstlich
überzeugt	O	O	O	O	O	O	selbstachtungslos
selbstvertrauend	O	O	O	O	O	O	hilflos
gefühlsstabil	O	O	O	O	O	O	labil
sicher	O	O	O	O	O	O	unsicher

Skala zur Einschätzung der Schüchternheit.

9 Skalen mit bipolaren Adjektivpaaren zur Einschätzung der Extraversion.

9 Skalen mit bipolaren Adjektivpaaren zur Einschätzung der Gewissenhaftigkeit.

9 Skalen mit bipolaren Adjektivpaaren zur Einschätzung des Neurotizismus.

Abbildung 33: Seite 2 des Beobachterinnen-Fragebogens

[479] Vgl. Ostendorf 1990, S.148 ff.

Die dritte Seite des Fragebogens beginnt mit den verbleibenden Pretest-Skalen. Es folgt die Frage, als wie erfolgversprechend die Beobachterinnen den Anbahnungsversuch der Probanden einschätzen. Zudem werden sie gebeten, ihr Urteil zu begründen. Nach einer erneuten Attraktivitätseinschätzung des Probanden (die nun auch das verbale Kommunikationsverhalten einschließt) haben die Beobachterinnen noch die Möglichkeit, persönliche Anmerkungen zu den jeweiligen Probanden zu machen.

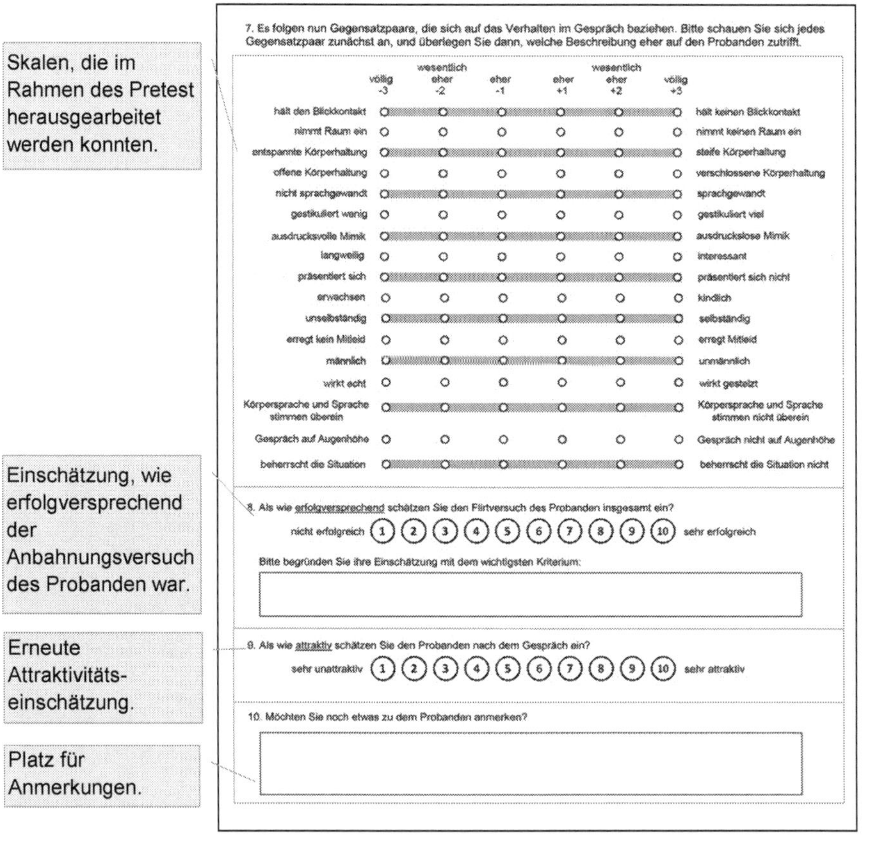

7. Es folgen nun Gegensatzpaare, die sich auf das Verhalten im Gespräch beziehen. Bitte schauen Sie sich jedes Gegensatzpaar zunächst an, und überlegen Sie dann, welche Beschreibung eher auf den Probanden zutrifft.

	völlig -3	wesentlich eher -2	eher -1	eher +1	wesentlich eher +2	völlig +3	
hält den Blickkontakt	O	O	O	O	O	O	hält keinen Blickkontakt
nimmt Raum ein	O	O	O	O	O	O	nimmt keinen Raum ein
entspannte Körperhaltung	O	O	O	O	O	O	steife Körperhaltung
offene Körperhaltung	O	O	O	O	O	O	verschlossene Körperhaltung
nicht sprachgewandt	O	O	O	O	O	O	sprachgewandt
gestikuliert wenig	O	O	O	O	O	O	gestikuliert viel
ausdrucksvolle Mimik	O	O	O	O	O	O	ausdruckslose Mimik
langweilig	O	O	O	O	O	O	interessant
präsentiert sich	O	O	O	O	O	O	präsentiert sich nicht
erwachsen	O	O	O	O	O	O	kindlich
unselbständig	O	O	O	O	O	O	selbständig
erregt kein Mitleid	O	O	O	O	O	O	erregt Mitleid
männlich	O	O	O	O	O	O	unmännlich
wirkt echt	O	O	O	O	O	O	wirkt gestelzt
Körpersprache und Sprache stimmen überein	O	O	O	O	O	O	Körpersprache und Sprache stimmen nicht überein
Gespräch auf Augenhöhe	O	O	O	O	O	O	Gespräch nicht auf Augenhöhe
beherrscht die Situation	O	O	O	O	O	O	beherrscht die Situation nicht

8. Als wie erfolgversprechend schätzen Sie den Flirtversuch des Probanden insgesamt ein?

nicht erfolgreich (1) (2) (3) (4) (5) (6) (7) (8) (9) (10) sehr erfolgreich

Bitte begründen Sie Ihre Einschätzung mit dem wichtigsten Kriterium:

9. Als wie attraktiv schätzen Sie den Probanden nach dem Gespräch ein?

sehr unattraktiv (1) (2) (3) (4) (5) (6) (7) (8) (9) (10) sehr attraktiv

10. Möchten Sie noch etwas zu dem Probanden anmerken?

Abbildung 34: Seite 3 des Beobachterinnen-Fragebogens

7.3 Anforderungen an den Bewertungsprozess und die Stichprobe der Beobachterinnen

Bevor ich im Rahmen dieses Kapitels die Rekrutierung, Größe und Struktur der Beobachterinnen-Stichprobe thematisieren werde, möchte ich zunächst drei Verzerrungseffekte ansprechen, die bei der Bewertung des Videomaterials vermieden werden sollen. Diese haben eine entscheidende Bedeutung für die Stichprobenbildung und den Ablauf des Auswertungsprozesses.

Der erste Verzerrungseffekt betrifft die *Präsentation* der Videoausschnitte, die problemlos im Rahmen einer größeren Vorführung stattfinden könnte. Die Gefahr einer Vorführung in der Gruppe liegt jedoch darin, dass die Bewertungen der „naiven“ Beobachterinnen in diesem Fall nicht unabhängig voneinander wären: Die räumliche Nähe vor, während und nach der Betrachtung und Auswertung der Probandenvideos ermöglicht ihnen den kommunikativen Austausch über den jeweiligen Probanden. Hinzu kommen mögliche Zwischenrufe, Lachen, etc., wodurch sie ebenfalls in ihrem Urteil beeinflusst würden. Aus diesem Grund soll die Videoauswertung nicht in der Gruppe, sondern im Rahmen von Einzelsitzungen durchgeführt werden.

An zweiter Stelle steht die Vermeidung von *Ermüdungseffekten*: Eine Beobachterin die gesamte Anzahl von 45 Probandenvideos auswerten zu lassen, würde in der Praxis etwa fünf bis acht Stunden dauern. Ermüdungserscheinungen und die Suche nach Auswegen zur Verkürzung der Auswertung oder deren Abbruch wären unvermeidlich. Aus diesem Grund werden die 45 Probandenvideos per Zufallsprinzip in vier "Videosets" (bestehend aus elf bis zwölf Videoclips) unterteilt. Hierbei wird jedoch darauf geachtet, dass in jedem Set das Verhältnis von Absoluten Beginnern, Single-Männern und Männern in fester Partnerschaft gleich ausfällt. Welches Videoset die jeweilige "naive" Beobachterin zu sehen bekommt, entscheidet ebenfalls das Zufallsprinzip. Zudem wird die Cliplänge jedes Probanden auf die ersten 60-80 Sekunden[480] reduziert. Auch wenn die Beobachterinnen somit nicht den Ausgang des Anbahnungsversuchs sehen, zeigte sich bereits

[480] Bei Probanden, die besonders lange für den Weg zu Franziskas Tisch benötigen, wird die Dauer des Videoclips entsprechend ausgedehnt, damit die Beobachterinnen mindestens 30 Sekunden des anschließenden Anbahnungsgesprächs zu sehen bekommen.

im Rahmen des Pretests, dass den Beobachterinnen in der Regel schon wenige Sekunden des jeweiligen Anbahnungsgesprächs genügten, um einen guten Eindruck des Probanden zu bekommen.[481]

An dritter Stelle steht die Vermeidung von *Reihenfolgeeffekten*: Die Abfolge, in der die Beobachterinnen die einzelnen Videoclips sehen, könnte ihre Einschätzung verzerren, da der Videoclip eines Probanden immer auch im Verhältnis zu den zuvor betrachteten bewertet wird. Ein starker Reihenfolgeeffekt käme etwa dann zustande, wenn zu Beginn der Videoclips ein besonders selbstsicherer Proband platziert wird, der im darauffolgenden Clip von einem besonders unsicheren Absoluten Beginner kontrastiert wird. Diese "Schwarz-Weiß"-Kontrastierung könnte im Rahmen der späteren Auswertung die Unterschiede zwischen den Stichprobengruppen gezielt verstärken. Zur Vermeidung möglicher Reihenfolgeeffekte wird die Abfolge der einzelnen Videoclips (innerhalb der einzelnen Videosets) daher bei jeder Beobachterin variiert.

Zusammenfassend sollen die "naiven" Beobachterinnen die Videoclips also nicht gemeinsam in der Gruppe, sondern jeweils einzeln (an einem Laptop) auswerten. Dabei sollen sie auch nicht die Videoclips *aller* Probanden sehen, sondern nur ein zufällig zugewiesenes Videoset, bestehend aus 11-12 einzelnen Sequenzen, deren Reihenfolge stets variiert wird. Bei insgesamt 45 Probanden ergeben sich somit vier Videosets. Ziel war es, dass jedes Probandenvideo von mindestens zehn Frauen bewertet wird, sodass die Beobachterinnen-Stichprobe aus insgesamt 40 Frauen besteht. Die folgende Grafik stellt die Einzelheiten der Videoauswertung noch einmal übersichtlich dar:

---

[481] In der späteren Auswertungsphase zeigte sich, dass selbst bei einer Cliplänge von 60-80 Sekunden die Beobachterinnen für die Einschätzung von elf Probanden etwa eine bis anderthalb Stunden benötigten. Eine Verlängerung der Betrachtungsdauer wäre aufgrund der drohenden Ermüdungseffekte somit kaum möglich.

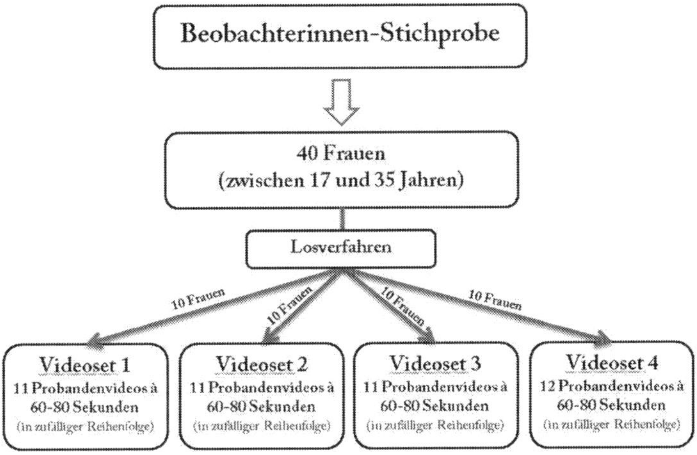

Abbildung 35: Graphische Darstellung des Auswertungsprozesses (eigene Darstellung)

Dem Prinzip der homogamen Paarung entsprechend soll sich zudem das Durchschnittsalter sowie das Bildungsniveau der rekrutierten Frauen in etwa mit dem der Probanden decken. Da die rekrutierten Probanden zwischen 17 und 35 Jahren alt sind, wird dieses Altersintervall auch für die Beobachterinnen-Stichprobe übernommen. Der Gedanke dahinter ist, dass sich die Frauen die jeweiligen Probanden (theoretisch) als potentielle Partner vorstellen können sollten. Wären sie im Durchschnitt sehr viel jünger oder älter als die Probanden, könnte diese Vorstellung möglicherweise schwer fallen. Ähnliches gilt für den Bildungsgrad: Da sich Frauen auch hinsichtlich dieser Variable „homogam" paaren oder einen statushöheren Partner bevorzugen, sollte sich auch die Akademikerquote der Beobachterinnen-Stichprobe in etwa mit derjenigen der Probandenstichprobe decken. Keinesfalls sollte sie jedoch deutlich darüber liegen.

7.4 Beschreibung der Beobachterinnen-Stichprobe

Rekrutiert wurden die „naiven" Beobachterinnen im Wesentlichen über Universitätsseminare, Sportvereine und das soziale Netzwerk Facebook. Der Altersdurchschnitt der *Probanden* liegt unabhängig von der Einteilung in einzelne Stichprobengruppen bei 24,3 Jahren; der Altersdurchschnitt der *Beobachterinnen* liegt mit 25,5 Jahren um 1,2 Jahre höher.

Tabelle 4: Altersverteilung der "naiven" Beobachterinnen

Alter	17	18	19	20	21	22	23	24	25	26	27	28	29	30	31	32	33	34	35
Häufigkeit	1	3	0	0	0	5	4	2	2	7	2	2	5	5	1	1	0	0	0
Anzahl	40																		
Altersdurchschnitt	25,5																		

Obwohl diese Abweichung gering ist, wäre eine genauere Übereinstimmung der Durchschnittsalter wünschenswert gewesen: Aufgrund des höheren Durchschnittsalters der Beobachterinnen ist die Wahrscheinlichkeit erhöht, dass sie die Probanden als „zu jung“ einstufen, um sie als potentielle Partner in Betracht zu ziehen. Positiv sind hingegen die Häufungen im Bereich von 22 bis 26 Jahren zu werten, da sich auch viele Probanden in dieser Altersspanne befinden. Dass die Altersstufen von 33 bis 35 Jahre nicht abgedeckt sind, wird die Auswertung nicht problematisieren: Wie bereits in Kapitel 4.1 dargestellt, sind die Männer in Beziehungen in der Regel einige Jahre älter als ihre Partnerinnen. Eine „naive“ Beobachterin von 35 Jahren würde vermutlich eher einen Partner bevorzugen, der älter als sie ist; diesen würde sie in der Probanden-Stichprobe jedoch nicht finden.

Ein zweites Kriterium, welches für die Zusammensetzung der Beobachterinnen-Stichprobe von Bedeutung ist, ist deren *Bildungsstruktur*. Von den Beobachterinnen befinden sich zum Zeitpunkt der Untersuchung 22 in einem Studium und weitere sechs von ihnen können bereits einen Hochschulabschluss vorweisen. Die drei jüngsten Frauen sind noch Schülerinnen und stehen kurz vor dem Abitur, während die verbleibenden neun Frauen eine Berufsausbildung absolviert haben. Somit sind insgesamt 28 Frauen der Ausbildungsstufe „Abitur plus Hochschulstudium“ zuzuordnen, was 70% der Stichprobe entspricht. Wenn man berücksichtigt, dass eine der Frauen mit Berufsausbildung nachträglich ebenfalls einen Hochschulabschluss erworben hat, kann sogar von einer Akademikerquote von 72,5% gesprochen werden. Die Akademikerquoten-Vorgabe aus der Probanden-Stichprobe von etwa 80% wurde somit näherungsweise erfüllt. Selbst diejenigen Frauen, die nicht den akademischen Weg beschritten haben, verfügen mit nur zwei Ausnahmen (Haupt- sowie Realschulabschluss) über Abitur oder Fachabitur.

Ebenfalls erwähnt werden soll auch der aktuelle Beziehungsstatus der beobachtenden Frauen. Es ist unklar, in wieweit dieser bei der Einschätzung der Probanden eine Rolle spielen könnte. Da diese Information jedoch unter Umständen nicht unbedeutend sein könnte, wenn sich bspw. *alle* oder *keine* der Beobachterinnen in fester Partnerschaft befänden, wurde sie im Rahmen der soziodemographischen Daten zusätzlich erfasst. Die Auswertung ergibt, dass immerhin zwölf der 40 Frauen (30%) derzeit partnerlos sind. In den Angaben zum Familienstand zeigt sich, dass drei Frauen bereits verheiratet und alle übrigen 37 ledig sind. Wichtig für die nachfolgende Auswertung ist zudem, dass alle 40 Frauen heterosexuell orientiert sind.

7.5 Durchführung der Bewertung

Die Bewertung der Probandenvideos wurde in der Regel mit 3-5 Frauen gleichzeitig durchgeführt[482]: Hierzu wurden ihnen zunächst Fotos der eingerichteten Cafésituation auf PACT Zollverein gezeigt und die Aufgabenstellung erklärt, welche die Probanden im roten Briefumschlag vorfanden. Die Frauen blieben jedoch insofern „naiv“, als ihnen *nicht* mitgeteilt wurde, um was für Probanden es handelte, die sie zu bewerten hatten; über die Absicht der Untersuchung wurden sie also nicht aufgeklärt. Laut Aufgabenstellung ging es darum, „das Flirtverhalten von Männern zwischen 18 und 35 Jahren zu bewerten“. Dass diese jeweils einzelnen Stichprobengruppen angehörten, wurde zunächst verschwiegen. Der Fragebogen wurde mit den Frauen Schritt für Schritt durchgegangen und der Auswertungsprozess in allen Details erläutert.

[482] In wenigen Fällen handelte es sich auch um „Einzelauswertungen“, bei denen nur eine einzige Frau an einem Notebook ihr jeweils zugelostes Set an Probandenvideos auswertete. Da diese Einzelauswertungen jedoch nicht eine vergleichbar lebendige Diskussion über die kommunikativen Verhaltensweisen der Probanden ermöglichten, die eine Rolle bei der Partnerwahl spielen, wurde die Bewertung meist in kleineren Gruppen durchgeführt.

Abbildung 36: Drei Frauen bei der Bewertung von Probandenvideos

Anschließend setzten sich die Frauen an (jeweils eigene) Notebooks, an denen sie die ihnen zugelosten Videosets auswerteten. Dabei wurde stets darauf geachtet, dass sich die Frauen gegenüber saßen und keine Einsicht auf die anderen Bildschirme hatten, selbst wenn dort andere Probandensets liefen. Für den gesamten Bewertungsprozess, bestehend aus dem Betrachten der 11-12 Videos und dem Ausfüllen der Fragebögen, benötigten die Frauen zwischen 60 und 90 Minuten.

Nachdem alle Frauen ihre Bewertung abgeschlossen hatten, wurde ihnen in der Gruppe mitgeteilt, um was für drei Stichprobengruppen es sich bei den Probanden handelte. In unmittelbarer Reaktion darauf entstanden lebhafte Gesprächsrunden, in denen sich die Frauen über das kommunikative Verhalten der Probanden austauschten und ihre Präferenzen bei der Partnerwahl diskutierten. Oft wurden einzelne Probandenvideos, von denen Frauen sprachen, gezielt herausgegriffen und erneut in der Gruppe betrachtet, da die anderen Frauen den jeweiligen Probanden (aufgrund verschiedener Videosets) meist nicht bewertet hatten. Hier handelte es sich um Probanden, bei denen die größten Kontraste sichtbar wurden: Absolute Beginner wurden meist mit Männern in fester Partnerschaft verglichen. Die Möglichkeit, das kommunikative Anbahnungsverhalten von Männern in der Gruppe zu diskutieren, barg für die Frauen oft einen so hohen Unterhaltungswert, dass die Gespräche z.T. bis zu zwei Stunden andauerten. Zahlreiche Ausschnitte dieser Gespräche stellen wertvolle Ergänzungen der Fragebogenauswertung dar und sollen daher in die Argumentation des Diskussionskapitels einfließen.

„Auch in dieser Hinsicht ist die Welt den Weibern ähnlich: Mit Schüchternheit und Zurückhaltung erreicht man nichts.“
(Giacomo Graf Leopardi)

8 Ergebnisse

Im Rahmen dieses Kapitels werden – geordnet nach Hypothesen und offenen Fragestellungen - die Ergebnisse der Untersuchung präsentiert. Voranstellen möchte ich kurze Anmerkungen zur Datenauswertung und die Beschreibung der Probandenstichprobe.

8.1 Auswertung der Daten

Zur Auswertung wurden die Probanden-Fragebögen und Beobachterinnen-Fragebögen manuell ausgezählt und in voneinander getrennte Excel-Dateien übertragen.

Entsprechend der Anzahl der Skalenabstufungen wurde jede Skala in Punktwerte übersetzt: Angaben auf vierstufigen Skalen erhielten die Punktwerte von 1-4, auf einer sechsstufigen Skala die Punktwerte von 1-6, auf einer zehnstufigen Skala die Punktwerte von 1-10. Nach persönlicher Mitteilung von Fritz Ostendorf konnten auch die Angaben auf den Skalen des MRS-45-Katalogs auf diese Weise in Zahlen übersetzt und konstruktspezifisch summiert werden.

Bei der Übertragung der Fragebogen-Angaben wurde zudem darauf geachtet, dass die für die Einschätzung umgepolten Skalen wieder in ihre Ursprungsform zurückgesetzt wurden.

Innerhalb der Excel-Dateien wurden die Daten nach den drei Stichproben-gruppen und Probanden geordnet und anschließend spezifische Durchschnittswerte gebildet. Für die Bildung der Durchschnitte wurde stets der *arithmetische Mittelwert* (nachfolgend mit „$\bar{x}$“ abgekürzt) verwendet, bei dem die Summe der beobachteten Werte ins Verhältnis zur Anzahl der Werte gesetzt wird.[483] Wenn in den nachfolgenden Kapiteln vom Durchschnitt die Rede ist, so ist damit stets der arithmetische Mittelwert gemeint.

Als *Streuungsparameter* wurde in der Regel die Standardabweichung[484] (nachfolgend mit „SD" abgekürzt) berechnet, in Einzelfällen auch die Spannweite, die sich aus der Distanz zwischen dem größten und dem kleinsten Messwert ergibt.[485]

Bei den Beobachterinnen-Fragebögen wurde für die Auswertung der Pretest-Skalen zusätzlich eine *Interkorrelationstabelle* angefertigt, um aufzeigen zu können, welche einzelnen Aspekte des kommunikativen Verhaltens der Probanden miteinander einhergehen.

Eine besondere Herausforderung stellte die Auswertung der *freien Antwortformate* dar, die innerhalb des Beobachterinnen-Fragebogens verwendet werden. Um die hier gemachten Angaben der Beobachterinnen auswerten und präsentieren zu können, mussten jeweils ähnliche Angaben (bzw. Kriterien) unter einer eigenen Kategorie zusammengefasst werden.[486] Da ein Kategorienschema abhängig von Beobachtungsgegenstand und Fragestellung ist, musste dieses auf Basis der genannten Kriterien induktiv entwickelt werden. Eine große Hilfe waren in diesem Zusammenhang die Diskussionen, die ich mit den Beobachterinnen nach Abschluss der Bewertungen führen konnte. Hier wurde deutlich, welche Ausdrücke (bzw. Termini) die Frauen synonym verwendeten und welche sie voneinander abgrenzten.

Für die insgesamt drei freien Felder des Beobachtungs-Fragebogens wurden jeweils eigene Kategoriensysteme entwickelt, wobei darauf geachtet wurde, dass die einzelnen Kategorien möglichst eindimensional formuliert sind und sich gegenseitig ausschließen, sodass eine weitgehende Überschneidungsfreiheit zwischen den Kategorien gewährleistet ist.

[483] Vgl. Burkschat et al. 2012, S.74.

[484] Zur Berechnung der Standardabweichung siehe Burkschat et al. 2012, S.92 ff.

[485] Vgl. Burkschat et al. 2012, S.88 f.

[486] Vgl. Martin/Wawrinowski 2000, S.46 ff.

Eine weitere Vorgabe für das Kategoriensystem war zudem, dass möglichst alle genannten Kriterien einer inhaltlich bestimmten Kategorie zugeordnet werden können; die Zahl der Kriterien, die auf die inhaltlich unbestimmte Restkategorie „Sonstige“ entfallen, sollte möglichst klein gehalten werden.

Wie sich im Verlauf der folgenden Ergebnis-Kapitel zeigen wird, sind die Kategorienschemata der drei Kategoriensysteme weitgehend kongruent, da die Beobachterinnen z.B. für den „ersten Eindruck“ ähnliche Kriterien anführten wie für die anschließende Begründung, weshalb ein Proband als potentieller Partner in Betracht gezogen wird oder nicht. Insbesondere bei der Kategorisierung der Gründe, weshalb ein Anbahnungsversuch als erfolgreich oder nicht erfolgreich eingeschätzt wird (8. Frage des Beobachterinnen-Fragebogens), zeigen sich jedoch strukturelle Unterschiede zu den anderen Kategorienschemata. Eine Darstellung aller drei Kategorienschemata, aus der ersichtlich wird, welche wortwörtlichen (!) Formulierungen der Beobachterinnen den jeweiligen Kategorien zugeordnet wurden, findet sich in Anhang III, IV und VI dieser Arbeit.

Neben den Fragebögen gab es auch eine Reihe „harter“ Kriterien auszuwerten, die im Rahmen des Pretests herausgearbeitet werden konnten (vgl. Kapitel 7.1). Hierzu betrachtete *ich selbst* die insgesamt 45 Probandenvideos (in voller Länge), maß einzelne Handlungsabläufe mit der Stoppuhr nach oder zählte die Häufigkeit einzelner Verhaltensweisen (Lacher, etc.) aus.

8.2 Beschreibung der Probandenstichprobe

Wie bereits in Kapitel 6.7 beschrieben, erschienen von den insgesamt 58 Probanden, die im Vorfeld ihre Teilnahme zugesagt hatten, letztlich 47 zur Durchführung des Experiments. Jeder dieser Probanden gab sein Einverständnis zur Auswertung seines Videomaterials, jedoch konnten zwei Probanden nicht zur späteren Auswertung zugelassen werden. In einem Fall zeigte ein Proband deutliche Anzeichen einer Verhaltensstörung und füllte zudem den Fragebogen nicht korrekt aus; in einem anderen Fall stellte sich im Laufe des Anbahnungs-Gesprächs heraus, dass sich der Proband und Franziska einmal auf der Party eines gemeinsamen Freundes begegnet waren. Da für diesen Probanden die Gesprächspartnerin nicht in gleichem Maße "fremd" war wie für alle anderen Probanden, soll sein aufgezeichneter Anbahnungsversuch nicht im Rahmen der späteren Auswertung analysiert werden.[487]

Die 45 zur Auswertung zugelassenen Probanden gliedern sich in 10 Absolute Beginner, 18 Single-Männer und 17 Männer in fester Partnerschaft. Die folgenden Tabellen stellen die *Altersverteilung* innerhalb dieser drei Stichprobengruppen dar.

Tabelle 5: Altersverteilung der Absoluten Beginner, Single-Männer und Männer in fester Partnerschaft

Absolute Beginner

Alter	17	18	19	20	21	22	23	24	25	26	27	28	29	30	31	32	33	34	35
Häufigkeit	0	0	0	2	0	1	1	0	2	0	0	0	0	1	0	1	0	1	1
Anzahl	10																		
Altersdurchschnitt	26,6																		

Single-Männer

Alter	17	18	19	20	21	22	23	24	25	26	27	28	29	30	31	32	33	34	35
Häufigkeit	1	0	2	2	2	1	2	1	1	1	1	0	3	0	0	1	0	0	0
Anzahl	18																		
Altersdurchschnitt	23,67																		

Männer i. f. Partnerschaft

Alter	17	18	19	20	21	22	23	24	25	26	27	28	29	30	31	32	33	34	35
Häufigkeit	1	0	0	4	1	1	4	1	0	1	0	2	0	1	0	0	0	1	0
Anzahl	17																		
Altersdurchschnitt	23,65																		

Unter den Single-Männern und Männern in fester Partnerschaft befinden sich auch zwei 17-jährige Probanden, die nach den in Kapitel 2.1 eingeführten Altersgrenzen eigentlich ein Jahr zu jung wären. Da diese zwei Probanden zum Zeitpunkt der Teilnahme jedoch drei bzw. acht Tage vor ihrem achtzehnten Geburtstag standen, werden sie in die Auswertung mit einbezogen.

[487] Wie in Kapitel 5.3.2 aufgezeigt, ist für das Entstehen von Schüchternheit das Kriterium eines *fremden* (unbekannten) Interaktionspartners sehr entscheidend: Ist der Interaktionspartner bekannt, besteht nicht mehr in gleichem Ausmaß die Unsicherheit einer negativen oder unzureichend positiven Bewertung durch diesen.

Während der Altersdurchschnitt der Single-Männer und der Männer in fester Partnerschaft identisch ist, fällt das Durchschnittsalter der Absoluten Beginner um fast drei Jahre höher aus. Um die Vergleichsvoraussetzungen zwischen den Stichprobengruppen zu verbessern, war ursprünglich eine altersspezifische Parallelisierung vorgesehen (siehe Kapitel 6.2). Hier kommt es jedoch zum Dilemma, dass die beiden Ideale altersparalleler Stichprobengruppen und einer möglichst hohen Fallzahl gegeneinander stehen. Im Vorfeld der Experimentdurchführung wurde darauf geachtet, dass sich die Altersverteilung der Probanden weitgehend entspricht. Durch das Nichterscheinen einiger Probanden und den Umstand, dass etwa vier der im Vorfeld als "Absolute Beginner" eingestuften Probanden sich im Rahmen der Fragebogenauswertung als (sexuell erfahrene) Single-Männer herausstellten, verschob sich die Altersstruktur der Stichprobengruppen deutlich von ihrer ursprünglichen Prognose. Durch eine nachträgliche altersspezifische Parallelisierung ließe sich der Störfaktor des Alters eliminieren. Ich sehe von diesem Vorhaben ab, da eine Angleichung bei einem abweichenden Durchschnittsalter von 2,9 Jahren zur Folge hätte, dass fast die Hälfte der Single-Männer und Männer in fester Partnerschaft aus der Auswertung herausgenommen werden müsste. Ein Ausklammern eines Großteils der mühsam rekrutierten Probanden würde die Aussagekraft der Studie schwächen.

Ich möchte deutlich auf den daraus resultierenden "Vorteil" für die Stichprobengruppe der Absoluten Beginner hinweisen: Im Durchschnitt haben diese Probanden fast drei Jahre mehr Lebens- und Interaktionserfahrung. Sie hatten mehr Zeit, ihre sozialen Umgangsformen zu trainieren und daran persönlich zu reifen. Ihr Altersvorsprung könnte die Stärke der zu untersuchenden Effekte (Schüchternheit, Neurotizismus, etc.) also deutlich minimieren. Sollten diese Effekte *trotz* des Altersvorsprungs auftreten, würde dieser Befund die Effektstärke unterstreichen.

Ein weiteres Kriterium zur Beschreibung der gewonnenen Stichprobe ist deren *Bildungsstruktur*. Diese ist insofern wichtig, als sich das Bildungsniveau der "naiven" Beobachterinnen entsprechend dem Prinzip homogamer Paarung (vgl. Kapitel 4.1 und 4.7) weitgehend mit dem Bildungsniveau der Probanden decken sollte.

Über alle Stichprobengruppen hinweg sind etwa 80% der Probanden Akademiker.[488] Die verbleibenden 20% setzen sich in gleichen Teilen aus Schülern sowie Realschülern mit anschließender Ausbildung zusammen. Dieses Verhältnis wiederholt sich auch innerhalb der einzelnen Stichprobengruppen - mit der Ausnahme, dass die Gruppe der Absoluten Beginner wohl über zwei Realschüler mit anschließender Ausbildung, nicht aber über Schüler verfügt.

Diese Eckdaten der Bildungsstruktur geben vor, für die Gruppe der "naiven" Beobachterinnen ebenfalls eine Akademikerquote von etwa 80% einzuhalten, während die verbleibenden 20% der Stichprobe mit ausgebildeten Fachkräften und Schülerinnen aufgefüllt werden sollten. Der durchschnittliche Bildungsgrad der Beobachterinnen sollte jedoch nicht *über* dem der Probanden liegen, da Frauen in der Regel einen Partner mit gleich- oder höherwertigem Bildungsgrad bevorzugen und nur in Ausnahmefällen einen Partner mit niedrigerem Bildungsabschluss wählen.

Interessant ist auch ein Blick auf die *Studienfächer und ausgeübten Berufe* der Probanden. Die acht Absoluten Beginner, die sich für ein Studium entschieden haben, studieren fast ausnahmslos technische Studienfächer wie IT-Sicherheit, Physik, Mathematik oder Maschinenbau. Auch die studierenden Probanden innerhalb der anderen Stichprobengruppen belegen häufig technische Studienfächer, allerdings eben auch geisteswissenschaftliche Fächer wie bspw. Germanistik, Geschichte oder Sozialwissenschaften.

Die Antworten auf die Frage nach der *sexuellen Orientierung* der Probanden überraschen insofern, als zwei Probanden (ein Single-Mann sowie ein Absoluter Beginner) angeben, bisexuell zu sein. Ein weiterer Proband (Single-Mann) gibt zudem an, homosexuell zu sein. Um die ohnehin kleinen Fallzahlen nicht weiter zu reduzieren, wurden diese Probanden jedoch nicht aus der weiteren Untersuchung ausgeschlossen.

Die Angaben zur *Nationalität* ergeben, dass in der Stichprobengruppe der Absoluten Beginner drei Probanden und in derjenigen der Single-Männer zwei Probanden nicht die deutsche Staatsbürgerschaft besitzen. Die Männer in

[488] Hierzu zählen sowohl aktive Studenten als auch diejenigen, die ihr Studium bereits abgeschlossen haben.

fester Partnerschaft besitzen hingegen alle die deutsche Staatsbürgerschaft. Durch persönliche Nachfrage konnte geklärt werden, dass alle fünf Männer wegen des Studiums in Deutschland ihr Heimatland verlassen haben und bereits seit mehreren Jahren in Deutschland leben. Alle von ihnen beherrschen die deutsche Sprache - die möglichen Verzerrungen, die sich dennoch aufgrund ihrer ausländischen Herkunft ergeben könnten, sollen im Rahmen der Diskussion der Ergebnisse erneut thematisiert werden.

Die Angaben zum *Wohnort* ergeben, dass fast alle Probanden entsprechend dem Suchradius aus dem Ruhrgebiet kommen. Ausnahme von dieser Regel bildet ein Absoluter Beginner, der für die Teilnahme extra aus einem anderen Bundesland anreiste.

In der Auswertung der Angaben zur *Wohnsituation* zeigt sich, dass der überwiegende Teil der Absoluten Beginner allein lebt, während dies bei den Single-Männern und Männern in fester Partnerschaft deutlich seltener der Fall ist. Diese Differenz ist sicherlich auch durch das höhere Durchschnittsalter der Absoluten Beginner zu erklären.

Tabelle 6: Angaben zur Wohnsituation der Probanden

Wohnsituation	AB	Si	MifP
Allein	60% (6)	16,7% (3)	17,6% (3)
Bei den Eltern	30% (3)	55,5% (10)	29,4% (5)
Wohngemeinschaft	10% (1)	27,7% (5)	11,8% (2)
Mit Partnerin zusammen	0% (0)	0% (0)	41,2% (7)

Die Single-Männer leben besonders häufig noch bei den Eltern oder in einer Wohngemeinschaft, von den siebzehn Männern in fester Partnerschaft leben bereits sieben mit ihrer Partnerin zusammen.

Die Angabe zu den *Geschwistern* der Probanden liefert eine wichtige Information über die Sozialisationsverhältnisse, in denen die Probanden aufwuchsen. Hier sei insbesondere auf den Befund von Gilmartin (1987b) hingewiesen, dass männliche Absolute Beginner besonders häufig Einzelkinder sind oder nur über männliche Geschwister verfügen.

Tabelle 7: Angaben zu den Geschwistern der Probanden

	AB	Si	MifP
Keine Geschwister	20% (2)	27,7% (5)	11,8% (2)
Männliche Geschwister	40% (4)	16,7% (3)	29,4% (5)
Weibliche Geschwister	30% (3)	33,3% (6)	35,3% (6)
Männliche und weibliche Geschwister	10% (1)	22,2% (4)	23,5% (4)

In dieser Stichprobe sind es die Single-Männer, die am häufigsten als Einzelkind aufwuchsen. Hingegen sind es die Absoluten Beginner, die besonders häufig nur mit Brüdern aufwuchsen. Die Angabe der weiblichen Geschwister zeigt keine nennenswerten Unterschiede zwischen den Stichprobengruppen, hingegen wuchs von den Absoluten Beginnern nur ein einziger Proband mit Brüdern *und* Schwestern auf. An dieser Stelle sei daran erinnert, dass es sich hier um eine qualitative Studie handelt. Um Aussagen mit ausreichend hoher externer Validität zu einem solchen Zusammenhang zu treffen, wäre zweifellos ein quantitativer Datensatz notwendig; die Datenbasis einer qualitativen Studie reicht dafür aufgrund der geringen Fallzahlen nicht aus.

Die Aussagen zum *Familienstand* der Probanden zeigen keine großen Differenzen zwischen den Stichprobengruppen. Alle Absoluten Beginner und Single-Männer sind „ledig", was mit zwei Ausnahmen auch für die Männer in festen Partnerschaften zutrifft. Diese zwei Probanden sind bereits verheiratet.

Ein besonderer Vorzug des Probanden-Fragebogens ist, dass er neben soziodemographischen Daten auch die *bisherigen Beziehungserfahrungen* der Probanden präzise erfasst. Absolute Beginner verfügen erwartungsgemäß über keinerlei Beziehungserfahrungen. Doch zwischen den Stichprobengruppen der Single-Männer und der gebundenen Männer zeigen sich trotz gleichen Durchschnittsalters drastische Unterschiede hinsichtlich der in fester Partnerschaft verbrachten Zeit: Während die Single-Männer im Durchschnitt auf 15,33 Monate in fester Beziehung zurückblicken, weisen die gebundenen Männer im Durchschnitt 64,82 Monate in fester Beziehung auf. Dieser Unterschied ist nicht zuletzt darauf zurückzuführen, dass 10 von 18 Single-Männern angaben, trotz Geschlechtsverkehrs bislang in gar keiner festen Beziehung gelebt zu haben. Irritieren sollte dieser Befund jedoch nicht, da über weite Strecken der Probandensuche explizit nach Männern gesucht wurde, die bislang in keiner festen Partnerschaft gelebt haben. Dennoch bleibt bemerkenswert, dass selbst die Single-Männer *mit* Beziehungserfahrung durchschnittlich nur 32,5 Monate in fester Beziehung gelebt haben und damit nur halb so lang wie die Männer, die zum Zeitpunkt ihrer Studienteilnahme in fester Partnerschaft leben.

Abschließend sei auf die per Selbstauskunft erfassten *Persönlichkeitseigenschaften* eingegangen, die ebenfalls im Rahmen des Fragebogens erhoben werden. Wie bereits in Kapitel 5.1 beschrieben, soll diese Abfrage sicherstellen, dass die von Neyer (1999) entdeckten Persönlichkeitsunterschiede auch in den Stichprobengruppen nachweisbar sind, die für dieses Experiment gewonnen wurden. Andernfalls würde sich bereits an dieser Stelle andeuten, dass sich die gewonnenen Stichprobengruppen nicht für eine Verlängerung der psychologischen Ergebnisse auf kommunikationswissenschaftlicher Ebene eignen.

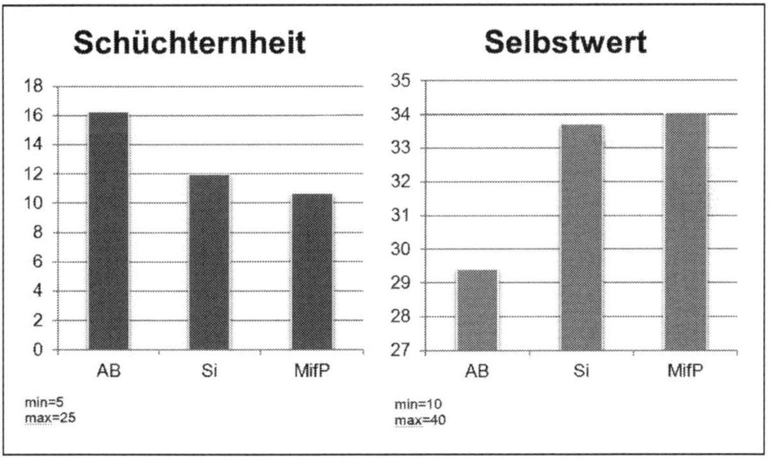

Abbildung 37: Auswertung der (selbstberichteten) Schüchternheit und des Selbstwertes

Einheitlich mit den Ergebnissen von Neyer (1999) zeigen sich zwischen den Stichprobengruppen zunächst deutliche Unterschiede hinsichtlich der *Schüchternheit* und des eigenen *Selbstwertes*. Auf Basis der Schüchternheitsskalen von Asendorpf (1997) erreichen die Absoluten Beginner (in der Grafik abgekürzt durch "AB") im Durchschnitt 16,3 Punkte

(SD=4,084), die Single-Männer (Abkürzung "Si") 12 Punkte (SD=3,742) und die Männer in festen Partnerschaften (Abkürzung "MifP") 10,7 Punkte (SD=3,442). Ebenfalls übereinstimmend mit der Stichprobe von Neyer (1999) zeigt sich, dass Absolute Beginner in der Selbsteinschätzung die höchsten Schüchternheitswerte aufweisen, während sich die Männer in festen Beziehungen durch die wenigsten Schüchternheits-Punkte auszeichnen.

Auch beim *Selbstwert*, gemessen durch die Rosenberg-Skala von Herzberg und Collani (2003), verfügen Absolute Beginner mit durchschnittlich 29,4 Punkten (SD=5,522) über die geringste Punktzahl. Single-Männer und Männer in festen Partnerschaften liegen mit durchschnittlich 33,72 (SD=4,363) und 34,06 (SD=4,854) Punkten deutlich darüber, wobei die Unterschiede zwischen diesen zwei Stichprobengruppen marginal sind.

Neyers (1999) Befunde werden auch im Rahmen der *fünf Hauptfaktoren der Persönlichkeit* weitgehend bestätigt. Unter Berücksichtigung der umgekehrten Polung zeigt sich zunächst, dass sich Absolute Beginner mit durchschnittlich 32,5 Punkten (SD=9,312) als deutlich introvertierter einschätzen, als es die Single-Männer ($\bar{x}$=24,83, SD=9,37) und Männer in festen Partnerschaften ($\bar{x}$=23,06, SD=6,339) tun. Erneut liegen diese zuletzt genannten Stichprobengruppen dicht beieinander, während es einen großen Abstand zu den Absoluten Beginnern gibt.

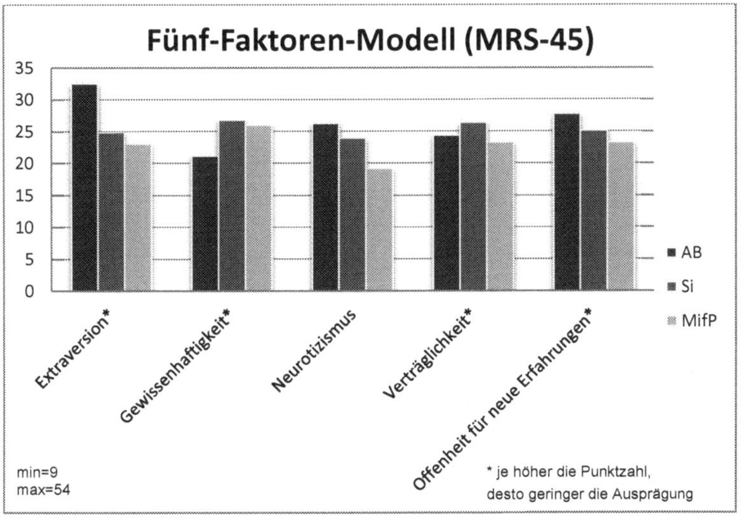

Abbildung 38: Auswertung der (selbstberichteten) fünf Hauptfaktoren der Persönlichkeit

Dies gilt auch für das Konstrukt der Gewissenhaftigkeit - hier jedoch mit dem Unterschied, dass sich die Absoluten Beginner mit der niedrigsten Punktzahl ($\bar{x}$=21,1, SD=4,909) als die "gewissenhafteste" Stichprobengruppe abheben. Single-Männer und Männer in festen Partnerschaften, die im Durchschnitt 26,78 Punkte (SD=6,339) und 25,94 Punkte (SD=9,698) erreichen, beschreiben sich also häufiger als unsorgfältig, unachtsam, ungeordnet, ziellos, verspielt, ungenau, nachlässig, faul und verschwenderisch. In dieser Hinsicht weicht die gewonnene Stichprobe von den Ergebnissen Neyers (1999) ab, da sich dort die beziehungserfahrenen Gruppen als die gewissenhaftesten erweisen.

Übereinstimmung mit den Ergebnissen von Neyer (1999) herrscht hingegen wieder beim Konstrukt des Neurotizismus. Diese auch als emotionale Instabilität bezeichnete Persönlichkeitseigenschaft mit ihren untergeordneten Eigenschaften der Nervosität, Ängstlichkeit und Erregbarkeit[489] ist bei den Absoluten Beginnern mit durchschnittlich 26,2 Punkten (SD=9,716) am stärksten ausgeprägt. Mit geringem Abstand folgen die Single-Männer mit

[489] Vgl. Asendorpf 2007, S.155.

23,89 Punkten (SD=5,312), mit einem recht deutlichen Abstand wiederum die Männer in festen Partnerschaften mit 19,12 Punkten (SD=5,7215).

Es folgen die zwei letzten Persönlichkeitseigenschaften des Fünf-Faktoren-Modells: Verträglichkeit und Offenheit für neue Erfahrungen. Hinsichtlich dieser Konstrukte konnte Neyer (1999) keine signifikanten Unterschiede zwischen den Stichprobengruppen feststellen, weshalb sie auch im weiteren Verlauf dieser Studie nicht näher untersucht werden sollen (vgl. Kapitel 6.3). Dass sie dennoch im Rahmen des Probanden-Fragebogens erfasst wurden, möchte ich damit begründen, dass eventuell deutlich auftretende Verträglichkeits- oder Offenheits-Unterschiede zwischen den Stichprobengruppen Grund zur Infragestellung dieses Vorgehens gegeben hätten. Darüber hinaus bedeutete die Erfassung und Auswertung dieser zwei zusätzlichen Persönlichkeitseigenschaften nur einen geringen Mehraufwand.

Hinsichtlich der Verträglichkeit erweist sich die Gruppe der Single-Männer als die "unverträglichste" ($\bar{x}$=26,33, SD=8,541). Sie hebt sich leicht von der Gruppe der Absoluten Beginner ($\bar{x}$=24,3, SD=7,469) und der Gruppe der Männer in festen Partnerschaften ($\bar{x}$=23,24, SD=5,529) ab, die ihrerseits auf fast ähnlichem Level liegen.

Bei der Offenheit für neue Erfahrungen zeigt sich eine treppenstufengleiche Abfolge der Stichprobengruppen: Absolute Beginner zeigen mit durchschnittlich 27,7 Punkten (SD=7,747) die geringste Offenheit für neue Erfahrungen, es folgen die Single-Männer mit 25,06 Punkten (SD=5,755) und Männer in festen Partnerschaften mit 23,24 Punkten (SD=6,619).

Wie sich zeigt, existieren hinsichtlich der Persönlichkeitsdimensionen "Verträglichkeit" und "Offenheit für neue Erfahrungen" gruppenspezifische Unterschiede. Die Abstände zwischen den einzelnen Stichprobengruppen betragen hier jedoch maximal 2,1 Punkte, wohingegen bei anderen Persönlichkeitseigenschaften (wie etwa der Extraversion) Abstände von bis zu 7,6 Punkten bestehen. Das relativ nahe Beieinanderliegen der Stichprobengruppen spiegelt auch die von Neyer (1999) festgestellte mangelnde Signifikanz hinsichtlich dieser Dimensionen wider. Aufgrund der geringen Abstände kann daher von einer Einbeziehung dieser

Persönlichkeitseigenschaften in die weiteren Auswertungen durch die "naiven" Beobachterinnen abgesehen werden.

Abschließend ein Sprung zum „Teil A“ des Fragebogens, in dem die Probanden *Angaben zu ihrem emotionalen Zustand während des Experiments* sowie zu auftretenden Flirtsituationen im Alltag machen konnten. In der ersten Frage (A1) werden die Probanden darum gebeten, auf einer zehnstufigen Skala anzugeben, ob sie die Experiment-Situation als angenehm (1) oder unangenehm (10) empfunden haben. Mit durchschnittlich 4,8 Punkten erreichen die Absoluten Beginner hier den höchsten Wert. Die Single-Männer und Männer in festen Partnerschaften geben mit durchschnittlich 4,1 bzw. 3,3 Punkten an, dass ihnen die Anbahnungssituation offensichtlich deutlich angenehmer war.

Tabelle 8: Die Auswertung der Fragen A1 - A3 des Probanden-Fragebogens

Frage	AB	Si	MifP
A1 Die Experimentsituation habe ich als... [Zehnstufige Skala von „angenehm empfunden“ (1) bis „unangenehm empf.“ (10)]	4,8 SD=2,39	4,1 SD=2,05	3,3 SD=1,8
A2 In der Experimentsituation war ich... [Zehnstufige Skala von „ruhig/entspannt“ (1) bis „aufgeregt“ (10)]	7,1 SD=1,85	5,4 SD=2,09	5,4 SD=1,62
A3 In Flirtsituationen, wie eben im Experiment, fällt mir die Kontaktaufnahme für gewöhnlich... [Zehnstufige Skala von „leicht“ (1) bis „schwer“ (10)]	7,4 SD=1,71	5,6 SD=1,97	4,9 SD=2,39

Diese Differenzen setzen sich bei der nächsten Frage fort, in der die Probanden angeben sollen, ob sie *während des Experiments ruhig und entspannt (1) oder eher aufgeregt (10)* waren. Wie die Auswertung der ebenfalls zehnstufigen Skala zeigt, berichten Absolute Beginner von deutlich höherer Aufregung während des Experiments als die anderen Probanden.

Ziel der Fragen A3 und A4 ist es, das generelle, *alltägliche Verhalten der Probanden in Flirtsituationen* abzufragen. Auf einer zehnstufigen Skala sollen die Probanden zunächst einschätzen, ob ihnen in Flirtsituationen die Kontaktaufnahme „für gewöhnlich“ eher leicht (1) oder schwer (10) fällt. Die Abfolge der Ergebnisse folgt dem Muster der vorigen Fragen: Den Absoluten Beginnern fällt die Kontaktaufnahme in der Regel schwer. Single-Männern fällt die Kontaktaufnahme in Flirtsituationen nach eigenen Angaben deutlich leichter, den Männern in festen Partnerschaften scheint sie offensichtlich am wenigsten Schwierigkeiten zu bereiten.

Es folgt die hypothetische Frage (A4), ob die Probanden Franziska auch in einer realen Alltagssituation angesprochen hätten. Die Auswertung zeigt, dass *keiner* der Absoluten Beginner glaubt, dass er diese Frau in der Realität angesprochen hätte. Von den Single-Männern geben zwei Probanden an, die Frau anzusprechen; von den Männern in fester Partnerschaft sind es schon fünf Probanden. Interessant ist auch ein Blick auf den zweiten Abschnitt dieser Frage, in dem die Probanden Gründe dafür angeben können, *warum* sie die Frau nicht ansprechen würden. Vier Mal geben die Absoluten Beginner mit Antwortoption „A“ als Grund an, dass sie „normalerweise zu schüchtern“ seien. Ein weiteres Mal findet sich diese Antwort auch in Kombination mit der Antwortoption „E“, nach der aufgrund von Chancenlosigkeit davon abgesehen wird. Ohne Mehrfachnennung findet sich diese Antwortoption noch zwei weitere Male unter den zehn Antworten der Absoluten Beginner. Nur einmal wird mit Antwortoption „D“ als Grund angeführt, dass man in der Regel darauf warten würde, dass *man selbst* angesprochen wird. Bemerkenswert ist jedoch insbesondere die Antwort, welche einer der verbleibenden zwei Absoluten Beginner in das leere Feld schrieb, das eine freie Antwort jenseits des Ankreuzens von vorformulierten Antwortoptionen ermöglicht. Er begründet die Angabe, dass er die Frau nicht angesprochen hätte mit den Worten „(Weil) ich das im Leben noch nie gemacht habe“.

Die Single-Männer wählen zur Begründung des Nicht-Ansprechens in sieben von sechzehn Fällen die Schüchternheit (Antwortoption „A“) und zwei Mal die Antwortoption „C“, nach der die Frau „nicht ihr Typ“ ist. Neben zwei freien Antworten wird auch drei Mal Antwortoption „D“ gewählt. Bei den Männern in fester Partnerschaft wählen nur zwei Probanden den Grund der Schüchternheit (Antwortoption „A“) und ein Proband die freie Antwortoption. In den neun verbleibenden Fällen argumentieren die Probanden, sie würden die Frau nicht ansprechen, weil sie selbst bereits vergeben seien (Antwortoption „B“).

Der Abschnitt A des Probanden-Fragebogens endet mit der Möglichkeit für die Probanden, ihre eigene Attraktivität und die ihrer Gesprächspartnerin auf einer zehnstufigen Skala einzuschätzen (Frage A5). In ihrer Selbsteinschätzung bewerten sich die Absoluten Beginner mit durchschnittlich 5,5 „Attraktivitäts"-Punkten (SD=1,43), Single-Männer mit 6,33 Punkten (SD=1,33) und Männer in fester Partnerschaft mit 7,24 Punkten (SD=0,66). Vor dem Hintergrund der bereits präsentierten Ergebnisse zum Selbstwert der Probanden sollten diese Resultate, die neben dem Selbstwert auch viel über das Selbstbewusstsein der Probanden aussagen, nicht verwundern. Auffallend ist hingegen, dass der Abstand in der Attraktivitätseinschätzung zwischen Single-Männern und Männern in fester Partnerschaft deutlich größer ausfällt als in der Messung ihres Selbstwerts nach der Rosenberg-Skala von Herzberg/Collani (2003); dort liegen beide Stichprobengruppen fast gleichauf.

Die Attraktivitätseinschätzung von Franziska fällt in allen drei Stichprobengruppen recht hoch aus: Single-Männer bewerten sie mit durchschnittlich 8,3 Punkten (SD=2,05), Absolute Beginner und Männer in fester Partnerschaft jeweils mit 8,8 Punkten (SD=0,92; SD=0,73).

Neben soziodemographischen Daten, zentralen Persönlichkeitseigenschaften und Angaben zum emotionalen Zustand während des Experiments fragt der Probanden-Fragebogen in Teil B nach der "Kommunikationsbiographie" der Probanden. Die hier gemachten Angaben werden zur Beantwortung der „Offenen Frage 2" verwendet und sollen daher an dieser Stelle nicht weiter thematisiert werden.

Zusammenfassend lässt sich festhalten, dass sich die Stichprobengruppen hinsichtlich der Persönlichkeitsstruktur in den zentralen Punkten mit den Stichprobengruppen von Neyer (1999) vergleichen lassen. Lediglich bei der Gewissenhaftigkeit der Probanden zeigt sich eine Abweichung. Die Voraussetzung ist jedoch hinreichend erfüllt, zur Überprüfung der formulierten Hypothesen eine hinsichtlich zentraler Persönlichkeitseigenschaften vergleichbar strukturierte Stichprobe zu gewinnen.

Ob sich die Selbsteinschätzungen der Probanden auch in ihrem tatsächlichen kommunikativen Anbahnungsverhalten äußern und sich dementsprechend in den Beurteilungen der „naiven" Beobachterinnen widerspiegeln, wird sich in den nun folgenden Kapiteln zeigen.

8.3 Zur Hypothese 1a

Die per Selbstauskunft erfassten Persönlichkeitsprofile der Absoluten Beginner, Single-Männer und Männer in festen Partnerschaften bestätigen bereits Neyers Befund, dass sich Absolute Beginner schüchterner, weniger extravertiert und neurotischer einschätzen als sexuell erfahrene Männer (siehe voriges Kapitel). Eine Ausnahme bildet das Konstrukt der Gewissenhaftigkeit, das bei den Absoluten Beginnern dieser Stichprobe offensichtlich deutlich stärker ausgeprägt ist als in der Stichprobe von Neyer (1999).

Nachdem sich die Ergebnisse von Neyer also "auf dem Papier" weitgehend replizieren lassen, stellt die Hypothese 1a nun die Frage, ob sich diese Persönlichkeitsunterschiede auch im *kommunikativen Verhalten* der Probanden beobachten lassen.

Die Auswertung der Beobachterinnen-Fragebögen zeigt zunächst, dass Absolute Beginner auch in ihrem tatsächlichen Kommunikationsverhalten als deutlich schüchterner eingeschätzt werden als Männer mit Sexualerfahrungen. Ein Blick auf die folgende Grafik mit stichprobenspezifischen Durchschnittsbildungen verdeutlicht dies.

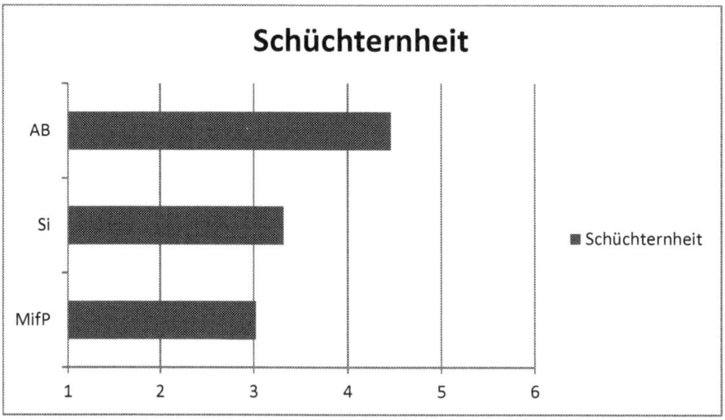

Abbildung 39: Einschätzung der Schüchternheit durch die Beobachterinnen (6-stufige Skala von "nicht schüchtern" bis "schüchtern", Minimum 1 - Maximum 6)

Das Balkendiagramm zeigt, dass die wahrgenommene Schüchternheit[490] der Absoluten Beginner auf einer 6-stufigen Skala mit durchschnittlich 4,46 Punkten (SD=1,37) bewertet wird. Es besteht ein großer Abstand zu den Single-Männern ($\bar{x}$=3,32, SD=1,45) und Männern in fester Partnerschaft ($\bar{x}$=3,02, SD=1,48), deren kommunikatives Anbahnungsverhalten offensichtlich am wenigsten durch Schüchternheit geprägt ist.

Weiterhin zeigt die Auswertung des MRS-45-Katalogs nach Ostendorf (1990), dass Absolute Beginner auch introvertierter und zugleich neurotischer wirken als Männer mit Sexualerfahrungen.

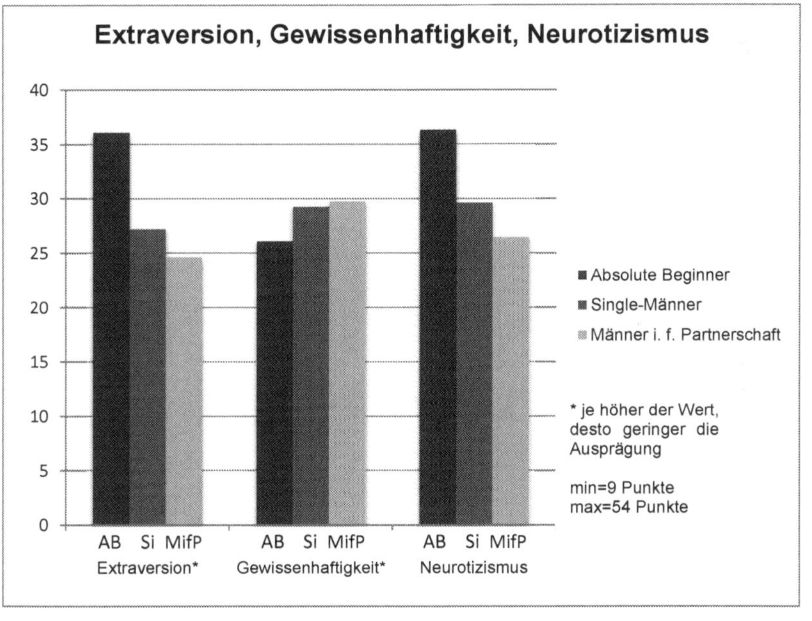

Abbildung 40: Einschätzung der Extraversion, Gewissenhaftigkeit und Neurotizismus durch die Beobachterinnen auf Basis des MRS-45-Katalogs nach Ostendorf (1990).

Mit der Erinnerung vorweg geschickt, dass die Bewertungs-Skalen zur Extraversion und Gewissenhaftigkeit invertiert sind, bestätigen die "naiven" Beobachterinnen erneut die Selbsteinschätzung der Probanden: Absolute

[490] Wie bereits in Kapitel 7.1 beschrieben, wird dieses Konstrukt entsprechend der Empfehlung von Asendorpf (1989) zunächst nur mit einer einfachen Skala von "nicht schüchtern" bis "schüchtern" operationalisiert.

Beginner wirken in ihrem kommunikativen Anbahnungsverhalten am wenigsten extravertiert ($\bar{x}$=36,1, SD=10,90) und zugleich am neurotischsten ($\bar{x}$=36,3 Punkte, SD=9,19) von allen drei Stichprobengruppen. Treppenstufenartig dazu folgen die Werte der partnerschaftlich erfahrenen Probanden: Single-Männer erreichen nach Einschätzung der Frauen im Durchschnitt 27,3 Extraversions-Punkte (SD=8,97) und 29,6 Neurotizismus-Punkte (SD=9,04). Die Extraversion der Männer in fester Partnerschaft ist mit durchschnittlich 24,6 Punkten (SD=9,32) nochmals stärker ausgeprägt, ihr Neurotizismus-Level mit durchschnittlich 26,5 Punkten (SD=8,87) nochmals niedriger als das der Single-Männer.

Eine Bestätigung der Selbsteinschätzungs-Ergebnisse erfahren die Stichprobengruppen jedoch auch hinsichtlich ihrer Gewissenhaftigkeit: Absolute Beginner werden seitens der "naiven" Beobachterinnen als gewissenhafter eingeschätzt als die Männer der anderen Stichprobengruppen. Wie bereits in der Selbsteinschätzung widersprechen diese Werte (AB: $\bar{x}$=26,1, SD=7,48; Si: $\bar{x}$=29,3, SD=8,18; MifP: $\bar{x}$=29,8, SD=7,12) den Befunden von Neyer (1999), in denen es gerade die sexuell und partnerschaftlich *erfahrenen* Männer sind, welche die höchsten Gewissenhaftigkeits-Werte aufweisen. Hier sind es jedoch die Absoluten Beginner.

Diese recht globalen Aussagen zu den Konstrukten Extraversion, Gewissenhaftigkeit und Neurotizismus lassen sich mittels einer feineren Durchschnitts-Analyse für jedes einzelne Adjektiv-Gegensatzpaar weiter differenzieren.

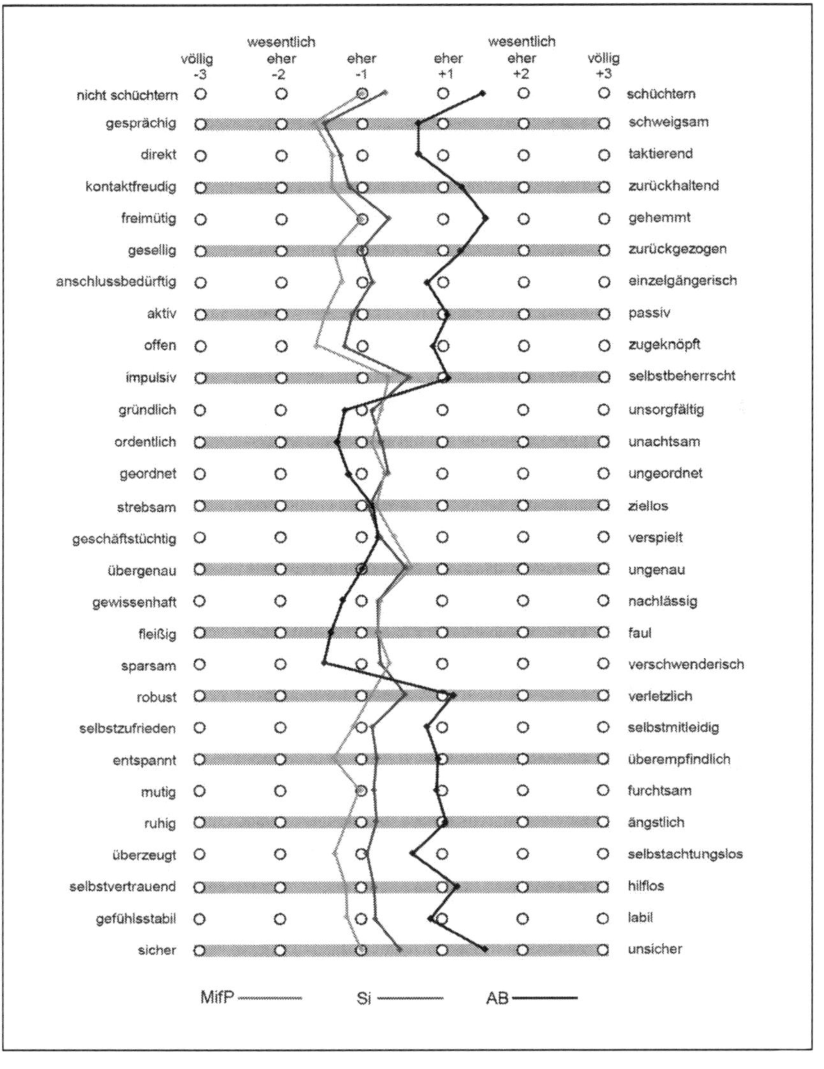

Abbildung 41: Übersicht über die Durchschnittswerte einzelner Adjektiv-Gegensatzpaare des MRS-45 (Schüchternheit, Extraversion, Gewissenhaftigkeit und Neurotizismus)

Betrachtet man zunächst die blaue Durchschnitts-Kurve der Männer in fester Partnerschaft, so zeigt sich, dass sie im Bereich der Extraversion (2.-10. Gegensatzpaar) links und fast durchgängig parallel zur grünen Kurve der

Single-Männer verläuft. Im Bereich des Neurotizismus (20.-28. Gegensatzpaar) wiederholt sich dieses Muster. Zudem verlaufen beide Kurven eindeutig links von der Mitte, während sich die rote Kurve der Absoluten Beginner hinsichtlich der Konstrukte Extraversion und Neurotizismus eindeutig im rechten Bereich bewegt. Besonders hervorstechende Durchschnittsberechnungen finden sich hier bei den Gegensatzpaaren "sicher - unsicher" ($\bar{x}$=4,55, SD=1,37) und "freimütig - gehemmt" ($\bar{x}$=4,48, SD=1,33). Da sich diese Beschreibungen weitgehend mit der von Schüchternheit überschneiden (vgl. Kapitel 7.1) überrascht es auch nicht, dass die an erster Stelle eingefügte Schüchternheits-Einschätzung auf vergleichbar hohem Level ($\bar{x}$=4,46, SD=1,37) liegt.

Eine etwas kleinere Abweichung findet sich noch beim Neurotizismus-Gegensatzpaar "überzeugt" und "selbstachtungslos": Hier erreichen die Absoluten Beginner mit durchschnittlich 3,75 Punkten (SD=1,15) fast den Mittelpunkt (3,5), von dem aus keine Tendenz mehr auszumachen wäre.

Das mittig innerhalb der Skalenbatterie (11.-19. Gegensatzpaar) operationalisierte Konstrukt der Gewissenhaftigkeit zeigt, wie sich die Kurven der Single-Männer und Männer in festen Partnerschaften deutlich annähern, so dass es hier kaum nennenswerte Differenzen zwischen den beiden Stichprobengruppen gibt. Gleichzeitig schlägt in diesem Bereich die rote Kurve der Absoluten Beginner deutlich auf die linke Seite um: Insbesondere bei den Adjektiven "gründlich", "ordentlich", "geordnet" sowie "gewissenhaft", "fleißig", "sparsam" setzt sie sich stark von den Kurven der sexuell erfahrenen Männern ab, bevor sie für das Konstrukt des Neurotizismus wieder die Seite wechselt.

Wie bereits in Kapitel 7.1 erwähnt, kann der ursprünglich zur Selbstauskunft konzipierte MRS-45-Katalog nach der Einschätzung von Ostendorf[491] weitgehend problemlos auch für die externe Beobachtung eingesetzt werden. Dennoch soll an dieser Stelle erwähnt werden, dass es einigen Beobachterinnen in Einzelfällen schwer fiel, aufgrund eines einminütigen Videoausschnitts darüber zu urteilen, ob ein Proband bspw. eher "fleißig" oder "faul", "sparsam" oder "verschwenderisch" wirkt. Auf der anderen Seite

[491] Diese Einschätzung entstammt einem persönlichen Gespräch mit Dr. Fritz Ostendorf.

gab es bei Einschätzungen der Gegensatzpaare wie "übergenau", "strebsam" oder "ziellos" keinerlei Unsicherheiten, weshalb die gewonnenen Werte zum Gewissenhaftigkeits-Konstrukt als durchaus brauchbar angesehen werden können. Die Kongruenz zu den per Selbstauskunft ermittelten Daten unterstützt diese Sichtweise zusätzlich.

Zusammenfassend lässt sich für die Hypothese 1a festhalten, dass Absolute Beginner *auch in ihrem kommunikativen Anbahnungsverhalten* als schüchterner, neurotischer und weniger extravertiert auf die "naiven" Beobachterinnen wirken als die Single-Männer und Männer in festen Partnerschaften. Die vorhergegangene Selbsteinschätzung der Probanden bestätigt sich jedoch ebenfalls beim Konstrukt der Gewissenhaftigkeit, bei dem die Absoluten Beginner die höchsten Werte erreichen. Das folgende Kapitel zur Hypothese 1b wird klären, ob und in wieweit diese psychologischen Konstrukte auch relevant für das Urteil sind, ob ein Anbahnungsversuch als erfolgversprechend oder erfolglos erscheint.

8.4 Zur Hypothese 1b

Aufbauend auf den Ergebnissen der Hypothese 1a bleibt nun im Rahmen der Hypothese 1b zu prüfen, ob es auch gerade diese im vorigen Kapitel diskutierten Unterschiede im Kommunikationsverhalten der Probanden sind, die über das Gelingen eines Anbahnungsversuches entscheiden.

Bevor jedoch einzelne Faktoren diskutiert werden, die im Zusammenhang mit einem besonders erfolgreichen oder erfolglosen Anbahnungsversuch genannt werden, soll der Fokus zunächst auf die Frage gelenkt werden, als wie erfolgreich die Anbahnungsversuche der Probanden überhaupt – und jenseits der Angabe von Gründen – eingeschätzt werden.

Innerhalb des letzten Abschnitts (8. Frage) fragt der Beobachterinnen-Fragebogen danach, als wie erfolgversprechend der Anbahnungsversuch des jeweiligen Probanden eingeschätzt wird. Als Antwortformat dient eine zehnstufige Skala in Kombination mit einem freien Antwortfeld für die Angabe des wichtigsten Grundes bzw. Kriteriums für diese Einschätzung (siehe Kapitel 6.3).

Im Rahmen der Auswertung zeigt sich, dass die Beobachterinnen die zehnstufige Skala vollständig ausnutzen und zudem „mental" halbieren:[492] Wenig erfolgversprechende Anbahnungsversuche werden der Skalierung entsprechend im Punktebereich 1-5 eingeordnet, erfolgversprechende im Bereich von 6-10 Punkten. Aufgeteilt in diese zwei Hälften ergibt die Datenauswertung folgendes Bild:

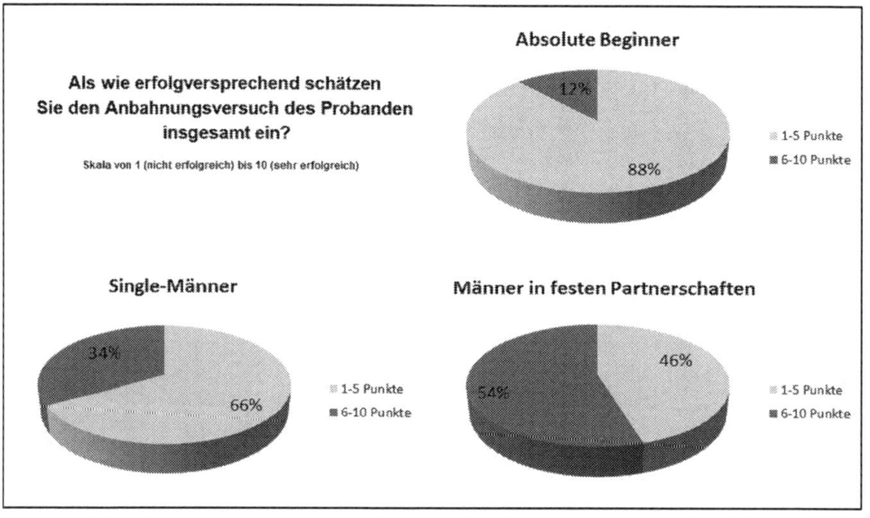

Abbildung 42: Als wie erfolgversprechend schätzen Sie den Anbahnungsversuch des Probanden insgesamt ein?

Im Vergleich mit den anderen zwei Stichprobengruppen werden die Anbahnungsversuche der Absoluten Beginner als die am wenigsten erfolgversprechenden eingeschätzt: Nur 12% der Bewertungen weisen eine Punktzahl von sechs und mehr Punkten auf, 88% liegen im „erfolglosen" Bereich von 1-5 Punkten. Bei den Single-Männern liegt der Anteil erfolgreich eingeschätzter Anbahnungsversuche hingegen bereits bei 34%, bei den Männern in fester Partnerschaft übertrifft er mit 54% sogar die Anzahl der nicht erfolgreichen Bewertungen.

[492] Im Rahmen der Auswertung wurden die Beobachterinnen darum gebeten, sich an diese Zweiteilung der Skala zu halten.

Noch deutlicher treten die Unterschiede bei einem genauen Punkteprofil-Vergleich der Stichprobengruppen hervor:

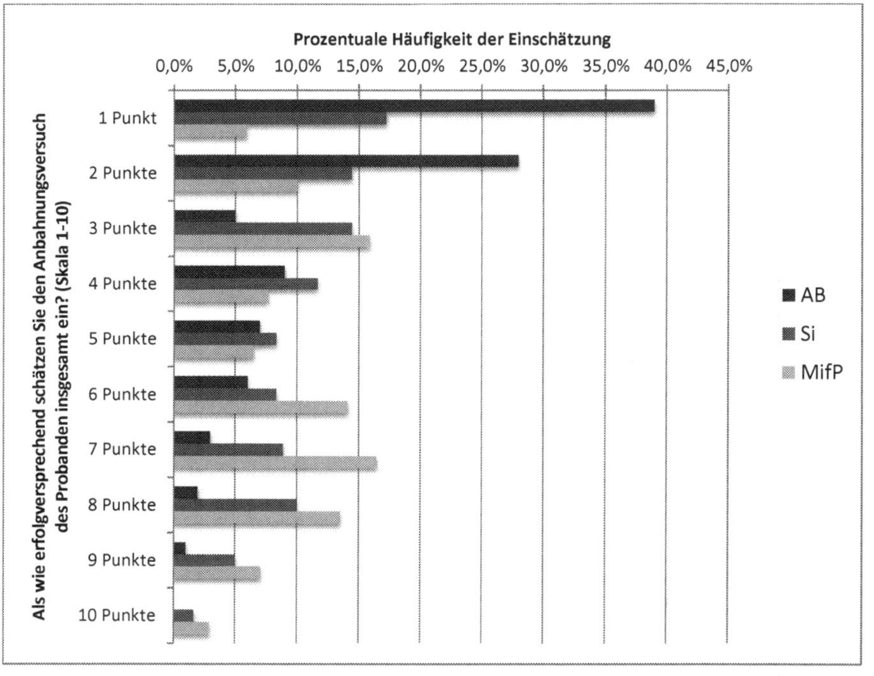

Abbildung 43: Punktevergabe bei der Frage: "Als wie erfolgversprechend schätzen Sie den Anbahnungsversuch des Probanden insgesamt ein?"

Sieht man sich zunächst die roten Balken des Diagramms an, welche die prozentuale Punktevergabe für die Anbahnungsversuche der Absoluten Beginner darstellen, zeigt sich ein hoher Ausschlag (39%) bei der niedrigsten möglichen Punktvergabe (1) und ein fast logarithmischer Abfall hin zu den höheren Punktzahlen. Die Punktzahl „10“, für einen besonders erfolgversprechenden Anbahnungsversuch, wird für diese Stichprobengruppe kein einziges Mal vergeben. Auch die Balken der Single-Männer zeigen Häufungen bei den niedrigen Punktwertungen, jedoch auf deutlich niedrigerem Niveau. Zudem fallen in dieser Stichprobengruppe die Punktevergaben zum oberen Ende der Skala hin nicht so rapide ab wie bei den Absoluten Beginnern. Die blauen Balken der Männer in festen Partnerschaften überragen hingegen im „erfolgreichen“ Bereich von 6-10 Punkten stets die Balken der anderen Stichprobengruppen. Dies schlägt sich auch in den Durchschnittsberechnungen nieder: Hier kommen die Absoluten Beginner auf 2,63 Punkte (SD=2,00), die Single-Männer auf 4,32 Punkte (SD=2,62) und die Männer in festen Partnerschaften auf 5,38 Punkte (SD=2,52).[493]

Das Punkteprofil und diese Durchschnittswerte zeigen deutlich, dass die Anbahnungsversuche der Absoluten Beginner von den „naiven“ Beobachterinnen als weniger erfolgreich eingeschätzt werden als diejenigen von partnerschaftlich erfahrenen Männern. Im Anschluss an diese Feststellung erhebt sich nun die Frage, ob es auch die im Rahmen der Hypothese 1a betrachteten psychologischen Konstrukte und das damit korrespondierende Kommunikationsverhalten sind, die diesen Punktwert-Unterschieden zu Grunde liegen.

An dieser Stelle stößt die Auswertung der Ergebnisse zum ersten Mal auf die Schwierigkeit, die Antworten auf ein offenes Frageformat zu präsentieren. Wie bereits im Rahmen des Kapitels 8.1 beschrieben, sind die Auswertung und die übersichtliche Präsentation der „frei“ angegebenen Kriterien nur mithilfe eines eigens entwickelten Kategorien-Systems möglich, das jeweils ähnliche Kriterien-Nennungen unter einer Kategorie zusammenfasst. Die Zustimmung zu den einzelnen Zuordnungen des Kategorien-Systems (siehe Anhang VI) vorausgesetzt, weist die folgende Tabelle auf der linken Seite insgesamt 37 Kategorien aus, wobei die ersten zwanzig den erfolglosen Anbahnungsversuchen mit Punktzahlen zwischen 1-5 Punkten zuzuordnen sind. Mit den siebzehn darauf folgenden Kategorien werden die genannten Kriterien zu den erfolgreichen Anbahnungsversuchen mit 6-10 Punkten zusammengefasst.

493 Siehe Tabelle in Anhang V.

Tabelle 9: Antwort-Kategorien zur Erfolgseinschätzung des Anbahnungsversuches

	AB		Si		MifP	
Punktzahl 1-5	Anz.	%	Anz.	%	Anz.	%
1 - Mangelnde Gesprächigkeit	9	5,7%	3	1,1%	1	0,4%
2 - Schüchternheit	32	20,3%	27	10,3%	18	6,8%
3 - Verschlossenheit	6	3,8%	2	0,8%	0	0,0%
4 - Angst / Hohe Anspannung	9	5,7%	5	1,9%	7	2,7%
5 - Mangelndes Selbstbewusstsein	3	1,9%	1	0,4%	4	1,5%
6 - Mitleidserregend	4	2,5%	0	0,0%	0	0,0%
7 - Langweiligkeit	6	3,8%	6	2,3%	2	0,8%
8 - Unreife	2	1,3%	4	1,5%	8	3,0%
9 - Zeigt wenig Interesse	8	5,1%	6	2,3%	5	1,9%
10 - Mangelnde Sprachgewandtheit	5	3,2%	1	0,4%	0	0,0%
11 - Ausdruckslosigkeit	3	1,9%	2	0,8%	1	0,4%
12 - Forschheit / Direktheit	1	0,6%	9	3,4%	3	1,1%
13 - Vermeiden des Blickkontakts	4	2,5%	1	0,4%	2	0,8%
14 - Ergreift keine Initiative	3	1,9%	0	0,0%	2	0,8%
15 - Mangelnde Authentizität	4	2,5%	9	3,4%	4	1,5%
16 - Gespräch nicht auf Augenhöhe	1	0,6%	7	2,7%	2	0,8%
17 - Zu geringes Alter	0	0,0%	7	2,7%	4	1,5%
18 - Unmännlichkeit	1	0,6%	3	1,1%	3	1,1%
19 - Unbeholfenheit	5	3,2%	4	1,5%	8	3,0%
20 - Sonstige	29	18,4%	64	24,5%	36	13,7%
Kriterien-Nennungen	135	85%	161	62%	110	42%
Punktzahl 6 - 10						
21 - Aufmerksamkeit	6	3,8%	1	0,4%	2	0,8%
22 - Zeigt Interesse	1	0,6%	10	3,8%	7	2,7%
23 - Authentizität	3	1,9%	0	0,0%	5	1,9%
24 - Offenheit	2	1,3%	15	5,7%	20	7,6%
25 - Freundlichkeit	5	3,2%	15	5,7%	22	8,4%
26 - Humor	0	0,0%	1	0,4%	2	0,8%
27 - Sympathie	0	0,0%	9	3,4%	14	5,3%
28 - Selbstbewusstsein	0	0,0%	6	2,3%	9	3,4%
29 - Entspanntheit	0	0,0%	3	1,1%	3	1,1%
30 - Entschlossenheit	0	0,0%	9	3,4%	9	3,4%
31 - Geschickte Gesprächsführung	1	0,6%	4	1,5%	9	3,4%
32 - Bringt Gesprächsp. zum Lachen	2	1,3%	0	0,0%	0	0,0%
33 - Reife	1	0,6%	0	0,0%	1	0,4%
34 - Gute Selbstdarstellung	0	0,0%	1	0,4%	0	0,0%
35 - Attraktivität	0	0,0%	0	0,0%	1	0,4%
36 - Wirkt interessant	0	0,0%	2	0,8%	4	1,5%
37 - Sonstige	2	1,3%	24	9,2%	45	17,1%
Kriterien-Nennungen	23	15%	100	38%	153	58%
Kriterien-Nennungen total	158	100%	261	100%	263	100%

Obwohl die „naiven“ Beobachterinnen gebeten wurden, möglichst nur *ein* Kriterium als Grund für ihre Einschätzung des Anbahnungsversuchs anzugeben, wurden häufig auch zwei oder drei Kriterien angeführt. Grundsätzlich ist von einer Gleichwertigkeit der Kriterien auszugehen, weshalb nicht einzelne Kriterien weggekürzt werden sollten. Somit fällt die Anzahl der Kriterien-Nennungen jedoch nicht mit der Anzahl der Bewertungen zusammen.[494]

Nach diesen Vorbemerkungen zeigt sich nun mit Blick auf die Tabelle recht deutlich, welches Kriterium es in erster Linie ist, das aus Sicht der „naiven“ Beobachterinnen einen erfolgreichen Anbahnungsversuch vereitelt: Es ist offensichtlich die *Schüchternheit* der Probanden. In Einklang mit den per Selbstauskunft erfassten Ergebnissen des Probanden-Fragebogens und den Ergebnissen zur Hypothese 1a sind es erneut die Absoluten Beginner, bei denen dieses Kriterium am häufigsten genannt wird. Bei dieser Stichprobengruppe entfällt ein Fünftel (20,3%) aller genannten Kriterien auf diese Kategorie, während es bei den Single-Männern nur ein Zehntel (10,3%) und bei den Männern in fester Partnerschaft nur ein Vierzehntel (6,8%) sind. Kein anderes Kriterium wird bei den Absoluten Beginnern so häufig als Grund für einen wenig erfolgversprechenden Anbahnungsversuch angeführt.

Ein beobachtbares Verhalten, das nach Asendorpf (1989) als zusätzlicher Indikator von Schüchternheit gewertet werden kann, ist die Unfähigkeit, den Blickkontakt zum Gesprächspartner aufrecht zu halten.[495] Auch dieses Kriterium wird seitens der Beobachterinnen aufgeführt, um einen erfolglosen Anbahnungsversuch zu begründen. Mit Blick auf die Kriterien-Tabelle scheinen erneut die Absoluten Beginner die größten Schwierigkeiten zu haben, den Blickkontakt zur Gesprächspartnerin aufrecht zu halten (2,5% aller genannten Kriterien). Bei Single-Männern und Männern in festen Partnerschaften entfallen lediglich 0,4% bzw. 0,8% aller Nennungen auf dieses Kriterium.

---

[494] Mit jeweils zehn Bewertungen pro Proband ergäben sich 100 Bewertungen für die Absoluten Beginner (zehn Probanden), 180 Bewertungen für die Single-Männer (achtzehn Probanden) und 170 Bewertungen für die Männer in festen Partnerschaften (siebzehn Probanden).

[495] Vgl. Asendorpf 1989, S.219.

Mit Blick auf die Hypothesenformulierung zeigt sich, dass sich die zusätzlich zu überprüfenden Konstrukte der Extraversion, des Neurotizismus und der Gewissenhaftigkeit nicht in dieser exakten Formulierung in der Kategorienliste wiederfinden. Hier muss zunächst daran erinnert werden, dass sich sowohl mangelnde Extraversion (Introversion) und insbesondere der Neurotizismus mit dem Konstrukt der Schüchternheit überschneiden (vgl. Kapitel 7.1). Mit einer hohen Ausprägung wahrgenommener Schüchternheit wird daher gleichzeitig zumindest teilweise die Hypothese einer geringen Extraversions- und einer hohen Neurotizismus-Ausprägung bei den Absoluten Beginnern bestätigt. Zum anderen orientiert sich das Kategoriensystem ausschließlich an den Antwort-Formulierungen der „naiven" Beobachterinnen; dass diese nicht mit Fachbegriffen der Psychologie operieren, um das Kommunikationsverhalten der Probanden zu bewerten, sollte nachvollziehbar sein. Der Vergleich einzelner Kategorien mit den gesuchten Konstrukten weist jedoch zumindest eine hohe Deckungsgleichheit auf. Dies wird besonders deutlich, wenn die von Ostendorf (1990) zur Operationalisierung herangezogenen Adjektive mit den innerhalb einer Kategorie zusammengefassten Kriterien verglichen werden.

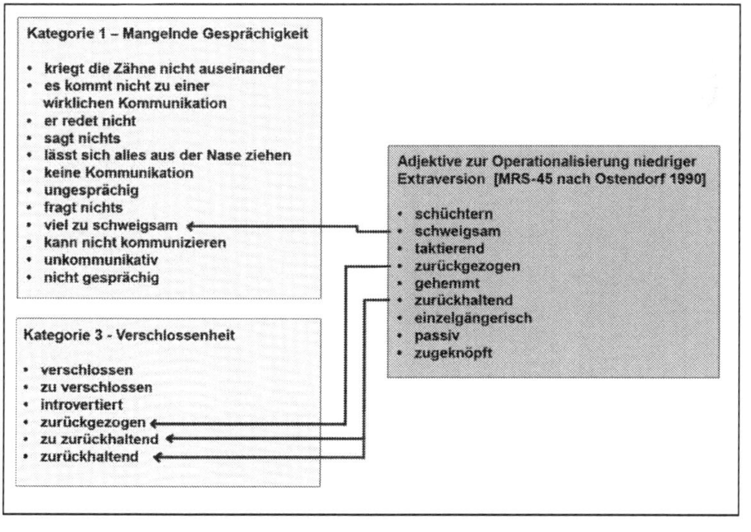

Abbildung 44: Überschneidungen zwischen der Operationalisierung geringer Extraversion nach Ostendorf (1990) und den gebildeten Kategorien "Mangelnde Gesprächigkeit" und "Verschlossenheit"

Innerhalb des Kategoriensystems scheint geringe Extraversion insbesondere durch die erste und dritte Kategorie abgedeckt zu werden: In der ersten Kategorie werden alle (wortwörtlich übernommenen) Kriterien zusammengefasst, welche die mangelnde Gesprächigkeit der Probanden thematisieren. Direkte Übereinstimmung mit den Adjektiven des MRS-45-Katalogs von Ostendorf (1990) findet sich bei dem Kriterium „viel zu schweigsam". Andere Formulierungen wie „nicht gesprächig", „kriegt die Zähne nicht auseinander" oder „unkommunikativ" gehen in eine ähnliche Richtung. Noch deutlicher sind die Überschneidungen mit der dritten Kategorie, in der alle Kriterien zur Verschlossenheit der Probanden zusammengefasst werden. Auch hier gibt es wortwörtliche Übereinstimmungen mit der Operationalisierung von Ostendorf bei den Adjektiven „zurückgezogen" und „zurückhaltend". Die Beobachterinnen-Beschreibung „introvertiert" findet sich zwar nicht in dieser Formulierung im MRS-45-Katalog wieder, jedoch deutet auch dieses Kriterium an, dass sich die dritte Kategorie mit geringer Extraversion (Introversion) überschneidet. Nimmt man die erste und dritte Kategorie demnach als probates Äquivalent zur Messung geringer Extraversion (Introversion), so zeigt ein erneuter Blick auf die obige Tabelle, dass bei den Absoluten Beginnern diese beiden Kategorien zusammen immerhin 9,5% der Nennungen ausmachen. Auch getrennt voneinander überragen die Werte dieser Kategorien die der anderen Stichprobengruppen um ein Vielfaches: Absolute Beginner werden von den Beobachterinnen als ungesprächiger und verschlossener eingeschätzt als die partnerschaftlich erfahrenen Männer.

Auf der Suche nach einer weitgehend äquivalenten Kategorie für das Konstrukt des Neurotizismus bietet sich neben dem bereits angesprochenen Konstrukt der Schüchternheit vor allem die vierte Kategorie an, unter der alle Kriterien im Zusammenhang mit Angst und hoher Anspannung zusammengefasst sind.

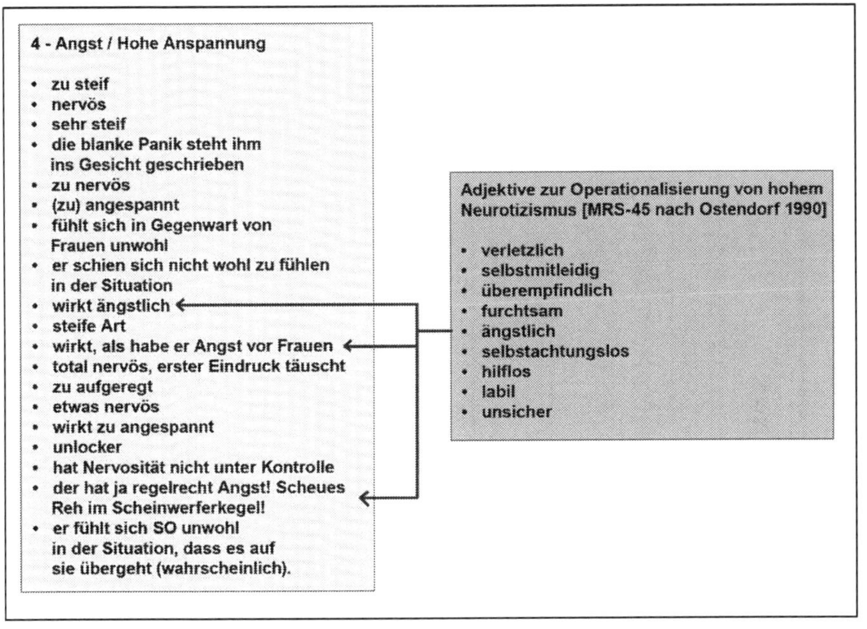

Abbildung 45: Überschneidungen zwischen der Operationalisierung von hohem Neurotizismus nach Ostendorf (1990) und der gebildeten Kategorie "Angst/Hohe Anspannung"

Eine direkte Übereinstimmung findet sich hier beim Adjektiv „ängstlich". Da das Adjektiv „unsicher" innerhalb des Kategoriensystems der Kategorie „Schüchternheit" zugeordnet ist, bleibt es bei dieser einzigen wortwörtlichen Übereinstimmung. Beschreibungen wie „der hat ja regelrecht Angst! Scheues Reh im Scheinwerferkegel!" oder „die blanke Panik steht ihm ins Gesicht geschrieben" lassen neben der weitgehenden Übereinstimmung mit dem Adjektiv „ängstlich" auch Nähe zum Adjektiv „furchtsam" erkennen.

Hinsichtlich des noch ausstehenden Konstrukts der Gewissenhaftigkeit ist es wohl am ehesten die Kategorie der „Entschlossenheit" (Kategorie 30), welche diesem entspricht. Dennoch muss eingeräumt werden, dass hinsichtlich der Formulierungen der Beobachterinnen und den Adjektiven des MRS-45-Katalogs keine wortwörtlichen Übereinstimmungen bestehen. Die von den Beobachterinnen positiv bewertete „Zielstrebigkeit" der Probanden findet im Adjektiv „geschäftstüchtig" oder „strebsam" zwei unpräzise Entsprechungen, deutlicher wird die Übereinstimmung beim Blick auf die Adjektive des MRS-45-Katalogs zur Operationalisierung *niedriger* Gewissenhaftigkeit: „Ziellos“, als das exakte Gegenteil von zielstrebig, spricht für eine zumindest teilweise Deckungsgleichheit zwischen dem Konstrukt der Gewissenhaftigkeit und der gebildeten Kategorie „Entschlossenheit“. Eine so deutliche Übereinstimmung wie bei den anderen Konstrukten besteht jedoch nicht, was für keine besonders hohe Relevanz dieses Konstrukts bei der Bewertung des kommunikativen Anbahnungsverhaltens spricht.

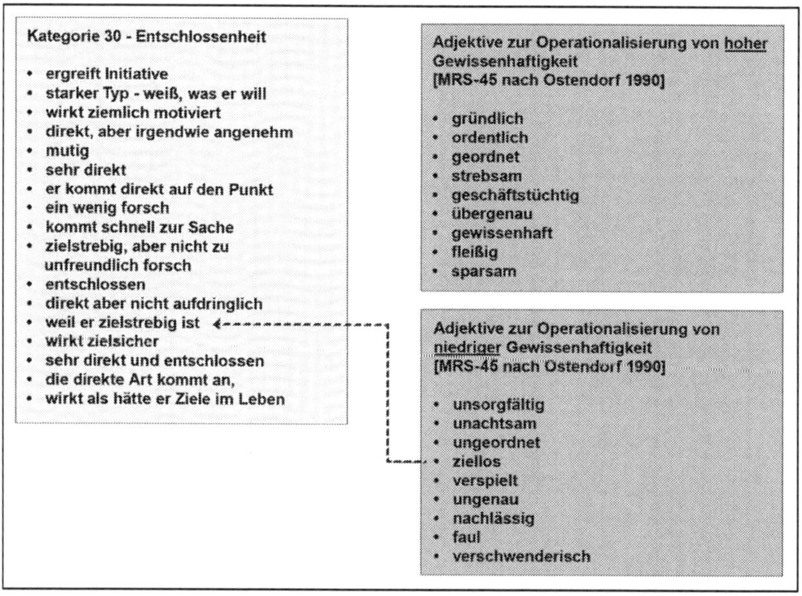

Abbildung 46: Überschneidung zwischen der Operationalisierung niedriger Gewissenhaftigkeit nach Ostendorf (1990) und der gebildeten Kategorie "Entschlossenheit"

Die unter der Kategorie „Entschlossenheit“ zusammengefassten Kriterien geben darüber hinaus eine recht gute Vorstellung davon, auf welches Verhalten sie sich im Einzelnen beziehen. Es scheint primär die Übernahme der Gesprächsführung zu sein, mit der es die Probanden in relativ kurzer Zeit schaffen, die Einladung zum Essen auszusprechen: „Sehr direkt“, „kommt schnell zur Sache“ und „zielstrebig“ werden insbesondere bei den Single-Männern häufig genannt. Bezogen auf alle genannten Kriterien erreichen sie zusammen mit den Männern in festen Partnerschaften die höchsten Werte in der Kategorie „Entschlossenheit" (jeweils 3,4% aller genannten Kriterien). Von den erfolgreichen Anbahnungsversuchen der Absoluten Beginner wird hingegen kein einziger mit Entschlossenheit begründet.

Wichtig ist in diesem Zusammenhang jedoch, darauf hinzuweisen, dass die Entschlossenheit der Probanden in einigen Fällen auch in Forschheit umschlagen kann. Der Blick auf die Kategorienauflistung (s.o.) zeigt, dass „Forschheit / Direktheit" (Kategorie 12) eine Kategorie zur Begründung der *nicht* erfolgreichen Anbahnungsversuche ist. Fällt ein Proband zu schnell „mit der Tür ins Haus", so wirkt sein Anbahnungsversuch schnell „plump" oder „forsch". Aus Sicht der „naiven" Beobachterinnen zeigen die Probanden damit wenig Geschick und „Achtsamkeit" im Umgang mit ihrer Gesprächspartnerin, worauf sie dementsprechend abgewertet werden. Interessanterweise sind es hier die Single-Männer, welche mit immerhin 3,4% ihrer Kriterien-Nennungen das Feld anführen.

Obwohl nun die zentralen Ergebnisse zur Überprüfung der Hypothese 1b vorgestellt sind, soll abschließend noch ein Blick auf die noch nicht diskutierten Kategorien geworfen werden, mit denen die Einschätzung der Anbahnungsversuche begründet wird.

Beginnend mit den übrigen Kategorien zur Begründung der als *erfolglos* eingeschätzten Anbahnungsversuche, ist es einzig die Stichprobengruppe der Absoluten Beginner, die in diesem Zusammenhang Mitleid bei den Beobachterinnen erweckt (Kategorie 6). Auch wenn die Bekundung von Mitleid vermuten lässt, dass diese Probanden den Beobachterinnen in gewisser Weise sympathisch sind, da sie sich in sie hineinversetzen und die Situation „mit erleiden", werden ihre Anbahnungsversuche dennoch als erfolglos eingeschätzt.

Große Unterschiede zwischen den Stichprobengruppen zeigen sich auch bei der siebten Kategorie, in der die Erfolglosigkeit einiger Anbahnungsversuche mit „Langweiligkeit" begründet wird: Die Absoluten Beginner erreichen hier mit 3,8% aller genannten Kriterien einen deutlich höheren Wert als die Single-Männer (2,3%) und Männer in festen Partnerschaften (0,8%). Formulierungen wie "Gesprächsthema langweilig" oder „keine überraschenden Elemente" deuten darauf hin, dass sich dieses Urteil einerseits auf mangelnde Kreativität in der Themenwahl bezieht. Die Formulierung „langweilig (kurze Fragen)" bezieht sich hingegen auf die Art der Gesprächsführung, die offensichtlich keine Spannung aufkommen lässt. Dass sich diese empfundene Langweiligkeit z.T. auch aus den nachfolgenden Kategorien der „mangelnden Sprachgewandtheit" und „Ausdruckslosigkeit", sowie der Kategorie „Ergreift keine Initiative" speist, konnte ich den Auswertungs-Nachbesprechungen mit den Beobachterinnen entnehmen. Bezeichnenderweise erreichen die Absoluten Beginner auch in diesen Kategorien die höchsten Werte. Auch bei der späteren Auswertung der Pretest-Skalen (Kapitel 8.5.5) wird der Eindruck der Langweiligkeit erneut eine Rolle spielen.

Interessant ist ebenfalls der Befund der neunten Kategorie, dass insbesondere die Absoluten Beginner nur wenig Interesse an ihrer Gesprächspartnerin zeigen: Die dort zusammengefassten Formulierungen wie „wirkt desinteressiert", „zu distanziert" oder „zeigt kein Interesse an der Frau" sind recht eindeutig interpretierbar. Offen bleibt hingegen die Frage, ob die Probanden tatsächlich kein Interesse an ihrer Gesprächspartnerin haben oder lediglich Schwierigkeiten, dieses zu kommunizieren. Dies werde ich in Kapitel 9 noch eingehender diskutieren.

„Mangelnde Authentizität" und ein „Gespräch nicht auf Augenhöhe" führen zu können sind hingegen Kategorien, bei denen ausnahmsweise die *Single-Männer* mit den höchsten Werten hervorstechen. Mangelnde Authentizität entsteht aus Sicht der Beobachterinnen, sobald ein Proband in seinem kommunikativen Anbahnungsverhalten „gestelzt", „künstlich" oder „nicht echt" wirkt. In Einzelfällen jedoch auch, wenn er das „Gespräch nicht ernst nimmt" oder „es ins Lächerliche dreht". Bezüglich dieser Formulierungen ist daran zu erinnern, dass, obwohl die Cafésituation sehr realistisch nachempfunden ist, die Probanden aus ethischen Gründen vorab darüber informiert wurden, dass sie an einem Experiment teilnehmen (vgl. Kapitel 6.7). Dies birgt natürlich die Gefahr der experimentellen Reaktivität. Anhand der Formulierungen, die unter der Kategorie der mangelnden Authentizität zusammengefasst sind, ist abzulesen, dass dies glücklicherweise nur selten der Fall ist. Mit nur wenigen Ausnahmen beziehen sich die Aussagen auf die Unfähigkeit der Probanden, die *Rolle des interessierten Flirtpartners glaubhaft zu präsentieren,* und nicht auf die Tendenz, das Gespräch ins Lächerliche drehen zu wollen. Dass es gerade die Single-Männer sind, die offensichtlich die größten Schwierigkeiten damit haben, ihren Anbahnungsversuch authentisch wirken zu lassen, möchte ich im nachfolgenden Kapitel erneut diskutieren.

Wenn ein Gespräch nicht auf Augenhöhe stattfindet, so bedeutet dies ausnahmslos, dass die Probanden ihrer Gesprächspartnerin unterlegen sind und nicht andersherum. Formulierungen wie „wirkt ihr unterlegen" oder „er spürt Unterlegenheit (beide)" machen dies ebenso deutlich wie „es war wie ein Schüler-Lehrer-Treffen und kein Flirtversuch". Der Aspekt der (kommunikativen) Unterlegenheit wird auch im Rahmen der Pretest-Skalen abgefragt, deren Ergebnisse im nachfolgenden Kapitel vorgestellt werden. Hier wird sich zeigen, dass es nicht die Single-Männer, sondern die Absoluten Beginner sind, welche die größten Schwierigkeiten haben, ein Gespräch auf Augenhöhe zu führen. Dass es hier die Anbahnungsversuche der *Single-Männer* sind, welche am häufigsten damit abgelehnt werden, „nicht auf Augenhöhe" mit der Gesprächspartnerin zu liegen, könnte durch eine andere Gewichtung und eine damit einhergehende Verschiebung der genannten Kriterien begründet sein.

Die im Zusammenhang mit als besonders *erfolgreich* gewerteten Anbahnungsversuchen genannten Kriterien sollen nicht unerwähnt bleiben: Ein besonders positiv bewertetes Verhalten der Probanden ist deren Aufmerksamkeit gegenüber ihrer Gesprächspartnerin. Diese signalisieren die Probanden innerhalb der Anbahnungsgespräche zum einen durch interessierte Fragen nach der beruflichen Tätigkeit und den Hobbies ihrer Gesprächspartnerin, zum anderen ist es insbesondere die Frage, ob sie ihr noch einen neuen Kaffee bringen könnten. Wann immer sich die Probanden für die Bedürfnisse der Gesprächspartnerin zu interessieren schienen, stieg deren „Sympathiekurve" in den Augen der naiven Beobachterinnen rasant an.[496] Interessanterweise ist es in der Auswertung gerade die Stichprobengruppe der Absoluten Beginner, die in der Kategorie der Aufmerksamkeit mit sechs Nennungen und einem Anteil von 3,8% den höchsten Wert erreicht. Ein genauer Blick auf die Daten zeigt, dass sich alle diese sechs Nennungen auf einen einzelnen Absoluten Beginner beziehen:

[496] Dieser Befund basiert auf den Gesprächen mit den Beobachterinnen, nachdem diese ihre Auswertung beendet hatten.

Indem dieser gleich zu Beginn des Gesprächs Franziska fragt, ob er ihr einen neuen Kaffee bringen könne, wird sein Anbahnungsversuch von sechs der zehn Beobachterinnen mit Kriterien beschrieben, die der Kategorie „Aufmerksamkeit" zuzuordnen sind.

Sieht man sich die zahlreichen Kategorien an, in denen die beziehungserfahrenen Stichprobengruppen den Absoluten Beginnern deutlich überlegen sind, so sind dies zuvorderst „Offenheit" (Kategorie 24), „Freundlichkeit" (25) und „Sympathie" (27).

Spiegelbildlich zur negativ konnotierten *Verschlossenheit* (Kategorie 3) wird die Offenheit der Probanden als kommunikative Eigenschaft angesehen, die den Anbahnungsversuch als erfolgversprechend erscheinen lässt. Männer in festen Partnerschaften wirken in den Augen der Beobachterinnen „offener" gegenüber ihrer Gesprächspartnerin als die Single-Männer und Absoluten Beginner. Wie der Tabelle zu entnehmen ist, beziehen sich bei den Männern in fester Partnerschaft 7,6% der angeführten Kriterien auf die Offenheit, bei den Single-Männern sind es 5,7%, mit deutlichem Abstand folgen die Absoluten Beginner mit 1,3%. Typische Formulierungen in diesem Zusammenhang sind etwa „sehr zugänglich", „aufgeschlossen", „offene Art" oder „erzählt viel". Die einmal gefundene Formulierung „erfolgreich aufgrund seiner offenen, gesprächigen Art" macht den erfolgversprechenden Effekt der Offenheit auf den Anbahnungsversuch besonders deutlich.

Die im Zusammenhang mit erfolgreichen Anbahnungsversuchen genannte *Freundlichkeit* der Probanden hat im Gegensatz zur Offenheit keinen entsprechenden Gegenpol auf der Seite erfolghemmender Kriterien. Wie so häufig zeigt sich jedoch auch bei dieser Kategorie eine treppenstufenartige Abfolge der Ergebnisse: Bei den Männern in fester Partnerschaft entfallen 8,4% der genannten Kriterien auf ihre Freundlichkeit gegenüber der Gesprächspartnerin, bei den Single-Männern sind es 5,7%, bei den Absoluten Beginnern 3,2%. Typische Formulierungen für diese Kategorie sind „freundlich", „nett" oder „lächelt viel".

Ein ebenfalls häufig verwendetes Kriterium zur Begründung erfolgreicher Anbahnungsversuche ist die *Sympathie* der Probanden. Es sind insbesondere die Männer in festen Partnerschaften, die „sympathisch" wirken: 5,3% der genannten Kriterien lassen sich in dieser Stichprobengruppe unter der Kategorie „Sympathie" zusammenfassen. Bei den Single-Männern sind es 3,4% der genannten Kriterien, Schlusslicht bilden erneut die Absoluten Beginner: Von ihren erfolgreichen Anbahnungsversuchen wird kein einziger mit ihrer Sympathie begründet. Da die Formulierung „sympathisch" meist ohne weiter spezifizierende Angaben genannt wird, muss indes unklar bleiben, welche Verhaltensweisen es im Einzelnen sind, die die beziehungserfahrenen Männer in den Augen der Beobachterinnen als sympathisch erscheinen lassen. Nur in vereinzelten Fällen wird durch Formulierungen wie etwa „sympathisches Lächeln" angedeutet, auf welchen Beobachtungen die Einschätzung der Sympathie basiert. Gleichzeitig deutet sich hier eine gewisse Kongruenz zur Kategorie der Freundlichkeit an.

Weitere Kategorien, die kurz angesprochen werden sollen, sind das beobachtete und positiv gewertete „Selbstbewusstsein" (Kategorie 28) sowie die „geschickte Gesprächsführung" (Kategorie 31) der Probanden.

Mit der Kategorie „Selbstbewusstsein" verhält es sich ganz ähnlich wie mit der Sympathie: Was es genau ist, das einen Probanden „selbstbewusst" und „selbstsicher" erscheinen lässt, bleibt recht unklar. Klar und wichtig für den Kontext dieser Arbeit ist jedoch, dass ein durch Selbstbewusstsein geprägtes Kommunikationsverhalten *positiv* gewertet wird und einen erfolgreichen Anbahnungsversuch verspricht. In dieser Kategorie sind die Männer in festen Partnerschaften erneut führend (3,4% aller genannten Kriterien), es folgen die Single-Männer (2,3% aller genannten Kriterien), von den erfolgreichen Anbahnungsversuchen der Absoluten Beginner wird kein einziger mit Selbstbewusstsein begründet.

Lohnend ist auch ein Blick auf die wortwörtlichen Formulierungen, die zur Kategorie „geschickte Gesprächsführung" zusammengefasst sind: „Gesprächsleitend", „sprachgewandt" und „lenkt das Gespräch charmant auf ein Essen" zeigen in Zusammenhang mit der Anzahl der Nennungen (Männer in festen Partnerschaften: 3,4%, Single-Männer 1,5%, Absolute Beginner 0,6%) recht deutlich, dass Männer in festen Partnerschaften anscheinend besonders gut in der Lage sind, das Gespräch kommunikativ zu beherrschen, es zu kontrollieren. Sie haben somit auch seltener Schwierigkeiten damit, das

Gespräch nach ihren Vorstellungen in Richtung einer Einladung zum gemeinsamen Abendessen zu lenken. Es überrascht nicht, dass dies eine kommunikative Fähigkeit ist, die aus Sicht der naiven Beobachterinnen entscheidend dazu beiträgt, dass ein Anbahnungsversuch gelingt.

Nachdem nun auch einzelne Kriterien angesprochen wurden, die einen Anbahnungsversuch aus Sicht der Beobachterinnen als erfolgversprechend erscheinen lassen, kann im Hinblick auf die Hypothese 1b zusammenfassend festgehalten werden, dass es plausible Gründe dafür gibt, diese zumindest in weiten Teilen anzunehmen: Ohne das Konstrukt auf dem Fragebogen in Form einer ankreuzbaren Vorformulierung aufzuführen, ist die *Schüchternheit* der Probanden das von den „naiven" Beobachterinnen mit Abstand meistgenannte Kriterium, um einen erfolglosen Anbahnungsversuch zu begründen. Durch die Überschneidung der Schüchternheit mit *geringer Extraversion* (Introversion) und *hohem Neurotizismus* ist dieser Befund auch zugleich eine erste Bestätigung für die Relevanz letzterer Konstrukte. Zusätzliche Bestätigung für deren Relevanz im Zusammenhang mit als erfolglos gewerteten Anbahnungsversuchen findet sich in der Überschneidung mit den Kategorien „Ungesprächigkeit" und „Verschlossenheit" sowie „Angst / Hohe Anspannung" des Kategoriensystems. Auch geringe Extraversion sowie hoher Neurotizismus scheinen mithin einen erfolgreichen Anbahnungsversuch zu vereiteln.

Unabhängig von der Relevanz dieser Konstrukte für die Einschätzung des Anbahnungsversuchs bestätigen diese Befunde voll und ganz die Erkenntnisse von Asendorpf (1989), dass Extraversion-Introversion und Neurotizismus zwar ebenfalls zentrale Dimensionen der Fremdwahrnehmung sind, aber Schüchternheit eine noch „engere Beziehung zu tatsächlichem Verhalten"[497] aufweist. Dies würde vielleicht auch erklären, weshalb die Beobachterinnen eher dazu neigen, das kommunikative Handeln der Probanden als „schüchtern", denn als „ängstlich", „verschlossen" oder „ungesprächig" zu beschreiben. Wie schon die konzeptionelle Überschneidung der Konstrukte andeutet, scheinen die „naiven" Beobachterinnen die letztgenannten Eindrücke auch häufig unter dem Eindruck der Schüchternheit

[497] Asendorpf 1989, S.263.

zusammenzufassen. Dass sie nicht mit „Neurotizismus“ oder „mangelnder Extraversion“ operieren, ist dadurch erklärbar, dass es sich hier um psychologische Fachtermini handelt, die in der Alltagspraxis keine so eindeutige Entsprechung zur psychologischen Betrachtungsweise haben wie die Schüchternheit.

Zum Konstrukt der Gewissenhaftigkeit ist hingegen festzuhalten, dass dessen Überschneidung mit den gebildeten Kategorien weniger deutlich ausfällt als bei den anderen Konstrukten, die im Rahmen der Hypothese 1b um Bestätigung suchen. Offensichtlich spielt eine als gering eingeschätzte Gewissenhaftigkeit der Probanden für die Frage, ob ihr Anbahnungsversuch als erfolgreich gewertet wird oder nicht, keine zentrale Rolle.

8.5 Zur Offenen Frage 1

Neben den kommunikativen Verhaltensweisen, die mit den psychologischen Konstrukten Schüchternheit, Extraversion, Neurotizismus und Gewissenhaftigkeit korrespondieren und im Rahmen der Hypothesen 1a und 1b diskutiert wurden, fragt der Beobachterinnen-Fragebogen noch eine ganze Reihe weiterer kommunikativer Verhaltensweisen ab, die im Rahmen des Pretests herausgearbeitet werden konnten. Ob und in wiefern sich die Stichprobengruppen auch hinsichtlich *dieser* voneinander unterscheiden, soll im Rahmen dieses Kapitels geklärt werden. Hierbei löst sich der Betrachtungsschwerpunkt somit zunehmend von den psychologischen Konstrukten und schwenkt auf eine primär kommunikationswissenschaftliche Betrachtungsweise um.

Dieses Kapitel orientiert sich im Folgenden an der Chronologie der Auswertung durch die „naiven“ Beobachterinnen und fokussiert somit zunächst die Unterschiede im *nonverbalen* Kommunikationsverhalten der Probanden. Anschließend springt der Fokus über die bereits diskutierten Persönlichkeitsskalen hinweg ans Ende des Beobachterinnen-Fragebogens: Hier werden auf Basis der im Pretest entwickelten Skalen weitere Verhaltensunterschiede zwischen den Probanden erfasst. Diese schließen auch das *verbale* Kommunikationsverhalten der Probanden ein. An den Stellen, wo sie eine hilfreiche Ergänzung der subjektiven Beobachterinnen-

Urteile darstellen, werden zusätzlich die „harten Kriterien“ eingebunden: Wie in Kapitel 7.1 erläutert, handelt es sich hierbei um weitgehend „objektiv“ messbare Unterschiede im Kommunikationsverhalten der Probanden.

Um bei diesem recht umfangreichen Kapitel eine bessere Übersicht zu gewährleisten, untergliedere ich es in weitere Unterkapitel.

8.5.1 Der erste Eindruck

Die erste Frage des Beobachterinnen-Fragebogens bittet darum, einen ersten Eindruck vom jeweiligen Probanden anzugeben. Da hierzu ein freies Feld und keine festgelegten Antwortmöglichkeiten vorgegeben sind, ist zur Auswertung dieser Frage erneut die Bildung eines eigenen Kategoriensystems[498] notwendig, bei dem jeweils ähnliche Nennungen zusammengefasst werden. Die folgende Tabelle gibt eine Übersicht darüber, wie sich die jeweils in Kategorien geordneten „ersten Eindrücke“ stichprobengruppenspezifisch häufen. Wie schon bei der Frage, als wie erfolgversprechend der Anbahnungsversuch des jeweiligen Probanden einzuschätzen sei, beschränkten sich die „naiven“ Beobachterinnen auch in diesem Feld nicht immer auf ein einzelnes Kriterium. Die Folge ist, dass die Zahl der genannten Kriterien leicht von der Zahl der abgegebenen „ersten Eindrücke“ abweicht. Dies gilt ebenfalls für die nachfolgende Auswertung der Gründe, weshalb ein Proband als potentieller Partner in Betracht gezogen wird oder nicht.

[498] Eine Übersicht über das Kategorienschema für den ersten Eindruck findet sich in Anhang III.

Tabelle 10: Kategorisierung der ersten Eindrücke

Kategorie		AB	%	Si	%	MifP	%
1	Schüchternheit	20	15,0%	19	7,8%	27	10,6%
2	Freundlichkeit	10	7,5%	25	10,2%	26	10,2%
3	Orientierungslosigkeit	7	5,3%	12	4,9%	5	2,0%
4	mangelnde Attraktivität	5	3,8%	10	4,1%	12	4,7%
5	Attraktivität	3	2,3%	12	4,9%	7	2,8%
6	Mangelnde Sympathie	0	0,0%	1	0,4%	1	0,4%
7	Sympathie	2	1,5%	8	3,3%	16	6,3%
8	Unreife	7	5,3%	10	4,1%	9	3,5%
9	schlechte Kleidung	2	1,5%	2	0,8%	3	1,2%
10	Selbstverliebtheit	1	0,8%	3	1,2%	0	0,0%
11	Überforderung	1	0,8%	2	0,8%	1	0,4%
12	Anspannung	2	1,5%	8	3,3%	9	3,5%
13	Langweiligkeit	2	1,5%	1	0,4%	3	1,2%
14	Unheimlichkeit	3	2,3%	6	2,4%	1	0,4%
15	Ängstlichkeit	4	3,0%	1	0,4%	1	0,4%
16	Selbstsicherheit	4	3,0%	20	8,2%	8	3,1%
17	gute Kleidung	2	1,5%	1	0,4%	1	0,4%
18	Entspanntheit	3	2,3%	4	1,6%	18	7,1%
19	Humorlosigkeit	1	0,8%	0	0,0%	0	0,0%
20	Humor	1	0,8%	3	1,2%	6	2,4%
21	Hilflosigkeit	1	0,8%	1	0,4%	0	0,0%
22	Authentizität	0	0,0%	1	0,4%	2	0,8%
23	Chaos (chaotisch)	0	0,0%	1	0,4%	2	0,8%
24	Ungepflegtheit	0	0,0%	5	2,0%	2	0,8%
25	Unbeholfenheit	4	3,0%	5	2,0%	2	0,8%
26	Gute Laune	0	0,0%	3	1,2%	1	0,4%
27	Offenheit	2	1,5%	5	2,0%	6	2,4%
28	Nicht mein Typ	0	0,0%	2	0,8%	1	0,4%
29	Jung	2	1,5%	7	2,9%	7	2,8%
30	Mangelndes Interesse	2	1,5%	2	0,8%	0	0,0%
31	Klein	2	1,5%	1	0,4%	0	0,0%
32	Groß	1	0,8%	1	0,4%	2	0,8%
33	Verschlossenheit	1	0,8%	0	0,0%	0	0,0%
34	Zögerlich	1	0,8%	6	2,4%	5	2,0%
35	Entschiedenheit	2	1,5%	4	1,6%	3	1,2%
36	Sonstige	35	26,3%	53	21,6%	67	26,4%
Anzahl der Nennungen		133	100%	245	100%	254	100%

Besonders auffällig sind bereits die Ergebnisse zur ersten Kategorie, die sich auf die Schüchternheit der Probanden bezieht: Die Absoluten Beginner erreichen hier mit 15% der Nennungen einen Wert, der sowohl in dieser Kategorie die Werte der anderen Stichprobengruppen deutlich übersteigt als auch den höchsten Wert innerhalb der Stichprobengruppe der Absoluten Beginner insgesamt darstellt. Schon beim ersten Eindruck, der sich in der Regel nur auf die ersten „nonverbalen" 15-20 Sekunden des Videomaterials beschränkt, spielt aus Sicht der Beobachterinnen die Schüchternheit des Probanden also eine zentrale Rolle. Offensichtlich äußert sie sich also bereits in der Körpersprache der Probanden.

Auffällig ist weiterhin, dass Absolute Beginner im Vergleich zu den anderen Stichprobengruppen „auf den ersten Blick" seltener als freundlich eingeschätzt werden: Nur 7,5% der genannten Kriterien fallen bei ihnen unter diese Kategorie, bei den Single-Männern und Männern in fester Partnerschaft sind es jeweils 10,2%.

Mit Blick auf die dritte Kategorie ist ersichtlich, dass die Absoluten Beginner von den Beobachterinnen auch häufiger als „orientierungslos" bezeichnet werden als die anderen Stichprobengruppen, wobei hier der Unterschied zu den Single-Männern äußerst gering ausfällt. Kategorien, die vermutlich eine gewisse Deckungsgleichheit mit dieser Kategorie aufweisen, sind „Unbeholfenheit" (Kategorie 26) und „Hilflosigkeit" (Kategorie 22). Letztere Kategorie ist aufgrund der geringen Nennungen nicht aussagekräftig genug, jedoch zeigt sich bei der Kategorie der „Unbeholfenheit" wieder die Abfolge, bei der die Absoluten Beginner das Feld anführen, gefolgt von den Single-Männern auf dem mittleren Platz und den Männern in fester Partnerschaft mit den wenigsten Nennungen. Interessant ist auch ein Blick auf die wortwörtlichen Formulierungen der Beobachterinnen, die in dieser Kategorie zusammengefasst sind: „Anfänger", „trottelig", „unbeholfen", „wirkt tollpatschig" oder „als sei er noch nie einer Frau begegnet" machen deutlich, dass der Experimentaufbau gerade für die Absoluten Beginner eine ungewohnte Situation darstellt, in der sie offensichtlich nicht wie die beziehungserfahrenen Männer auf Erfahrungen und eingeübte Ablaufsmuster zurückgreifen können. Es überrascht nicht, dass das Auftreten der beziehungserfahrenen Männer daher auch häufiger als „selbstsicherer" (Kategorie 17) beschrieben wird als das der Absoluten Beginner. Einschränkend muss jedoch hinzugefügt werden, dass es hier keine nennenswerte Differenz zwischen Absoluten Beginnern (3% der genannten Kriterien) und Männern in fester Partnerschaft (3,1% der genannten Kriterien) gibt; es sind die Single-Männer, die (mit 8,2% der genannten Kriterien) im ersten Eindruck als besonders selbstsicher eingeschätzt werden.

Physisch unattraktiver als die beziehungserfahrenen Männer scheinen die Absoluten Beginner „auf den ersten Blick" hingegen nicht zu sein; jedenfalls wird der erste Eindruck von ihnen nicht stark von diesem Kriterium geprägt (3,8% der genannten Kriterien). Es sind eher die Männer in festen Partnerschaften, die im Rahmen des ersten Eindrucks als unattraktiv eingeschätzt werden (4,7% der genannten Kriterien). Single-Männer belegen einen mittleren Platz (4,1% der genannten Kriterien). Die Differenzen zwischen den drei Stichprobengruppen sind jedoch sehr gering.

Die Ergebnisse zur fünften Kategorie, welche die genannten Kriterien zur Attraktivität der Probanden zusammenfasst, relativieren diese Ergebnisse zudem wieder ein Stück weit: Single-Männer werden hier am häufigsten als attraktiv eingeschätzt (4,9% der genannten Kriterien), Absolute Beginner und Männer in festen Partnerschaften deutlich seltener (2,8% bzw. 2,3% der genannten Kriterien). Im Rahmen der weiter unten aufgeführten Gründe dafür, warum ein Proband als potentieller Partner in Betracht gezogen wird oder nicht, soll die Bedeutung der physischen Attraktivität erneut angesprochen werden.

Weitere Kategorien des ersten Eindrucks, bei denen sich zwischen den Stichprobengruppen deutliche Unterschiede feststellen lassen, sind „Sympathie" (Kategorie 7), „Unreife" (Kategorie 8) und „Entspanntheit" (19).

Die Gruppe der Männer in festen Partnerschaften wirkt auf den ersten Blick deutlich sympathischer als die Gruppe der Single-Männer und Absoluten Beginner; in der Kategorie „Sympathie" erreicht diese Gruppe mit 6,3% der genannten Kriterien einen sehr hohen Wert. Die Gruppe der Single-Männer wird deutlich seltener als sympathisch bezeichnet (3,3% der genannten Kriterien), jedoch immer noch mehr als doppelt so häufig wie die Gruppe der Absoluten Beginner (1,5% der genannten Kriterien). Wie bereits bei der

Einschätzung des erfolgreichen oder erfolglosen Anbahnungsversuchs (vgl. Kapitel 8.4) wird auch hier aus den wortwörtlichen Formulierungen nicht ersichtlich, welche Aspekte die empfundene Sympathie im Einzelnen ausmacht. Für den ersten Eindruck ist es einzig die wortwörtliche Formulierung „sympathisch“, die in dieser Kategorie zusammengefasst wird.

In der Kategorie „Unreife“, in welcher wortwörtliche Formulierungen wie „kindlich“, „unerfahren“, „Muttersöhnchen“ oder „unreif“ zusammengefasst sind, erzielen die Absoluten Beginner mit 5,3% der genannten Kriterien den höchsten Wert. Es folgen die Single-Männer (4,1% der genannten Kriterien) und die Männer in festen Partnerschaften (3,5% der genannten Kriterien), deren erster Eindruck am seltensten mit Kriterien der Unreife beschrieben wird. Hier muss daran erinnert werden, dass das Durchschnittsalter der Absoluten Beginner im Schnitt fast drei Jahre höher liegt als das der anderen Stichprobengruppen. Trotz dieses Altersvorsprungs wirken die Absoluten Beginner in den Augen der „naiven“ Beobachterinnen „kindlicher“, „unreifer“ und „unerfahrener“ als die beziehungserfahrenen Männer.

Die Ergebnisse des ersten Eindrucks abschließend, sei noch die Kategorie der Entspanntheit angesprochen, in der Formulierungen wie „locker“, „entspannt“, „lässig“ oder „in sich ruhend“ zusammengefasst sind. Single-Männer werden seitens der Beobachterinnen am seltensten als entspannt wahrgenommen (1,6% der genannten Kriterien), wobei die Differenz zu den Absoluten Beginnern (2,3% der genannten Kriterien) sehr gering ausfällt. Überdeutlich ist hingegen der Vorsprung der Männer in festen Partnerschaften: 7,1% der im Zusammenhang mit dem ersten Eindruck genannten Kriterien thematisieren ihre Entspanntheit, die sie beim Betreten der Cafésituation ausstrahlen.

8.5.2 Welche Probanden werden als potentielle Partner in Betracht gezogen?

Es folgt die Auswertung zu einer der spannendsten Fragen des Fragebogens: Welche Männer werden als potentielle Partner in Betracht gezogen und aus welchen Gründen?

Ähnlich wie bei der im vorigen Kapitel präsentierten Auswertung zum Erfolgsgrad der Anbahnungsversuche ist diese Frage zweistufig aufgebaut: In einem ersten Schritt werden die „naiven“ Beobachterinnen danach gefragt, ob der jeweilige Proband als potentieller Partner in Betracht gezogen würde, wenn sie zur Zeit auf Partnersuche wären. Hier wird ein nominal skaliertes Ja/Nein-Antwortformat verwendet. In einem zweiten Schritt wird mit einem freien Feld nach dem jeweiligen Grund für die positive oder negative Antwort gefragt. Damit die Angabe der Gründe nicht zu stark durch die im Fragebogen verwendeten Adjektiv-Gegensatzpaare beeinflusst wird, steht diese Frage bewusst am Anfang des Fragebogens - auch wenn dies bedeutet, dass diese Frage nur auf Basis der äußeren Erscheinung und des nonverbalen Kommunikationsverhaltens der Probanden beantwortet wird.

Die Gründe für die Entscheidung der Beobachterinnen zunächst einmal ausgeklammert, zeigt die folgende Grafik, welche Männer seitens der „naiven" Beobachterinnen am häufigsten als potentielle Partner in Betracht gezogen werden.

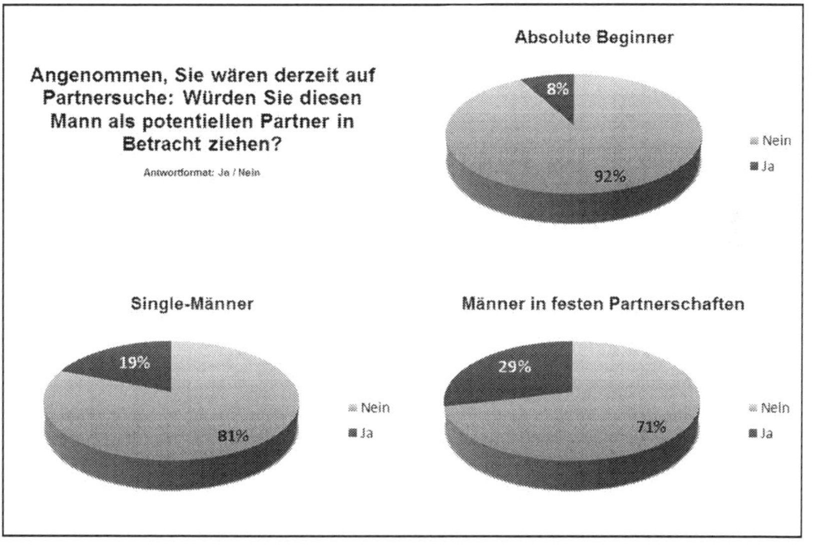

Abbildung 47: Auswertung der 2. Frage des Beobachterinnen-Fragebogens

In allen drei Stichprobengruppen übersteigt die Zahl der Ablehnungen deutlich die Zahl der Zusagen: Grundsätzlich tendieren die „naiven" Beobachterinnen also eher dazu, die Probanden als potentielle Partner abzulehnen. Deutlich wird jedoch auch, dass die Absoluten Beginner „auf den ersten Blick" nur in acht von hundert Bewertungs-Fällen als potentielle Partner in Betracht gezogen werden. Bei den Single-Männern ist dieser prozentuale Anteil mit 19% (34 von 180) bereits doppelt so hoch, bei den Männern in fester Partnerschaft mit 29% (49 von 170) mehr als dreimal so hoch.

Die Zahlen der folgenden Tabelle geben eine Übersicht darüber, mit welchen Gründen die „naiven" Beobachterinnen ihre Entscheidungen erklären.

Tabelle 11: Begründungskategorien für die Frage, warum ein Proband als potentieller Partner in Betracht gezogen wird oder nicht

	AB		Si		MifP	
Gründe für Zusage (Ja)	Anz.	%	Anz.	%	Anz.	%
1 - Sympathie	2	1,7%	8	3,8%	12	6,0%
2 - Attraktivität	1	0,8%	7	3,4%	8	4,0%
3 - Freundlichkeit	0	0,0%	5	2,4%	14	7,0%
4 - Offenheit	0	0,0%	4	1,9%	9	4,5%
5 - Selbstbewusstsein	0	0,0%	4	1,9%	1	0,5%
6 - Körpergröße	0	0,0%	2	1,0%	1	0,5%
7 - Humor	0	0,0%	1	0,5%	3	1,5%
8 - Interesse	1	0,8%	1	0,5%	3	1,5%
9 - Männlichkeit	0	0,0%	1	0,5%	1	0,5%
10 - Entspanntheit	1	0,8%	1	0,5%	3	1,5%
11 - Authentizität	1	0,8%	1	0,5%	2	1,0%
12 - Selbständigkeit	2	1,7%	1	0,5%	0	0,0%
13 - Sonstige	0	0,0%	5	2,4%	4	2,0%
Kriterien-Nennungen	8	6,7%	41	19,7%	61	30%
Gründe für Absage (Nein)						
14 - "Nicht mein Typ"	10	8,4%	16	7,7%	11	5,5%
15 - Mangelnde Attraktivität	28	23,5%	36	17,3%	37	18,4%
16 - Schüchtern	13	10,9%	11	5,3%	9	4,5%
17 - Mangelnde Männlichkeit	5	4,2%	3	1,4%	0	0,0%
18 - Unvorteilhafte Kleidung	2	1,7%	4	1,9%	7	3,5%
19 - Zu geringes Alter	3	2,5%	14	6,7%	15	7,5%
20 - Zu hohes Alter	10	8,4%	3	1,4%	1	0,5%
21 - Konservativ / Spießig	3	2,5%	3	1,4%	2	1,0%
22 - Orientierungslosigkeit / Planlosigkeit	1	0,8%	2	1,0%	1	0,5%
23 - Verschlossenheit	1	0,8%	0	0,0%	1	0,5%
24 - Unreife	4	3,4%	11	5,3%	9	4,5%
25 - Mangelnde Ausstrahlung	4	3,4%	2	1,0%	5	2,5%
26 - Mangelndes Selbstbewusstsein	3	2,5%	0	0,0%	3	1,5%
27 - Zu geringe Körpergröße	4	3,4%	5	2,4%	0	0,0%
28 - Mangelnde Authentizität	1	0,8%	8	3,8%	1	0,5%
29 - Angst / Furcht	2	1,7%	1	0,5%	1	0,5%
30 - Unbeholfenheit	1	0,8%	4	1,9%	0	0,0%
31 - Ungepflegtheit	0	0,0%	7	3,4%	5	2,5%
32 - Uninteressant	1	0,8%	3	1,4%	6	3,0%
33 - Sonstiges	15	12,6%	34	16,3%	26	12,9%
Kriterien-Nennungen	111	93,3%	167	80,3%	140	70%
Kriterien-Nennungen total	119	100,0%	208	100,0%	201	100%

Bei den zahlenmäßig überwiegenden Gründen für die Absagen zeigen sich bei der Kategorie „Nicht mein Typ“ keine großen Unterschiede zwischen den Stichprobengruppen. In den Gesprächen mit den Beobachterinnen wurde deutlich, dass sie diesen Grund anführten, sobald ein Proband nicht ihrem individuellen Suchmuster entsprach. Die Formulierung „nicht mein Beuteschema“ verdeutlicht dies. In Einzelfällen schienen Formulierungen wie diese jedoch auch eine Art Notbehelf zu sein, wenn die Beobachterinnen ihre intuitiv entschiedene Absage nicht konkret begründen konnten.

Im Hinblick auf die Auswertung des „ersten Eindrucks“ überraschen die Ergebnisse zur mangelnden Attraktivität der Probanden. Während die Absoluten Beginner beim ersten Eindruck noch am seltensten als (physisch) unattraktiv beschrieben werden, entfallen bei ihnen für die Ablehnung als potentielle Partner nun 23,5% der insgesamt genannten Kriterien auf ihre mangelnde Attraktivität. Die Single-Männer und Männer in fester Partnerschaft werden deutlich seltener (17,3% bzw. 18,4% der genannten Kriterien) aufgrund mangelnder Attraktivität als potentielle Partner abgelehnt. Mit der weiter unten dargestellten Auswertung der „Frage 3“ wird die Attraktivität noch einmal gezielt abgefragt. Hier wird sich zeigen, in wieweit sich diese Befunde erneut bestätigen lassen.

Die Ergebnisse der darauffolgenden Kategorie können als eine zusätzliche Bestätigung der Hypothese 1b gedeutet werden: Schüchternheit wird seitens der „naiven Beobachterinnen“ auch als Grund für die Ablehnung von Probanden als potentielle Partner angeführt. Und es sind erneut die Absoluten Beginner, bei denen Formulierungen im Zusammenhang mit Schüchternheit am häufigsten angegeben werden, um ihr Nicht-Infragekommen als potentielle Partner zu begründen. Bei ihnen entfallen 10,9% der genannten Kriterien auf diese Kategorie, bei den Single-Männern sind es nur 5,3%, bei den Männern in fester Partnerschaft nur 4,5%. Auch in der konzeptionell ähnlichen Kategorie „Angst / Furcht“ sind die Absoluten Beginner führend, jedoch sind hier die Abstände zu den anderen Stichprobengruppen äußerst gering.

Ein deutliches Ergebnis zeigt hingegen die Kategorie „mangelnde Männlichkeit“, unter der Formulierungen wie „kein Mann“, „feminin“ oder „unmännlich“ zusammengefasst sind. Absolute Beginner zeichnen sich in den

Augen der Beobachterinnen häufiger durch diese Attribute aus als die anderen Stichprobengruppen. Immerhin 4,2% der insgesamt genannten Kriterien entfallen bei ihnen auf diese Kategorie, bei den Single-Männern sind es nur noch 1,4%, von den Männern in fester Partnerschaft wird kein einziger mit dem Grund mangelnder Männlichkeit abgelehnt. Auf der Seite der Gründe für ein *Infragekommen* als potentieller Partner, steht dieser Kategorie mit „Männlichkeit" (Kategorie 9) ein direktes Pendant gegenüber. Diese verzeichnet jedoch eine so geringe Anzahl von Nennungen, dass ihr offenbar keine entscheidende Rolle zukommt. Die Zahlen könnten so interpretiert werden, dass Männlichkeit eine Eigenschaft ist, die seitens der beobachtenden Frauen erwartet und vorausgesetzt wird. Erst wenn sie nicht erfüllt wird, ist dies ein Grund, den Probanden als potentiellen Partner abzulehnen.

In der Kategorie der „unvorteilhaften Kleidung" gibt es insofern eine Überraschung, als es die Männer in festen Partnerschaften sind, die hier einen Spitzenplatz belegen. Ihr „Outfit" gibt im Vergleich mit den anderen Stichprobengruppen mit 3,5% der insgesamt genannten Kriterien fast doppelt so häufig Grund zur Beanstandung (Absolute Beginner: 1,7%; Single-Männer 1,9%). In wieweit sich diese Befunde in der gezielten Abfrage des Kleidungsstils erneut bestätigen lassen, zeigt die weiter unten präsentierte Auswertung der „Frage 4".

Die teilweise deutlichen Unterschiede in den Kategorien 19 und 20, in denen ein zu geringes bzw. zu hohes Alter der Probanden bemängelt wird, lassen sich ein Stück weit durch die unterschiedlichen Altersdurchschnitte der Stichprobengruppen erklären. Auch in die Kategorie 25, in der die Formulierungen zur „Unreife" der Probanden zusammengefasst sind, werden diese Altersunterschiede vermutlich hineinspielen. Da den „naiven" Beobachterinnen ihr Probanden-Videoset auf Basis eines Zufallssystems zugelost wurde, lässt sich jedoch nicht vermeiden, dass bspw. eine 28-jährige Beobachterin einen 22-jährigen Probanden bewerten muss und ihn als potentiellen Partner mit der Begründung „zu jung" ablehnt (vgl. Kapitel 7.3). Der umgekehrte Fall trifft ebenso zu.

Der Blick auf Kategorie 26 zeigt, dass Absolute Beginner auch am häufigsten von allen Stichprobengruppen aufgrund „mangelnder Ausstrahlung“ abgelehnt werden. Die hier einsortierte Formulierung „unscheinbar, wenig Ausdruck im Gesicht“, deutet darauf hin, dass einige Probanden beim Betreten des Raumes und des Gangs zum Tisch einen starren bzw. ausdruckslosen Gesichtsausdruck aufweisen, ohne Franziska (und somit auch den Beobachterinnen) schon aus der Ferne etwa freudige Erwartung oder Aufgeschlossenheit zu signalisieren. Die ebenfalls hier einsortierten Formulierungen „farblos, kaum Ausstrahlung“ oder „würde ich nicht bemerken“ scheinen sich auf eine Form der Unscheinbarkeit und Unauffälligkeit der Probanden zu beziehen. Übertragen auf eine Alltagssituation deuten diese Formulierungen an, dass der schweifende Blick der Frauen wohl kaum an diesen Probanden hängen bleiben würde – sie würden vermutlich einfach übersehen werden.

Wie die Werte zu Kategorie 27 zeigen, wirken Absolute Beginner in ihrem (nonverbalen) Auftreten zudem weniger selbstbewusst als die Probanden der partnerschaftlich erfahrenen Stichprobengruppen. Interessant ist in diesem Zusammenhang insbesondere die hier einsortierte Formulierung „nicht selbstsicher, ungefestigt“, die nahelegt, dass mit mangelndem Selbstbewusstsein auch eine gewisse Instabilität im Auftreten einhergeht.

Dass einige Frauen Männer nur oberhalb einer gewissen Mindestgröße als potentielle Partner in Betracht ziehen, deutet sich bei der darauffolgenden Kategorie 26 an: Ist ein Proband „zu klein“, so ist dies ein K.O.-Kriterium, welches zwar nicht allzu häufig, jedoch bei den Single-Männern insgesamt fünf und bei den Absoluten Beginnern vier Mal genannt wird. Von den Männern in fester Partnerschaft wird kein Proband mit Verweis auf seine geringe Körpergröße abgelehnt.

Durch „mangelnde Authentizität“ (Kategorie 29) und „Ungepflegtheit“ (Kategorie 32) lassen sich die Absoluten Beginner hingegen nicht charakterisierten. In diesen Kategorien führen die *Single-Männer* das Feld an. Dies gilt auch für die Kategorie der „Unreife“ (Kategorie 25), wobei hier der bereits angesprochene Altersvorsprung der Absoluten Beginner zu berücksichtigen ist.

Die einzigen Kategorien zur Begründung der Ablehnung als potentieller Partner, bei denen die *Männer in fester Partnerschaft* die prozentual höchsten Werte erreichen, sind die Kategorien „Uninteressant“ (30), „zu geringes Alter“ (19) und „unvorteilhafte Kleidung“ (18).

Der Blick auf die vergleichsweise wenigen Kategorien, mit denen die „naiven“ Beobachterinnen ihr theoretisches *Interesse* am Probanden begründen, ist deutlich weniger ergiebig als der Blick auf die Absage-Kategorien. Ich beschränke mich auf die ersten fünf Kategorien, da sich hier die größten Unterschiede zwischen den Stichprobengruppen ergeben.

Laut der ersten Kategorie werden insbesondere die Männer in den festen Partnerschaften aufgrund von „Sympathie“ als potentielle Partner in Betracht gezogen. Wie schon in der Kategorien-Besprechung zum Erfolgsgrad der einzelnen Anbahnungsversuche (siehe vorheriges Kapitel) bleibt leider auch an dieser Stelle unklar, welche Aspekte die Probanden „sympathisch“ erscheinen lassen. Die Formulierung „sympathische Augen“ gibt hier als einzige einen Hinweis darauf, dass es ein körperliches Merkmal ist, welches einen bestimmten Probanden sympathisch wirken lässt.

Ähnliches gilt auch für die „Attraktivität“ (Kategorie 2), wo die Männer in festen Partnerschaften erneut die meisten Nennungen erhalten. Zwar geht aus Formulierungen wie „recht gut aussehend“ und „nettes Äußeres“ hervor, dass sie sich auf die physische Attraktivität des Probanden beziehen; welche Details des Aussehens (Frisur, Körpergröße, etc.) es im Einzelnen sind, bleibt aufgrund der offenen Fragekonzeption jedoch unklar.

Bei der darauf folgenden Kategorie kann anhand der Formulierungen hingegen etwas über die kommunikative Praxis gesagt werden, die zum Eindruck der „Freundlichkeit“ führt. Es ist vor allem das *Lächeln* der Probanden. Diese Angabe bezieht sich nach wie vor auf den nonverbalen Abschnitt der Videoanalyse; die Probanden lächeln Franziska also bereits während ihres Gangs zum Tisch an. Da sie dabei in der Regel ihren Blick nicht im Raum umherschweifen lassen, kann diese Angabe zugleich auch als Bestätigung eines (stabilen) Blickkontakts gewertet werden. Insbesondere den Männern in fester Partnerschaft fällt es offenbar leicht, die Frau aus der Distanz zu fixieren und sie dabei anzulächeln. Sie führen in der Kategorie der

Freundlichkeit mit 7% der insgesamt genannten Kriterien mit großem Abstand vor den Single-Männern (2,4%) und Absoluten Beginnern (0%).

Hinsichtlich der „Offenheit" (Kategorie 4) ist es einmal das Lächeln und einmal der Gang eines Probanden, welche diesen Eindruck bei den Beobachterinnen auslösen. In der überwiegenden Mehrheit der Formulierungen wirkt der Proband jedoch schlicht „offen" oder „aufgeschlossen", ohne dies an weiteren Details festzumachen. Erneut sind es die Männer in festen Partnerschaften, die in ihrem nonverbalen Kommunikationsverhalten besonders „offen" wirken: 4,5% der insgesamt genannten Kriterien entfallen bei ihnen auf diese Kategorie, bei den Single-Männern sind es lediglich 1,9% der Kriterien, hingegen wird bei den Absoluten Beginnern keine der Zusagen mit „Offenheit" begründet.

Kurz angesprochen sei auch noch die fünfte Kategorie, bei der gerade die Single-Männer aufgrund ihres „Selbstbewusstseins" als potentielle Partner in Betracht gezogen werden. Ähnlich wie die Schüchternheit in der Wahrnehmung der Beobachterinnen mit einer gewissen „Instabilität" einhergeht (s.o.), deutet die Formulierung „stabiler, selbstbewusster Eindruck" darauf hin, dass Selbstbewusstsein auf der anderen Seite mit dem Eindruck von „Stabilität" einhergeht. Nicht zuletzt aus den Diskussionen mit den Beobachterinnen konnte ich entnehmen, dass sie Selbstbewusstsein als Gegensatz von Schüchternheit betrachten. Die Gegensätze von „Instabilität" und „Stabilität", die sich jeweils an diese Begriffe knüpfen, stützen diesen Befund zusätzlich. Während viele der Probanden aufgrund ihrer Schüchternheit als potentielle Partner abgelehnt werden, werden Probanden als potentielle Partner in Betracht gezogen, wenn sie „selbstbewusst" und „nicht schüchtern" wirken.

8.5.3 Attraktivität und Kleidung

Auf der ersten Seite des Beobachterinnen-Fragebogens wird neben dem ersten Eindruck und der Frage, ob und warum ein Proband als potentieller Partner betrachtet wird oder nicht, auch die (physische) Attraktivität und der Kleidungsstil der Probanden gesondert abgefragt. Die folgende Tabelle zeigt die gruppenspezifisch geordneten Ergebnisse zu diesen zwei Fragen. Wie zu sehen ist, liegen alle berechneten Durchschnittswerte eher im unteren Bereich der zehnstufigen Skala.

Tabelle 12: Auswertung der Fragen 3 und 4 des Beobachterinnen-Fragebogens

Frage	AB	Si	MifP
3. Als wie <u>attraktiv</u> schätzen Sie diesen Mann vor dem Gespräch ein? [Zehnstufige Skala von „sehr unattraktiv" (1) bis „sehr attraktiv" (10)]	3,2 SD=1,76	4,2 SD=2,13	4,6 SD=2,13
4. Wie ist der Proband <u>gekleidet</u>? [Zehnstufige Skala von „unvorteilhaft gekleidet" (1) bis „vorteilhaft gekleidet" (10)]	4,1 SD=2,45	4,9 SD=2,50	5,0 SD=2,37

Die Ergebnisse zur *Attraktivität* der Probanden zeigen eine aufsteigende Reihenfolge der Ergebnisse: Männer in festen Partnerschaften werden auf Basis des nonverbalen Eindrucks als attraktiver bewertet als die Single-Männer, wobei hier lediglich 0,4 Durchschnitts-Punkte zwischen den Stichprobengruppen liegen. Mit einem ganzen Durchschnittspunkt ist der Abstand zwischen den Single-Männern und Absoluten Beginnern sehr viel deutlicher. Bei dem recht niedrigen Wert der Absoluten Beginner sei zudem auf das Streuungsmaß der Standardabweichung (SD=1,76) hingewiesen, welches anzeigt, dass hier die Werte weniger stark um den arithmetischen Mittelwert (von 3,2 Punkten) streuen als bei den anderen Stichprobengruppen (SD=2,13). Mit anderen Worten: Die Einschätzung der Attraktivität variiert bei den Absoluten Beginnern auch weniger stark.

Wie schon in der Frage, warum Probanden als potentielle Partner in Betracht gezogen werden oder nicht, zeigt sich hier erneut ein Widerspruch zum „ersten Eindruck", bei dem die Absoluten Beginner am seltensten als unattraktiv beschrieben werden. Gerade die explizite Frage nach der Attraktivität der Probanden macht noch einmal deutlich, dass die Absoluten Beginner seitens der Beobachterinnen als *unattraktiver* eingeschätzt werden als die Single-Männer und Männer in fester Partnerschaft.

Interessant ist in diesem Zusammenhang auch ein Vergleich mit der Selbsteinschätzung der Probanden. Wie bereits in Kapitel 8.2 aufgezeigt, schätzen die Absoluten Beginner ihre Attraktivität mit durchschnittlich 5,5 Punkten (SD=1,43) ein, während sich die Single-Männer ($\bar{x}$=6,33, SD=1,33) und Männer in fester Partnerschaft ($\bar{x}$=7,24, SD=0,66) als nochmals attraktiver einschätzen. Mit Blick auf die obige Tabelle bestätigen die Beobachterinnen diese Reihenfolge, wobei die Fremdeinschätzungen auf insgesamt deutlich niedrigerem Niveau rangieren: In der Regel überschätzen die Probanden ihre Attraktivität. Die Abweichungen zwischen Selbst- und Fremdeinschätzung (AB: 2,3 Punkte, Si: 2,13 Punkte, MifP: 2,64 Punkte) liegen bei allen drei Stichprobengruppen auf ähnlichem Niveau, wobei sie bei den Männern in fester Partnerschaft am höchsten ausfällt.

Bei der Bewertung der *Kleidung* liegen die Single-Männer und Männer in festen Partnerschaften fast gleich auf, während die Absoluten Beginner mit 0,8 Punkten Abstand zu den Single-Männern vergleichsweise „unvorteilhafter" gekleidet sind.

Hier besteht ein Widerspruch zur Auswertung der Gründe, weshalb die Beobachterinnen Männer als potentielle Partner ablehnen: Dass hier die Männer in festen Partnerschaften etwas häufiger aufgrund ihrer unvorteilhaften Kleidung abgelehnt werden, scheint noch lange kein Indiz dafür zu sein, dass sie im Durchschnitt schlechter angezogen sind. Ganz im Gegenteil – Bei der direkten Bewertung ihrer Kleidung erreichen sie hier den höchsten Durchschnittswert.

8.5.4 Der Gang zum Tisch des Lockvogels

Die erste Seite des Fragebogens schließt mit der „Frage 5", in der die Beobachterinnen auf bipolaren Skalen einschätzen sollen, ob der jeweilige Proband eher „entschlossen" oder „zögerlich" wirkt und ob sein Gang (zu Franziskas Tisch) eher als „locker" oder „angespannt" zu bezeichnen ist. Beide Skalen wurden im Rahmen des Pretests entwickelt und in den ersten Abschnitt des Fragebogens vorgezogen, da sie sich auf den nonverbalen Abschnitt der Anbahnungsversuche beziehen.

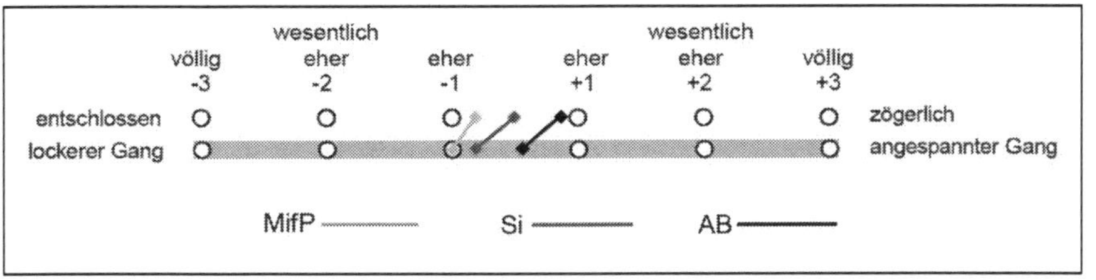

Abbildung 48: Auswertung der bipolaren Skalen zur Frage 5

Wie sich zeigt, konzentrieren sich die Durchschnittswerte aller drei Stichprobengruppen in der Mitte der Skalen. Leichte Tendenzen lassen sich dennoch ausmachen: So wirken die Absoluten Beginner bei Betreten des Raumes, dem Lesen der Anweisungen und ihrem Gang zu Franziskas Tisch mit 3,9 Punkten (SD=1,48) „eher" zögerlich. Die Single-Männer treffen mit 3,5 Punkten (SD=1,46) genau die Mitte der Skala, eine Tendenz zwischen „entschlossen" und „zögerlich" ist bei ihnen also nicht auszumachen. Die Männer in festen Partnerschaften wirken mit 3,2 (SD=1,42) Punkten hingegen eher entschlossen als zögerlich, auch wenn dies nur eine leichte Tendenz ist.

Der Gang, den die Probanden auf dem Weg von der Eingangstür bis zu Franziskas Tisch zeigen, ist insbesondere bei den Männern in fester Partnerschaft als „locker" zu beschreiben. Sie erhalten hier mit 3,0 Punkten (SD=1,31) den niedrigsten Durchschnittswert, mit knappem Abstand folgen die Single-Männer mit 3,2 Punkten (SD=1,28), mit wiederum etwas größerem die Absoluten Beginner. Ihr Durchschnittswert liegt leicht rechts des Mittelpunktes ($\bar{x}$=3,6, SD=1,53), von einer Tendenz in Richtung eines „angespannten Gangs" kann dennoch nicht die Rede sein.

Die Frage, ob sich die Probanden eher „entschlossen" oder „zögerlich" verhalten, ist im Rahmen der Auswertung die erste, die sich zusätzlich mit „objektiv" messbaren, „harten Kriterien" untermauern lässt. Dazu wird bei jedem Probanden die Zeit gestoppt, die zwischen Betreten des Raumes und seiner ersten verbalen Äußerung vergeht. Innerhalb dieses Zeitintervalls wird zusätzlich die Zeitspanne gemessen, die der Proband zum Lesen der Anweisungen benötigt, und die Zeit, die er für den Weg von der Tür zu Franziskas Tisch benötigt. Letzteres Zeitintervall wird durch die Zeit zwischen dem Ablegen des Briefes (mit den Anweisungen) und der ersten verbalen

Äußerung gemessen. Die folgende Tabelle gibt eine Übersicht über die durchschnittlich gemessenen Zeiten in Sekunden.

Tabelle 13: Zeitmessungen (in Sekunden)

	AB	**Si**	**MifP**
Zeit zwischen Betreten des Raums und dem ersten Wort	31,90 **SD=13,14**	22,75 **SD=10,54**	22,18 SD=5,53
Dauer des Lesens der Anweisungen	15,91 **SD=11,32**	8,44 SD=3,56	8,35 SD=2,96
Zeit zwischen Ablegen des Briefes und erstem Wort	6,93 SD=1,18	8,14 **SD=8,48**	5,91 SD=1,61

Bevor diese Zahlen jedoch weiter erläutert werden, möchte ich darauf hinweisen, dass es sowohl in der Stichprobengruppe der Absoluten Beginner als auch in derjenigen der Single-Männer einen Probanden gibt, der als „Ausreißer" die arithmetischen Mittelwerte jeweils stark verzerrt. Die extrem hohen Werte der Standardabweichungen (fett markiert) weisen bereits darauf hin.

Bei der Experiment-Durchführung fällt ein Proband der Absoluten Beginner „aus dem Rahmen", da er nicht direkt hinter der Eingangstür stehen bleibt, sondern zunächst in die quer gegenüberliegende Ecke des Raumes geht, um *dort* die Anweisungen zu lesen. Anschließend kehrt er zur Eingangstür zurück, legt den Brief mit den Anweisungen auf dem dafür vorgesehenen Beistelltisch ab und startet seinen Anbahnungsversuch. Für das Lesen der Anweisungen benötigt er ganze 45 Sekunden Zeit, die Zeit zwischen dem Betreten des Raumes und dem ersten Wort fällt mit 66,4 Sekunden ebenfalls extrem hoch aus.

Bei den Single-Männern fällt der „Ausreißer"-Proband dadurch aus dem regulären Experiment-Ablauf heraus, dass er nach dem regulären Lesen der Anweisungen nicht direkt den Anbahnungsversuch einleitet, sondern sich erst in aller Ruhe im Raum umsieht und sich auf einem Sofa neben der Eingangstür setzt. Erst als er sieht, dass er von Franziska beobachtet wird und das Gespräch offensichtlich nicht länger hinauszögern kann, leitet er den Anbahnungsversuch ein. Insgesamt vergehen bei ihm zwischen Betreten des Raumes und dem ersten Wort 57,6 Sekunden, die Zeit zwischen dem Ablegen des Briefes und erstem Wort beträgt 41,4 Sekunden. Da die anderen

Probanden für das erste Zeitintervall zwischen 20-30 Sekunden benötigen und für das zweite Zeitintervall etwa sechs bis zehn Sekunden, handelt es sich hier ebenfalls um einen extremen „Ausreißer".

Nimmt man die Extremwerte beider Probanden aus der Auswertung heraus, da deren Anbahnungsabläufe nicht mit denen der anderen Probanden vergleichbar sind, ergeben sich folgende Werte:

Tabelle 14: Zeitmessungen ohne die Ausreißer
(die neu berechneten Werte sind mit einem * versehen)

	AB	**Si**	**MifP**
Zeit zwischen Betreten des Raumes und dem ersten Wort	28,07* SD=5,40*	20,71* SD=6,15*	22,18 SD=5,53
Dauer des Lesens der Anweisungen	12,68* SD=5,17*	8,44 SD=3,56	8,35 SD=2,96
Zeit zwischen Ablegen des Briefes und erstem Wort	6,93 SD=1,18	6,19* SD=1,86*	5,91 SD=1,61

Für alle drei gemessenen Abschnitte des Experimentablaufs benötigen die Absoluten Beginner am meisten Zeit: Sie verbringen im Durchschnitt vier Sekunden mehr Zeit mit dem Lesen der Anweisungen, auch für den Weg von der Eingangstür bis zu Franziskas Tisch benötigen sie 0,8 bis eine Sekunde länger als die partnerschaftlich erfahrenen Probanden. Auch die übergelagerte Kategorie, welche sich auf die gesamte Zeitspanne zwischen dem Betreten der Cafésituation und der ersten verbalen Äußerung bezieht, unterstreicht den Eindruck der Beobachterinnen, dass sich Absolute Beginner zu Beginn des Anbahnungsversuches „eher zögerlich" verhalten. Verglichen mit den Männern in fester Partnerschaft benötigen sie für diesen Ablauf über 25% mehr Zeit, verglichen mit den Single-Männern über 35% mehr Zeit. Die subjektiven Urteile der Beobachterinnen lassen sich somit anhand „harter" Zahlen bestätigen.

8.5.5 Die Pretest-Skalen

Die Erinnerung vorweg geschickt, dass sich die folgenden Ergebnisse auch auf das *verbale* Kommunikationsverhalten der Probanden beziehen, springt der Auswertungsfokus nun ans Ende des Beobachterinnen-Fragebogens zu den Skalen, die im Rahmen des Pretest herausgearbeitet werden konnten. Für die folgende Grafik wurden die in der Fragebogenkonzeption bewusst umgepolten Skalen wieder in ihre Ursprungsform zurückgeführt, um einen besseren Vergleich zwischen den Stichprobengruppen zu ermöglichen.

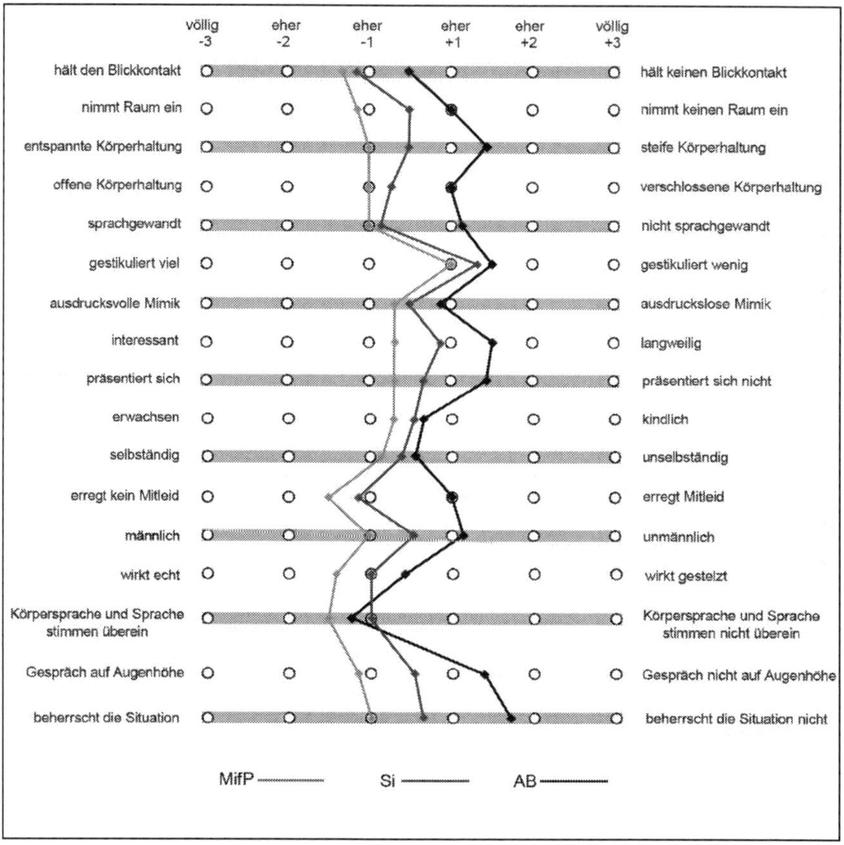

Abbildung 49: Graphische Auswertung der Pretest-Skalen

Mit Blick auf die Ergebnisse fällt auf, dass es mit Ausnahme der Übereinstimmung von Sprache und Körpersprache der Probanden keine Skala gibt, bei der die Absoluten Beginner *nicht* die höchsten Durchschnittswerte erreichen. Ihre Kurve verläuft durchgängig im rechten Bereich der Ergebnisgrafik. Single-Männer belegen in der Regel den mittleren Platz, während die Skalen-Durchschnittswerte der Männer in fester Partnerschaft meist in der linken Hälfte verlaufen.

Ohne der späteren Diskussion der Ergebnisse vorgreifen zu wollen, soll bereits an dieser Stelle aufgezeigt werden, dass einige der folgenden Ergebnisse auf Basis der Pretest-Skalen als eine erneute Bestätigung der Hypothese 1a interpretiert werden können, da sich die hier abgefragten kommunikativen Verhaltensweisen laut Asendorpf (1989) auch zur Operationalisierung von Schüchternheit eignen. Hierzu zählen insbesondere die Schwierigkeiten beim Aufrechterhalten des Blickkontakts, die verschlossene Körperhaltung und ein geringes Ausmaß sprachbegleitender Gestik (vgl. Asendorpf 1989, S.219).

Absolute Beginner haben im Rahmen des Experiments offensichtlich größere Schwierigkeiten damit, den *Blickkontakt* mit ihrer Gesprächspartnerin aufrecht zu halten. Im Vergleich zu den anderen Stichprobengruppen erreichen sie hier durchschnittlich 3,5 Punkte, während die Single-Männer 2,9 Punkte und Männer in festen Partnerschaften 2,7 Punkte erreichen (siehe Tabelle 13). Einschränkend muss jedoch erwähnt werden, dass der Wert von 3,5 Punkten genau in der Skalenmitte liegt: Auch wenn die Absoluten Beginner größere Probleme mit dem Aufrechterhalten des Blickkontakts haben als die anderen Probanden, so zeigt ihr Durchschnittswert streng genommen noch keine klare Tendenz an.

Tabelle 15: Arithmetische Mittelwerte und Standardabweichungen bei den Pretest-Skalen

		AB		**Si**		**MifP**	
Skala		$\bar{X}$	SD	$\bar{X}$	SD	$\bar{X}$	SD
7-1	hält Blickkontakt - hält keinen Blickkontakt	**3,5**	1,45	**2,9**	1,36	**2,7**	1,25
7-2	nimmt Raum ein - nimmt keinen Raum ein	**4,0**	1,47	**3,5**	1,30	**2,9**	1,11
7-3	entspannte Körperhaltung - steife Körperhaltung	**4,4**	1,17	**3,5**	1,33	**3,0**	1,19
7-4	offene Körperhaltung - verschlossene Körperhaltung	**4,0**	1,38	**3,3**	1,26	**3,0**	1,07
7-5	sprachgewandt - nicht sprachgewandt	**4,1**	1,39	**3,1**	1,31	**3,0**	1,28
7-6	gestikuliert viel - gestikuliert wenig	**4,5**	1,27	**4,3**	1,13	**4,0**	1,11
7-7	ausdrucksvolle Mimik - ausdruckslose Mimik	**3,9**	1,41	**3,5**	1,23	**3,3**	1,31
7-8	interessant - langweilig	**4,5**	1,35	**3,9**	1,26	**3,3**	1,32
7-9	präsentiert sich - präsentiert sich nicht	**4,4**	1,38	**3,7**	1,34	**3,3**	1,20
7-10	erwachsen - kindlich	**3,7**	1,32	**3,6**	1,32	**3,3**	1,29
7-11	selbständig - unselbständig	**3,6**	1,41	**3,4**	1,32	**3,1**	1,14
7-12	erregt kein Mitleid - erregt Mitleid	**4,0**	1,78	**2,9**	1,53	**2,5**	1,39

7-13	männlich - unmännlich	**4,1** 1,41	**3,5** 1,34	**3,0** 1,24
7-14	wirkt echt - wirkt gestelzt	**3,4** 1,69	**3,0** 1,41	**2,6** 1,29
7-15	Körpersprache und Sprache stimmen überein - Körpersprache und Sprache stimmen nicht überein	**2,8** 1,39	**3,0** 1,29	**2,5** 1,10
7-16	Gespräch auf Augenhöhe - Gespräch nicht auf Augenhöhe	**4,4** 1,46	**3,5** 1,52	**2,9** 1,37
7-17	beherrscht die Situation - beherrscht die Situation nicht	**4,7** 1,33	**3,6** 1,51	**3,0** 1,42

Zudem nehmen die Absoluten Beginner während des Gesprächs am Tisch weniger *Raum* ein, halten ihre Beine und Arme also eher nah am Körper und letztere zudem eher unterhalb der Tischplatte, anstatt sie auf dem Tisch vor der Gesprächspartnerin abzulegen. Einige der Beobachterinnen sprachen im Anschluss der Auswertung auch davon, dass die Probanden dadurch „kleiner" wirkten, als sie eigentlich sind. Dass das Einnehmen von Raum erwartungsgemäß auch mit einer geöffneten Körperhaltung einhergeht, kann nicht zuletzt anhand einer Interkorrelationstabelle[499] der Pretest-Skalen aufgezeigt werden (siehe Anhang IX). Mit einem Korrelationskoeffizienten von r=0,631 ist der Zusammenhang zwischen diesen zwei Skalen recht stark. Auch die Skala, die abfragt, wie „entspannt" oder „steif" die eingenommene Körperhaltung der Probanden ist, korreliert stark (r=0,658) mit der Einschätzung, wie viel Raum die Probanden einnehmen.

In Einklang mit diesen Korrelationen sind es erneut die Absoluten Beginner, die während des Gesprächs eine eher *verschlossene Körperhaltung* einnehmen. Insbesondere die Körperhaltung der Männer in fester Partnerschaft ist hingegen als „offen" zu bezeichnen, die Single-Männer liegen (auf der Skala) dazwischen. Auch ihre Körperhaltung wird eher als „offen" denn als „verschlossen" gewertet, wobei dies nur eine leichte Tendenz ist.

Bei der Einschätzung, wie *steif* die *Körperhaltung* der Probanden ist, erreichen die Absoluten Beginner mit durchschnittlich 4,4 Punkten einen der höchsten Werte innerhalb der Skalenbatterie. Die Single-Männer liegen auf dem Mittelpunkt zwischen „entspannter" und „steifer" Körperhaltung, die Körperhaltung der Männer in fester Partnerschaft wird eher als „entspannt" eingeschätzt. Neben der bereits angesprochenen Korrelation mit der Skala zur Einschätzung des Raum-Einnehmens weist die Interkorrelationstabelle hier mit

[499] Die Interkorrelationstabelle findet sich in Anhang IX.

r=0,750 zudem eine sehr starke Korrelation mit der zuvor diskutierten Skala zur Einschätzung einer „offenen" bzw. „geschlossenen" Körperhaltung aus: Eine verschlossene Körperhaltung geht offenbar mit einer gewissen Steifheit einher, während eine offene Körperhaltung in der Regel zugleich „entspannt" wirkt.[500]

Hinzu kommt, dass die Absoluten Beginner ihre Anbahnungsversuche weniger stark mit körpersprachlichen Elementen der *Mimik* und *Gestik* begleiten. Die Durchschnittswerte der drei Stichprobengruppen liegen auf diesen Skalen jedoch relativ nah beieinander. Beim Ausmaß der Gesten trennen die Absoluten Beginner nur 0,2 Durchschnittspunkte von den Single-Männern und 0,5 Durchschnittspunkte von den Männern in fester Partnerschaft. Alle diese Werte liegen zudem im rechten Bereich der Skala; keine der drei Stichprobengruppen zeigt also eine klare Tendenz zu sprachbegleitender Gestik. Bei der Einschätzung einer „ausdruckslosen" oder „ausdrucksvollen" Mimik trennen die Absoluten Beginner 0,4 Durchschnittspunkte von den Single-Männern und 0,6 Durchschnittspunkte von den Männern in fester Partnerschaft. Die Mimik der Absoluten Beginner wird seitens der Beobachterinnen also eher als „ausdruckslos" gewertet, während sich bei den Single-Männern keine klare Tendenz abzeichnet. Bei den Männern in fester Partnerschaft zeigt sich hingegen eine leichte Tendenz zur „ausdrucksvollen" Mimik. Bei der Einschätzung der Gestik zeigen sich keine starken Korrelationen mit anderen Skalen. Hingegen korreliert die Skala zur Einschätzung einer „ausdrucksvollen" oder „ausdruckslosen" Mimik mittelstark (*r*=0,548) mit der Einschätzung, ob ein Proband „interessant" oder „langweilig" wirkt.

Bei der *Sprachgewandtheit* liegen die partnerschaftlich erfahrenen Stichprobengruppen sehr nahe beieinander: Single-Männer und Männer in fester Partnerschaft trennen lediglich 0,1 Durchschnittspunkte, der Abstand zu den Absoluten Beginnern ist hingegen deutlich.[501] Der Blick auf die

---

[500] Die aufgezeigten Korrelationen stützen die Stimmigkeit der Ergebnisse und sprechen insgesamt für eine gute und „objektive" Beobachterleistung: Hätten die Beobachterinnen ihre Urteile willkürlich bzw. zufällig abgegeben, wären die Ergebnisse nicht so konsistent.

[501] Da bereits im Zusammenhang mit dem Konstrukt der Extraversion herausgestellt wurde, dass die Absoluten Beginner auf der Skala der „Gesprächigkeit" eher als „schweigsam"

Interkorrelationstabelle zeigt, dass die stärkste Korrelation dieser Skala mit anderen erneut bei der letzten Skala besteht: Sprachgewandtheit und die Fähigkeit, die Situation (kommunikativ) zu beherrschen korrelieren hier mit *r*=0,642.

Bei den Einschätzungen, ob sich ein Proband *präsentiert* oder nicht und ob er *interessant* oder *langweilig* wirkt, weiten sich die Skalen-Abstände zwischen den Stichprobengruppen wieder. Absolute Beginner haben mit durchschnittlich 4,4 Punkten offenbar die größten Schwierigkeiten damit, sich gegenüber ihrer Gesprächspartnerin zu präsentieren. Mit Rückgriff auf die Äußerungen im Rahmen der Pretest-Diskussion würde dies bedeuten, dass sie ihren Oberkörper nicht aufrichten und gleichzeitig eine eher verschlossene Körperhaltung einnehmen. Auch der Blick auf die Interkorrelationstabelle scheint diesen Zusammenhang zu bestätigen: Die „verschlossene Körperhaltung" und die Unfähigkeit, sich zu „präsentieren", korrelieren hier mit immerhin *r*=0,517. Noch höher fällt die Korrelation mit einer „steifen Körperhaltung" aus (*r*=0,574), die höchste Korrelation besteht jedoch mit der Skala, auf der die Probanden als „interessant" oder „langweilig" eingestuft werden. Hier deutet die Korrelation von *r*=0,600 darauf hin, dass je stärker sich ein Proband gegenüber der Gesprächspartnerin präsentiert, desto eher er auch das Interesse der „naiven" Beobachterinnen weckt. Präsentiert sich ein Proband nicht, wirkt er meist zugleich langweilig. Konsistent mit diesen Korrelationen sind es auf dieser Skala erneut die Absoluten Beginner, die als am „langweiligsten" eingeschätzt werden. Allerdings befindet sich auch der Durchschnittswert der Single-Männer eindeutig im rechten Bereich der Skala. Auch sie werden eher als „langweilig" denn als „interessant" eingeschätzt, während die Männer in festen Partnerschaften leicht im „interessanten" Bereich der Skala liegen.

Auf der Skala, mit der die Probanden als *kindlich* oder *erwachsen* eingeschätzt werden sollen, liegen die Durchschnittswerte der drei Stichprobengruppen wieder recht nah beieinander. Die Absoluten Beginner werden eher als „kindlich" eingeschätzt, wobei der Abstand zu den Single-Männern äußerst gering ist. Die Männer in fester Partnerschaft liegen knapp im „erwachsenen"

---

denn als „gesprächig" eingeschätzt werden (vgl. Kapitel 8.3), sollte dieser Befund nicht überraschen.

Bereich der Skala. Zu diesen Ergebnissen muss jedoch erneut angemerkt werden, dass die Absoluten Beginner im Schnitt fast drei Jahre älter sind als die Probanden der anderen Stichprobengruppen – trotzdem werden sie im Vergleich zu den anderen Probanden als „kindlicher" eingeschätzt. Dass diese Einschätzung auch eine Relevanz für die Frage hat, weshalb sie von den „naiven" Beobachterinnen nicht als potentielle Partner in Betracht gezogen werden, ist bereits im Rahmen der Ergebnisse zur Hypothese 1b angeklungen (vgl. Kapitel 8.4). Der Blick auf die Interkorrelationstabelle zeigt zwei recht hohe Korrelationskoeffizienten mit den noch nicht besprochenen Skalen der „Selbständigkeit/Unselbständigkeit" (r=0,681) und „Männlichkeit/Unmännlichkeit" (r=0,675). „Kindlich" wirkende Männer werden demnach auch häufig als „unselbständig" und „unmännlich" wahrgenommen, während „erwachsen" wirkende Männer in der Regel als „selbständig" und „männlich" eingeschätzt werden.

Auch bei der Skala, als wie *selbständig* bzw. *unselbständig* die Probanden eingeschätzt werden, liegen die Durchschnittswerte der drei Stichprobengruppen weiterhin recht nah beieinander. Die Korrelation mit der Skala „erwachsen/kindlich" (r=0,681) wurde bereits erwähnt, die etwas schwächeren Korrelationen sollen im Zusammenhang mit den weiter unten aufgeführten Skalen erwähnt werden.

Klare Unterschiede zwischen den Stichprobengruppen zeigen sich wieder bei der Frage, als wie mitleidserregend die Probanden eingeschätzt werden. Absolute Beginner erreichen hier mit 4,0 Punkten einen recht hohen Durchschnittswert, während die Single-Männer auf 2,9 Punkte und die Männer in fester Partnerschaft nur auf 2,5 Punkte kommen. Ein hohes Maß an empfundenem *Mitleid* mit dem Probanden korreliert vor allem mit der Einschätzung von dessen Selbständigkeit (r=0,604), Männlichkeit (r=0,640), wie sehr er die Situation beherrscht (r=0,681) und in der Lage ist, ein Gespräch auf Augenhöhe zu führen (r=0,633).

Bei der Einschätzung, als wie *männlich* bzw. maskulin die Probanden wirken, nehmen die Single-Männer eine indifferente Mittelposition ein. Mit fast identischen Abweichungen liegen die Durchschnittswerte der Absoluten Beginner rechts und die Männer in fester Partnerschaft links davon. Letztere

Probanden werden demnach als besonders „männlich“ eingeschätzt, während die Absoluten Beginner eher „unmännlich“ wirken. Dass die Einschätzung der „Männlichkeit“ recht stark mit der Einschätzung korreliert, als wie „erwachsen“ oder „kindlich“ ein Proband wirkt und wie viel Mitleid er erweckt, wurde bereits angesprochen. Weitere starke Korrelationen zeigen sich jedoch auch mit den Skalen zur Einschätzung der Selbständigkeit (r=0,611) und den Fähigkeiten, das Gespräch auf Augenhöhe zu führen (r=0,618) sowie die Situation (kommunikativ) zu beherrschen (r=0,656).

Auf der Skala, die mit den Adjektiven *echt* und *gestelzt* zu erfassen versucht, wie authentisch die Probanden in ihrem Anbahnungsverhalten wirken, liegen die Durchschnittswerte aller Stichprobengruppen im linken Bereich der Skala. Insgesamt wirken alle Probanden also eher „echt“ als „gestelzt“, wobei die Männer in festen Partnerschaften am authentischsten wirken und die Absoluten Beginner nahe am indifferenten Mittelpunkt der Skala liegen. Dazwischen liegen die Single-Männer. Mit Blick auf die Interkorrelationstabelle zeigen sich keine Korrelationen mit anderen Skalen, bei denen der Korrelationskoeffizient oberhalb von r=0,6 liegt.

Auch die nächste Skala kreist um die Einschätzung der Authentizität, indem sie die *Übereinstimmung von Körpersprache und Sprache* der Probanden abfragt. Wie bereits erwähnt, ist es die einzige Skala, bei der die Absoluten Beginner *nicht* den höchsten Durchschnittswert erzielen: Mit 3,0 Punkten sind es hier die Single-Männer. Links davon liegen die Absoluten Beginner mit 2,8 Punkten und die Männer in festen Partnerschaften mit 2,5 Punkten. Vergleichbar mit der vorigen Skala liegen jedoch alle Werte im linken Bereich: Auch wenn die Single-Männer also eine nicht ganz so hohe Übereinstimmung von Körpersprache und Sprache zeigen, kann dieser Zusammenhang dennoch nicht als „unstimmig“ bezeichnet werden. Die Interkorrelationstabelle zeigt auf, dass bei dieser Skala kein Korrelationskoeffizient oberhalb von r=0,6 liegt. Mit r=0,503 besteht eine mittelstarke Korrelation mit der vorigen Authentizitäts-Skala („echt“ vs. „gestelzt“).

Bei der Frage, ob das (Anbahnungs-)*Gespräch* aus Sicht der Beobachterinnen *auf Augenhöhe* stattfindet, liegen die Durchschnittswerte der Stichprobengruppen wieder weit auseinander. Die Absoluten Beginner haben offensichtlich die größten Schwierigkeiten damit, ihr Anbahnungsgespräch auf Augenhöhe zu führen; sie liegen mit 4,4 Punkten weit im rechten Bereich der Skala. Die Single-Männer treffen die Mitte der Skala, während die Männer in fester Partnerschaft kaum Schwierigkeiten damit haben, ein Gespräch „auf Augenhöhe" zu führen. Diese Einschätzung korreliert recht hoch mit der Skala, auf welcher der Proband als „interessant" oder „langweilig" eingeschätzt wird (*r*=0,655). Nochmals deutlicher fällt die Korrelation mit der nachfolgenden und zugleich letzten Skala aus, auf der die Beobachterinnen einschätzen, ob der Proband die (Gesprächs-)Situation beherrscht oder nicht. Der Korrelationskoeffizient von *r*=0,809 markiert hier den absoluten Spitzenwert innerhalb der Interkorrelationstabelle. Die Situation (kommunikativ) zu beherrschen und die Fähigkeit, ein Gespräch „auf Augenhöhe" zu führen, hängen aus Sicht der Beobachterinnen klar zusammen.

Die Ergebnisse zur letzten Skala fallen ebenfalls sehr deutlich aus: Mit durchschnittlich 4,7 Punkten erreichen die Absoluten Beginner hier den höchsten Wert innerhalb der gesamten Skalenbatterie. Sie haben aus Sicht der Beobachterinnen die größten Schwierigkeiten damit, die *Situation zu beherrschen*. Die Single-Männer liegen mit 3,6 Punkten minimal rechts des Mittelpunkts, die Männer in festen Partnerschaften mit 3,0 Punkten eindeutig links davon. Neben der extrem starken Korrelation zur Einschätzung, ob der Proband ein „Gespräch auf Augenhöhe" führen kann, bestehen noch vier weitere Korrelationen mit Korrelationskoeffizienten größer als *r*=0,6: Zunächst bestehen Korrelationen von *r*=0,681 zur „Mitleids"-Skala und *r*=0,656 zur „Männlichkeits"-Skala, die bereits oben erwähnt wurden. Ferner besteht eine Korrelation von *r*=0,662 zur Skala, mit welcher die „entspannte" bzw. „steife" Körperhaltung eingeschätzt wird und eine Korrelation von *r*=0,656 mit der Skala, auf der die Probanden als „interessant" bzw. „langweilig" eingeschätzt werden. Probanden, die Schwierigkeiten mit der „kommunikativen" Beherrschung der Gesprächssituation haben, weisen also zugleich häufig eine „steife" Körperhaltung auf, wirken eher „langweilig" als „interessant", erregen Mitleid und wirken weniger männlich. Umgekehrt zeichnen sich die Probanden, welche die Gesprächssituation aus Sicht der Beobachterinnen beherrschen, zugleich durch eine entspannte Körperhaltung aus. Sie wirken eher „interessant“ als „langweilig“, erregen weniger Mitleid und wirken zudem eher „männlich“ als „unmännlich“.

8.5.6 Attraktivitätseinschätzung nach dem Gespräch und weitere „harte“ Kriterien

Die letzte verbleibende Skala des Beobachterinnen-Fragebogens, zu der noch keine Ergebnisse vorgestellt wurden, ist die Attraktivitätseinschätzung der Probanden (Frage 9), die *nach* dem Anbahnungsversuch getroffen wird. Im Gegensatz zur (identisch skalierten) Attraktivitätseinschätzung am Anfang des Fragebogens (Frage 3) schließt diese nun auch das *verbale* Kommunikationsverhalten der Probanden mit ein. Wie bereits im Rahmen der Fragebogenkonzeption beschrieben, sucht der Fragebogen mittels dieser Dopplung nach einem Indikator dafür, ob die Probanden durch ihr Anbahnungsgespräch eher an Attraktivität verloren oder gewonnen haben.

Betrachtet man zunächst *alle* Probanden ohne Unterteilung in einzelne Stichprobengruppen, so zeigt sich fast keine Abweichung vom Ersturteil. Über alle Probanden hinweg liegt die Attraktivitätseinschätzung *vor* dem Gespräch bei durchschnittlich 4,133 Punkten (SD=2,13) und *nach* dem Gespräch bei 4,129 Punkten (SD=2,27).

Aufgeteilt in einzelne Stichprobengruppen lassen sich jedoch Unterschiede erkennen, wie die folgende Tabelle zeigt.

Tabelle 16: Vergleich der Attraktivitätseinschätzungen vor und nach dem Gespräch

Frage	AB	Si	MifP
3. Als wie <u>attraktiv</u> schätzen Sie diesen Mann **vor** dem Gespräch ein? [Zehnstufige Skala von „sehr unattraktiv“ (1) bis „sehr attraktiv“ (10)]	3,1 SD=1,76	4,2 SD=2,13	4,6 SD=2,13
9. Als wie <u>attraktiv</u> schätzen Sie den Probanden **nach** dem Gespräch ein? [Zehnstufige Skala von „sehr unattraktiv“ (1) bis „sehr attraktiv“ (10)]	2,7 SD=1,84	4,1 SD=2,17	4,9 SD=2,21
Abweichung	-0,4	-0,1	+0,3

Im Vergleich zur ersten Einschätzung haben die Absoluten Beginner durchschnittlich 0,4 „Attraktivitätspunkte“ verloren. Auch die Single-Männer haben nach dem Gespräch einen Zehntelpunkt eingebüßt. Hingegen konnten die Männer in fester Partnerschaft ihre erste Attraktivitätseinschätzung noch um 0,3 Punkte erhöhen. Nach dem Anbahnungsgespräch liegen die Attraktivitätseinschätzungen der Stichprobengruppen somit weiter auseinander als zuvor.

Im Anschluss an diese Ergebnisse möchte ich noch die Auswertung der verbleibenden „harten Kriterien" anfügen, die weitere Aspekte des Kommunikationsverhaltens „objektiv" erfassen.

Art der Gesprächseröffnung

Hier wären zunächst die *ersten Sätze* anzuführen, mit denen sich die Probanden bei Franziska vorstellen und fragen, ob sie sich zu ihr setzen dürfen. Der Ablauf „Hallo! Ist hier noch frei?" oder „Hallo. Darf ich mich setzen?" findet sich in leicht abgewandelter Form in allen drei Stichprobengruppen wieder.[502] Auch die Variante, sich mit Namen vorzustellen („Hallo. Ich bin der ...") und einfach Platz zu nehmen, ist in allen Gruppen recht häufig. Die Auflistung dieser ersten Wortwechsel zeigt jedoch auch, dass immerhin vier von zehn Absoluten Beginnern ihre Gesprächspartnerin bereits im ersten Wortwechsel mit „Sie" ansprechen. Von den siebzehn Männern in Partnerschaft tun dies lediglich zwei Probanden und von den achtzehn Single-Männern lediglich ein Proband. Laut den Nachbesprechungen mit den „naiven" Beobachterinnen lässt dieses Siezen zu Beginn des Gesprächs den Eindruck einer „vorsichtigen" Distanz zwischen dem Probanden und seiner Gesprächspartnerin entstehen.

Anzahl der Lacher und Gesprächsdauer

Im weiteren Verlauf unterscheiden sich die Anbahnungsgespräche darin, wie häufig Franziska lacht.[503] In einigen Fällen handelt es sich zwar ganz offensichtlich um „Verlegenheits-Lacher", die zur Überbrückung von Schweigepausen eingesetzt werden. Doch eine trennscharfe Unterscheidung zwischen Franziskas „echten" Lachern und Lachern aus Verlegenheit war in zahlreichen Fällen nicht möglich. Zur besseren Vergleichbarkeit setzt die

[502] Die Auflistung der ersten Sätze findet sich in Anhang VII.

[503] Die Frage, bei welchen Anbahnungsversuchen sie lacht und bei welchen nicht, erwies sich in der Analyse als aussagelos, da sie in *jedem* der Gespräche in irgendeiner Form lachen muss.

folgende Tabelle die Anzahl der Lacher auch ins Verhältnis zur durchschnittlichen Dauer der Anbahnungsversuche.

Tabelle 17: Anzahl der Lacher

	AB	Si	MifP
Ø Anzahl der Lacher	7,0 SD=5,08	8,72 SD=7,51	9,71 SD=5,50
Spannweite	13	27	15
Ø Dauer des Gesprächs	4,58 min. SD=1,38	3,26 min. SD=1,74	3,98 min. SD=2,15
Lacher pro Minute	1,53	2,68	2,44

Schon nominal betrachtet zeigt die Auswertung, dass Franziska im Gespräch mit den Männern in fester Partnerschaft besonders viel lacht, während sie im Gespräch mit den Absoluten Beginnern durchschnittlich 2,71 Mal weniger lacht. Dazwischen liegen die Single-Männer mit durchschnittlich 8,72 Lachern, wobei hier die erhöhte Standardabweichung und die Angabe der Spannweite[504] auf eine deutlich stärkere Streuung in den Werten hinweisen. Die hohe Spannweite von 27 kommt hier zustande, da es in dieser Gruppe Gespräche mit lediglich zwei Lachern, aber auch (zugegebenermaßen längere) Gespräche gibt, in denen Franziska bis zu 29 Mal lachen muss. Umgelegt auf die durchschnittliche Dauer des Anbahnungsgesprächs, welche bei den Single-Männern in der Regel sehr viel kürzer ausfällt als den anderen Probanden, muss Franziska bei den Single-Männern 2,68 Mal in der Minute lachen – etwas häufiger als bei den Männern in fester Partnerschaft und fast doppelt so häufig wie bei den Absoluten Beginnern.

Dass die Gesprächsdauer bei den Single-Männern vergleichsweise kurz ausfällt, ist wohl nicht zuletzt damit zu erklären, dass vergleichsweise viele Probanden dieser Stichprobengruppe „mit der Tür ins Haus“ fallen und Franziska bereits nach wenigen gewechselten Sätzen nach dem gemeinsamen Abendessen fragen. Insgesamt vier Single-Männer schließen ihren Anbahnungsversuch in weniger als zwei Minuten ab, wohingegen dies nur auf zwei Männer in fester Partnerschaft zutrifft. Von den Absoluten Beginnern absolviert keiner der Probanden seinen Anbahnungsversuch

504 Die Spannweite bezeichnet die Distanz zwischen dem größten und kleinsten Messwert.

unterhalb von zwei Minuten. Dass das Anbahnungsverhalten der Single-Männer also häufiger durch eine gewisse „Direktheit“ geprägt ist, die in einigen Fällen auch als „forsch“ empfunden wird, spiegelte sich bereits in den Ergebnissen zur Frage, als wie erfolgversprechend der Anbahnungsversuch der Probanden eingeschätzt wird (vgl. Kapitel 8.4). Auch hier sind es am häufigsten die Single-Männer, deren Anbahnungsversuche aufgrund ihrer „Forschheit“ als erfolglos eingeschätzt werden. Die Gründe, weshalb gerade die Absoluten Beginner so viel Zeit für ihre Anbahnungsversuche brauchen, sollen im Rahmen der späteren Diskussion thematisiert werden.

Automanipulation

Ein weiteres Kriterium zur „objektiven“ Auswertung des Videomaterials betrifft Franziskas Automanipulation während des Gesprächs: Schon im Rahmen des Pretests fiel zwei Frauen auf, dass sich Franziska während des Gesprächs mit einigen Probanden durch die Haare fuhr, sie mit einer ruckartigen Kopfbewegung nach hinten warf („Head Toss“), sich am Kopf kratzte oder auffällig die Ärmel ihrer Bluse justierte. Aus äußerer Betrachtung bleibt natürlich fraglich, ob sich Franziska im Einzelfall nur am Kopf kratzen wollte, ihr die Situation unangenehm war oder dies als Anzeichen von Sympathie für den Probanden interpretiert werden kann. Der Blick auf die Zahlen repliziert jedenfalls die immer wiederkehrende Wert-Rangfolge der Stichprobengruppen.[505]

Tabelle 18: Automanipulation bei welchen Probanden

	AB	Si	MifP
Automanipulation (Ja/Nein)	(1 / 9)	(4 / 14)	(6 / 11)

Bei den Absoluten Beginnern sind Franziskas eigene Körperberührungen nur in einem Gespräch festzustellen, bei den Single-Männern bereits in vier und bei den Männern in fester Partnerschaft in sechs. In letzterer Gruppe gibt es zudem einen Probanden, bei dem sie sich während des Gesprächs gleich

[505] Dabei wurden folgende Verhaltensweisen als Automanipulation gewertet: Spiel mit den Haarspitzen, Hochschieben der Ärmel, Ruckartiges Zurückwerfen der Haare („Head Toss“), Zurückstreichen der Haare, Kratzen am Kopf oder an den Unterarmen, Berührung der Oberschenkel.

zweimal durch die Haare fährt, was bei keinem der anderen Probanden vorkommt.

Verhältnis offener zu geschlossenen Fragen

Die Anzahl offener und geschlossener Fragen, welche die Probanden jeweils innerhalb ihrer Anbahnungsgespräche verwenden, eignet sich ebenfalls zur Analyse der Videosequenzen. Dass es sich bei diesem Verhältnis um ein interessantes Diskriminationsmerkmal handeln könnte, wurde beim Pretest insbesondere durch einige wenige Probanden deutlich, die gewissermaßen einen „Katalog" geschlossener Fragen abklappern, während andere bereits mit einer offenen Frage in das Gespräch einsteigen. Unterteilt nach Stichprobengruppen führt die folgende Tabelle die durchschnittliche Anzahl geschlossener und offener Fragen auf.

Tabelle 19: Durchschnittliche Anzahl geschlossener und offener Fragen

	AB	**Si**	**MifP**
Ø Anzahl geschlossener Fragen	5,7 SD=3,80	5,6 SD=2,75	5,1 SD=2,55
Ø Anzahl offener Fragen	3,5 SD=2,51	4,1 SD=2,63	4,6 SD=2,18
Verhältnis	1,63	1,35	1,12
Ø Anzahl aller Fragen	9,2	9,7	9,7

Bei der Anzahl der *geschlossenen* Fragen zeigt sich zwischen den Single-Männern und Absoluten Beginnern nur ein minimaler Unterschied. Deutlicher ist er beim Vergleich dieser Stichprobengruppen mit den Männern in fester Partnerschaft, die im Durchschnitt etwa 9% (5,1/5,6) weniger geschlossene Fragen stellen als die Single-Männer. Die erhöhte Standardabweichung bei den Absoluten Beginnern (SD=3,80) ist indes darauf zurückzuführen, dass hier zwei Probanden nur eine einzige geschlossene Frage stellen, während bei zwei anderen Probanden ganze zehn geschlossene Fragen gezählt werden.

Im Gegensatz zu den geschlossenen Fragen liegen die Single-Männer und Absoluten Beginner in der Kategorie der *offenen* Fragen deutlich weiter auseinander: Erstgenannte Gruppe stellt etwa 17% (4,1/3,5) mehr offene Fragen. Noch größer ist der Abstand zwischen Absoluten Beginnern und den

Männern in fester Partnerschaft. Hier beträgt der prozentuale Unterschied über 31% (4,6/3,5).

Diese Unterschiede spiegeln sich entsprechend in den berechneten Verhältnissen von geschlossenen zu offenen Fragen wider. Hier kommen die Absoluten Beginner auf einen Quotienten von 1,63, die Single-Männer auf 1,35 und die Männer in fester Partnerschaft auf 1,12. Auch wenn in allen drei Stichprobengruppen die Anzahl geschlossener Fragen die der offenen überwiegt, so liegt das Verhältnis bei den partnerschaftlich erfahrenen Stichprobengruppen näher am Gleichgewicht.

Ergänzend soll ein Blick auf die durchschnittliche Anzahl *aller* Fragen geworfen werden, die sich aus der simplen Addition der geschlossenen und offenen Fragen ergibt. Nähme man diese als brauchbaren Indikator für die Gesprächigkeit der Probanden, so lägen die Single-Männer und Männer in fester Partnerschaft gleichauf, während die Absoluten Beginner als etwas weniger gesprächig eingestuft werden könnten. Betrachtet man die Anzahl aller Fragen jedoch unter Hinzunahme der durchschnittlichen Gesprächsdauer, so ändert sich die Rangfolge: Am gesprächigsten wären nach dieser Rechnung die Single-Männer mit 2,97 (9,7/3,26) Fragen pro Minute, gefolgt von den Männern in fester Partnerschaft mit 2,43 (9,7/3,98) Fragen pro Minute und den Absoluten Beginnern mit 2,02 (9,2/4,57) Fragen pro Minute.

Aussprechen der Einladung zum gemeinsamen Abendessen

Wie in Kapitel 6.7 zum Ablauf des Experiments beschrieben, werden die Probanden durch den Zettel innerhalb des Briefumschlags explizit aufgefordert, Franziska für ein gemeinsames Abendessen zu gewinnen. Einige der Probanden scheinen dieses Ziel jedoch während des Gesprächs aus den Augen zu verlieren – jedenfalls schaffen sie es am Ende ihrer Anbahnungsgespräche nicht, die Einladung auszusprechen.[506] In diesem Fall enden die Gespräche damit, dass Franziska nach dem Entstehen einer Schweigepause dem Probanden durch ein „Ja...gut..." oder „Ja, dann..." (und einer bewusst gesetzten neuen Schweigepause) eine letzte Chance gibt, die Einladung auszusprechen. Tut er dies nicht, bedankt sie sich für das Gespräch

[506] Aufgrund der späteren Videosequenz-Limitierung auf die ersten 60-80 Sekunden konnten nur die Pretest-Kandidatinnen diese Beobachtung machen.

und verabschiedet ihn mit den Worten „Gut! Ich glaube, dann bist du schon fertig. Du kannst hier rechts hinausgehen."

Die folgende Tabelle gibt Auskunft darüber, welchen Stichprobengruppen die jeweiligen Probanden zuzuordnen sind, die die Einladung zum gemeinsamen Abendessen nicht aussprechen. Dabei wird in den Fällen, in denen die Probanden bspw. eine Einladung zum Kaffee trinken, für einen Kinobesuch oder für ein unverbindliches Treffen vereinbaren, die Einladung als „ausgesprochen" gewertet. Nur wenn das Gespräch gewissermaßen im „Nichts" endet und es keine Aussicht auf eine gemeinsame Aktion in der Zukunft gibt, wird die Einladung als „unausgesprochen" gewertet.

Tabelle 20: Wer spricht die Einladung aus?

	AB	**Si**	**MifP**
Spricht die Einladung aus? (Ja/Nein)	(8 / 2)	(16 / 2)	(15/ 2*)

Interessanterweise gibt es in jeder Stichprobengruppe zwei Probanden, welche die Experimentvorgabe nicht erfüllen. Selbst bei den Männern in festen Partnerschaften, wobei das „*" auf den einmaligen Fall hinweisen soll, dass hier ein Proband zwar das Gespräch in Richtung einer Einladung lenkt und erste Andeutungen macht, es aber schließlich *Franziska* ist, die ein gemeinsames Abendessen vorschlägt. Bei Betrachtung des Gesprächs liegt es sehr nahe, dass der Proband kurz davor war, die Einladung selbst auszusprechen; streng genommen hat er dies jedoch nicht getan, weshalb auch die Männer in fester Partnerschaft auf zwei unausgesprochene Einladungen kommen. Insgesamt bleibt der Vergleich der Stichprobengruppen damit recht aussagelos, wobei dennoch bemerkenswert ist, dass es einige der Probanden nicht schaffen, die zentrale - und einzige - Experimentvorgabe zu erfüllen.

Lohnender ist hingegen ein Blick auf die *Formulierungen*, mit denen die Probanden Franziska zum gemeinsamen Abendessen einladen. Deren Auflistung[507] zeigt ein paar wesentliche Unterschiede zwischen den Stichprobengruppen, die im Folgenden anhand von Beispielen belegt werden sollen. In diesem Kontext der „harten Kriterien" möchte ich jedoch anmerken,

[507] Siehe hierzu Anhang VIII.

dass hierzu eine gewisse subjektive Interpretationsleistung nötig ist, ohne welche diese Unterschiede nicht herausgestellt werden könnten.

Zunächst fällt auf, dass insbesondere die Absoluten Beginner sich sehr gewählt, artikuliert und sprachlich „sauber“ ausdrücken. Hierzu sei zunächst ein Beispiel herausgegriffen:

P: Was machst du denn heute Abend?
F: Bis jetzt habe ich noch nichts vor.
P: Bis jetzt hast du noch nichts vor?
F: (bestätigend) Hm.
P: Darf ich dich…könnt ich dich heute Abend auf ein Essen einladen?

Wort-Überblendungen, wie sie die Single-Männer und Männer in fester Partnerschaft etwa verwenden, sucht man hingegen vergebens. Beispiele hierfür wären:

„auf'm Campus irgendwie mal…auf'n Kaffee treffen“,
„'Nen Abendessen zu zweit?“ oder
„Ja, hättste vielleicht Lust…“.

Weiterhin gibt es zwei Probanden, die ihre Einladung mit Sympathiebekundungen und Komplimenten verflechten, wie etwa im folgenden Beispiel eines Single-Mannes, der den unverbindlichen „Smalltalk“ nach einigen Minuten recht abrupt beendet und zur Einladung übergeht:

P: Aber mal 'ne ganz andere Frage…
F: Ja!
P: Hättest du vielleicht Lust, mal mit mir so was zu machen? Weil…du kommst echt nett rüber jetzt.
F: (lacht) Ja! Danke!
P: Ich fall vielleicht jetzt etwas mit der Tür ins Haus, aber…
F: (lacht) Ja, klar, können wir einfach noch mal was essen gehen.
P: Das fände ich schön!

Im zweiten Beispiel spricht der Proband die Einladung inklusive der Sympathiebekundung bereits nach wenigen Sekunden aus, ohne dass sich zuvor ein Gespräch entwickelt hätte. Auch hier handelt es sich um einen Single-Mann:

P: Ja, der Grund, warum ich hier bin...ich bin durch die Tür rein gekommen irgendwie und dann habe ich Sie gesehen...

F: (bestätigend) Hm.

P: Und ja...dann dachte ich so: Das ist eine sympathische Frau. Mit der würde ich gerne mal essen gehen.

In der Regel lassen bereits nonverbale Elemente wie ein Augenzwinkern, Lächeln oder eine zugeneigte Körperhaltung der Probanden die Sympathie für ihre Gesprächspartnerin erkennen. Explizite Sympathiebekundungen im Zusammenhang mit der Einladung finden sich jedoch nur bei diesen zwei Probanden, die zu den Single-Männern gehören.

Das zuletzt aufgeführte Beispiel verdeutlicht gleichfalls die „Forschheit" einiger Single-Männer, die im Rahmen der Auswertung bereits an einigen Stellen angesprochen wurde. Obwohl die Strategie, die Einladung bereits innerhalb der ersten Sekunden auszusprechen, meist von den Single-Männern angewandt wird, gibt es auch einen Mann in fester Partnerschaft, der die Einladung direkt am Anfang des Gesprächs ausspricht:

P: Ich bin der [NAME]...

F: Hallo, ich bin die [Name].

P: ...ja, ich wollte gerne mal fragen, ob du dich vielleicht mal mit mir treffen möchtest?

Darüber hinaus lässt sich an der Einladungsformulierung eines Absoluten Beginners erkennen, dass er in diesem Gesprächsabschnitt offensichtlich ins Stocken gerät. Er beginnt leicht zu stottern, obwohl er während des vorigen Gesprächsverlaufs keine Störung des Redeflusses zeigte.

P: Ja...(Pause)...hätten Sie denn Interesse, ähm...nachher noch ...mit mir e..(stotternd)..essen zu gehen?

An dieser Stelle möchte ich anmerken, dass es auch einen Absoluten Beginner gibt, der während des gesamten Gesprächs stark stottert. Interessanterweise spricht er die Einladung zum Abendessen hingegen flüssig aus.

Kopfposition beim Aussprechen der Einladung

Als letztes „hartes“ Kriterium sei die Kopfposition der Probanden angesprochen, die sie beim Aussprechen der Einladung zeigen. Als ob sie eine gewisse Unterwürfigkeit oder Harmlosigkeit signalisieren wollten, legen einige der Probanden den Kopf zur Seite, so dass sie ihren Hals frei legen und mit ihrem einen Ohr fast die Schulter berühren. Andere Probanden behalten beim Aussprechen der Einladung hingegen eine gerade Kopfposition bei. Aus Sicht der Pretest-Beobachterinnen waren diese interindividuellen Unterschiede sehr offensichtlich.

Nach Stichprobengruppen geordnet, zeigt die folgende Tabelle, wie viele Probanden beim Aussprechen der Einladung jeweils eine gerade oder schiefe Kopfposition einnehmen. Die Probanden, welche die Einladung *nicht* aussprechen (jeweils zwei Probanden pro Stichprobengruppe), sind bei dieser Auswertung ausgeklammert.

Tabelle 21: Kopfhaltung beim Aussprechen der Einladung

	AB	**Si**	**MifP**
Gerade Kopfhaltung	6	11	8
Schiefe Kopfhaltung	2	5	7

Während von den Absoluten Beginnern nur zwei Probanden (25%) den Kopf schief legen, sind es bei den Single-Männern bereits fünf (31,3%) und bei den Männern in fester Partnerschaft sieben Probanden (46,7%). Die Bedeutung dieses Befundes soll im Rahmen der Diskussion unter Bezugnahme auf die Arbeit von Frey (2000) erörtert werden.

8.5.7 Zusammenfassung

Im Rahmen dieses Kapitels konnten zahlreiche weitere Aspekte aufgezeigt werden, hinsichtlich derer sich die Probanden der drei Stichprobengruppen voneinander unterscheiden. Ein zentraler Befund ist, dass die Absoluten Beginner schon „auf den ersten Blick“, noch bevor sie das erste Wort gesprochen haben, als schüchterner, unreifer und auch unbeholfener eingeschätzt werden als die Single-Männer und Männer in fester Partnerschaft.

Bei der Frage, ob sie als potentielle Partner in Betracht gezogen werden oder nicht, erhalten die letztgenannten Stichprobengruppen doppelt bzw. dreimal so viele Zusagen wie die Absoluten Beginner. Für die Begründung der Zusagen spielen Faktoren wie die wahrgenommene Sympathie, Freundlichkeit und physische Attraktivität der Probanden eine wichtige Rolle. Umgekehrt ist bei der Begründung der Absagen die mangelnde Attraktivität der meistgenannte Faktor. Von großer Bedeutsamkeit für diese Arbeit ist jedoch der Befund, dass die sich bereits nonverbal äußernde Schüchternheit der Probanden bereits der zweit häufigste genannte Faktor ist, um sie als potentielle Partner abzulehnen. Übereinstimmend mit den Befunden der vorigen Kapitel sind es insbesondere die Absoluten Beginner, die aufgrund ihrer Schüchternheit abgelehnt werden.

Hinzu kommt, dass die Absoluten Beginner auch in den gesonderten Attraktivitäts- und Kleidungseinschätzungen das Nachsehen haben. Hier zeigt sich das Muster, dass die Männer in fester Partnerschaft den Spitzenplatz belegen, gefolgt von den Single-Männern und den Absoluten Beginnern.

Auch in den Pretest-Skalen setzt sich dieses Muster fort: Die Absoluten Beginner wirken beim Betreten der Experimentsituation eher zögerlich und zeichnen sich durch einen angespannten Gang zu Franziskas Tisch aus, während die Single-Männer und insbesondere die Männer in fester Partnerschaft eher entschlossen wirken und einen vergleichsweise lockeren Gang zeigen.

Exemplarisch seien auch einige der Pretest-Skalen herausgegriffen, mit denen das Kommunikationsverhalten der Probanden in der Gesprächssituation am Tisch eingeschätzt wird: Hier nehmen die Absoluten Beginner weniger Raum ein, zeigen eine angespannte und verschlossene Körperhaltung und scheinen Schwierigkeiten zu haben, den Blickkontakt zu Franziska aufrecht zu halten. Zudem sind sie wenig sprachgewandt und „präsentieren" sich gegenüber Franziska in geringerem Maße als die Single-Männer und Männer in fester Partnerschaft. Letztere wirken zudem „erwachsener", „männlicher" und „selbständiger" als die Absoluten Beginner - trotz ihres niedrigeren Durchschnittsalters. Auch erregen sie bei den Beobachterinnen deutlich weniger Mitleid und erwecken zudem den Eindruck, das Anbahnungsgespräch auf Augenhöhe führen zu können und die Situation (kommunikativ) zu beherrschen. Auch auf diesen Skalen bilden die Absoluten Beginner mit deutlichem Abstand das Schlusslicht.

Im Einklang mit diesen Befunden zeigt die zweite Attraktivitätseinschätzung, die dem Anbahnungsgespräch nachgelagert ist, dass insbesondere die Absoluten Beginner an Attraktivität eingebüßt haben. In etwas geringerem Maße gilt dies auch für die Single-Männer, wobei die Männer in fester Partnerschaft ihre Attraktivitätseinschätzung nochmals steigern können. Nach dem Anbahnungsgespräch liegen die Attraktivitätseinschätzungen der Stichprobengruppen somit weiter auseinander als zuvor.

Die zahlreichen „harten" Kriterien, deren Auswertung ebenfalls im Rahmen dieses Kapitels präsentiert wurde, möchte ich nur verkürzt ansprechen. Zunächst zeigen sich Unterschiede in der Zeit, welche die Probanden für das Lesen der Anweisungen und ihren Gang zu Franziskas Tisch benötigen. Weitere Unterschiede zeigen sich auch in der Form der Gesprächseröffnung, bei der die sexuell erfahrenen Probanden meist das „Du" verwenden und die Absoluten Beginner vergleichsweise häufiger das „Sie". Weitere Befunde sind, dass die Absoluten Beginner in ihren Gesprächen besonders stark zu geschlossenen Frageformulierungen neigen und beim Aussprechen der Einladung seltener ihren Kopf zur Seite legen als die anderen Probanden.

Auch bei diesen Kriterien zeigt sich somit die gewohnte Abfolge, bei der die Männer in fester Partnerschaft den Spitzenwert erreichen, die Single-Männer eine mittlere Position einnehmen und die Absoluten Beginner das Schlusslicht bilden. Dies gilt auch für die Auswertung von Franziskas Reaktionen auf die Probanden: In Gesprächen mit den Absoluten Beginnern lacht sie am wenigsten und zeigt vergleichsweise selten Gesten der Automanipulation.

8.6 Zur Offenen Frage 2

Lässt sich in den Biographien von Absoluten Beginnern nachweisen, dass diese im Gegensatz zu beziehungserfahrenen Männern weniger Erfahrungen machen konnten mit herausfordernden sowie gegengeschlechtlichen Interaktionssituationen? Mithilfe dieser Fragestellung begibt sich die Arbeit auf die Suche nach möglichen Erklärungen für die zum Teil deutlichen interindividuellen Unterschiede im kommunikativen Anbahnungsverhalten der Probanden, die im Rahmen der vorigen Kapitel aufgezeigt werden konnten.

Im Zentrum dieses Kapitels steht der „Teil B“ des Probanden-Fragebogens, in dem insgesamt 30 Fragen versuchen, eine Art „Kommunikationsbiographie“ der Probanden zu rekonstruieren. Neben den Angaben, in was für einem kommunikativen Umfeld die Probanden aufwuchsen und welche (kommunikativ) entwicklungsrelevanten Erfahrungen sie bereits machen konnten, werden sie auch zu bestimmten kommunikativen Fähigkeiten befragt, über die sie (nach eigener Einschätzung) zum Zeitpunkt des Experiments verfügen. Die Ergebnisse werden im Folgenden vorgestellt.

Beginnend mit den ersten vierzehn Fragen, zeigt sich mit Blick auf die folgende Grafik, dass die rote Kurve der Absoluten Beginner vorwiegend in der linken Hälfte verläuft und meist einen deutlichen Abstand zu den Kurven der Single-Männer und Männern in fester Partnerschaft hält.

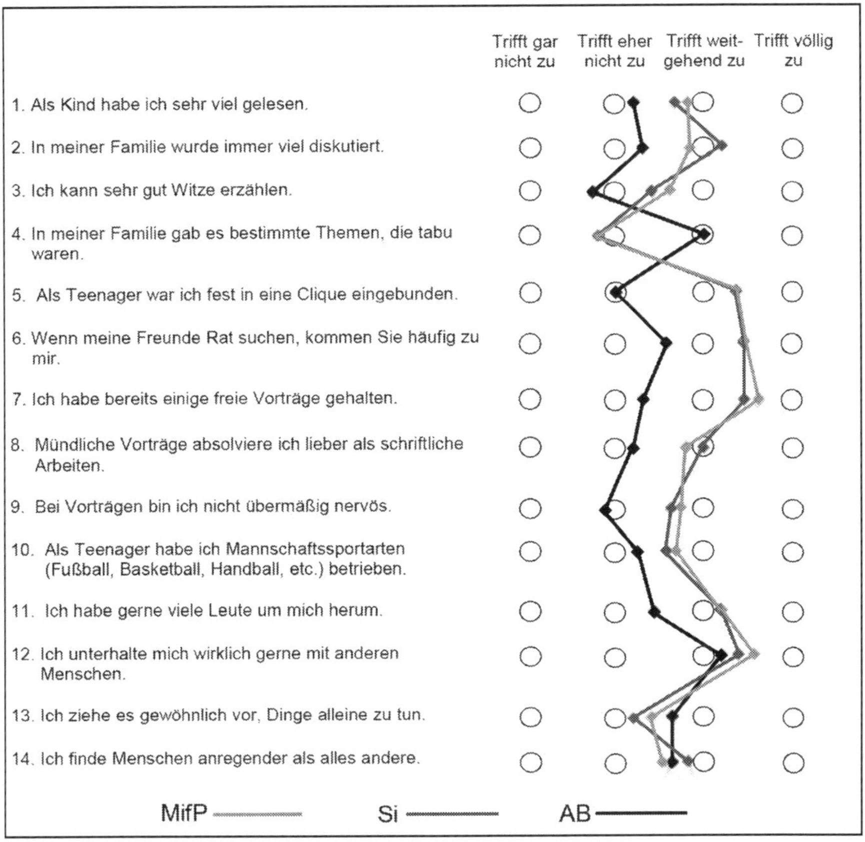

Abbildung 50: Auswertung der Angaben zur Kommunikationsbiographie Teil 1

So gibt es auch schon bei der ersten Frage einen sichtbaren Unterschied zwischen den Stichprobengruppen: Nach Auskunft der Absoluten Beginner trifft es „eher nicht“ zu, dass sie in ihrer Kindheit *sehr viel gelesen* haben. Gemäß der Skalierung kommen sie hier auf einen Durchschnittswert von 2,2 Punkten (SD=0,92), während die Single-Männer und Männer in fester Partnerschaft Durchschnittswerte von 2,7 (SD=0,96) bzw. 2,9 Punkten (SD=1,14) erreichen. Es sind also gerade die partnerschaftlich erfahrenen Probanden, die sich in ihrer Kindheit viel mit geschriebener Sprache beschäftigt haben. Dass sie in diesem Zusammenhang auch besser gelernt haben könnten, geistig in andere Rollen zu schlüpfen und dadurch ihre sozialen Fähigkeiten wie etwa ihre Empathie zu trainieren, soll im Rahmen der späteren Diskussion noch angesprochen werden.

Die Ergebnisse zur zweiten Frage zeigen, dass offenbar auch das familiäre Umfeld der Absoluten Beginner seltener die Möglichkeit bot, im Rahmen von Diskussionen die eigenen argumentativen Fähigkeiten zu trainieren. Hier sind es gerade die Single-Männer, in deren Familien *„immer viel diskutiert"* wurde. Sie kommen hier auf einen Durchschnittswert von 3,1 Punkten (SD=0,76), knapp dahinter folgen die Männer in festen Partnerschaften mit 2,9 Punkten (SD=0,99), die Absoluten Beginner erreichen lediglich 2,3 Punkte (SD=0,95).

Nach der Angabe, über wenig Geschick beim *Erzählen von Witzen* zu verfügen (AB: $\bar{x}$=1,8, SD=0,79; Si: $\bar{x}$=2,4, SD=0,70; MifP: $\bar{x}$=2,6, SD=0,80), bestätigen die Absoluten Beginner auch die Vermutung, dass *in ihren Familien bestimmte Themen tabuisiert* wurden. Die Werte der Stichprobengruppen wechseln hier entsprechend der invertierten Skala die Seiten, der Abstand der Absoluten Beginner ist mit 3,0 Punkten (SD=0,94) gegenüber den Single-Männern ($\bar{x}$=1,9, SD=0,90) und Männern in fester Partnerschaft ($\bar{x}$=1,9, SD=0,83) recht groß.

Noch größer fällt der Abstand bei der Frage aus, ob die Probanden *als Teenager fest in eine Clique eingebunden* waren. Im Mittel besteht hier zwischen den Absoluten Beginnern und den anderen Stichprobengruppen eine Differenz von 1,3 Punkten (AB: $\bar{x}$=2,0, SD=0,82; Si: $\bar{x}$=3,3, SD=0,91; MifP: $\bar{x}$=3,3, SD=1,05). Soziale Muster einüben, Rollenverteilungen aushandeln, durch Interaktion den Umgang mit anderen lernen – diesen Prozessen, die klassischerweise in einer sozialen Gruppe wie der Clique eingeübt werden, waren offenbar gerade die Absoluten Beginner am wenigsten ausgesetzt.

Nach dem Befund, dass die Absoluten Beginner deutlich seltener von ihren Freunden in schwierigen Fragen um Rat gefragt werden als die partnerschaftlich erfahrenen Probanden, fokussieren die drei darauf folgenden Skalen die Erfahrungen im Zusammenhang mit freien Vorträgen, die vor Publikum gehalten werden mussten. Die Männer in festen Partnerschaften ($\bar{x}$=3,6, SD=0,62) und Single-Männer ($\bar{x}$=3,4, SD=0,85) standen offenbar schon häufig vor der Herausforderung, einen *freien Vortrag zu halten*. Absolute Beginner ($\bar{x}$=2,3, SD=1,16) deutlich seltener, wie der Abstand von

1,1 Punkten zur nächstgelegenen Stichprobengruppe der Single-Männer anzeigt. Darüber hinaus *bevorzugen* die Absoluten Beginner auch die schriftlichen Arbeiten gegenüber mündlichen Vorträgen, während die partnerschaftlich erfahrenen Männer zu den mündlichen Vorträgen tendieren. Auf dieser Skala erreichen die Absoluten Beginner 2,1 Punkte (SD=0,99), die Single-Männer 3,0 Punkte (SD=0,99) und die Männer in fester Partnerschaft 2,9 Punkte (SD=0,93). Vor dem Hintergrund, dass die Absoluten Beginner im Halten von freien Vorträgen eher unerfahren sind, verwundert auch nicht das Ergebnis, dass sie häufiger angeben, auf einen anstehenden Vortrag mit Nervosität zu reagieren. Sie erreichen hier durchschnittlich 1,9 Punkte (SD=0,88) und befinden sich damit klar im linken Bereich der Skala, während die Single-Männer mit 2,7 Punkten (SD=0,96) und Männer in festen Partnerschaften mit 2,8 Punkten (SD=0,75) im rechten Bereich der Skala liegen und freien Vorträgen somit nach eigenen Angaben deutlich entspannter entgegen sehen.[508]

Bei der zehnten Frage, in der die Affinität zu *Mannschaftssportarten* während der Adoleszenz abgefragt wird, zeigen sich vergleichsweise geringfügige Unterschiede zwischen den Stichprobengruppen. Die Absoluten Beginner liegen mit durchschnittlich 2,2 Punkten (SD=1,32) etwas links des Skalen-Mittelpunkts, die Single Männer ($\bar{x}$=2,6, SD=1,25) und Männer in fester Partnerschaft ($\bar{x}$=2,7, SD=1,36) leicht rechts davon. Doch auch wenn diese Unterschiede nicht überdeutlich sind, so bestätigen sie zumindest in der Tendenz den Befund von Gilmartin (1987b), nach dem Absolute Beginner in ihrer Jugend seltener Mannschaftssportarten betrieben haben.

---

508 Ohne der Diskussion der Ergebnisse vorgreifen zu wollen, möchte ich in diesem Zusammenhang erneut darauf hinweisen, dass immerhin sechs der zehn Absoluten Beginner technische oder naturwissenschaftliche Studiengänge belegen. Bei Maschinenbau, Physik, Mathematik oder IT-Sicherheit handelt es sich um Studienfächer, die in großen und damit anonymen Vorlesungssälen unterrichtet werden und zudem Leistungsnachweise eher über Klausuren und nicht über Referate einfordern. Indem das Halten eines Referats oder freien Vortrags nicht in vergleichbarem Umfang im Lehrplan vorgesehen ist wie etwa bei geisteswissenschaftlichen Fächern, werden Absolute Beginner vermutlich auch seltener in die Vortrags-Situation „gedrängt“. Folglich haben sie im Rahmen ihres Studiums weniger Gelegenheiten, sich die kommunikativen Kompetenzen anzueignen, die für das Halten eines freien Vortrags oder Referats erforderlich sind. Vor diesem Hintergrund verwundert es nicht, dass die Absoluten Beginner auch häufiger angeben, auf einen anstehenden Vortrag mit Nervosität zu reagieren.

Die folgenden fünf Skalen entstammen dem Frageblock zur Operationalisierung von Geselligkeit nach Asendorpf (1997). Bei der Frage, ob die Probanden *gerne viele Leute um sich herum* haben, zeigen sich noch deutliche Abstände zwischen den Stichprobengruppen. Absolute Beginner liegen mit 2,4 Punkten (SD=1,07) sehr nah am Mittelpunkt, die Single-Männer und Männer in festen Partnerschaften schätzen sich mit jeweils durchschnittlich 3,1 Punkten (SD=0,80; SD=0,83) als geselliger ein. Bei den folgenden drei Skalen sind die Abstände zwischen den Stichproben jedoch sichtlich geringer: Bei der zwölften Frage, ob sich die Probanden *gerne mit fremden Menschen unterhalten*, trennen die Absoluten Beginner ($\bar{x}$=3,1, SD=0,88) nur noch 0,2 Durchschnittspunkte von den Single-Männern ($\bar{x}$=3,3, SD=0,91) und 0,4 von den Männern in fester Partnerschaft ($\bar{x}$=3,5, SD=0,51). Auf der nachfolgenden Skala, auf der die Probanden einschätzen sollen, ob sie es vorziehen, *Dinge alleine zu tun*, liegen die Stichprobengruppen ebenfalls wieder vergleichbar eng beieinander. Aufgrund der invertierten Fragestellung ändert sich hier nur die Reihenfolge. Auch die Aussage, „*Menschen anregender als alles andere*" zu finden, erhält im Prinzip von allen Probanden eine vergleichbare Zustimmung. Auffallend ist jedoch, dass es hier ausnahmsweise die Männer in festen Partnerschaften sind, die mit 2,6 Punkten (SD=0,71) den niedrigsten Durchschnittswert erreichen und die Single-Männer mit 2,9 Punkten (SD=0,94) den höchsten. Dazwischen liegen die Absoluten Beginner mit 2,7 Punkten (SD=1,06).

Die letzte der Geselligkeitsskalen ist auf der nachfolgenden Grafik abgebildet. Bei der Frage, ob sie *lieber alleine oder zusammen mit anderen arbeiten*, befindet sich der Durchschnittswert der Absoluten Beginner in der Mitte der Skala (2,4 Punkte, SD=1,17), während die Single-Männer und Männer in festen Partnerschaften mit 3,0 Punkten (SD=0,77; SD=0,87) einen etwas höheren Durchschnittswert erreichen. Sie bevorzugen die Zusammenarbeit mit anderen also etwas stärker als die Absoluten Beginner.

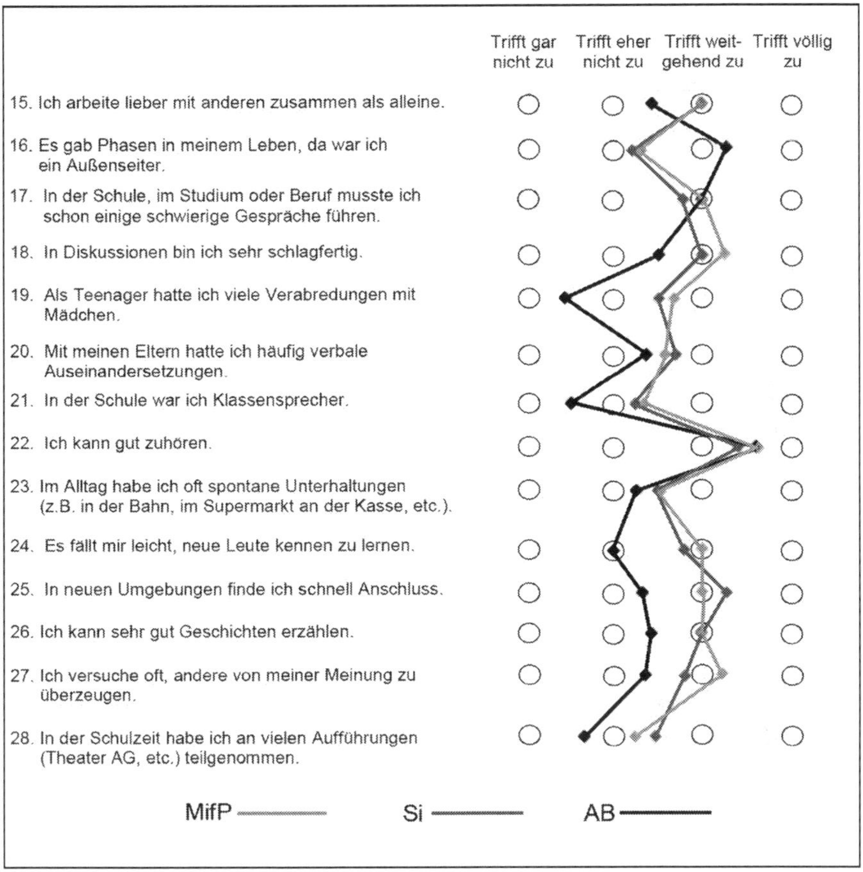

Abbildung 51: Auswertung der Angaben zur Kommunikationsbiographie Teil 2

Die sechzehnte Skala zur Kommunikationsbiographie fragt nach (Lebens-) Phasen, in denen die Probanden die *Rolle des Außenseiters* eingenommen haben. Die mögliche Bedeutsamkeit dieses Umstands wird bereits von Gilmartin (1987b) herausgestellt und auch in den Internetforen für Absolute Beginner häufig diskutiert. Die Lage der Durchschnittswerte auf der Skala bestätigt, dass auch die Absoluten Beginner, welche für *diese* Untersuchung rekrutiert werden konnten, in der Vergangenheit häufiger die Rolle des Außenseiters eingenommen haben als die Single-Männer und Männer in festen Partnerschaften. Letztgenannte Stichprobengruppen liegen mit ihren

Durchschnittswerten nah beieinander (Single-Männer: 2,1 Punkte, SD=0,96; Männer in fester Partnerschaft: 2,2 Punkte, SD=1,20), hingegen besteht ein deutlicher Abstand zu den Absoluten Beginnern (3,2 Punkte, SD=0,79).

Bei der nachfolgenden Skala, die nach *schwierigen Gesprächen* fragt, welche die Probanden im Rahmen ihres Studiums oder Berufs führen mussten, liegen die Durchschnittswerte der Stichprobengruppen hingegen sehr nah beieinander. Die Absoluten Beginner kommen auf einen Durchschnittswert von 3,0 Punkten (SD=1,05), ebenso die Männer in festen Partnerschaften (SD=1,00). Die Single-Männer kommen durchschnittlich auf 2,9 Punkte (SD=0,94). Hinsichtlich der Erfahrungen mit schwierigen Gesprächen im Kontext von Studium oder Beruf scheinen sich die Probanden somit kaum voneinander zu unterscheiden.

Bei der achtzehnten Skala weiten sich die Abstände zwischen den Stichprobengruppen wieder etwas: Hier beschreiben sich die Absoluten Beginner als deutlich weniger *schlagkräftig in Diskussionen* als die Männer in fester Partnerschaft. Sie erreichen im Durchschnitt 2,5 Punkte (SD=0,97), während die Single Männer auf 3,0 Punkte (SD=0,69) und die Männer in fester Partnerschaft auf 3,2 Punkte (SD=0,81) kommen. Geradezu extrem sind die Abstände jedoch bei der nachfolgenden Skala, die danach fragt, ob die Probanden *als Teenager viele Verabredungen mit Mädchen* hatten. Die Durchschnittswerte der Single-Männer ($\bar{x}$=2,5, SD=0,86) und Männer in fester Partnerschaft ($\bar{x}$=2,7, SD=0,92) liegen in der Mitte der Skala bzw. leicht rechts davon, während die Absoluten Beginner mit 1,4 Punkten (SD=0,52) einen vergleichsweise extrem niedrigen Durchschnittswert erreichen. Die Vermutung, dass die kommunikative „Unbeholfenheit“ der Absoluten Beginner nicht zuletzt auf einen Mangel an Interaktionserfahrungen u.a. mit dem anderen Geschlecht zurückzuführen sein könnte, scheint sich in diesen Ergebnissen zu bestätigen und wird im Rahmen der Ergebnisdiskussion erneut aufgegriffen.

Bei der Frage, ob die Probanden schon häufig *verbale Auseinandersetzungen mit ihren Eltern* hatten, liegen die Durchschnittswerte wieder sehr nah beieinander und konzentrieren sich zudem um den Skalen-Mittelpunkt. Die Absoluten Beginner erreichen hier 2,3 Punkte (SD=0,82) und liegen somit leicht links des Mittelpunkts, die Männer in fester Partnerschaft erreichen 2,6 Punkte (SD=1,00) und die Single-Männer 2,7 Punkte (SD=0,83). Mit Blick auf die anderen Skalen können die Abstände als sehr gering bezeichnet werden. Der Aspekt der verbalen Auseinandersetzungen mit den Eltern scheint also weniger geeignet, Unterschiede zwischen den Stichprobengruppen aufzuzeigen. Dies gilt ebenfalls für die übernächste Frage, ob die Probanden *gut zuhören* können. Nach eigener Einschätzung bezeichnen sich alle Probanden als gute Zuhörer - es gibt keine andere Skala, auf der die Durchschnittswerte aller drei Stichprobengruppen so hoch ausfallen. Die Durchschnittswerte der Absoluten Beginner und Männer in fester Partnerschaft liegen bei 3,6 Punkten (SD=0,52; SD=0,62), der Durchschnittswert der Single-Männer fällt mit 3,4 Punkten (SD=0,70) nur geringfügig niedriger aus.

Aussagekräftiger fallen die Ergebnisse zur Frage aus, ob die Probanden in ihrer Schulzeit die *Rolle des Klassensprechers* übernommen haben. Insgesamt befinden sich alle Durchschnittswerte im linken Bereich der Skala, jedoch liegen die Single-Männer und Männer in festen Partnerschaften fast gleichauf und zudem sehr viel näher am Mittelpunkt als die Absoluten Beginner. Letztere erreichen mit 1,5 Punkten (SD=0,97) einen sehr niedrigen Wert, die Single-Männer ($\bar{x}$=2,2, SD=1,42) und Männer in fester Partnerschaft ($\bar{x}$=2,3, SD=1,31) liegen deutlich darüber. Offensichtlich wurden die Absoluten Beginner sehr viel seltener von ihrem Klassenverband zum Klassensprecher gewählt, um als Stellvertreter die Interessen der Schüler gegenüber Lehrern und der Schulleitung zu vertreten.

Auf der dreiundzwanzigsten Skala, bei der es um die sich ergebenden *Gesprächsmöglichkeiten im Alltag* geht, liegen die Stichprobengruppen ein letztes Mal recht nah beieinander. Die Single-Männer und Männer in fester Partnerschaft treffen hier mit durchschnittlich 2,5 Punkten (SD=1,10; SD=1,01) die Mitte der Skala, bei den Absoluten Beginnern ergeben sich jedoch nach eigenen Angaben kaum weniger Gesprächsmöglichkeiten ($\bar{x}$=2,2, SD=1,14). Bei der folgenden Skala, die möglicherweise eine gewisse Kongruenz zu den sich ergebenden Gesprächsmöglichkeiten hat, liegen die Stichprobengruppen jedoch deutlich auseinander: Den Absoluten Beginnern fällt es nach eigenen Angaben sehr viel schwerer, *neue Leute kennen zu lernen*, als den partnerschaftlich erfahrenen Probanden. Sie erreichen im Durchschnitt lediglich 2,0 Punkte (SD=1,25), während die Single-Männer 2,9 Punkte (SD=0,94) und die Männer in fester Partnerschaft 3,0 Punkte (SD=0,79) erreichen. Konsistent mit diesen Angaben fällt auch die Auswertung der Frage aus, ob die Probanden *in fremden Umgebungen schnell Anschluss* finden. Auch hier bilden die Absoluten Beginner das Schlusslicht: Mit durchschnittlich 2,3 Punkten (SD=1,25) ist der Abstand zu den Single-Männern ($\bar{x}$=3,2, SD=0,73) und Männern in fester Partnerschaft ($\bar{x}$=3,0, SD=0,71) erneut sehr deutlich.

In den zwei folgenden Skalen werden noch einmal kommunikative Fähigkeiten erfasst, über welche die Probanden zum Zeitpunkt der Untersuchung verfügen. Zunächst geht es um die Frage, ob die Probanden nach eigener Einschätzung gut *Geschichten erzählen* können. Die Single-Männer und Männer in fester Partnerschaft liegen hier mit jeweils 3,0 Punkten (SD=0,77; SD=0,87) gleich auf, der Durchschnittswert der Absoluten Beginner fällt 0,6 Punkte niedriger aus ($\bar{x}$=2,4, SD=0,52). Auch neigen die Absoluten Beginner seltener dazu, *andere Personen von der eigenen Meinung überzeugen* zu wollen. Auf dieser Skala kommen sie im Durchschnitt auf 2,3 Punkte (SD=1,16), während die Single-Männer auf 2,9 Punkte (SD=0,96) und die Männer in fester Partnerschaft auf 3,2 Punkte (SD=0,90) kommen.

Auf der letzten Skala der Kommunikationsbiographie rutschen die Durchschnittswerte aller Stichprobengruppen auf die linke Seite; die Teilnahme an Schulaufführungen war für die meisten Probanden offenbar keine gängige Praxis. Interessanterweise liegen hier die Single-Männer vorne: Sie erreichen mit durchschnittlich 2,4 Punkten (SD=0,92) den höchsten Wert, knapp dahinter liegen die Männer in fester Partnerschaft mit 2,2 Punkten (SD=1,19). Etwas deutlicher fällt wiederum der Abstand zu den Absoluten Beginnern aus, die lediglich auf 1,7 Punkte (SD=0,82) kommen. Im Vergleich zu den partnerschaftlich erfahrenen Probanden haben sie offenbar am seltensten an Schulaufführungen teilgenommen.

Die abschließenden Angaben zur Kommunikationsbiographie bilden zwei Fragen, zu denen die Probanden quantitative Aussagen treffen müssen. Die erste fragt nach der *Anzahl der Flirtseminare*, an denen die Probanden bislang teilgenommen haben. Sie ist wichtig, um sicher zu gehen, dass nicht eine der Stichprobengruppen hinsichtlich des Flirtverhaltens übermäßig „professionell" geschult ist.

Tabelle 22: Die Auswertung der letzten zwei Fragen zur Kommunikationsbiographie

	AB	Si	MifP
29. Anzahl der Flirtseminare, an denen ich bislang teilgenommen habe	0,5 SD=0,97	0,3 SD=1,41	0,1 SD=0,33
30. Anzahl der Jugendfreizeiten, an denen ich bislang teilgenommen habe	4,1 SD=6,59	6,0 SD=5,73	7,0 SD=7,15

Der Blick auf die Durchschnittsberechnungen zeigt, dass es trotz der in den vorigen Kapiteln nachgewiesenen Effekte interessanterweise die Absoluten Beginner sind, welche die meisten Flirtseminare besucht haben. Ein genauerer Blick auf die Angaben zeigt, dass von den zehn Absoluten Beginnern bislang drei Probanden ein Flirtseminar besucht haben. Einer dieser Probanden hat sogar bereits drei Seminare absolviert. Von den Single-Männern hat hingegen nur ein einziger Proband ein Flirtseminar besucht. Dass die achtzehn Single-Männer in der Durchschnittsberechnung dennoch auf 0,3 besuchte Flirtseminare kommen, liegt daran, dass dieser einzelne Proband nach eigenen Angaben bereits ganze sechs Flirtseminare besucht hat. Aus der Gruppe der Männer in fester Partnerschaft haben bislang zwei Probanden jeweils einmalig an einem Flirtseminar teilgenommen. Die Durchschnittsberechnung fällt dementsprechend niedrig aus.

Die zweite und zugleich abschließende Frage zur Kommunikationsbiographie betrifft die *Teilnahme der Probanden an Jugendfreizeiten*. Während in der vorigen Frage die Durchschnittswerte von den Absoluten Beginnern hin zu den Männern in fester Partnerschaft noch absteigend verliefen, ist es bei dieser Frage genau umgekehrt: Die Absoluten Beginner haben im Durchschnitt am seltensten an Jugendfreizeiten teilgenommen, die Single-Männer schon deutlich häufiger, die meisten Erfahrungen mit Jugendfreizeiten können die Männer in festen Partnerschaften vorweisen. Ein genauerer Blick auf die Zahlen zeigt, dass die Hälfte der Absoluten Beginner noch *nie* an einer Jugendfreizeit teilgenommen hat. Dass vor diesem Hintergrund die Durchschnittsberechnung noch recht hoch ausfällt, ist vor allem dadurch erklärbar, dass einer der Probanden nach eigenen Angaben bereits an zwanzig Jugendfreizeiten teilgenommen hat. Nähme man diesen Wert aus der Durchschnittsrechnung heraus, kämen die Absoluten Beginner im Durchschnitt lediglich auf 2,1 besuchte Jungendfreizeiten. Im Kontrast zu den Absoluten Beginnern haben von den Single-Männern nur drei von achtzehn Probanden (17%) noch keine Jugendfreizeit besucht. Bei den Männern in fester Partnerschaft fällt diese Quote nochmals geringer aus: Hier haben nur zwei von siebzehn Probanden (12%) bislang keine Jugendfreizeit besucht.

Zusammenfassend lässt sich mit Blick auf die Skalen zur Kommunikationsbiographie festhalten, dass sich hier fast durchgängig deutliche Unterschiede zwischen den Stichprobengruppen aufzeigen lassen. Diese bestehen weniger zwischen Single-Männern und den Männern in fester Partnerschaft, sondern insbesondere zwischen diesen beiden Stichprobengruppen und den Absoluten Beginnern. Offensichtlich sind die nachgewiesenen Unterschiede im kommunikativen Handeln der Probanden eben auch zu einem ganz entscheidenden Teil das Resultat mangelnder Übungsgelegenheiten. Konsistent mit dieser Annahme und den Ergebnissen der vorigen Kapitel zeigen sich auch die Einschätzungen darüber, über welche kommunikativen Fähigkeiten die Probanden (nach eigenen Angaben) zum Zeitpunkt des Experiments verfügen: Gut Witze oder Geschichten erzählen können, kommunikative Schlagfertigkeit in Diskussionen oder die Neigung, andere Personen von der eigenen Meinung überzeugen zu wollen – alle diese Merkmale sind bei den Absoluten Beginnern weniger stark ausgeprägt als bei den Single-Männern und Männern in fester Partnerschaft.

„So sind Kommunikation
und Persönlichkeitsbildung
zwei Seiten derselben Medaille."
(Friedemann Schulz von Thun)

9 Diskussion und Ausblick

9.1 Diskussion

Die vorstehend präsentierten Ergebnisse möchte ich nun in Beziehung setzen und vor dem Hintergrund des in Kapitel 5.1 entwickelten Erklärungsansatzes kritisch reflektieren. Vorweg sei gesagt, dass ich die Befunde, die auf der Basis der Daten gewonnen werden konnten, vorsichtig interpretieren möchte: Die Fallzahlen sind recht klein, was die Generalisierbarkeit der Ergebnisse erschwert. Auch die Zusammensetzung der Stichprobengruppen ist nicht unproblematisch, da diese nicht hinsichtlich des Alters parallelisiert werden konnten und zudem einen kleinen Anteil von Probanden mit Migrationshintergrund enthalten.

9.1.1 Allgemeine Diskussion

Zunächst möchte ich einen erneuten Blick auf das in Kapitel 5.1 entwickelte Wirkungsschema werfen, das im Rahmen dieser Untersuchung plausibilisiert werden sollte. Entlang dieses Wirkungsschemas fasse ich die zentralen Befunde zusammen. Anschließend sollen weitere Befunde dieser Untersuchung diskutiert werden, wobei sich dann der Fokus zunehmend von der Diskussion psychologischer Konstrukte entfernt und einer kommunikationswissenschaftlichen Betrachtungsweise zuwendet.

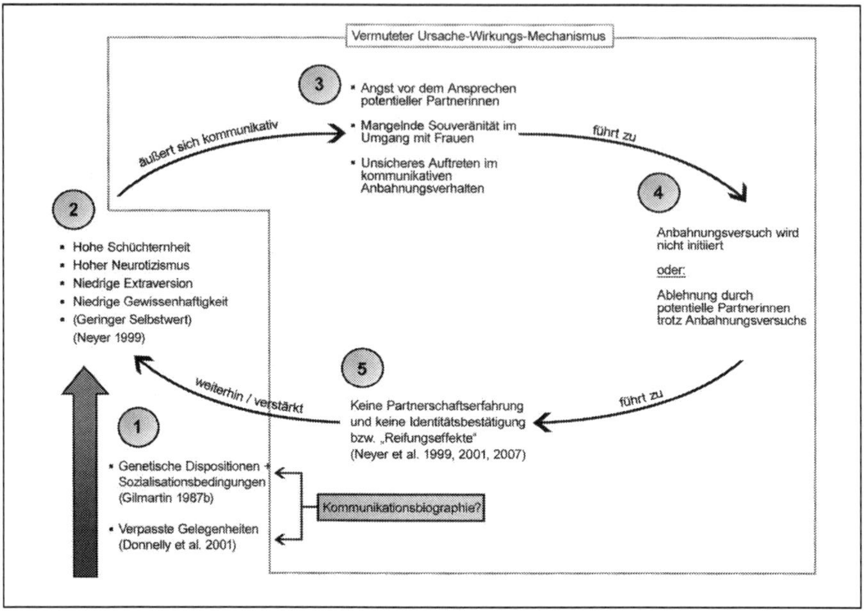

Abbildung 52: Vermuteter Ursache-Wirkungs-Mechanismus (eigene Darstellung)

Vorerst aussparen möchte ich die unter dem ersten Wirkungsfaktor aufgeführten Prozesse, die das Wirkungsschema in Gang setzen könnten. Stattdessen beginne ich mit dem zweiten Wirkungsfaktor: Ganz im Sinne der Langzeitstudie von Neyer et al. (1999; 2001; 2007) kann durch die Auswertung der Probandenfragebögen bestätigt werden, dass die Absoluten Beginner die höchsten Neurotizismus- und Schüchternheits-Werte sowie die niedrigsten Werte im Bereich der Extraversion aufweisen. Spiegelbildlich dazu schätzen sich die Single-Männer und Männer in fester Partnerschaft als deutlich extravertierter sowie weniger neurotisch und schüchtern ein. Einzig das hohe Ausmaß an Gewissenhaftigkeit, durch welches sie sich in der Studie von Neyer et al. (1999; 2001; 2007) auszeichnen, kann im Rahmen dieser Untersuchung nicht bestätigt werden. Es sind – ganz im Gegenteil - die *Absoluten Beginner*, welche sich als besonders gewissenhaft einschätzen.

Dem Ablauf des Wirkungsschemas weiter folgend, widmet sich im dritten Wirkungsfaktor die *Hypothese 1a* der Frage, ob sich die per Selbstauskunft erfassten Persönlichkeitsunterschiede zwischen den einzelnen

Stichprobengruppen auch im Rahmen eines experimentell angelegten Anbahnungsversuchs *kommunikativ* äußern. Die Auswertungsergebnisse der Videoanalyse bestätigen dies: Aus Sicht der „naiven" Beobachterinnen wirken die Absoluten Beginner in ihrem Anbahnungsverhalten sehr viel schüchterner, neurotischer und weniger extravertiert als die partnerschaftlich erfahrenen Männer. Besonders deutliche Kontraste zeigen sich im Vergleich der Absoluten Beginner mit den Männern in fester Partnerschaft. Die „Außen"-Einschätzungen der „naiven" Beobachterinnen bestätigen somit auch die Einschätzungen der Probanden selbst - eingeschlossen die hohen Gewissenhaftigkeits-Werte der Absoluten Beginner, die vollkommen konsistent sind mit den Urteilen der Beobachterinnen sowie den „objektiv" messbaren Verhaltensweisen, die sich ihrerseits als Ausprägungen von Gewissenhaftigkeit stimmig in das Gesamtbild der Absoluten Beginner einfügen.

Sieht man sich nämlich die von Ostendorf (1990) zur Operationalisierung von Gewissenhaftigkeit herangezogenen Adjektive an (wie etwa „übergenau" oder „ordentlich"), so spiegeln sich diese auch in den weiter unten diskutierten Pretest-Skalen zur Einschätzung des kommunikativen Handelns der Absoluten Beginner wider. Beispiele hierfür wären ihr angespannter Gang sowie ihre angespannte Körperhaltung während des Anbahnungsgesprächs. Zudem verwenden sie auffallend viel Zeit, um die Experimentanweisungen zu lesen. Auch die Einladungsformulierungen bestätigen die Gewissenhaftigkeit der Absoluten Beginner: Hier finden sich keinerlei „lässige" Wortüberblendungen; alle Einladungsformulierungen der Absoluten Beginner sind sehr bedacht formuliert und sauber artikuliert. Darüber hinaus zeigt sich auch in den Gründen, die für die Ablehnung eines Probanden als potentiellen Partner angeführt werden, dass *keiner* der Absoluten Beginner aufgrund von „Ungepflegtheit" abgewiesen wird. Gründe wie „schlunzig", „schludrig" oder „wirkt unordentlich" werden ausschließlich für die Ablehnung der sexuell *erfahrenen* Probanden angeführt. Diese Befunde lassen aus meiner Sicht eine gewisse Konsistenz mit den hohen Gewissenhaftigkeits-Werten der Absoluten Beginner erkennen. Nicht nur in ihrer Selbsteinschätzung, auch in ihrer Außenwirkung sind sie steif und angespannt, weshalb sie folgerichtig auch nicht als „schludrig" oder „unordentlich" beschrieben werden.

Im Fokus der *Hypothese 1b* steht die (im vierten Wirkungsfaktor des Schemas folgende) Frage, ob es auch gerade die im Rahmen der Hypothese 1a untersuchten Persönlichkeitseigenschaften sind, die darüber entscheiden, als wie erfolgreich ein Anbahnungsversuch in den Augen potentieller Partnerinnen wahrgenommen wird: Sind zentrale Persönlichkeitsunterschiede entscheidend für die Partnerlosigkeit?

Obwohl die Antwortmöglichkeiten nicht vorgegeben sind, zeigt sich nach Einordnung der Antworten in einzelne Kategorien, dass Schüchternheit in allen drei Stichprobengruppen das am häufigsten genannte Kriterium ist, um die Beurteilung der Anbahnungsversuche als erfolglos zu begründen. Da insbesondere das Anbahnungsverhalten der Absoluten Beginner durch Schüchternheit geprägt ist, fällt bei ihnen ein Fünftel aller genannten Kriterien unter diese Kategorie.

Darüber hinaus zeigt der Vergleich der Konstrukt-Operationalisierungen (Ostendorf 1990) mit den gebildeten Antwort-Kategorien, dass offensichtlich auch Extraversion und Neurotizismus eine wichtige Rolle für die Erfolgsaussichten eines Anbahnungsversuchs spielen. Die Kategorien „Mangelnde Gesprächigkeit“ und „Verschlossenheit“ überschneiden sich stark mit den Adjektiven zur Operationalisierung geringer Extraversion; gleiches gilt für die Kategorie „Angst/Hohe Anspannung“ und die Neurotizismus-Adjektive. Somit kann argumentiert werden, dass auch geringe Extraversion (starke Introversion) und hoher Neurotizismus einen entscheidenden Beitrag dazu leisten, dass die Anbahnungsversuche einiger Probanden erfolglos erscheinen. Aufgrund ihrer konzeptionellen Überschneidung mit dem Konstrukt der Schüchternheit ist dieser Befund wenig überraschend. Deutlich wird jedoch auch, dass der Grad an Gewissenhaftigkeit für die Frage eines erfolgreichen oder erfolglosen Anbahnungsversuchs keine vergleichbar dominante Rolle spielt. Es gibt Überschneidungen der Gewissenhaftigkeits-Adjektive mit der Kategorie „Entschlossenheit“; jedoch sind diese weniger offensichtlich als bei den anderen Konstrukten.

Darüber hinaus scheinen sich die Persönlichkeitsunterschiede aber nicht erst im verbalen kommunikativen Handeln zu äußern. Schon im nonverbalen Abschnitt der Videoanalyse, wenn es um das Infragekommen des Probanden als potentieller Partner geht, werden sie zur Begründung der Entscheidung herangezogen. Auch wenn hier in allen drei Stichprobengruppen die „mangelnde Attraktivität" das meistgenannte Absage-Kriterium ist, so liegt die Schüchternheit bei den Absoluten Beginnern immerhin auf dem zweiten Platz. Selbst der erste Eindruck von den Probanden wird entscheidend vom Ausmaß ihrer Schüchternheit geprägt: Fünfzehn Prozent der genannten Kriterien zur Beschreibung des ersten Eindrucks lassen sich bei den Absoluten Beginnern unter der Kategorie „Schüchternheit" zusammenfassen. Damit ist sie zugleich die größte. Das von Gilmartin (1987b) als „Liebes-Schüchternheit" beschriebene Konzept trägt diesen Titel wohl zu recht. Doch auch die Single-Männer und Männer in fester Partnerschaft wirken „auf den ersten Blick" häufig schüchtern: Bei den Single-Männern fallen 7,8% aller genannten Kriterien unter diese Kategorie, bei den Männern in fester Partnerschaft sind es sogar 10,6%. Der Befund von Asendorpf, dass Schüchternheit in der Wahrnehmung anderer Menschen generell eine zentrale Rolle spielt[509], kann vor diesem Hintergrund erneut bestätigt werden.

Der erneute Blick auf das Wirkungsschema zeigt auch die Möglichkeit auf, dass Probanden mit dieser Persönlichkeitsstruktur ihren Anbahnungsversuch gar nicht erst starten. Im Rahmen des Experiments wird diese Möglichkeit durch die klare Handlungsaufforderung weitgehend ausgeschlossen. Die Antworten auf die hypothetische Frage auf dem Fragebogen, ob die Probanden Franziska in einer realen Alltagssituation angesprochen hätten, kann jedoch zumindest als Hinweis dafür gewertet werden, dass Probanden mit einer solchen Persönlichkeitsstruktur in den meisten Fällen erst gar nicht initiativ würden. Von den Absoluten Beginnern gibt nämlich kein einziger Proband an, dass er Franziska in einer realen Alltagssituation angesprochen hätte. Bei den Single-Männern sind es immerhin zwei und bei den Männern in fester Partnerschaft bereits fünf Probanden.

Diese Befunde führen weiter zum fünften Wirkungsfaktor der obigen Grafik: Indem die Absoluten Beginner in sozialen Interaktionssituationen gegenüber einer potentiellen Partnerin mit ihrer Schüchternheit, Introversion und Ängstlichkeit zu kämpfen haben, finden Sie voraussichtlich nur schwerlich den

---

[509] Vgl. Asendorpf 1989, S.263.

Weg in eine Partnerschaft: Entweder sie trauen sich nicht, die potentielle Partnerin anzusprechen oder sie überwinden sich zu einem Anbahnungsversuch, der jedoch mit Blick auf die vorliegenden Ergebnisse wahrscheinlich erfolglos verlaufen wird. Infolgedessen liegt es nahe, dass sich der Kreislauf des Wirkungsschemas weiter fortsetzt und Anbahnungsversuche jenseits einer gewissen Frustrationsbarriere schließlich ganz eingestellt werden.

An diesem Punkt komme ich nun auf den ersten Wirkungsfaktor zurück, wo es um die möglichen Gründe geht, die dem oben dargestellten Schema zugrunde liegen. Den bisherigen Erklärungsansätzen von Gilmartin (1987b) und Donnelly et al. (2001), welche die Gründe unfreiwilliger Partnerlosigkeit in einem Mix aus genetischen Dispositionen und Sozialisationsbedingungen bzw. verpassten Gelegenheiten sehen, fügt diese Arbeit einen weiteren - wenn auch zum Teil kongruenten - Erklärungsansatz hinzu. Hierzu möchte ich den Fokus auf die „Kommunikationsbiographien“ lenken, die im Rahmen des Probanden-Fragebogens erfasst wurden.

Wie deren Auswertung zeigt, haben die Absoluten Beginner bereits in ihrer Kindheit weniger gelesen. Dieser Befund ist insofern interessant, als zahlreiche Studien einen Zusammenhang zwischen frühen Leseerfahrungen und späteren sozialen Fähigkeiten aufzeigen können: Der intensive Konsum von Belletristik scheint die Empathie sowie die Fähigkeit zu trainieren, geistig in andere Rollen schlüpfen zu können.[510] Zudem zeigt sich, dass Absolute Beginner im Gegensatz zu den partnerschaftlich erfahrenen Probanden deutlich häufiger aus Familien kommen, in denen wenig diskutiert und bestimmte Themen tabuisiert wurden. Auch waren sie als Teenager seltener in Cliquen eingebunden und hatten in dieser eigentlich sehr erlebnisreichen Lebensphase kaum Verabredungen mit Mädchen. Frühe Interaktionserfahrungen mit dem anderen Geschlecht konnten sie offenbar nicht im selben Umfang machen wie die anderen Männer. Diese Aussage könnte möglicherweise auch für die Interaktion mit anderen *Jungen* zutreffen: Die Absoluten Beginner berichten deutlich häufiger von Lebensphasen, in denen

---

[510] Vgl. Mar et al. 2006, S. 694 ff.; eine Übersicht über die Studien, die einen Zusammenhang zwischen frühem Literaturkonsum und sozialen Fähigkeiten nachweisen, findet sich bei Wolf (2010).

sie die Rolle des Außenseiters eingenommen haben. Ferner haben sie deutlich seltener an Jungendfreizeiten teilgenommen, die neben Spaß und Erholung möglicherweise auch eine wichtige Möglichkeit zum Erwerb von Sozialkompetenz im Umgang mit anderen Jugendlichen geboten haben könnten. Hinzu kommt der Befund, dass in ihrer Kommunikationsbiographie auch die herausfordernden Situationen fehlen, in denen sie sich vor Publikum präsentieren mussten. Dies zeigt sich etwa darin, dass sie sehr viel seltener an Schulaufführungen (Theater AGs etc.) teilgenommen haben. Auch mussten sie bislang nur wenige freie Vorträge vor Publikum halten, was nicht zuletzt auch dadurch erklärt werden könnte, dass die meisten von ihnen naturwissenschaftlich-technische Studiengänge belegen, in denen Referats- und Präsentationsleistungen eher selten erbracht werden müssen.

Korrespondierend mit diesen kommunikationsbiographischen Eckdaten geben die Absoluten Beginner per Selbstauskunft an, zum Zeitpunkt der Untersuchung nur über mäßiges Talent beim Erzählen von Witzen und Geschichten zu verfügen. Zudem versuchen sie seltener, Leute von der eigenen Meinung zu überzeugen, und schätzen sich in Diskussionen als weniger schlagfertig ein als die partnerschaftlich erfahrenen Männer. Auch fällt es ihnen weniger leicht, in neuen Umgebungen schnell Anschluss zu finden und neue Leute kennen zu lernen.

Diese exemplarischen Auszüge sollen genügen, um die These zu stützen, dass die Effekte, die innerhalb des Experiments nachgewiesen werden konnten, nicht zuletzt auf ein unterschiedlich hohes Ausmaß von Interaktions-Erfahrungen *allgemein* zurückgeführt werden können. Die Daten zur Kommunikationsbiographie verweisen darauf, dass Absolute Beginner über geringer entwickelte kommunikative Fähigkeiten verfügen als die Single-Männer und Männer in fester Partnerschaft. Dieser Mangel wirkt sich natürlich erst recht in einer Kommunikationssituation wie der Kontaktaufnahme mit einer (fremden) Frau aus, da diese Situation noch durch zusätzliche Unsicherheiten belastet ist. Unsicherheit resultiert aus mangelnder Erfahrung. Wenn man davon ausgeht, dass wir mit zunehmender Übung und Erfahrung lernen, eine Fähigkeit immer besser zu beherrschen, dann könnte sich dieses Prinzip auch auf die kommunikativen Fähigkeiten übertragen lassen, die im Rahmen eines Anbahnungsversuchs benötigt werden.

Die partnerschaftlich erfahrenen Männer blicken auf andere Kommunikationsbiographien zurück als die Absoluten Beginner: Sie kommen aus „kommunikationsfreudigen" Familien, in denen selten Themen tabuisiert wurden. Als Teenager waren sie in der Regel fest in Cliquen eingebunden und hatten deutlich häufiger Verabredungen mit Mädchen. Es sieht ganz danach aus, als ob sie die inoffiziellen Regeln der Partnerwerbung und Kontaktanbahnung schon recht früh erlernen konnten. Ihre Ferien verbrachten sie zudem deutlich häufiger in Jugendfreizeiten, in denen sie Erfahrungen mit gruppendynamischen Prozessen und dem kommunikativen Aushandeln von Konflikten machen konnten. In ihrer Schulzeit übernahmen sie häufiger als die Absoluten Beginner die Rolle des Klassensprechers, nahmen häufiger an Schulaufführungen teil und standen zudem schon oft vor der Herausforderung, einen freien Vortrag vor Publikum zu halten. Sie bevorzugen diese Präsentationsform noch gegenüber der schriftlichen. Nicht weniger bedeutsam dürfte jedoch sein, dass insbesondere die Männer in festen Partnerschaften oft auf jahrelange Interaktionserfahrungen mit ihrer eigenen Partnerin zurückgreifen können. Das kommunikative Aushandeln von Standpunkten und Ansichten, das Austragen von Streitigkeiten, das gegenseitige Umwerben und Erobern – alle diese Prozesse, die sich innerhalb einer Partnerschaft permanent wiederholen, haben diese Männer über Jahre hinweg trainieren können.

Wenn ihnen nun im Rahmen eines kommunikationswissenschaftlichen Experiments die Aufgabe gestellt wird, eine attraktive junge Frau zu einem gemeinsamen Abendessen zu überreden, können sie auf einen viel größeren Erfahrungsschatz an Interaktionsprozessen zurückgreifen, um diese Situation kommunikativ zu bewältigen. Dabei wird ihnen wahrscheinlich auch ihr höherer Selbstwert zugutekommen, der nicht zuletzt auf die Identitätsbestätigung zurückzuführen sein könnte, die mit der Erfahrung von Liebe und Partnerschaft und in etwas geringerem Ausmaß auch mit der von Sexualität einhergeht. Liebe, Partnerschaft und Sexualität leisten wertvolle Dienste für das Selbstbewusstsein und die eigene Identität: Ein Mann, der erfahren hat, dass er so, wie er ist, begehrenswert ist, der in seiner sexuellen Rolle als Mann bestätigt wird - dieser Mann wird auf eine ganz andere Art und Weise auf potentielle Partnerinnen zugehen können, als Männer, welche diese Bestätigung bislang nicht oder nur in geringem Ausmaß erfahren haben.

Aus dieser Sichtweise ließe sich auch erklären, weshalb die Single-Männer in fast allen Merkmalsausprägungen etwas „schlechter" abschneiden als die Männer in fester Partnerschaft. Hinsichtlich der Skalen zur Kommunikationsbiographie zeigen sich kaum nennenswerte Differenzen zwischen diesen Stichprobengruppen. Auch verfügen alle Single-Männer nach eigenen Angaben über sexuelle Erfahrungen. Doch über die Hälfte von ihnen konnte bislang keine Beziehungserfahrungen sammeln. Selbst diejenigen Single-Männer, die über Beziehungserfahrungen verfügen, haben durchschnittlich nur 32,5 Monate in fester Beziehung verbracht, während die Männer in fester Partnerschaft im Durchschnitt doppelt so viele Monate in fester Beziehung vorweisen können.[511]

Zweifellos gibt es in diesem vermuteten Ursache-Wirkungs-Spiel eine unüberschaubare Fülle von weiteren möglichen Einflussfaktoren. Der Zusammenhang ist letztlich zu komplex; streng genommen handelt es sich hier um keine geringere Frage als die, warum wir sind, wie wir sind, und warum wir kommunizieren, wie wir kommunizieren. In dem kaum entwirrbaren Geflecht aus genetischer Veranlagung, Sozialisationsbedingungen und gemachten Erfahrungen kann der Kausalzusammenhang somit nur plausibilisiert und nicht final geklärt werden.

Aber wenn Neyer et al. (1999; 2001; 2007) im Rahmen ihrer Langzeitstudie zeigen können, dass der Einfluss von Partnerschaftserfahrungen offenbar stark genug ist, ganze Persönlichkeitsprofile zu transformieren, dann liegt es aus meiner Sicht nahe, dass sich damit einhergehend auch das Kommunikationsverhalten der Männer ändern könnte. Gerade vor dem Hintergrund dieser Langzeitstudie scheint es doch unstrittig zu sein, dass uns

[511] Um den Einfluss der Wirkfaktoren der Sexualität und Partnerschaft deutlich zu machen, wäre eine Aufsplittung der Single-Männer-Stichprobe in beziehungserfahrene und –unerfahrene Probanden notwendig gewesen. Dies konnte innerhalb dieser Untersuchung nicht geleistet werden, da ansonsten die jeweiligen Stichprobengruppen zu klein geworden und zudem vom Altersdurchschnitt nicht mehr vergleichbar gewesen wären. Nach dem momentanen Stand der Forschung war es nicht abzusehen, dass diese Faktoren u.U. unterschiedlich starke Auswirkungen für die Entwicklung der Persönlichkeit und des kommunikativen Verhaltens haben könnten.

intime Beziehungen verändern.[512] Und dass diese Veränderungen über soziale Interaktions-prozesse ablaufen, ist ebenfalls evident.

Die weiteren Ergebnisse der Untersuchung möchte ich vor dem Hintergrund dieses Erklärungsansatzes diskutieren und weitere Befunde nennen, welche diesen zu stützen oder zu schwächen scheinen. Im nonverbalen Abschnitt des Beobachterinnen-Fragebogens gilt es zunächst die Bedeutung der Attraktivität und des Kleidungsstils der Probanden zu diskutieren.

Wie bereits im Rahmen des Kapitels 8.5.3 aufgezeigt, zeichnen sich die Männer in festen Partnerschaften im Vergleich zu den anderen Stichprobengruppen durch die höchsten Attraktivitätseinschätzungen aus. Knapp hinter ihrer Durchschnittsbewertung liegen die Single-Männer, die Absoluten Beginner werden als noch einmal deutlich weniger attraktiv eingeschätzt. Das Ergebnis dieser Attraktivitätseinschätzung ist nicht unkritisch zu bewerten, da es die Bedeutung des unterstellten Wirkungszusammenhangs schwächt: Wenn sich Absolute Beginner neben unterschiedlichen Persönlichkeitsprofilen und kommunikativen Fähigkeiten eben auch durch eine geringe (physische) Attraktivität auszeichnen, so könnte auch diesem Befund eine entscheidende Rolle bei der Frage zukommen, warum sie so große Schwierigkeiten bei der Partnersuche haben.

Wie bereits in Kapitel 4.7 dieser Arbeit angesprochen, ist nach bisherigen Erkenntnissen die physische Attraktivität bei Männern nicht das primäre Selektionskriterium bei der Partnerwahl. Doch wäre es naiv, davon auszugehen, dass die Bedeutung der physischen Attraktivität vernachlässigt werden könnte. Denn auch wenn die Auswertung zum „ersten Eindruck" noch keine große Bedeutung der Attraktivität erkennen lässt, zeigt sich spätestens

[512] Auch hier bleibt die Frage nach Ursache und Wirkung bestehen: Wenn Probanden nach ihren Persönlichkeitsprofilen befragt werden, beschreiben Sie in der Regel ihr Verhalten. Von dieser Beschreibung wird auf ein zugrunde liegendes Persönlichkeitsprofil geschlossen. Wenn diese Probanden jetzt eine Beziehung eingehen und damit eine Art „sekundäre Sozialisation" erfahren, beschreiben sie anschließend ihr geändertes Verhalten, worauf hin Langzeitstudien wie die von Neyer et al. (1999, 2001, 2007) auf eine geänderte Persönlichkeitsstruktur schließen. Eine Persönlichkeitsstruktur kann sich also durch soziale Interaktion ändern. Sind die Ursprungsprofile also vielleicht bereits durch soziale Interaktion entstanden? Ob für den hier plausibilisierten Wirkungszusammenhang (bereits bestehende) Persönlichkeitsprofile oder die Interaktionserfahrungen als Ursache zu sehen sind, kann nicht festgelegt werden.

bei der Entscheidung, warum ein Proband als potentieller Partner in Frage kommt oder nicht, wie wichtig der Attraktivitäts-Faktor sein kann: Die meisten Argumente, mit denen eine Ablehnung der Probanden als potentielle Partner begründet wird, lassen sich in allen drei Stichprobengruppen der Kategorie der „mangelnden Attraktivität“ zuordnen. Hier muss natürlich berücksichtigt werden, dass sich diese Frage noch im nonverbalen Auswertungs-Abschnitt des Beobachterinnen-Fragebogens befindet. Bei der Entscheidung, ob ein Proband als potentieller Partner in Betracht gezogen wird, bleibt dessen verbales Kommunikationsverhalten unberücksichtigt; von daher sollte es nicht verwundern, dass die physische Attraktivität in diesem Abschnitt eine so prominente Rolle spielt. Trotz dieser Argumente soll nicht der Eindruck entstehen, dass die Bedeutung der physischen Attraktivität wegzudiskutieren wäre. Die Ergebnisse zeigen deutlich, dass sich Absolute Beginner eben *auch* durch eine geringe physische Attraktivität auszeichnen. Die Gründe der Partnerlosigkeit sind also keineswegs ausschließlich in ihrer Persönlichkeitsstruktur und ihrem damit korrespondierenden Kommunikationsverhalten zu suchen, sondern auch mittels physischer Attraktivität in einem korrelationalen Zirkel verbunden. In diesem Zusammenhang sei zudem daran erinnert, dass die Attraktivität der Probanden in dieser Untersuchung wie auch in der Lebenswirklichkeit nicht unabhängig vom nonverbalen Kommunikationsverhalten eingeschätzt wird.

Ein weiterer Befund des nonverbalen Fragebogenabschnitts lautet, dass die Absoluten Beginner auch schlechter gekleidet sind als die partnerschaftlich erfahrenen Männer. Eingeschätzt auf einer zehnstufigen Skala wird ihre Kleidung als „unvorteilhafter“ bewertet als die der Single-Männer und Männer in festen Partnerschaften. Was in den Bewertungen nicht zum Ausdruck kommt, sind Aussagen darüber, *warum* die Kleidung der Absoluten Beginner „unvorteilhafter“ wirkt als die der Single-Männer und Männer in festen Partnerschaften. In den Auswertungs-Nachbesprechungen erwähnten die Beobachterinnen insbesondere die vielen Ringelpullis mit Rundhalsausschnitt und Bündchen am Arm, die entweder zu eng oder zu weit ausfallen. Ein häufiger Eindruck war zudem, dass die Kleidung deutlich „älter“ wirkt als die Probanden selbst. Auch über die Gründe für die Kleidungsunterschiede wurde leidenschaftlich diskutiert. Als häufigster Erklärungsansatz wurde der

„korrigierende“ Einfluss der Partnerin angeführt: Fast alle gebundenen Frauen berichteten davon, ihre Partner beim Kleiderkauf zu begleiten, um ihnen bei Farbkombinationen und Passformen beratend zur Seite zu stehen. Indem ihre Partner auf diese Weise immer wieder mit der Außenperspektive konfrontiert worden wären, hätten sie im Laufe der Zeit auch selbst eine gewisse modische Stilsicherheit erlangt. Als weiterer Erklärungsansatz wurde die Möglichkeit angesprochen, dass Frauen mit ihrer stärkeren Fixierung auf Mode und Accessoires eine gewisse Vorbildfunktion für ihre Partner haben könnten. Um neben der gut gekleideten Partnerin nicht allzu schlecht dazustehen, könnten einige Männer versuchen, ihren eigenen Kleidungsstil anzupassen.

Der nonverbale Abschnitt des Probandenfragebogens schließt mit zwei bipolaren Skalen, auf denen die Beobachterinnen einschätzen sollen, ob der jeweilige Proband eher „entschlossen“ oder „zögerlich“ wirkt und ob sein Gang (zu Franziskas Tisch) eher als „locker“ oder „angespannt“ zu bezeichnen ist. Wie bereits in Kapitel 8.5.4 beschrieben, werden die Absoluten Beginner beim Betreten des Raumes, dem Lesen der Anweisungen und ihrem Gang zu Franziskas Tisch eher als „zögerlich“ beschrieben, während die Single-Männer den indifferenten Mittelpunkt der Skala treffen und die Männer in fester Partnerschaft leicht auf der „entschlossenen“ Seite der Skala liegen.

Dieser subjektive Eindruck der Beobachterinnen lässt sich durch „objektive“ Messdaten bestätigen: Die partnerschaftlich erfahrenen Männer benötigen durchschnittlich etwa sieben Sekunden weniger Zeit, bis sie nach Betreten des Raumes das Anbahnungsgespräch mit Franziska beginnen. Sowohl für das Lesen der Anweisungen als auch für den Weg von der Eingangstür zu Franziskas Tisch benötigen die Absoluten Beginner hingegen deutlich mehr Zeit. Zudem wirkt ihr Gang dabei angespannter als bei den partnerschaftlich erfahrenen Probanden.

Es ist gut möglich, dass sich in diesen Befunden auch die unterschiedlichen emotionalen Zustände der Probanden widerspiegeln, denen sie während des Experimentablaufs ausgesetzt waren. Bei der Auswertung des Probanden-Fragebogens (vgl. Kapitel 8.2) zeigt sich, dass die Absoluten Beginner die Experimentsituation als deutlich „unangenehmer“ empfanden als die partnerschaftlich erfahrenen Probanden. Darüber hinaus berichten sie von deutlich höherer Aufregung während des Experiments. Die Vermutung liegt nahe, dass die Absoluten Beginner innerhalb der Anbahnungssituation gerade *deshalb* so aufgeregt sind, weil sie ihnen aufgrund mangelnder Erfahrung ungewohnt und fremd vorkommt. In diesem Zusammenhang sei erneut die Äußerung eines Absoluten Beginners angeführt, der seine Aussage, warum er Franziska in einer realen Alltagssituation nicht angesprochen hätte, damit begründet, dass er so etwas noch niemals in seinem Leben gemacht habe.

Auch die partnerschaftlich erfahrenen Männer betreten die simulierte Cafésituation zum ersten Mal in ihrem Leben; sie ist ihnen genauso unvertraut wie den Absoluten Beginnern. Aber es scheint, dass sie sich sehr viel schneller auf die Situation einlassen und in ihr wohlfühlen können, als dies den Absoluten Beginnern gelingt. Sie bewerten die Situation meist als „angenehm" und zögern nach dem Lesen der Anweisungen in der Regel kaum, den Anbahnungsversuch einzuleiten.

Wenn man davon ausgehen kann, dass Absolute Beginner aufgrund ihrer individuellen Kommunikationsbiographie und ihrer fehlenden Interaktionsgelegenheiten mit einer Partnerin nur auf wenige Erfahrungswerte zurückgreifen können, so wäre dies auch eine plausible Erklärung dafür, warum sie die experimentell simulierte Anbahnungssituation als „unangenehm" empfinden und Anzeichen von Schüchternheit, Verschlossenheit (Introversion) und Ängstlichkeit (Neurotizismus) zeigen. Ein zögerliches Annähern und ein angespannter Gang sind dabei nur erste Symptome. Insbesondere das Prinzip der sozialen Hemmung (Schüchternheit) zieht sich wie ein roter Faden auch durch die ersten Skalen zur Einschätzung des (nonverbalen wie verbalen) Kommunikationsverhaltens, die im Rahmen des Pretests herausgearbeitet werden konnten.

In der Gesprächssituation mit Franziska zeigen die Absoluten Beginner eine besonders steife und zudem verschlossene Körperhaltung. Damit häufig einhergehend nehmen sie auf ihrem Sitzplatz auch weniger Raum ein: sie halten ihre Extremitäten eher nah am Körper und die Arme zudem häufig unterhalb der Tischplatte, anstatt sie auf dem Tisch vor Franziska abzulegen. Mit diesen Befunden verwundert auch der Eindruck der Beobachterinnen nicht, dass sich die sexuell erfahrenen Männer deutlich stärker gegenüber ihrer Gesprächspartnerin „präsentieren".[513]

Um Redundanzen zu vermeiden, möchte ich die weiteren Ergebnisse der Pretest-Skalen hier nicht detailliert wiederholen. Stattdessen möchte ich einzelne Befunde gezielt herausgreifen und in Bezug setzen zu den „harten" Kriterien sowie zu den Diskussionen, die ich mit den Beobachterinnen jeweils nach den Videoauswertungen führen konnte.

Hier wäre zunächst der Befund anzusprechen, dass die Absoluten Beginner während des Anbahnungsgesprächs sehr viel mitleidserregender wirken als die Single-Männer und Männer in fester Partnerschaft. Welche Faktoren es im Einzelnen sind, die dieses Mitleids-Gefühl bei den Beobachterinnen auslösen, konnte im Rahmen der Auswertungs-Nachbesprechungen etwas näher herausgearbeitet werden. Meist entstand das Mitleidsgefühl, wenn den Probanden während ihres Anbahnungsversuchs die Worte fehlten und somit lange Sprechpausen entstanden, sie zu stottern begannen oder verschämt den Blick abwandten. Manchmal war es auch nur der diffuse Eindruck, dass die Probanden der Situation nicht gewachsen und Franziska „unterlegen" waren. Der Blick auf die Interkorrelationstabelle (siehe Anhang IX) scheint diese Zusammenhänge zu bestätigen: Zunächst besteht eine mittelstarke Korrelation zwischen der Mitleids-Skala und der Skala zur Einschätzung der Sprachgewandtheit. Noch höher fällt die Korrelation mit der Einschätzung aus, in wieweit der Proband dazu in der Lage ist, die Situation zu beherrschen. Auch die Korrelation der Mitleids-Skala mit der Frage, ob der Proband das Gespräch auf Augenhöhe führen kann, ist recht stark. Darüber hinaus korreliert der Eindruck von Mitleid auch damit, als wie selbständig und männlich ein Proband eingeschätzt wird.

Obwohl das Gefühl von Mitleid zunächst eine gewisse Sympathie mit dem Probanden nahelegen mag (schließlich sind die Beobachterinnen bereit,

[513] Dass diese klar benennbaren kommunikativen Verhaltensweisen der Absoluten Beginner mit Sicherheit auch mit ihren Persönlichkeitsprofilen korrespondieren, zeigen die von Asendorpf (1989) durchgeführten Experimente. Hier kann bereits herausgestellt werden, dass sich soziale Hemmung (Schüchternheit) in einer generellen Einschränkung des interaktiven, kommunikativen und expressiven Verhaltens ausdrückt (vgl. Asendorpf 1989, S.75 f.).

gewissermaßen mit dem Probanden mitzufühlen), scheint es ein klares K.O.-Kriterium für die Partnersuche zu sein. In einer Nachbesprechungs-Runde von fünf Frauen zwischen 29 und 32 Jahren wurde sehr deutlich, dass ein Mann sofort als potentieller Partner ausscheiden würde, wenn man als Frau das Gefühl habe, den „armen" Jungen „an die Hand nehmen zu müssen". In diesem Falle wäre es mit der Attraktivität „sofort vorbei", da solche Männer zwar beschützende Mutterinstinkte, aber keine erotische Anziehung auslösen würden.

Als nächstes sei der Befund angesprochen, dass die partnerschaftlich erfahrenen Männer innerhalb der Gesprächssituation deutlich sprachgewandter agieren als die Absoluten Beginner. Bedeutsam ist hier aus meiner Sicht zunächst die Korrelation mit der Einschätzung, in wieweit die Probanden die Situation beherrschen können (letzte Skala). Keine andere Skala korreliert stärker mit der Sprachgewandtheit als diese, was die mögliche Schlussfolgerung nahelegt, dass das (kommunikative) Beherrschen der Gesprächssituation zu einem entscheidenden Teil von der Sprachgewandtheit der Probanden abhängt.

Wie die meisten Eindrücke, die im Rahmen des Pretests herausgearbeitet werden konnten, wird auch die Sprachgewandtheit der Probanden recht unspezifisch abgefragt. Die Beobachterinnen der finalen Auswertung sprechen im Zusammenhang mit der Sprachgewandtheit von der Fähigkeit der Probanden, in kürzester Zeit Gesprächsthemen zu entwickeln und den Gesprächsfluss aufrecht zu halten. Möglicherweise ist hier auch eine Parallele zum Verhältnis von offenen zu geschlossenen Fragen zu ziehen, welches im Rahmen der „harten Kriterien" ermittelt wurde. Auch wenn in allen drei Stichprobengruppen die Anzahl geschlossener Fragen die der offenen überwiegt, so liegt das Verhältnis bei den partnerschaftlich erfahrenen Stichprobengruppen näher am Gleichgewicht. Die Absoluten Beginner stellen im Vergleich zu letzteren Stichprobengruppen etwas mehr geschlossene als offene Fragen, was im Rahmen der Videoauswertung bei einzelnen Probanden besonders auffällt. Durch eine Aneinanderreihung von mehreren geschlossenen Fragen entsteht bei den Beobachterinnen der Eindruck, als ob diese Probanden gewissermaßen einen vorgefertigten Fragenkatalog „abarbeiteten". Indem Franziska immer wieder mit „Ja" oder „Nein" antworten muss, aber nicht dazu kommt, etwas von sich zu erzählen, wirken die Gespräche zudem sehr stockend; ganz so, als ob sie immer wieder von Neuem in Gang gebracht werden müssten. Im Rahmen des Kolloquiums, in dem ebenfalls einige Probandenvideos exemplarisch gezeigt wurden, drängte sich einer Doktorandin zudem der Eindruck auf, dass in diesem Fall die „Last der Gesprächsführung" immer wieder auf denjenigen zurückfällt, der sie offensichtlich nicht tragen kann: den Probanden selbst. Über die Gründe, warum einige der Absoluten Beginner so viele geschlossene Fragen verwenden, kann nur spekuliert werden. Eine mögliche Erklärung wäre, dass geschlossene Fragen innerhalb der Gesprächsführung eine gewisse Sicherheit verheißen, während offene Fragen auf der anderen Seite eine Ungewissheit ins Spiel bringen, da durch sie der weitere Gesprächsverlauf an Vorhersehbarkeit verliert.

Ich möchte den Befund erneut aufgreifen, dass einige der Absoluten Beginner scheinbar eine Liste von vorgefertigten Fragen abarbeiten, während andere dazu neigen, lange Schweigepausen entstehen zu lassen. Aus meiner Sicht kann dies so interpretiert werden, dass die Probanden offenbar über kein „Konzept" für das Anbahnungsgespräch verfügen. Natürlich könnte man hier einwenden, dass ein Fragenkatalog durchaus als Gesprächskonzept gewertet werden kann. Aber diese Herangehensweise scheint doch weit entfernt zu sein von einer alltagsnahen Gesprächsführungspraxis. Insbesondere im Kontrast zu den Männern in fester Partnerschaft wird deutlich, dass diese in der Regel nicht versuchen, die Einladung möglichst schnell auszusprechen, sondern sich erst einmal auf die Situation einlassen, Smalltalk betreiben und in einigen Fällen Franziska fragen, ob sie auch gerne etwas über *sie* (den jeweiligen Probanden) erfahren möchte. Ein möglicher Indikator für die Konzeptionslosigkeit, mit der einige Absolute Beginner in die Gesprächssituation hineingehen, ist auch die durchschnittliche Dauer ihrer Anbahnungsversuche. Sie benötigen im Durchschnitt deutlich mehr Zeit als die partnerschaftlich erfahrenen Probanden. Hier sei eingeräumt, dass diese Interpretation nicht unproblematisch ist: Es gibt durchaus Anbahnungsversuche von Single-Männern und Männern in fester Partnerschaft, wo die „Chemie" zwischen Franziska und den Probanden zu stimmen scheint, viel gelacht wird und sich das Gespräch folglich in die Länge zieht. Ein langes Anbahnungsgespräch ist also nicht immer ein Indikator für ein fehlendes Gesprächskonzept. Die mögliche Interpretation, dass die Anbahnungsversuche der Absoluten Beginner so lange dauern, weil zwischen ihnen und Franziska die „Chemie“ stimmt, darf man jedoch in Anbetracht der *gezählten Lacher* während der Gespräche bezweifeln: Sowohl in den Gesprächen mit den Single-Männern als auch in denen mit den Männern in fester Partnerschaft muss Franziska deutlich häufiger lachen als bei den Absoluten Beginnern. Auch zeigt sie insbesondere in den Gesprächen mit den Männern in fester Partnerschaft häufig Gesten der Automanipulation, wenn sie sich etwa durch die Haare fährt, am Hinterkopf kratzt oder ihre Kleidung zurechtrückt. Es liegt auf der Hand, dass dies wiederum Indizien dafür sind, wie viel *Sympathie* Franziska den Probanden entgegenbringt.[514]

Mit Blick auf die Skalen, die im Rahmen des Pretests entwickelt wurden, gibt es auch Merkmale, hinsichtlich derer sich die Stichprobengruppen kaum voneinander unterscheiden: Bei der Einschätzung der Gestik und des Ausmaßes der Mimik sowie bei den Eindrücken der Selbständigkeit und Kindlichkeit der Probanden liegen alle Stichprobengruppen sehr nah beieinander. Diese Skalen scheinen somit weniger geeignet zu sein, das kommunikative Handeln der Probanden voneinander zu unterscheiden. Dennoch ist es bemerkenswert, dass die Absoluten Beginner als etwas „kindlicher“ eingeschätzt werden als die Single-Männer und Männer in fester Partnerschaft. Wie bereits im Rahmen der Ergebnispräsentation angesprochen wurde, sind die Absoluten Beginner im Schnitt fast drei Jahre älter als die Probanden der anderen Stichprobengruppen. Neyer (2003) spricht bei der Interpretation seiner Befunde von gewissen „Reifungseffekten“[515], welche die Probanden durch das Eingehen einer Partnerschaft erfahren. Auch für den hier diskutierten Befund, dass partnerschaftlich erfahrene Männer trotz ihres geringeren Durchschnittsalters „erwachsener“ wirken als die Absoluten Beginner, wäre dies eine mögliche Erklärung, die in Einklang mit der oben vertretenen These steht.

---

[514] Laut Doermer-Tramitz (1990) kann ein häufiges und intensives Lachen der Frau als Indiz dafür gewertet werden, dass sie Gefallen an ihrem Gesprächspartner findet (vgl. Doermer-Tramitz 1990, S.150).

[515] Vgl. Neyer 2003, S.185.

Zuletzt möchte ich noch die zwei Skalen ansprechen, die danach fragen, ob die Probanden eher „echt" oder „gestelzt" wirken und ob ihre Sprache und Körpersprache übereinstimmen. Auf beiden Skalen, die um das Konstrukt der Authentizität kreisen, liegen die Mittelwerte aller drei Stichprobengruppen im linken Bereich; in der Regel wirken die Probanden also eher „echt" als „gestelzt" und das Zusammenspiel von Sprache und Körpersprache wirkt eher „stimmig" als „unstimmig". Trotz dieser allgemeinen Tendenz wirken die Männer in festen Partnerschaften in ihrem kommunikativen Handeln offenbar besonders authentisch. Mit einem kleinen Abstand folgen die Single-Männer, die auf beiden Skalen identische Werte erreichen. Interessant ist hingegen, dass die Absoluten Beginner auf der ersten Skala („echt" vs. „gestelzt") noch einen höheren Wert als die Single-Männer aufweisen, bei der Übereinstimmung von Sprache und Körpersprache jedoch *zwischen* den Männern in fester Partnerschaft und den Single-Männern liegen. Es ist somit zugleich die einzige Skala innerhalb dieses Fragebogenabschnitts, auf der die Absoluten Beginner *nicht* den höchsten Wert erreichen. Die Suche nach einer Erklärung für diesen Befund führt erneut in die Auswertungs-Nachbesprechungen mit den Beobachterinnen. Einige von ihnen merkten an, dass einzelne Absolute Beginner zwar extrem schüchtern seien, in dieser Schüchternheit aber zugleich sehr authentisch wirkten. Sie würden nicht versuchen, sich zu verstellen oder eine andere Rolle zu verkörpern, um ihre Schüchternheit zu kaschieren. Es wirke fast, als fehle ihnen ein „Überschuss" an Verarbeitungskapazität, um sich innerlich von der unmittelbaren Gesprächssituation zu lösen, ihre Rollenkonzeption zu überprüfen oder etwa parallel zur Konversation weiterführende Gesprächsstrategien zu entwickeln. Stattdessen seien sie von Franziskas Anblick wie „gebannt", offensichtlich mit der Situation überfordert und zu sehr mit sich selbst beschäftigt, um genügend geistige Bewegungsfreiheit für eine strategische Selbstdarstellung mobilisieren zu können. Im Gegensatz dazu neigen insbesondere einige der Single-Männer dazu, für ihren Anbahnungsversuch in eine von außen erkennbare Rolle zu schlüpfen, bei der sie jedoch gewisse Inkonsistenzen nicht vermeiden können. Zur Stützung dieses Befundes möchte ich zudem auf die Gründe verweisen, mit denen die Probanden im ersten Abschnitt des Fragebogens als potentielle Partner abgelehnt oder angenommen werden. Auch hier sind es vorwiegend die Single-Männer, die aufgrund mangelnder Authentizität als potentielle Partner abgelehnt werden – nicht die Absoluten Beginner.

Anschließend an die Diskussion der Pretest-Skalen möchte ich noch eine mögliche Interpretation für den Befund anbieten, dass einige Probanden während des Aussprechens der Einladung zum Abendessen ihren Kopf zur Seite legen, während andere Probanden wiederum eine aufrechte Kopfposition beibehalten. Wie Frey (2000) anhand von mehreren Bildmanipulationen aufzeigen kann, gehen von der sogenannten Lateralflexion des Kopfes affektive und kognitive Wirkungen aus, welche die Wahrnehmung des Betrachters entscheidend verändern können.[516] Anhand der Mona Lisa von Leonardo da Vinci demonstriert Frey (2000), dass eine seitliche Kopfneigung in Richtung der Bezugsperson als „Zuneigung" interpretiert werden kann.[517] Ganz ähnlich wird auch in der populärwissenschaftlichen Literatur zur Analyse der Körpersprache ein angelegter Kopf als Interesse am Gesprächspartner gedeutet.[518] Sieht man sich die Auswertung zu den geneigten Kopfhaltungen an, so könnte sie vor diesem Hintergrund so interpretiert werden, dass die Absoluten Beginner beim Aussprechen ihrer Einladung offenbar deutlich seltener eine Zuneigung zu Franziska körpersprachlich signalisieren, als dies Single-Männer und insbesondere die Männer in festen Partnerschaften tun. Vor dem Hintergrund, dass sie Franziska auf ihren Fragebögen jedoch als sehr attraktiv einschätzen, wäre auch denkbar, dass sie zwar gerne ihre Sympathie für Franziska äußern *würden*, dies jedoch in Ermangelung kommunikativer Mittel oder aufgrund ihrer Hemmungen nicht *schaffen*.

In diesem Zusammenhang möchte ich zunächst auf die achte Frage des Beobachterinnen-Fragebogens verweisen: Auch hier sind es die Absoluten Beginner, deren Anbahnungsversuche am häufigsten als erfolglos gewertet werden, weil sie „wenig Interesse zeigen" (9. Kategorie). Zudem sei auf die Art der Gesprächseröffnung verwiesen: Insbesondere die Absoluten Beginner neigen dazu, Franziska zu siezen, während die partnerschaftlich erfahrenen Probanden mit nur wenigen Ausnahmen das „Du" verwenden. Auch hier

---

[516] Vgl. Frey 2000, S.140.

[517] Vgl. Frey 2000, S.141.

[518] Vgl. Bruno/Adamczyk 2010, S.34.

scheint sich eine Distanz anzukündigen, die im weiteren Gesprächsverlauf entsprechend schwerer zu überwinden sein könnte, um Franziska schließlich die empfundene Sympathie zu bekunden. Dass diese Distanz auf einer wahrgenommenen Altersdifferenz zu Franziska beruht, kann weitgehend ausgeschlossen werden, da es die Single-Männer und Männer in festen Partnerschaften sind, welche im Durchschnitt wesentlich jünger sind. Ausgehend von ihrem Durchschnittsalter müssten gerade *sie* diejenigen sein, die Franziska besonders häufig mit „Sie" anreden.

Die Pretest-Skalen-Ergebnisse eignen sich nicht nur zur Unterscheidung des kommunikativen Handelns der Probanden. Auch bei der Entscheidung, einen Probanden als potentiellen Partner abzulehnen oder anzunehmen, scheinen sie eine wichtige Rolle zu spielen, wie etwa am Beispiel des empfundenen Mitleids aufgezeigt werden kann. Zudem lassen sich Parallelen ziehen zwischen den einzelnen Skalen und den Kategorien, die im ersten Abschnitt des Fragebogens dafür angeführt werden, einen Probanden als potentiellen Partner abzulehnen.[519] An vorderster Stelle sei die Schüchternheit angeführt, die bei den Absoluten Beginnern nach der mangelnden Attraktivität als meistgenanntes Kriterium zur Begründung einer Absage genannt wird. Diese spiegelt sich insbesondere in den ersten Pretest-Skalen wider, in denen die Unfähigkeit zum Aufrechterhalten des Blickkontakts und weitere Merkmale wie die verschlossene und steife Körperhaltung abgefragt werden. Auch die Kategorie zur „mangelnden Männlichkeit" (17. Kategorie), in der die Formulierung „nicht männlich bzw. anziehend" auftaucht, macht unmissverständlich deutlich, dass die spätere Pretest-Skala zur Einschätzung der Männlichkeit zumindest teilweise einer Attraktivitäts-Einschätzung gleichkommt.

Doch selbst ohne diesen Abgleich sollte es nachvollziehbar sein, dass folgende Merkmale unattraktiv wirken: eine verschlossene und steife Körperhaltung, die Unfähigkeit, den Blickkontakt aufrecht zu halten, mangelnde Sprachgewandtheit, eine ausdruckslose Mimik oder auch der

[519] Hier ergibt sich die Schwierigkeit, dass die Frage nach der Eignung der Probanden als potentielle Partner bewusst in den nonverbalen Abschnitt des Fragebogens vorgezogen wurde, um ein von den nachfolgenden Skalen verzerrtes Urteil zu vermeiden. Somit werden hier Kategorien zur Bewertung des *nonverbalen* Kommunikationsverhaltens mit Skalen zur Bewertung des *verbalen* Kommunikationsverhaltens abgeglichen.

Eindruck, dass der Proband „langweilig" wirkt. Diese Vermutung lässt sich nicht zuletzt mit den Attraktivitätseinschätzungen der Probanden untermauern, die sowohl im *ersten* Fragebogenabschnitt und somit *vor* dem Anbahnungsgespräch, als auch im *zweiten* Fragebogenabschnitt und somit *nach* dem Anbahnungsgespräch abgefragt wurden. Wie gezeigt wurde, werden die Absoluten Beginner vor dem Gespräch noch etwas attraktiver eingeschätzt als danach. Auch die Single-Männer verlieren etwas von ihrer Attraktivität, jedoch nur minimal. Hingegen können die Männer in fester Partnerschaft ihre Attraktivitätseinschätzung durch das Gespräch noch einmal ausbauen. Wie stark der Einfluss der jeweiligen Skalen auf die Attraktivitätseinschätzung ist, wurde im Rahmen der Erhebung nicht erfasst, weshalb hierzu keine genauen Aussagen getroffen werden können. Der Abgleich der Attraktivitätseinschätzungen, die Übereinstimmung einiger Skalen mit den Kategorien zur Ablehnung von Probanden als potentielle Partner sowie die Auszüge aus den Auswertungs-Nachbesprechungen mit den Beobachterinnen sollten jedoch keinen Zweifel daran lassen, dass die Pretest-Skalen neben der Einschätzung des kommunikativen Handelns auch eine Relevanz für die Frage haben, als wie attraktiv ein Proband eingeschätzt wird und ob dieser als potentieller Partner in Betracht gezogen wird.

9.1.2 Ein soziobiologischer Erklärungsansatz

Mit Rückgriff auf das Argumentationsmuster der Soziobiologie möchte ich abschließend noch einen möglichen Erklärungsansatz dafür anbieten, weshalb die erfassten Kommunikationsmerkmale und die sich darin zum Teil widerspiegelnden Persönlichkeits-profile von Schüchternheit, Neurotizismus und Introversion eine hohe Relevanz für die Frage haben, warum die Absoluten Beginner offensichtlich so schlechte Chancen auf dem Partnermarkt haben.

Als argumentativen Ausgangspunkt nimmt die Soziobiologie den Umstand, dass zwischen Männern und Frauen starke Investitionsunterschiede hinsichtlich der Reproduktion bestehen.[520] Diese sind bereits in der Herstellung der Gameten angelegt: Während Männer täglich Millionen von

---

[520] Vgl. Voland 2007, S.49 ff.

Spermien produzieren, steht den Frauen nur einmal im Zyklus für wenige Tage ein fruchtbare Eizelle zur Verfügung.[521] Auch die „Folgekosten" des sexuellen Verkehrs fallen für Frauen ungleich höher aus: Auf die neunmonatige Schwangerschaft - während der die Frau „gehandicapt" und somit auf Ressourcenversorgung angewiesen ist - folgt eine unter Umständen riskante Geburt und die nachgeburtliche Fürsorge einschließlich des Stillens.[522] Die Investition der Männer beschränkt sich im Extremfall lediglich auf die Partnerwerbung und den Geschlechtsakt: Mit ihren „billig herzustellenden und schnell ersetzbaren Keimzellen"[523] haben Männer die Möglichkeit, nach erfolgreichem Geschlechtsakt bereits die nächste Partnerin für die Fortpflanzung aufzusuchen. Im Gegensatz zu Frauen können sie ihren Reproduktionserfolg steigern, indem sie mit möglichst vielen Partnern in kurzer Zeit sexuell verkehren. Die Soziobiologie argumentiert nun, dass die Geschlechter aufgrund dieser Investitionsasymmetrie für die Fortpflanzung im Laufe der Evolution sehr unterschiedliche Verhaltensmuster bzw. Strategien entwickelt haben, die sie bei der Partnerwahl verfolgen.[524] Während Männer bei Frauen insbesondere auf die physische Attraktivität achten, um gesunde Nachkommen zu zeugen, achten Frauen in erster Linie auf die *Versorgerqualitäten* ihres Partners, die sich in hoher Ressourcenkontrolle (Geld, Macht, etc.) und bestimmten Persönlichkeitseigenschaften manifestieren, die eine stabile und langandauernde Beziehung versprechen.[525] Hinter der weiblichen Präferenz dieser Kriterien steht die Strategie, sich das nötige Investment des Mannes in die Nachkommen zu sichern.

Dieser kurze soziobiologische Exkurs soll als theoretische Basis genügen, um die reduzierten Chancen der Absoluten Beginner auf dem Partnermarkt zu plausibilisieren: Wenn Frauen bei der Partnerwahl primär nach Indikatoren der „sozialen Platzierung"[526] suchen, dann werden sie neben erkennbaren

[521] Aus diesem Umstand lässt sich bereits erkennen, dass Frauen gewissermaßen das „knappe Gut" haben, weshalb der Konkurrenzkampf unter Frauen nicht die Ausprägungsstärke erreicht, wie die Konkurrenz unter Männern um Frauen (vgl. Voland 2007, S.50).

[522] Vgl. Voland 2007, S.50.

[523] Voland 2007, S.50.

[524] Vgl. Voland 2007, S.51.

[525] Vgl. Voland 2000, S.142 ff.; Voland 2007, S. 57.

[526] Vgl. Voland 2007, S.57.

Statussymbolen, die (finanzielle) Ressourcenkontrolle und somit Macht demonstrieren, auch gezielt auf Verhaltensweisen wie etwa Ehrgeiz, Risikobereitschaft und Durchsetzungskraft achten[527], die ebenfalls Indikatoren der (zukünftigen) sozialen Platzierung sind.

Schüchterne, introvertierte und ängstliche Männer, die innerhalb einer Gesprächssituation auf dem Stuhl zusammen sinken, sich nicht präsentieren können, aufgrund ihrer mangelnden Sprachgewandtheit „hilflos“ nach passenden Formulierungen und Gesprächsstrategien suchen, kein Gespräch „auf Augenhöhe“ führen können und die Situation insgesamt nicht zu beherrschen scheinen – diese Männer werden sich auch nicht gegenüber anderen Männern im Kampf um knappe Ressourcen durchsetzen, geschweige denn die Partnerin oder Nachkommen vor potentiellen Feinden beschützen. Schüchternheit ist im Rahmen dieser Studie das meistgenannte Kriterium, um die Erfolglosigkeit eines Anbahnungsversuchs zu begründen. Selbst im nonverbalen (!) Abschnitt des Fragebogens ist es das zweitmeist genannte Kriterium, um einen Mann als potentiellen Partner auszuschließen. „Planlosigkeit“, „Unbeholfenheit“, „mangelndes Selbstbewusstsein“, eine „geringe Körpergröße“ und „mangelnde Männlichkeit“ sind weitere Kategorien zur Ablehnung potentieller Partner, die vor dem Hintergrund des soziobiologischen Ansatzes verständlich werden. Erinnert sei in diesem Zusammenhang auch an die Auswertungs-Nachbesprechungen, in denen sich zeigt, dass Frauen diejenigen Männer kategorisch als potentielle Partner ausschließen, bei denen sie das Gefühl haben, diese „an die Hand nehmen zu müssen“. Und selbst wenn ein stark stotternder Proband grundsätzlich einen sympathischen Eindruck macht: „Sein Stottern erregt zu viel Mitleid, um Attraktivität auszulösen“, lautet eine der Begründungen, mit der sein Anbahnungsversuch als erfolglos eingestuft wird. Auch hier ließe sich argumentieren, dass sich ein stotternder Proband im Kampf um knappe Ressourcen vermutlich nicht durchsetzen wird; in argumentativen Auseinandersetzungen werden seine Kontrahenten leicht die Oberhand gewinnen, auch im beruflichen Kontext wird er nicht in höhere

[527] Ein Nachweis dafür, dass Frauen verschiedenster Kulturen diese Persönlichkeitseigenschaften bei Männern präferieren, findet sich etwa bei Buss (1989) sowie Buss et al. (1990).

Führungspositionen vorstoßen können, für die Sprachgewandtheit und kommunikative Schlagfertigkeit entscheidende Voraussetzungen sind.

Auf der anderen Seite lässt sich auf der Basis dieser soziobiologischen Überlegungen auch gut erklären, weshalb einige Probanden schlagartig an Sympathie gewinnen, wenn sie bspw. Franziska anbieten, ihr noch etwas zu trinken zu bringen. Dies kommt in Anmerkungen wie „Der Erste, der gefragt hat, ob sie noch was trinken will! (Dicker Pluspunkt)" zum Ausdruck. Sobald die Beobachterinnen Anzeichen dafür finden, dass sich die Probanden für die Bedürfnisse ihrer Gesprächspartnerin interessieren, werden sie in den Augen der Beobachterinnen drastisch aufgewertet. Auch hier scheint das Prinzip der Ressourcenversorgung wieder sichtbar zu werden: Wenn sich ein Mann schon im ersten Gespräch als großzügig, einfühlsam und hilfsbereit zeigt, so wird er sich vermutlich auch in der Schwangerschaft und Aufzuchtphase um die Bedürfnisse seiner Partnerin kümmern.

Hinsichtlich des sozioökonomischen Status bevorzugen Frauen in der Regel einen mindestens ebenbürtigen Partner.[528] Mit hoher Wahrscheinlichkeit werden sie schon im ersten Anbahnungsgespräch mit Männern auf Indikatoren achten, die ihnen etwas über deren Status verraten. Wenn sich aber schon in diesem Gespräch zeigt, dass der Mann nicht „auf Augenhöhe" mit ihnen kommunizieren kann, so kann dies bereits ein Ausschlusskriterium sein. In den Auswertungs-Nachbesprechungen zeigt sich, dass Frauen eben keinen „Jungen" wollen, den sie „an die Hand nehmen" müssen, sondern „Männer", die ihnen eine gewisse Status- und Versorgungs-Sicherheit sowie Geborgenheit bieten können. In den Worten Karl Grammers: „Der Instinkt der Frauen riecht Versorger, nicht Versager."[529]

Die für diese Studie rekrutierten Absoluten Beginner sind eben alles andere als selbstbewusste „Gewinnertypen", die sich mit ihrer offenen Art unverkrampft auf die Anbahnungssituation einlassen und sie mit spielerischer Leichtigkeit absolvieren. Ganz im Gegenteil – mit Blick auf die ersten Pretest-Skalen scheinen die Absoluten Beginner große Hemmungen zu haben, sich

528 Vgl. Blossfeld/Timm 2003, S.19 ff., siehe auch Franzen/Hartmann (2001), Wiarda (2012), Koch (2010) und Schaaf (2010).

529 Vgl. Haas 2009, S.8 ff.

gegenüber ihrer Gesprächspartnerin zu präsentieren, „sichtbar“ zu werden und Stellung zu beziehen.[530] Dies könnte kaum deutlicher zur Sprache kommen als in der Ablehnungs-Begründung einer Beobachterin: „So ängstlich und gehemmt, dass er gar nicht sichtbar ist“. Darüber hinaus beherrschen die meisten Absoluten Beginner nicht das entsprechende kommunikative Verhaltensrepertoire, das zur Kontaktanbahnung benötigt wird: Sie scheinen nicht zu wissen, wie man mit einer Frau flirtet, ihr Komplimente macht und die eigene Sympathie bekundet. Einige von ihnen scheinen darüber hinaus auch nicht den Smalltalk zu beherrschen; das Einführen von Gesprächsthemen und Überbrücken von Gesprächspausen scheint ihnen zudem sichtlich schwer zu fallen.

In Einzelfällen sind die Kontraste so deutlich, dass ein siebzehnjähriger Proband in fester Partnerschaft selbst jene Absoluten Beginner „blass“ aussehen lässt, die mehr als doppelt so alt sind wie er. Die Rolle des „risikobereiten Aufreißers“ können die Absoluten Beginner gar nicht ausfüllen[531], so wie es ihnen überhaupt schwer fällt, für das Gespräch in eine Rolle zu schlüpfen und ihre durch Schüchternheit, Introversion und hohen Neurotizismus geprägte Persönlichkeitsstruktur zu verbergen.

9.1.3 Zusammenfassung

Zusammenfassend lässt sich mit Blick auf die Ergebnisse von Neyer et al. (1999; 2001; 2007) festhalten, dass auch die für *diese* Untersuchung rekrutierten Männer ohne partnerschaftliche Erfahrungen (Absolute Beginner) über fundamental andere Persönlichkeitsprofile verfügen als Männer *mit* partnerschaftlichen Erfahrungen. Zudem kann diese Untersuchung zum ersten Mal empirisch belegen, dass und wie sich die unterschiedlichen Persönlichkeitsprofile (auch) *kommunikativ äußern* und in dieser Äußerungsform eine *hohe Relevanz* für die Frage haben, ob die Anbahnungsversuche der Probanden als erfolgreich gewertet werden. Darüber hinaus arbeitet diese Untersuchung erstmals eine Auswahl von

---

[530] Interessanterweise kommt schon Hoffmann (2006) auf der Basis der *schriftlichen* Äußerungen von Absoluten Beginnern zu diesem Urteil (vgl. Hoffmann 2006, S.220).

[531] Auch *diese* Vermutung, zu der Hoffmann (2006) auf der Basis seiner schriftlichen Interviews kommt (vgl. Hoffmann 2006, S.107), kann durch die Ergebnisse dieser Untersuchung bestätigt werden.

kommunikativen Fähigkeiten heraus, über welche insbesondere die partnerschaftlich erfahrenen Männer verfügen und die ihnen helfen, das Kontaktanbahnungsgespräch mit einer potentiellen Partnerin zu ihren Gunsten zu gestalten.

Bei der Frage nach der *Ursache* der nachgewiesenen Effekte stützen die Ergebnisse zur „Kommunikationsbiographie“ die Vermutung, dass das Kommunikationsverhalten der Absoluten Beginner vorrangig Resultat mangelnder sozialisatorischer Gelegenheiten ist, in denen sie „üben“ konnten. Auch die Erfahrungen von Partnerschaft und Sexualität sind in ihrer Bedeutung kaum zu unterschätzen: Zum einen könnten sie die Männer in ihrer sexuellen Identität bestätigen und somit ihr Selbstbewusstsein steigern, zum anderen bietet insbesondere eine längere Beziehungsphase die Möglichkeit, die Kommunikation mit dem anderen Geschlecht zu trainieren und entsprechend zu perfektionieren.

Wie bereits angemerkt, gibt es eine Fülle weiterer, hier nicht genannter Faktoren, deren Einfluss nicht ausgeschlossen werden kann. Theoretisch ist es sogar möglich, dass die rekrutierten Single-Männer und Männer in festen Partnerschaften ihre Persönlichkeits-strukturen und kommunikativen Fähigkeiten schon *vor* ihren partnerschaftlichen Erfahrungen besaßen und gerade *deshalb* erst als potentielle Partner in Betracht gezogen wurden.

Doch wenn Neyer et al. (1999; 2001; 2007) im Rahmen ihrer Längsschnittstudie nachweisen können, dass der Einfluss von Beziehungserfahrungen offenbar stark genug ist, ganze Persönlichkeitsprofile zu transformieren, dann liegt es nahe, dass auch das individuelle kommunikative Handeln der Probanden aufgrund der oben beschriebenen Prozesse davon nicht unberührt bleibt.

Wenn man also die Frage nach der Kausalität mit Blick auf die Längsschnittdaten von Neyer et al. (1999; 2001; 2007) so beantwortet, dass offenbar die Erfahrung einer Partnerschaft und die damit einhergehenden Interaktionsprozesse dafür verantwortlich sind, dass sich die Persönlichkeitsprofile drehen und die kommunikativen Fähigkeiten ausgebaut werden, so wäre die lebensweltliche Erfahrung einer Partnerschaft für die Absoluten Beginner eine persönlichkeitskonstituierende Hilfe. Es steht zu vermuten, dass die Persönlichkeitsprofile und kommunikativen Fähigkeiten, die sie durch eine Partnerschaft „gewinnen" könnten (und damit vielleicht auch Defizite innerhalb ihrer bisherigen Kommunikationsbiographie ausgleichen könnten), bereits notwendige *Voraussetzung* für das Eingehen einer Partnerschaft sind. Wenn sie diese im Rahmen ihrer Sozialisation und „Kommunikationsbiographie" nicht zumindest *teilweise* erlangen konnten, stehen ihre Chancen schlecht, eine Partnerin zu finden. Ihre Partnersuche wird sich somit unter Umständen lange hinziehen oder auch dauerhaft scheitern.

Gerade dies könnte jedoch zum Problem werden: Mit dem Blick auf das hohe Durchschnittsalter der Absoluten Beginner besteht Grund zur Sorge, dass sich ihre Persönlichkeitsstrukturen weiter verfestigen und die alltäglichen Interaktionserfahrungen die Effekte nicht kompensieren, die durch das Eingehen einer Partnerschaft gewonnen werden könnten. Ihre Schüchternheit, Ängstlichkeit, Introvertiertheit sowie ihr geringes Selbstwertgefühl erscheinen in Kombination mit einem Mangel an Interaktionserfahrungen wie ein kaum überwindbares Bollwerk, das sie letztendlich daran hindert, sich die kommunikativen Fähigkeiten anzueignen, die im Umgang mit dem anderen Geschlecht wichtig sind.[532]

Das Prinzip, dass die Probanden der sexuell erfahrenen Stichprobengruppen am besten bei Frauen ankommen (und unter ihnen insbesondere die Männer in fester Partnerschaft), bestätigt den in der Soziologie häufig diskutierten „Matthäus-Effekt": „Denn wer hat, dem wird gegeben, und er wird im Überfluß haben"[533]. Einmal die Erfahrung von partnerschaftlicher Liebe und Sexualität durchlebt und somit zugleich in der eigenen sexuellen Identität bestätigt, können Männer offensichtlich auch auf ganz andere Art und Weise auf Frauen zugehen, wirken aufgrund ihres gestiegenen Selbstbewusstseins attraktiver und haben bei der späteren Partnersuche bessere Chancen als ihre unerfahrenen Geschlechtsgenossen.

---

[532] Dieser Gedanke findet sich in ähnlicher Form bereits in einer Rezension von Bernd Kittlaus (2007) [Online-Ressource].

[533] Die Bibel, Matthäus (Mt) 25,29.

9.2 Forschungsausblick

Die geringe Probandenzahl beschränkt die Aussagekraft dieser Studie. Ein Ziel künftiger Forschungen könnte sein, die Befunde dieser Studie mit einer höheren Teilnehmerzahl zu überprüfen und damit auf eine breitere Datenbasis zu stellen. Schließlich kann über die Existenz eines Effekts nur durch eine „lange Reihe unabhängiger Wiederholungen des Experiments entschieden werden“[534]. Es ist jedoch zu erwarten, dass künftige Studien auf dieselben Probanden-Rekrutierungsprobleme stoßen werden, mit denen auch ich zu kämpfen hatte.

Darüber hinaus handelt es sich bei dieser Studie um einen ersten Versuch, das Kommunikationsverhalten von Absoluten Beginnern in Abgrenzung von dem sexuell erfahrener Männer zu beschreiben. Keineswegs kann der Anspruch erhoben werden, alle kommunikativ relevanten Aspekte erfasst zu haben. Bei einzelnen Absoluten Beginnern bleibt es weitgehend unklar, warum sie partnerlos bleiben. Ihre Partnerlosigkeit lässt sich jedenfalls nicht direkt mit Schüchternheit oder den anderen Merkmaldimensionen erklären, die im Rahmen dieser Studie herausgearbeitet werden konnten. Vielmehr wirken diese Probanden „seltsam“, „kautzig“ und lösen Abwehrreaktionen aus.

In diesem Zusammenhang ist auch der Gesprächsführungsstil einiger *Single-Männer* zu erwähnen, die seit vielen Jahren partnerlos sind: In den Auswertungs-Nachbesprechungen fiel bei ihnen gelegentlich das Wort „Kumpelfalle“: Sie würden einen sehr netten, „kumpelhaften“ Kommunikationsstil pflegen, was sie zwar als netten Gesprächspartner erscheinen lasse, als potentiellen Partner jedoch kategorisch ausschlösse. Diese Aspekte und Eindrücke konnten im Rahmen des Pretests nicht näher spezifiziert werden, scheinen aber für die Einschätzung einiger Probanden relevant zu sein. Die Analyse des Kommunikationsverhaltens könnte in künftigen Studien somit ausgeweitet und verfeinert werden. Dies gilt auch für die Ursachenforschung, da es sich bei den entwickelten Fragen zur Kommunikationsbiographie nur um einen ersten Versuch handelt, den Lebenslauf der Probanden auf entscheidende Erfahrungen für den kommunikativen Kompetenzerwerb abzuklopfen. Hier gibt es zweifellos weitere Aspekte, deren Bedeutung

[534] Vgl. Schnell et al. 2011, S.442 f.

untersucht werden könnte. So erzählte mir etwa ein Absoluter Beginner nach der Teilnahme am Experiment, dass er seinen Vater bereits im Kindesalter verloren habe. Es ist denkbar, dass dieser Proband nicht zuletzt aufgrund eines fehlenden Rollen-Vorbilds Schwierigkeiten hatte, typisch „männliches“ Verhalten zu erlernen.

Eine interessante Erweiterung wäre es, die Studie wie bei Neyer et al. (1999, 2001, 2007) mit denselben Probanden in regelmäßigen Abständen zu wiederholen. So sähe man, wie sich ihr Kommunikationsverhalten in Abhängigkeit von ihrer zunehmenden Partnerschaftserfahrung verändert. Auch ein möglicher Effekt von Flirtkursen könnte untersucht werden. Ein Problem dieser Längsschnittkonzeption wäre jedoch, dass gewisse Trainingseffekte nicht ausgeschlossen werden könnten: Wenn die Probanden wissen, dass sie in absehbarer Zeit wieder ein Flirtgespräch führen, werden sie sich an ihr letztes Gespräch erinnern und nach Optimierungsstrategien suchen. Das Argument, dass sie dies auch in ihrem Alltagsleben tun würden, könnte diesen Einwand etwas entkräften.

Bei nachfolgenden Forschungen wäre es zudem interessant, die Stichprobengruppe der Single-Männer weiter aufzugliedern in partnerschaftlich erfahrene und unerfahrene Probanden. (In dieser Untersuchung war dies nicht möglich, da die einzelnen Stichprobengruppen zu klein geworden wären und der jeweilige Altersdurchschnitt zu stark voneinander abgewichen wäre.) Auf diese Weise könnte untersucht werden, wie stark die Effekte von partnerschaftlichen Erfahrungen in Abgrenzung von rein sexuellen Erfahrungen auf die Persönlichkeitsstruktur und das damit korrespondierende Kommunikationsverhalten sind. Vor dem Hintergrund der erhobenen Daten vermute ich, dass die Wirkungsrichtung dieser Erfahrungen gleich, die jeweilige Effektstärke jedoch unterschiedlich hoch ist.

Lohnend wäre auch, das kommunikative Verhalten von (männlichen) Absoluten Beginnern gegenüber anderen *Männern* näher zu untersuchen. Aus meinen eigenen Interaktionserfahrungen mit Absoluten Beginnern kann ich bestätigen, dass sich Aspekte wie die Unfähigkeit zum Aufrechterhalten des Blickkontakts oder die verkrampfte und verschlossene Körperhaltung nicht nur gegenüber einer potentiellen Partnerin, sondern auch bei gleichgeschlechtlichen Interaktionspartnern zeigen. Es ist denkbar, dass einige Absolute Beginner daher im beruflichen Kontext Schwierigkeiten haben, sich gegenüber Kollegen durchzusetzen oder in Diskussionen nicht übergangen zu werden.

Zuletzt sei auch noch die Option angesprochen, die hier durchgeführte Studie mit Frauen zu wiederholen - schließlich beziehen sich die psychologischen Befunde von Neyer et al. (1999, 2001, 2007) auf Männer *und* Frauen. Wenn sich die in Abhängigkeit von partnerschaftlichen Erfahrungen unterschiedlich stark ausgeprägten Persönlichkeitseigenschaften im Kommunikationsverhalten von Männern nachweisen lassen, ist es mit Blick auf die Daten von Neyer et al. naheliegend, dass dies auch bei Frauen gelingen wird. Auch letztere werden mit zunehmender partnerschaftlicher Erfahrung vermutlich extravertierter und gewinnen an Selbstsicherheit. Dass diesen Differenzen jedoch eine ähnlich hohe *Relevanz* für die Partnersuche zukommt wie bei den Männern, steht zu bezweifeln. Verhaltensweisen wie Unterwürfigkeit oder Schüchternheit lassen sich mit dem gesellschaftlich tradierten Rollenbild der Frau besser vereinbaren als mit dem des Mannes. Ganz im Gegenteil könnte es sogar sein, dass eine schüchterne Frau auf eine Vielzahl von Männern besonders attraktiv wirkt, wenn sie damit ihren Beschützerinstinkt weckt. Vor diesem Hintergrund scheint es plausibel, dass die hier nachgewiesenen Unterschiede im Kommunikationsverhalten insbesondere den Männern - und nicht den Frauen - die Partnersuche erschweren.

10 Literaturverzeichnis

Monographien, Herausgeberschriften, Lexika und Zeitschriften

Ainsworth, Mary D. S.; Blehar, Mary C.; Waters, Everett; Wall, Sally (1978): Patterns of attachment. A psychological study of the strange situation. Hillsdale, New Jersey: Erlbaum.

Allport, Gordon W.; Odbert, Henry S. (1936): Trait - names: A psycho-lexical study. In: Psychological Monographs, 47, Whole No.211.

Ankenbrand, Hendrik (2011): Allein, aber nicht einsam. In: Frankfurter Allgemeine Sonntagszeitung, Nr.35, S.41.

Aronson, Elliot; Wilson, Timothy D.; Akert, Robin M. (2004): Sozialpsychologie. 4., aktualisierte Auflage. München: Pearson.

Asendorpf, Jens B. (1989): Soziale Gehemmtheit und ihre Entwicklung. Berlin: Springer.

Asendorpf, Jens B. (1994): The malleability of behavioral inhibition: A study of individual developmental functions. In: Developmental Psychology, 30, S.912-919.

Asendorpf, Jens B. (1997). SGSE - Schüchternheits- und Geselligkeitsskalen für Erwachsene. Berlin: Humboldt-Universität, Institut für Psychologie. Auch online unter: http://www.zpid.de/pub/tests/pt_4392t.pdf (abgerufen am: 23.02.2013).

Asendorpf, Jens B. (2007): Psychologie der Persönlichkeit. 4., überarbeitete und aktualisierte Auflage. Heidelberg: Springer Medizin.

Asendorpf, Jens B. (2009): Persönlichkeitspsychologie. Heidelberg: Springer Medizin.

Atteslander, Peter (2003): Methoden der empirischen Sozialforschung. 10., neu bearbeitete und erweiterte Auflage. Berlin: Walter de Gruyter.

Baas, Stephan; Schmitt, Marina; Wahl, Hans-Werner (2008): Singles im mittleren und höheren Erwachsenenalter. Sozialwissenschaftliche und psychologische Befunde. 1. Auflage. Stuttgart: Kohlhammer.

Bachmann, Ronald (1992): Singles. Zum Selbstverständnis und zum Selbsterleben von 30- bis 40-jährigen partnerlos alleinlebenden Männern und

Frauen. (Europäische Schriftenreihe: Reihe 22, Soziologie; Bd. 235) Frankfurt am Main: Lang.

Bartholomew, Kim (1990): Avoidance of intimacy: An attachment perspective. In: Journal of Social and Personal Relationships, 7, S.147-178.

Beck, Ulrich (1986): Risikogesellschaft. Auf dem Weg in eine andere Moderne. Frankfurt am Main: Suhrkamp.

Beck, Ulrich; Beck-Gernsheim, Elisabeth (1990): Das ganz normale Chaos der Liebe. Frankfurt am Main: Suhrkamp.

Beck, Ulrich; Beck-Gernsheim, Elisabeth (1994): Riskante Freiheiten. Individualisierung in modernen Gesellschaften. Frankfurt am Main: Suhrkamp.

Becker, Gary S. (1993): A treatise on the family. Cambridge (Mass.): Harvard University Press.

Bertram, Hans (1995): Individuen in einer individualisierten Gesellschaft. In: Bertram, Hans (Hrsg.): Das Individuum und seine Familie. Lebensformen, Familienbeziehungen und Lebensereignisse im Erwachsenenalter. Opladen: Leske + Budrich, S.9-34.

Bierhoff, Hans W.; Grau, Ina (1999): Romantische Beziehungen. Bindung, Liebe, Partnerschaft. Bern: Huber.

Biester, Silke (2001): Singles. Individualisten machen mobil. (Lebensmittel-Zeitung Spezial) Frankfurt am Main: Deutscher Fachverlag.

Blossfeld, Hans-Peter; Timm, Andreas (2003): Who marries whom? Educational systems as marriage markets in modern societies. Dordrecht: Kluwer.

Böck, Ingrid (2000): Gelegenheit macht Liebe. Der Soziologe Thomas Klein erläutert, welchen Regeln die Partnerwahl folgt und warum Männer künftig das Nachsehen haben. In: Fokus, 45 (06.11.2000), S.259.

Bode, Sabine (2005): Die vergessene Generation. 2. Auflage. München; Zürich: Piper.

Bodmann, Maria M. (2000): Dem Single-Dasein auf der Spur. Pädagogisch-psychologische Bedingungsfaktoren für Partnerlosigkeit im mittleren Erwachsenenalter. Marburg: Tectum.

Borscheid, Peter (1994): Von Jungfern, Hagestolzen und Singles. Die historische Entwicklung des Alleinlebens. In: Gräbe, Sylvia (Hrsg.): Lebensform Einpersonenhaushalt. Herausforderungen an Wirtschaft, Gesellschaft und Politik. Frankfurt am Main; New York: Campus, S.23-53.

Bossi, Jeanette (1995): Augen-Blicke. Zur Psychologie des Flirts. Bern; Göttingen; Torronto; Seattle: Huber.

Bowlby, John (1969/1975): Bindung. Eine Analyse der Mutter-Kind-Beziehung. München: Kindler.

Brüderl, Josef; Diekmann, Andreas (1994): Bildung, Geburtskohorte und Heiratsalter. Eine vergleichende Untersuchung des Heiratsalters in Westdeutschland, Ostdeutschland und den Vereinigten Staaten. In: Zeitschrift für Soziologie, 23, Heft 1, S.56-73.

Bruno, Tiziana; Adamczyk, Gregor (2010): Körpersprache. Freiburg: Haufe-Lexware.

Burkschat, Marco; Cramer, Erhard; Kamps, Udo (2012): Beschreibende Statistik. 2. Auflage. Berlin; Heidelberg: Springer.

Buss, David (1985): Human mate selection. In: American Scientist, 73, S.47-51.

Buss, David (1989): Sex differences in human mate preferences: Evolutionary hypotheses tested in 37 cultures. In: Behavioral and Brain Sciences, 12, S.1-49.

Buss, David; Abbott, Max; Angleitner, Alois; Asherian, Armen; Biaggio, Angela; Blanco-Villasenor, Angel; Bruchon-Schweitzer, Marilou; Ch'u, Hai-Yuan; Czapinski, Janusz; Deraad, Boele; Ekehammar, Bo; El Lohamy, Noha; Georgas, James; Gjerde, Per; Guttman, Ruth; Hazan, Fatima; Iwawaki, Saburo; Janakiramaiah, N.; Khosroshani, Fatemeh; Kreitler, Shulamith; Lachenicht, Lance; Lee, Margaret; Liik, Kadi; Little, Brian; Mika, Stanislaw, Moadel-Shahid, Mariam; Moane, Geraldine; Montero, Maritza; Mundy-Castle, A. C.; Niit, Toomas; Nsenduluka, Evaristo; Pienkowski, Ryszard; Pirttila-Backman, Anne-Maija; Ponce de Leon, Julio; Rousseau, Jacques; Runco, Mark A.; Safir, Marilyn P.; Samuels, Curtis; Sanitioso, Rasyid; Serpell, Robert; Smid, Nico; Spencer, Christopher; Tadinac, Meri; Todorova, Elka N.; Troland, Kari; Van Den Brande, L.; Van Heck, Guus; Van Langenhove, L.; Yang, Kuo-Shu (1990): International preferences in selecting mates: A study of 37 cultures. In: Journal of Cross-Cultural Psychology, 21, S.5-47.

Cargan, Leonard (2007): Being single on Noah's ark. Lanham, Maryland: Rowman & Littlefield.

Coontz, Stephanie (1992): The way we never were: American families and the nostalgia trap. New York: Basic Books.

Darley, John M.; Berscheid, Ellen (1967): Increased liking as a result of the anticipation of personal contact. In: Human Relations, 20, S.29-40.

Davila, Joanne D.; Burge, Dorli; Hammen, Constance (1997): Why does attachment style change? In: Journal of Personality and Psychology, 73, S.826-838.

DeWall, C. Nathan; Pond, Richard S., Jr.; Campbell, W. Keith; Twenge, Jean M. (2011): Tuning in to psychological change: Linguistic markers of psychological traits and emotions over time in popular U.S. song lyrics. In: Psychology of Aesthetics, Creativity, and the Arts, 5, S.200-207.

Die Bibel. Einheitsübersetzung. Altes und Neues Testament. Freiburg; Basel; Wien: Herder (1993).

Diewald, Martin (1989): Der Wandel von Lebensformen und seine Folgen für die soziale Integration. Papers / Arbeitsgruppe Sozialberichterstattung, Wissenschaftszentrum Berlin für Sozialforschung, Berlin (WZB-Paper), S.89-104.

Doermer-Tramitz, Christiane (1990): ...auf den ersten Blick. Über die ersten dreißig Sekunden einer Begegnung von Mann und Frau. Opladen: Westdeutscher Verlag.

Donnelly, Denise; Burgess, Elisabeth; Anderson, Sally; Davis, Regina; Dillard, Joy (2001): Involuntary celibacy: A life course analysis. In: The Journal of Sex Research, 38, S.159-169.

Ekman, Paul; Friesen, Wallace V. (1969): The repertoire of nonverbal behavior: Categories, origins, usage, and coding. In: Semiotica, 1, S. 49- 98.

Erikson, Erik H. (1973): Identität und Lebenszyklus. Frankfurt am Main: Suhrkamp.

Feingold, Alan (1990): Gender differences in effects of physical attractiveness on romantic attraction: A comparison across five research paradigms. In: Journal of Personality and Social Psychology, 59, S.981-993.

Feld, Scott L. (1981): The focused organization of social ties. In: The American Journal of Sociology, 86, S.1015-1035.

Franzen, Axel; Hartmann, Josef (2001): Die Partnerwahl zwischen Wunsch und Wirklichkeit: Eine empirische Studie zum Austausch von physischer Attraktivität und sozialem Status. In: Klein, Thomas (Hrsg.) Partnerwahl und Heiratsmuster. Soziostrukturelle Voraussetzungen der Liebe. Opladen: Leske + Budrich, S.183-206.

Frey, Siegfried (2000): Die Macht des Bildes. Der Einfluß der nonverbalen Kommunikation auf Kultur und Politik. 1., durchgesehener Nachdruck. Bern; Göttingen; Toronto; Seattle: Huber.

Gangestad, Steven W.; Buss, David M. (1993): Pathogen prevalence and human mate preferences. In: Ethology and Sociobiology, 14, S.89-96.

Geißler, Rainer (2008): Die Sozialstruktur Deutschlands. Zur gesellschaftlichen Entwicklung mit einer Bilanz zur Vereinigung. 5., durchgesehene Auflage. Wiesbaden: VS.

Gensicke, Thomas (2002): Individualität und Sicherheit in neuer Synthese? Wertorientierungen und gesellschaftliche Aktivität. In: Deutsche Shell (Hrsg.): Jugend 2002. 14. Shell-Jugendstudie, Frankfurt am Main, S.139-212.

Gilmartin, Brian G. (1985): Some family antecedents of severe shyness. In: Family Relations, 34, S.429-438.

Gilmartin, Brian G. (1987a): Peer group antecedents of severe love-shyness in males. In: Journal of Personality, 55, S.467-489.

Gilmartin, Brian G. (1987b): Shyness and love: Causes, consequences and treatment. Lanham, Maryland: University Press of America.

Gilmartin, Brian G. (1989): The shy-man syndrome. Why men become love-shy and how they can overcome it. Lanham, Maryland; New York; London: Madison Books.

Goffman, Erving (1971): Verhalten in sozialen Situationen. Strukturen und Regeln der Interaktion im öffentlichen Raum. Gütersloh: Bertelsmann.

Goldberg, Lewis R. (1990): An alternative „description of personality": The Big-Five factor structure. In: Journal of Personality and Social Psychology, 59, S.1216-1229.

Grammer, Karl (1998): Signale der Liebe. Die biologischen Gesetze der Partnerschaft. 3. Auflage. Hamburg: DTV.

Grammer, Karl; Kruck, Kirsten; Juette, Astrid; Fink, Bernhard (2000): Non-verbal behavior as courtship signals: the role of control and choice in selecting partners. In: Evolution and Human Behavior, 21, S.371-390.

Gray, Jeffrey A. (1982): The neuropsychology of anxiety: An enquiry into the functions of the septo-hippocampal system. Second edition. Oxford: Oxford University Press.

Grob, Alexander; Jaschinski, Uta (2003): Erwachsen werden: Entwicklungspsychologie des Jugendalters. Weinheim; Basel; Berlin: Beltz.

Haas, Michaela (2009): Attraktive Blondine, Mitte 30/179. In: Süddeutsche Magazin, 13, S.8-12.

Hagestad, Gunhild O. (1990): Social perspectives on the life course. In: Binstock, Robert H.; George, Linda K. (Hrsg.): Handbook of aging and the social sciences. 3. Auflage. New York: Academic Press, S. 151-168.

Hagestad, Gunhild O. (1996): On-time, off-time, out of time? Reflections on continuity and discontinuity from an illness process. In: Bengtson, Vern L. (Hrsg.): Adulthood and aging. Research on continuities and discontinuities. New York: Springer Publishing, S.204-222.

Häring, Armando; Klein, Thomas; Stauder, Johannes; Woll, Anke (2011): Partnermarkt und Suchverhalten von Singles in Deutschland. In: Brüderl, Josef; Castiglioni; Schumann, Nina (Hrsg.): Partnerschaft, Fertilität und intergenerationale Beziehungen. Ergebnisse der ersten Welle des Beziehungs- und Familienpanels. Würzburg: Ergon.

Hassebrauck, Manfred; Küpper, Beate (2002): Warum wir aufeinander fliegen. Die Gesetze der Partnerwahl. Reinbeck bei Hamburg: Rowohlt.

Hazan, Cindy; Shaver, Phillip (1987): Romantic love conceptualized as an attachment process. In: Journal of Personality and Social Psychology, 52, S.511-524.

Hillmann, Karl-Heinz (2001): Zur Wertewandelforschung. Einführung, Übersicht und Ausblick. In: Oesterdieckhoff, Georg W.; Jegelka, Norbert (Hrsg.): Werte und Wertewandel in westlichen Gesellschaften. Resultate und Perspektiven der Sozialwissenschaften. Opladen: Leske + Budrich, S.15-39.

Hirschle, Jochen (2007): Eine unmögliche Liebe. Zur Entstehung intimer Beziehungen. Konstanz: UVK.

Hoffmann, Arne (2006): Unberührt. Menschen ohne Beziehungserfahrung – Wege zu erfüllter Liebe und Sexualität. Stuttgart: Kreuz.

Hoffmann, Christina (2012): Was weiß der Eisbär schon von Romantik? In: Frankfurter Allgemeine Sonntagszeitung, Nr.14 (8.4.2012), S.45.

Homans, George C. (1950): The Human Group. New York: Brace & World.

Hradil, Stefan (1995): Die „Single-Gesellschaft“. München: C.H. Beck'sche Verlagsbuchhandlung.

Hradil, Stefan (2003): Vom Leitbild zum „Leidbild“. Singles, ihre veränderte Wahrnehmung und der „Wandel des Wertewandels“. In: Zeitschrift für Familienforschung, 1, S.38-54.

Huber, Oswald (2005): Das Psychologische Experiment: Eine Einführung. 4., vollständig überarbeitete Auflage. Bern: Huber.

Huinink, Johannes; Konietzka, Dirk (2007): Familiensoziologie: Eine Einführung. Münster: Campus.

Huinink, Johannes; Wagner, Michael (1998): Individualisierung und Pluralisierung von Lebensformen. In: Friedrichs, Jürgen (Hrsg.): Die Individualisierungsthese. Opladen: Leske + Budrich, S.85-106.

Infratest dimap: Zeitwissen ‚Asexualität‘, 19. Woche 2005, S.9. Anmerkung: Diese Studie kann auf Anfrage von Infratest dimap über die Website https://www.infratest-dimap.de/service/kontakt/ bezogen werden.

Inglehart, Ronald (1977): The silent revolution: Changing values and political styles among western publics. Princeton: Princeton University Press.

Kalton, Graham; Anderson, Dallas W. (1986): Sampling rare populations. In: Journal of the Royal Statistical Society, Series A, 149, S.65-82.

Kegel, Sandra (2007): In den Sehnsuchtsmaschinen. In: Frankfurter Allgemeine Zeitung, 227 (29.09.2007), S.Z1.

Kenrick Douglas T.; Sadalla, Edward K.; Groth, Gary; Trost, Melanie R. (1990): Evolution, traits, and the stages of human courtship: qualifying the parental investment model. In: Journal of Personality, Vol. 58, S.97–116.

Kieserling, André (1999): Kommunikation unter Anwesenden. Studien über Interaktionssysteme. Frankfurt am Main: Suhrkamp.

King, Gary; Keohane, Robert O.; Verba, Sidney (1994): Designing social inquiry. Scientific inference in qualitative research. New Jersey: Princeton University Press.

Kirkpatrick, Lee A.; Davis, Keith E. (1994): Attachment style, gender, and relationship stability: A longitudinal analysis. In: Journal of Personality and Social Psychology, 66, S.502-512.

Klages, Helmut (2001): Brauchen wir eine Rückkehr zu traditionellen Werten? In: Aus Politik und Zeitgeschichte, B29 (13.07.2001), S.7-14.

Klein, Thomas; Stauder, Johannes; Häring, Armando (2010): Gelegenheiten des Kennenlernens. Der Partnermarkt in Ost- und Westdeutschland. In: Krause, Peter; Ostner, Ilona (Hrsg.): Leben in Ost- und Westdeutschland. Eine sozialwissenschaftliche Bilanz der deutschen Einheit 1990-2010. Frankfurt am Main: Campus, S.187-210.

Koch, Carole (2010): Wenn der Mann weniger verdient. In: NZZ am Sonntag, Nr.44, S.77-79.

Krallmann, Dieter; Ziemann, Andreas (2001): Grundkurs Kommunikationswissenschaft. München: Fink.

Krüger, Dorothea (1990): Alleinleben in einer paarorientierten Gesellschaft. Eine qualitative Studie über die Lebenssituation und das Selbstverständnis 30- bis 45-jähriger lediger, alleinstehender Frauen und Männer. Pfaffenweiler: Centaurus-Verlagsgesellschaft.

Krumwiede, Andreas (2001): Die Bindungstheorie nach John Bowlby und Mary Ainsworth. Studienarbeit. 1. Auflage. Norderstedt: Grin.

Kunze, Michaela (1995): Singles – eine qualitative Studie über die Motivations- und Bedürfnisstrukturen alleinlebender Frauen und Männer in den 90er Jahren. Inauguraldissertation zur Erlangung eines Doktors in Philosophie im Fachbereich Gesellschaftswissenschaften der Johann Wolfgang Goethe-Universität zu Frankfurt am Main.

Küpper, Beate (2000): Sind Singles anders als die anderen? Ein Vergleich von Singles und Paaren. Dissertation, Ruhr-Universität Bochum, unter: http://www-brs.ub.ruhr-uni-bochum.de/netahtml/HSS/Diss/KuepperBeate/diss.pdf

Anmerkung: Diese Publikation existiert auch in Druckform mit abweichenden Seitenzahlen: Küpper, Beate (2002): Sind Singles anders als die anderen? Ein Vergleich von Singles und Paaren. Göttingen: Hogrefe.

Küpper, Beate (2003): Was unterscheidet Singles und Paare? In: Bierhoff, Hans W.; Grau, Ina (Hrsg.): Sozialpsychologie der Partnerschaft. Heidelberg; Berlin: Springer, S.77-110.

Lampert, Heinz; Althammer, Jörg (2007): Lehrbuch der Sozialpolitik. 8., überarbeitete und vollständig aktualisierte Auflage. Berlin; Heidelberg; New York: Springer.

Laura Exklusiv-Umfrage: Wie viele Sexpartner haben deutsche Frauen? In: Laura, Nr. 45, (28.10.2002), S.15.

Lavori, Philip W.; Louis, Thomas A.; Bailar, John C.; Polansky, Marcia. (1983): Designs for experiments: Parallel comparisons of treatment. In: New England Journal of Medicine, 309, S.1291-1299.

Lawrence, Barbara S. (1996): Organized age norms: Why is it so hard to know one when you see one? In: The Gerontologist, 36, S.209-220.

Lehnart, Judith; Neyer, Franz; Eccles, Jaquelynne (2010): Long-term effects on social investment: The case of partnering in young adulthood. In: Journal of Personality, 78, S.639-669.

Lengerer, Andrea (2011): Partnerlosigkeit in Deutschland. Wiesbaden: VS

Loenhoff, Jens (1998): Zur kommunikativen Relevanz von Wahrnehmungen. In: Krallmann, Dieter; Schmitz, H. Walter (Hrsg.): Perspektiven einer Kommunikationswissenschaft. Internationales Gerold Ungeheuer-Symposium, Essen 6.-8.7.1995. Band 1, S.231-242.

Luhmann, Niklas (1972): Einfache Sozialsysteme. In: Zeitschrift für Soziologie, 1, S.51-65.

Mar, Raymond A.; Oatley, Keith; Hirsh, Jacob, dela Paz, Jennifer; Peterson, Jordan B. (2006): Bookworms versus nerds: Exposure to fiction versus non-fiction, divergent associations with social ability, and the simulation of fictional social worlds. In: Journal of Research in Personality, 40, S. 694-712.

Martin, Ernst; Wawrinowski, Uwe (2000): Beobachtungslehre. Theorie und Praxis reflektierter Beobachtung und Beurteilung. 3. Auflage. Weinheim; München: Juventa.

Maslow, Abraham H. (1977): Motivation und Persönlichkeit. Olten; Freiburg im Breisgau: Walter.

Meyer, Sybille; Schulze, Eva (1992): Balancen des Glücks. Neue Lebensformen: Paare ohne Trauschein, Alleinerziehende und Singles. 2., durchgesehene Auflage. München: Beck.

Monyk, Elisabeth (2007): Lieber alleine oder zu zweit? Die individualistische Lebensweise von Singles und kinderlosen Paaren. Wien: LIT.

Moore, Monica M. (1985): Nonverbal courtship patterns in women: Context and consequences. In: Ethology and Sociobiology, 6, S.237-247.

Morris, Desmond (1977): Man watching. A field guide to human behavior. New York: Abrams.

Mosher, Donald L.; White, Barbara B. (1981): On differentiating shame and shyness. In: Motivation and Emotion, 5, S.61-74.

Neuenschwander, Markus P. (1996): Entwicklung und Identität im Jugendalter. Bern; Stuttgart; Wien: Haupt.

Neumann, Eva (2004): Von der Eltern-Kind-Bindung zur Paarbindung Erwachsener. Dissertation Ruhr-Universität Bochum. Berlin: WiKu. Auch online unter: http://www-brs.ub.ruhr-uni-bochum.de/netahtml/HSS/Diss/NeumannEva/diss.pdf

Neyer, Franz J. (1999): Die Persönlichkeit junger Erwachsener in verschiedenen Lebensformen. In: Kölner Zeitschrift für Soziologie und Sozialpsychologie, 51, S.491-508.

Neyer, Franz J. (2003): Persönlichkeit und Partnerschaft. In: Grau, Ina; Bierhoff, Hans-Werner: Sozialpsychologie der Partnerschaft. Berlin; Heidelberg: Springer S.165-190.

Neyer, Franz J.; Asendorpf, Jens B. (2001): Personality-relationship transaction in young adulthood. In: Journal of Personality and Social Psychology, 81, S.1190-1204.

Neyer, Franz J.; Lehnart, Judith (2007): Relationships matter in personality development: Evidence from an 8-year longitudinal study across young adulthood. In: Journal of Personality, 75, S.535-568.

Norman, Warren T. (1976): 2,800 personality trait descriptors: Normative operating characteristics for a university population. Ann Arbor, Michigan: Department of Psychological Sciences, University of Michigan.

o.V. (2008): Die Wahrheit über Sex. In: Neon, 12, S.50-63.

Opaschowski, Horst W. (1994): Singles: Die Hätschelkinder der Konsumgesellschaft. In: Grözinger, Gerd (Hrsg.): Das Single. Gesellschaftliche Folgen eines Trends. Opladen: Leske + Budrich, S.25-39.

Opaschowski, Horst W. (2010): Wir! Warum Ichlinge keine Zukunft mehr haben. Hamburg: Murmann.

Ostendorf, Fritz (1990): Sprache und Persönlichkeitsstruktur. Zur Validität des Fünf-Faktoren-Modells der Persönlichkeit. Regensburg: Roederer. Anmerkung: Der MRS-45 Fragebogen steht zusätzlich unter: http://wwwhomes.uni-bielefeld.de/upsyf007/SA/Tests/MRS-45/MRS-45-S.19.10.06.pdf zum Download bereit (zuletzt abgerufen am: 08.03.13).

Otto, Hiltrud (2011): Bindung – Theorie, Forschung und Reform. In: Keller, Heidi (Hrsg.): Handbuch der Kleinkindforschung. 4., vollständig überarbeitete Auflage unter Mitarbeit von Annette Rümmele. Bern: Huber, S.390-428.

Parship.de Single-Studie 2005 (unveröffentlichter Berichtsband). Anmerkung: Der Berichtsband wurde bislang nicht offiziell veröffentlicht, kann jedoch über die Website http://www.parship.de/presse/studien/index.htm angefordert werden.

Parship.de Single-Studie 2009 (unveröffentlichter Tabellenband) Anmerkung: Der Tabellenband wurde bislang nicht offiziell veröffentlicht, kann jedoch über die Website http://www.parship.de/presse/studien/index.htm angefordert werden.

Peuckert, Rüdiger (1996): Familienformen im sozialen Wandel. 2., völlig überarbeitete und erweiterte Auflage. Opladen: Leske + Budrich.

Pohl, Katharina (1994): Singles im Alltag. Sozio-demographische Aspekte der Lebenssituation Alleinstehender. In: Grözinger, Gerd (Hrsg.): Das Single. Gesellschaftliche Folgen eines Trends. Opladen: Leske + Budrich, S.41-64.

Precht, Richard D. (2009): Liebe. Ein unordentliches Gefühl. 2. Auflage. München: Goldmann.

Raab-Steiner, Elisabeth; Benesch, Michael (2010): Der Fragebogen. Von der Forschungsidee zur SPSS/PASW-Auswertung. 2. Auflage. Wien: Facultas (UTB).

Regan, Pamela C. (2003): The mating game. A primer on love, sex, and marriage. Los Angeles: Sage.

Regan, Pamela C.; Berscheid, Ellen (1997): Gender differences in characteristics desired in a potential sexual and marriage partner. In: Journal of Psychology and Human Sexuality, 9, S.25-37.

Roedenbeck, Maja (2012): Und wer küsst mich? Absolute Beginners - Wenn die Liebe auf sich warten lässt. Berlin: Ch. Links.

Rössel, Jörg (2005): Plurale Sozialstrukturanalyse. Eine handlungstheoretische Rekonstruktion der Grundbegriffe der Sozialstrukturanalyse. 1. Auflage. Wiesbaden: VS.

Rothbart, Mary K.; Bates, John E. (1998): Temperament. In: Damon, William; Eisenberg, Nancy (Hrsg.): Handbook of child psychology: Volume 3. Social, emotional and personality development. 5. Auflage. New York: Wiley, S.105-176.

Schaaf, Julia (2010): Der kleine Haken mit der Emanzipation. In: Frankfurter Allgemeine Zeitung, Nr.45, S.61.

Schmid, Simone (2011): Ich, ich, ich! In: Neue Züricher Zeitung am Sonntag, Nr.21 (22.05.2011), S.53.

Schmidt, Gunter (1999): Singlesex. Zügellos? Atemberaubend? Oder nur viel Lärm um nicht viel? Wie junge Leute den Sex ausserhalb einer festen Beziehung beurteilen. In: NZZ Folio, 5, S.57-60.

Schmidt, Gunter; Dekker, Arne; Matthiesen, Silja (2000): Sexualverhalten. In: Schmidt, Gunter (Hrsg.): Kinder der sexuellen Revolution. Kontinuität und Wandel studentischer Sexualität 1966 - 1996. Eine empirische Untersuchung. Gießen: Psychosozial-Verlag.

Schmitz, H. Walter (2003): Die Einheit des kommunikativen Ereignisses. In: Richter, Helmut; Schmitz, H. Walter (Hrsg.): Kommunikation – ein Schlüsselbegriff der Humanwissenschaften? Münster: Nodus Publikationen, S.197-206.

Schneider, Norbert F. ; Rosenkranz, Doris ; Limmer, Ruth (1998): Nichtkonventionelle Lebensformen : Entstehung, Entwicklung, Konsequenzen. Opladen: Leske + Budrich.

Schneider, Norbert F.; Limmer, Ruth; Ruckdeschel, Kerstin (2002): Mobil, flexibel, gebunden. Familie und Beruf in der modernen Gesellschaft. Frankfurt am Main: Campus.

Schnell, Rainer; Hill, Paul B.; Esser, Elke (2011): Methoden der empirischen Sozialforschung. 9., aktualisierte Auflage. München: Oldenbourg.

Schock, Susanne (2007): Das Leben als Single: Grundlagen, Entwicklung und Ursachen von Partnerlosigkeit. Saarbrücken: VDM.

Schofer, Bernd; Bender, Harald; Utz, Richard (1991): Sind Singles Individualisiert? In: Zeitung für Bevölkerungswissenschaft,17, S.461-488.

Schreiber, Hermann (1978): Singles. Allein leben. Besser als zu zweit? Ungekürzte Ausgabe. München: Ullstein.

Schuldt, Christian (2004): Der Code des Herzens. Liebe und Sex in den Zeiten maximaler Möglichkeiten. Frankfurt am Main: Eichborn.

Shadish, William R.; Cook, Thomas D.; Campbell, Donald T. (2002): Experimental and quasi-experimental designs for generalized causal inference. Boston; New York: Houghton Mifflin.

Sieder, Reinhard (1987): Sozialgeschichte der Familie. Erstausgabe. Frankfurt am Main: Suhrkamp.

Sieder, Reinhard (1998): Besitz und Begehren, Erbe und Elternglück. Familien in Deutschland und Österreich. In: Burguière, André; Klapitsch-Zuber, Christiane; Segalen, Martine; Zonabend, Francoise (Hrsg.): Geschichte der Famile. Band 4. 20. Jahrhundert. Frankfurt am Main; New York: Campus, S.211-284.

Siems, Dorothea (2011): Die Deutschen sind so glücklich wie lange nicht. In: Die Welt, Nr.221 (21.09.11), S.5.

Small, Stephen A.; Luster, Tom (1994): Adolescent sexual activity: An ecological, risk-factor approach. In: Journal of Marriage and the Family, 56, S.181-192.

Soltau, Heide (1993): Pfeifen aufs Duett. Von Singles, Alleinstehenden und anderen Solisten. Köln: Kiepenheuer & Witsch.

Spiegel, Erika (1986): Neue Haushaltstypen. Entstehungsbedingungen, Lebenssituation, Wohn- und Standortverhältnisse. Frankfurt am Main; New York: Campus.

Stein, Peter J. (1978): The lifestyles and life chances of the never-married. In: Marriage and Family Review, 1, S.2-11.

Stern, Erich (1957): Die Unverheirateten. Stuttgart: Ferdinand Enke.

Stich, Jutta (2002): Alleinleben – Chance oder Defizit. Opladen: Leske + Budrich.

Stöcker, Kerstin; Strasser, Karin; Winter, Monika (2003): Bindung und Partnerschaftsrepräsentation. In: Grau, Ina; Bierhoff, Hans W. (Hrsg.): Sozialpsychologie der Partnerschaft. Heidelberg: Springer.

Töpfer, Armin (2010): Erfolgreich Forschen : Ein Leitfaden für Bachelor-, Master-Studierende und Doktoranden. Berlin; Heidelberg: Springer.

Ungeheuer, Gerold (1978): Grundlagen persuasiver Kommunikation. Eine Studie. Bonn: unveröffentlichtes Manuskript.

Ungeheuer, Gerold (1987): Kommunikationstheoretische Schriften I: Sprechen, Mitteilen, Verstehen. Herausgegeben und eingeleitet von Johann G. Juchem. Mit einem Nachwort von Hans-Georg-Soeffner und Thomas Luckmann. Aachen: Rader. (Aachener Studien zur Semiotik und Kommunikationsforschung, Bd.14)

Vaskovics, Laszlo A.; Rost, Harald; Engel, Sabine; Mattstedt, Simone; Smolka, Adelheid (2000): Älterwerden als Single (ifb-Forschungsbericht Nr. 4). Bamberg: Staatsinstitut für Familienforschung an der Universität Bamberg. Auch online unter: http://www.ifb.bayern.de/imperia/md/content/stmas/ifb/forschungsberichte/fb_04.pdf (zuletzt abgerufen am: 06.07.13).

Vester, Heinz-Günter (2009): Kompendium der Soziologie I: Grundbegriffe. Wiesbaden: VS.

Voland, Eckart (2000): Grundriss der Soziobiologie. 2., überarbeitete und erweiterte Auflage. Heidelberg; Berlin: Spektrum.

Voland, Eckart (2007): Die Natur des Menschen. München: C.H. Beck.

Von Collani, Gernot; Herzberg, Philipp Y. (2003): Eine revidierte Fassung der deutschsprachigen Skala zum Selbstwertgefühl von Rosenberg. Zeitschrift für Differentielle und Diagnostische Psychologie, 24, S.3-7.

Von Lovenberg, Felicitas: Der Mensch ist ein Tier mit sehr vielen Stacheln. In: Frankfurter Allgemeine Sonntagszeitung, 07.05.2006, Nr.18, S.27.

Wagner, Michael; Franzmann, Gabriele (2000): Die Pluralisierung der Lebensformen. In: Zeitschrift für Bevölkerungswissenschaft, 25, 151-173.

Watzlawick, Paul, Beavin, Janet H., Jackson, Don D. (1996): Menschliche Kommunikation. Formen, Störungen, Paradoxien. 9., unveränderte Auflage. Bern; Göttingen; Toronto; Seattle: Huber.

Weber, Max (2005): Wirtschaft und Gesellschaft. Grundriss der Verstehenden Soziologie. Frankfurt am Main: Zweitausendeins.

Weber, Sybille; Gaedemann, Claus (1980): Singles. Report über die Alleinlebenden. 1. Auflage. Originalausgabe. München: Goldmann.

Wiarda, Jan-Martin (2012): Weiblich, gebildet, partnerlos. In: Die Zeit, Nr. 33, S.61-62.

Wickenhöfer, Olaf (2004): Unfreiwillig Single. Eine Studie zur Sozialisationsgeschichte und kulturellen Praxis. Marburg: Tectum.

Wolf, Christian (2010): Lob des Lesens. In: Gehirn und Geist, 10, S.14-20.

Wolf, Christof (1996): Gleich und gleich gesellt sich. Individuelle und strukturelle Einflüsse auf die Entstehung von Freundschaften. Hamburg: Dr. Kovac.

Wunderlich, Dieter (2009): AußerOrdentliche Frauen. 18 Porträts. München: Piper.

Zimbardo, Philip G.; Pilkonis, Paul A.; Norwood, Robert M. (1974): The silent prison of shyness. Stanford, CA: Stanford University.

Internetquellen

Berlin-Institut für Bevölkerung und Entwicklung: „Not am Mann“, unter: http://www.berlin-institut.org/fileadmin/user_upload/Studien/Not_am_Mann_Webversion.pdf (abgerufen am 21.03.2013).

Bierhoff, Hans W.; Rohmann, Elke: „Bindung in Partnerschaften. In: Das Familienhandbuch des Staatsinstituts für Frühpädagogik (IFP)", unter: https://www.familienhandbuch.de/partnerschaft/grundlagen-fur-die-partnerschaft/bindung-in-partnerschaften (abgerufen am 05.07.2011).

Bundeszentrale für gesundheitliche Aufklärung: „Jugendsexualität 2010", unter: http://www.bzga.de/infomaterialien/studien/?uid=0338b2d793e248a3d438fbf95da61d4d&idx=1789 (abgerufen am: 12.02.2012).

Elitepartner.de: „LiebesTrendmonitor 2007", unter: http://www.elitepartner.de/presse/studien/LiebesTrendMonitor_2007.pdf (abgerufen am 24.04.2011).

Kittlaus, Bernd: „Menschen ohne Beziehungserfahrung", unter: http://www.single-generation.de/themen/thema_menschen_ohne_beziehungserfahrung.htm (abgerufen am: 01.03.2013).

Parship.de: "Parship.de-Single-Studie 2005 (Media Summary)", unter: http://www.parship.de/pics/downloads/de_DE/singlestudie_2005.pdf (abgerufen am 21.05.2011).

Statistisches Bundesamt: „Alleinlebende in Deutschland. Ergebnisse des Mikrozensus 2011", unter: https://www.destatis.de/DE/PresseService/Presse/Pressekonferenzen/2012/Alleinlebende/begleitmaterial_PDF.pdf?__blob=publicationFile (abgerufen am: 28.02.13).

Statistisches Bundesamt: „Statistisches Jahrbuch 2010", unter: https://www.destatis.de/DE/Publikationen/StatistischesJahrbuch/StatistischesJahrbuch2010.pdf?__blob=publicationFile (abgerufen am 06.07.2013).

Statistisches Bundesamt: „Demographischer Wandel in Deutschland. Heft 1: Bevölkerungs- und Haushaltsentwicklung im Bund und in den Ländern. Ausgabe 2011.", unter: https://www.destatis.de/DE/Publikationen/Thematisch/Bevoelkerung/VorausberechnungBevoelkerung/BevoelkerungsHaushaltsentwicklung5871101119004.pdf?__blob=publicationFile (abgerufen am: 21.03.2013).

Statistisches Bundesamt: „Durchschnittliche Kinderzahl“, unter: https://www.destatis.de/DE/ZahlenFakten/GesellschaftStaat/Bevoelkerung/Geburten/AktuellGeburtenentwicklung.html (abgerufen am 21.03.2013).

Statistisches Bundesamt: “Zahl der Woche Nr.010 vom 08.03.2011. Frauen weiterhin in der Mehrzahl: 51% der Bevölkerung sind weiblich.”, unter: https://www.destatis.de/DE/PresseService/Presse/Pressemitteilungen/zdw/2011/PD10_010_p002.html (abgerufen am 21.03.2013).

Statistisches Bundesamt: „Begriffserläuterung ‚Alleinlebende'“, unter: https://www.destatis.de/DE/ZahlenFakten/GesellschaftStaat/Bevoelkerung/MigrationIntegration/Migrationshintergrund/Begriffserlaeuterungen/Alleinlebende.html (abgerufen am 21.03.2013).

Statistisches Bundesamt: „Begriffserläuterung ‚Alleinstehende'“, unter: https://www.destatis.de/DE/ZahlenFakten/GesellschaftStaat/Bevoelkerung/MigrationIntegration/Migrationshintergrund/Begriffserlaeuterungen/Alleinstehende.html (abgerufen am 21.03.2013).

Statistisches Bundesamt: „Begriffserläuterung ‚Lebensformen'“, unter: https://www.destatis.de/DE/ZahlenFakten/GesellschaftStaat/Bevoelkerung/MigrationIntegration/Migrationshintergrund/Begriffserlaeuterungen/Lebendsformen.html (abgerufen am 21.03.2013).

Statistisches Bundesamt: „Bevölkerungspyramide“, unter: http://www.destatis.de/bevoelkerungspyramide/ (abgerufen am: 13.10.2011).

Statistisches Bundesamt: „Frauen und Männer in verschiedenen Lebensphasen 2010“, unter: https://www.destatis.de/DE/Publikationen/Thematisch/Bevoelkerung/HaushalteMikrozensus/BroschuereFrauenMaenner0010013109001.pdf?__blob=publicationFile (abgerufen am 21.03.2013).

Statistisches Bundesamt: „Lange Reihen: Eheschließungen und Ehescheidungen in Deutschland“ (früheres Bundesgebiet), unter: https://www.destatis.de/DE/ZahlenFakten/Indikatoren/LangeReihen/Bevoelkerung/lrbev06.html (abgerufen am 21.03.2013).

Statistisches Bundesamt: „Lange Reihen: Geborene und Gestorbene (früheres Bundesgebiet)“, unter: https://www.destatis.de/DE/ZahlenFakten/Indikatoren/LangeReihen/Bevoelkerung/lrbev04.html?cms_gtp=151956_list%253D2&https=1 (abgerufen am 21.03.2013).

Statistisches Bundesamt: „Lange Reihen: Haushalte nach Haushaltsgrößen“, unter: https://www.destatis.de/DE/ZahlenFakten/Indikatoren/LangeReihen/Bevoelkerung/lrbev05.html (abgerufen am 21.03.2013).

Vorlesung von Prof. Dr. Sabine Walper (LMU) zur Bindungstheorie vom 20.11.2008 (Videomittschnitt inkl. Vorlesungsfolien), unter: http://videoonline.edu.lmu.de/node/1000 (abgerufen am: 28.02.13).

Vorlesung von Prof. Dr. Sabine Walper (LMU) zur Bindungstheorie vom 20.11.2003 (Videomittschnitt inkl. Vorlesungsfolien), unter: http://videoonline.edu.lmu.de/node/507 (abgerufen am 28.02.2013).

11 Anhang

I. Anschreiben, das im ABforum (forum.abtreff.de) am 02.02.2012 veröffentlicht wurde

Liebe Absoluten Beginner,

ich möchte mich kurz vorstellen – mein Name ist Robin Sprenger, ich bin Doktorand am Institut für Kommunikationswissenschaft an der Universität Duisburg-Essen. Im Rahmen meiner Dissertation untersuche ich mögliche Gründe der Partnerlosigkeit aus einer kommunikationswissenschaftlichen Perspektive.

Im plane für den kommenden Mai/Juni 2012 eine kurze kommunikationswissenschaftliche Untersuchung, für die ich DRINGEND männliche ABs als Probanden suche.

Für die Teilnahme solltet ihr:

* am 2. oder 3. Juni 2012 Zeit haben, um nach Essen zu kommen
* zwischen 18 und 35 Jahre alt sein
* und mit einem Zeitaufwand von ca. 25 Minuten rechnen.

Für die Untersuchung müsst ihr nichts vorbereiten oder mitbringen, einfach nur ihr selbst sein und nach einem kurzen Versuch einen anonymisierten Fragebogen ausfüllen.

Worin liegt der Anreiz, an der Studie teilzunehmen?

1. Die Studie gibt euch die Möglichkeit, mehr über euch und eure Wirkung auf Frauen zu erfahren. Ich verspreche, eure Daten nicht direkt mit der Masse zu verrechnen, sondern individuell auszuwerten und euch mitzuteilen. Somit bietet euch die Studie die seltene Chance, etwas über die möglichen Gründe eurer Partnerlosigkeit zu erfahren.

2. Ihr tut mir und der Wissenschaft einen riesigen Gefallen!

3. Ihr erhaltet eine Aufwandsentschädigung von 30 Euro. Darüber hinaus befinde ich mich in Verhandlungsgesprächen mit einigen Singlebörsen, um kostenlose Probeabos für euch zu erwerben.
Falls ihr einen längeren Anfahrtsweg haben solltet, werde ich zudem versuchen, mich an euren Reisekosten zu beteiligen.

Ich weiß aus meiner eigenen Erfahrung, dass Partnerlosigkeit nach wie vor als sozialer Makel gilt – insbesondere, wenn man eine gewisse Altersgrenze überschreitet.
Ich würde mich dennoch freuen, wenn der ein oder andere von euch über seinen Schatten springt und Kontakt mit mir aufnimmt. Ihr werdet sehen, dass es eine spannende Untersuchung ist, die eine Bereicherung für eure zukünftige Partnersuche sein wird.

Wenn ihr gerne an der Studie teilnehmen möchtet, Fragen oder Bedenken habt, meldet euch direkt an: partnerwahl2012@gmail.com.
Ich rufe meine Mails täglich ab und antworte in der Regel innerhalb von 24 Stunden.

Vielen Dank für euer Interesse!

Robin Sprenger

P.S.: Leider sind mir keine Forums-Beiträge gestattet. Ich wäre sonst gerne mit euch in einen Dialog eingestiegen, um zunächst danach zu fragen, was passende Anreize für eure Teilnahme an einer solchen Studie wären. Ich könnte mir bspw. auch vorstellen, dass ihr an einem kurzen Seminar Interesse haben könntet, in dem aus einer wissenschaftlich-sauberen Sicht die möglichen Gründe der Partnerlosigkeit dargelegt werden – jenseits aller Klischees und der „Tschaka"-Rhetorik der Pick-up-Szene.
Falls dies eurem Wunsch entsprechen sollte, bitte meldet euch! Ab einer gewissen Teilnehmerzahl und mit genügend Vorlaufzeit könnte ich es einrichten.

II. Auswertung der 4. Frage des Probanden-Fragebogens

	AB		Si		MifP	
Nr.	Frage A4-1	Frage A4-2	Frage A4-1	Frage A4-2	Frage A4-1	Frage A4-2
1	B	A	B	A	B	B
2	B	D	B	E	A	-
3	B	E	B	C	A	-
4	B	A	A	-	A	B
5	B	E	A	-	B	B
6	B	A	B	E	A	-
7	B	A	B	A	B	F (5)
8	B	F (1)	B	D	B	B
9	B	A+E	B	D	B	B
10	B	F (2)	B	A	B	B
11			B	F (3)	A	-
12			B	C	B	B
13			B	A	B	A
14			B	A	B	B
15			B	A	B	A
16			B	F (4)	B	B
17			B	D	A	-
18			B	A		

Erläuterung zu Frage A4-1:
"Hätte die im Experiment simulierte Situation in der Realität stattgefunden, hätte ich..."
A = ...die Frau auf jeden Fall angesprochen.
B = ...die Frau nicht angesprochen weil:

Erläuterung zu Frage A4-2:
A = ich normalerweise zu schüchtern bin.
B= ich bereits vergeben bin.
C = sie nicht mein Typ ist.
D = ich gewöhnlich darauf warte, dass *ich* angesprochen werde.
E = ich bei ihr keine Chancen hätte.
F = freies Antwortfeld

Freie Antwort (1): ich das im Leben noch nie gemacht habe.
Freie Antwort (2): ich mich erst einmal im Café orientiert und etwas getrunken (Saft) hätte.

Freie Antwort (3): ich konkrete Anlässe als Gesprächseinstieg brauche (z.B. umgekipptes Glas).
Freie Antwort (4): Schlechte Situation.

Freie Antwort (5): ich auf eine passende Situation warten würde.

III. Kriterien-Zuordnungen für den ersten Eindruck (1. Frage des Beobachterinnen-Fragebogens, Dopplungen sind ausgelassen)

1 - Schüchternheit
unsicher, gehemmt, schüchtern, fehlendes Selbstbewusstsein, verklemmt, beschämt, verstört
2- Freundlichkeit
freundlich, nett, nette Ausstrahlung, nettes Lächeln, höflich, ganz nett, netter Typ, netter erster Eindruck, charming
3 - Orientierungslosigkeit
unorientiert, verpeilt, verwirrt, vercheckt, verplant, planlos, ziellos, desorientiert
4 - Mangelnde Attraktivität
Unattraktiv, hässlich, unsportlich, dick, schreckliche Frisur, komische Haare, schlimme Frisur, doofe Frisur, furchtbare Frisur, sieht nicht aus, Äußerliches stimmt nicht
5 - Attraktivität
gut aussehend, stylisch, attraktiv, sportlich, süßer Junge, muskulös, süß, nicht unattraktiv, trainiert, cooler Typ, gute Statur
6 - Mangelnde Sympathie
unsympathisch
7 - Sympathie
sympathisch
8 - Unreife
Kindlich, unerfahren, jungenhaft, postpubertär, Bubi, Kind in Erwachsenemkörper, Muttersöhnchen, unreif, kindisch, Jüngelchen, Teenager
9 - Schlechte Kleidung
schlimmes Hemd, unvorteilhaft gekleidet, spießig gekleidet, blöde Hose!, die Hose ist furchtbar, keinen Geschmack
10 - Selbstverliebtheit
selbstverliebt, überheblich, arrogant
11 - Überforderung
überfordert
12 - Anspannung
angespannt, nervös, steif, aufgeregt
13 - Langweiligkeit
langweilig, Spaßbremse, schlicht
14 - Unheimlichkeit
unheimlich, seltsam, Psycho, fieß, abschreckend, gruselig, schlechtes Gefühl, komisch

15 - Ängstlichkeit
ängstlich, blanke Panik, Fluchtverhalten, salzsäulenartig, sucht Fluchtmöglichkeit
16 - Selbstsicherheit
selbstsicher, cool, Macho, machohaft, selbstbewusst, Checker, Sonnyboy, sicher, unbekümmert, sicheres Auftreten
17 - Gute Kleidung
modisch gekleidet, gut gekleidet, guter Style, lässig gekleidet
18 - Entspanntheit
locker, entspannt, gelassen, ruhig, lässig, in sich ruhend
19 - Humorlosigkeit
humorlos
20 - Humor
lustig, witzig, Spaßvogel, Spaßig, humorvoll, lustiger Typ
21 - Hilflosigkeit
verzweifelt, (hilflos), unselbständig
22 - Authentizität
echt, ehrlich, natürlich
23 - Chaos (chaotisch)
chaotisch
24 - Ungepflegtheit
Schlunz, ungepflegt, achtet nicht auf sich, legt keinen Wert auf Äußeres, nachlässig
25 - Unbeholfenheit
trottelig, Trottel, unbeholfen, Anfänger, wirkt tollpatschig, ratlos, tapsig, als sei er noch nie einer Frau begegnet
26 - Gute Laune
fröhlich, gut gelaunt
27 - Offenheit
offen, aufgeschlossen, offener Blickkontakt
28 - Nicht mein Typ
nicht mein Typ, kommt nicht in Frage
29 - Junges Alter
jung, Schuljunge, jungenhaft
30 - Mangelndes Interesse
interessiert sich nicht für sie, gelangweilt, lustlos, uninteressiert

31 - Kleine Körpergröße
klein
32 - Große Körpergröße
groß, schön groß
33 - Verschlossenheit
verschlossen
34 - Zögerlichkeit
unentschlossen, zögerlich, etwas zurückhaltend, nicht zielstrebig, muss sich überwinden
35 - Entschiedenheit
entschlossen, zielstrebig, entschieden, direkt, motiviert
36 - Sonstige
[...]

IV. Kriterien-Zuordnungen für die Frage, ob der jeweilige Proband als potentieller Partner in Betracht gezogen wird (2. Frage des Beobachterinnen-Fragebogens, Dopplungen sind ausgelassen)

Gründe für eine Zusage
1 - Sympathie
sympathisch, sympathische Augen
2 - Attraktivität
attraktiv, relativ gut aussehend, cooler Typ, ist ganz süß, nettes Äußeres, nicht unattraktiv, sieht ganz okay aus, nett Aussehend
3 - Freundlichkeit
nettes Lächeln, freundlich, freundliche Ausstrahlung, das Lächeln am Anfang, scheint ganz nett zu sein, er lächelt!, Lächeln, wirkt nett, sieht (ganz) nett aus
4 - Offenheit
offen, aufgeschlossenes Wesen, aufgeschlossen, wirkt zugänglich, offenes Lachen, wirkt sehr offen, wirkt offen, offener Gang
5 - Selbstbewusstsein
Selbstbewusst, selbstsicher, weil er nicht schüchtern wirkt, stabiler, selbstbewusster Eindruck, sicher
6 - Körpergröße
groß
7 - Humor
humorvoll, wirkt humorvoll, lustig
8 - Interesse
interessant, interessanter Typ, nicht langweilig
9 - Männlichkeit
männlich, wirkt männlich
10 - Entspannt
lässig, ausgeglichen, easy-going, entspannt
11 - Authentizität
authentisch, natürlich, echtes Lächeln
12- Selbständigkeit
wirkt selbständig
13 - Sonstige
[…]

Gründe für eine Absage
14 - "Nicht mein Typ"
nicht mein Typ, nicht mein Beuteschema, entspricht nicht dem Beuteschema, absolut nicht mein Typ, äußerlich nicht mein Typ, optisch nicht mein Typ
15 - Mangelnde Attraktivität
unsportlich, blass, Aussehen, wenig Haare, zu wenig Haare auf dem Kopf, unattraktiv, optisch nicht mein Typ, lange Haare und Brille in Kombination, gesamtes Auftreten unattraktiv, Haare, fliehendes Kinn, (zu) dick, nicht ansprechend, nicht gerade attraktiv, optisch nicht ansprechend, Optik stimmt nicht, gefällt nicht, Aussehen, komische Haare, rote Haare!, wirkt schmächtig, Körper?!, unsportliche Figur, zu groß und schlaksig, äußeres Erscheinungsbild, äußerer Eindruck, äußerlich, Optik (stimmt nicht), schlaksig, große Nase, fehlende Attraktivität, ganz ganz unsexy, „Männer mit langen Haaren, neeeeee", Erscheinungsbild, Äußerliches stimmt nicht, lange Haare, hat nichts Besonderes (äußerlich), nicht (sehr) ansprechend
16 - Schüchtern
unsicher, unsicheres Auftreten, zu schüchtern, schüchtern, zu unsicher, viel zu unsicher
17 - Mangelnde Männlichkeit
kein Mann, feminin, kein männliches Gesicht, (zu)unmännlich, Weichei, weiblicher Mann
18 - Unvorteilhafte Kleidung
ich mag sein Hemd nicht, Outfit, Kleidung, Kleidungsstil, „Hawaii T-Shirt, oh Gott", Klamottenstil, Outfit nicht gut, Nerd-Brille, schlechtes Outfit
19 - Zu geringes Alter
jung, zu jung, sieht zu jung aus, wirkt jung, wirkt wie ein Teenager, wirkt viel zu jung, wirkt sehr jung
20 - Zu hohes Alter
alt, wirkt alt
21 - Konservativ / Spießig
spießig, prüde, wirkt spießig, zu konservativ
22 - Orientierungslosigkeit /Planlosigkeit
planlos, wirkt unorganisiert, falsche Richtung gelaufen
23 - Verschlossenheit
verschlossen, wirkt zugeknöpft
24 - Unreife
kindlich, nicht erwachsen, unreif, zu kindlich, jungenhaft, kindliches Aussehen, niedlich, kindlich süß, wirkt jung und unerfahren, ein Kind, zu jungenhaft, Kind, nicht erwachsen genug
25 - Mangelnde Ausstrahlung
„unscheinbar, wenig Ausdruck im Gesicht", hat keinen Ausdruck, „farblos, kaum Ausstrahlung", „unauffällig, unbeeindruckend", würde ich nicht bemerken

26 - Mangelndes Selbstbewusstsein
wenig Selbstbewusstsein, fehlendes Selbstbewusstsein, mangelndes Selbstbewusstsein, nicht selbstbewusst, „nicht selbstsicher, wirkt ungefestigt“
27 - Zu geringe Körpergröße
1,50m groß, klein
28 - Mangelnde Authentizität
zu aufgesetzt, gespielte Coolness, künstliche Annäherung, möchte-gern lässig, nicht natürlich, wirkt lächerlich, Wichtig"tuer", wirkt möchte-gern cool, obercool, zu selbstsicher, zieht eine lächerliche Show ab
29 - Angst / Furcht
wirkt schrecklich ängstlich, Fluchtverhalten, verkrampft, völlig verstört
30 - Unbeholfenheit
trottelig, weiß nicht wohin mit seinen Gliedmaßen, wirkt unbeholfen und tollpatschig
31 - Ungepflegtheit
er sieht schluderig aus, irgendwie ungepflegt, schlabbiger Look, schludrig, ungepflegt (der Bart muss weg!!!), schlunzig, wirkt unordentlich
32 - Uninteressant
uninteressant, langweilig, wirkt ein wenig langweilig, nicht interessant, langweilige Ausstrahlung
33 - Sonstiges
[...]

V. Tabelle zur Punktevergabe bei der 8. Frage des Beobachterinnen-Fragebogens

„Als wie erfolgversprechend schätzen Sie den Flirtversuch des Probanden insgesamt ein?"

	AB		Si		MifP	
	Anz.	%	Anz.	%	Anz.	%
1 Punkt	39	39,0%	31	17,2%	10	5,9%
2 Punkte	28	28,0%	26	14,4%	17	10,0%
3 Punkte	5	5,0%	26	14,4%	27	15,9%
4 Punkte	9	9,0%	21	11,7%	13	7,6%
5 Punkte	7	7,0%	15	8,3%	11	6,5%
Summe	88	88,0%	119	66,1%	78	45,9%
6 Punkte	6	6,0%	15	8,3%	24	14,1%
7 Punkte	3	3,0%	16	8,9%	28	16,5%
8 Punkte	2	2,0%	18	10,0%	23	13,5%
9 Punkte	1	1,0%	9	5,0%	12	7,1%
10 Punkte	0	0,0%	3	1,7%	5	2,9%
Summe	12	12,0%	61	33,9%	92	54,1%
Durschschnitt	2,63 Punkte		4,32 Punkte		5,38 Punkte	
Anz. aller Bewertungen	100	100,0%	180	100,0%	170	100,0%

VI. Kriterien-Zuordnungen für die Frage, als wie erfolgreich der Anbahnungsversuch eingeschätzt wird (8. Frage des Beobachterinnen-Fragebogens, Dopplungen sind ausgelassen)

Bei einer Punktzahl von 1-5
1 - Ungesprächigkeit
spricht zu wenig von sich aus, es kommt nicht zu einer wirklichen Kommunikation, er redet nicht, sagt nichts, lässt sich alles aus der Nase ziehen, keine Kommunikation, ungesprächig, fragt nichts, viel zu schweigsam, kann nicht kommunizieren, unkommunikativ, nicht gesprächig, zu ruhig
2 - Schüchternheit
viel zu unsicher, Unsicherheit, viel zu schüchtern, sehr schüchtern, „so ängstlich und gehemmt, dass er gar nicht sichtbar ist", zu ängstlich, schüchtern, zu unsicher, wirkt sehr unsicher, zeigt sich eventuell zu schüchtern, sehr verunsichert , (zu) gehemmt, traut sich nicht, etwas unsicher, zu unsicher im Verhalten, wirkt unsicher, unsichere Körperhaltung, nicht selbstsicher, verklemmt
3 - Verschlossenheit
verschlossen, zu verschlossen, introvertiert, zurückgezogen, zu zurückhaltend , zurückhaltend
4 - Angst / Hohe Anspannung

zu steif, nervös, sehr steif, die blanke Panik steht ihm ins Gesicht geschrieben, zu nervös, (zu) angespannt, fühlt sich in Gegenwart von Frauen unwohl, er schien sich nicht wohl zu fühlen in der Situation, wirkt ängstlich, steife Art, wirkt, als habe er Angst vor Frauen, total nervös, erster Eindruck täuscht, etwas nervös, wirkt zu angespannt, unlocker, hat Nervosität nicht unter Kontrolle, „der hat ja regelrecht Angst! Scheues Reh im Scheinwerferkegel!“, „er fühlt sich SO unwohl in der Situation, dass es auf sie übergeht (wahrscheinlich)“
5 - Mangelndes Selbstbewusstsein
Person hat kein Selbstverstrauen, unselbstbewusst, zu unselbstbewusst, nicht selbstsicher, kein Selbstbewusstsein, hat sich direkt selbst bemitleidet, wirkt überhaupt nicht selbstsicher, macht sich klein, nicht selbstsicher genug
6 - Mitleidserregend
armer kleiner Wicht, Mitleiderregend, Mitleid, sein Stottern erregt zu viel Mitleid um Attraktivität auszulösen
7 - Langweiligkeit
uninteressant (stellt kurze Fragen), langweilig, wirkt langweilig, uninteressant, Gesprächsthema langweilig, keine überraschenden Elemente, nichts "Besonderes"
8 - Unreife
wirkt noch zu kindlich, wirkt sehr unerfahren, keine Lebenserfahrung, jungenhaft, kindlich, zu kindlich, unreif, Unerfahrenheit, unerfahren, wirkt kindisch
9 - Zeigt wenig Interesse
interessiert sich nicht für das Mädel, desinteressiert, wirkt desinteressiert, wirkt uninteressiert, wirkt nicht interessiert an ihr, zeigt kein Interesse an ihr, zu wenig Interesse (an ihrer Person), zeigt wenig Interesse an der Frau, desinteressiert an seiner Gesprächspartnerin, lieblos, er ist distanziert, wirkt nicht interessiert, „geht nicht auf sie ein, spricht nur über die Umgebung“, zu distanziert, er schien nicht interessiert, kein Interesse seinerseits, geht zu wenig auf sie ein
10 - Mangelnde Sprachgewandtheit
komm. Fähigkeiten sehr ausbaufähig, stottert, Sprachgewandtheit, stotternd, sprachlich nicht auf der gleichen Ebene
11 - Ausdruckslosigkeit
ausdruckslos, nicht mitreißend, „zu "ruhig", obwohl er Kontra gibt“, hat keine Tendenz gezeigt, „schien interessiert, stellte aber dieselben Fragen ohne jegliche Emotion“
12 - Forschheit / Direktheit
ist zu forsch, zu schnell, zu plump, zu direkt, zu forsch und schnell, lässt nicht ausreden, stellt zu viele Fragen, hat Programmpunkte runtergerasselt, zu forsch für ihren Geschmack, „sehr direkt! Könnte dadurch allerdings ein Treffen ‚bekommen'“, „zu forsch, zu cool, Fragen wie von einem Journalisten“, zu wenig Achtsamkeit, direkt
13 - Vermeiden des Blickkontakts
guckt nicht in die Augen, vermeidet direkten Blickkontakt, guckt immer wieder an ihr vorbei, (kein Blickkontakt!), schaut sie nicht an, kein Blickkontakt, kein Augenkontakt, keinen wirklichen Blickkontakt gehalten

14 - Ergreift keine Initiative
keine Initiative ergriffen, weiß nicht wie er anfangen soll, „ergeift keine Intiative, lässt sich von ihr leiten", zu zögerlich, er weiß nicht genau was er sagen soll, „Er war kein Gesprächsführer, hat meistens nur geantwortet"
15 - Mangelnde Authentizität
wirkt künstlich, gestelzt, wirkt gespielt, übertrieben, wirkt nicht echt, unauthentisch, nicht authentisch, wirkt extrem unnatürlich, unehrlich, aufgesetzt, gestellt, Einladung wirkt unecht, dreht es ins Lächerliche, unwirklich, nimmt Gespräch nicht ernst
16 - Gespräch nicht auf Augenhöhe
nicht "auf Augenhöhe" mit ihr, zwei verschiedene Welten, soziales Gefälle, Gesprächspartner nicht auf Augenhöhe, wirkt ihr unterlegen, Frau ist überlegen, nicht auf Augenhöhe mit der Frau, er spürt Unterlegenheit (beide), es war wie ein Schüler-Lehrer-Treffen und kein Flirtversuch
17 - Zu geringes Alter
jung, sehr jung, viel zu jung, zu jung, das Alter (in ein paar Jahren wäre er erfolgreicher ;-))
18 - Unmännlichkeit
nicht männlich genug, wirkt zu unmännlich, Weichei, nicht männlich bzw. anziehend, unmännlich, wirkt unmännlich, wirkt etwas weiblich
19 - Unbeholfenheit
hat die Aufgabe nicht verstanden, der Situation nicht gewachsen, „er hat keinen Plan, kommt nicht ans Ziel", „hilflos, weiß nicht wie er anfangen soll", etwas hilflos, trottelig, unbeholfen, mit der Situation überfordert, ungewohnte Situation merkt man ihm an, konfus, unentschlossene Direktheit, verhaspelt sich, mit Situation überfordert, ziellos, Proband betet "Flirt-Fragenkatalog" herunter, wirkt planlos, „Gespräch sehr holprig, guckt häufig weg um Worte/Fragen zu finden"
20 - Sonstige
[...]
Bei einer Punktzahl von 6-10
21 - Aufmerksamkeit
aufmerksam und zuvorkommend, Aufmerksamkeit positiv, bietet Kaffee an, zuvorkommend, hilfsbereit, Aufmerksam (Kaffee), sehr aufmerksam
22 - Zeigt Interesse
geht auf die Probandin ein, wirkt interessiert, er ist interessiert, fragt die Frau Dinge über sie, bemüht, wirkte interessiert, an Gesprächsteilnehmerin interessiert, Interesse wird gezeigt, ihr zugewandt, interessiert, ist interessiert, zeigt Interesse an ihr
23 - Authentizität
ehrlicher Auftritt, aufrichtig, ehrlich, wirkt echt, „wirkt auf eine attraktive Art und Weise unbeholfen und probiert die Schüchternheit nicht zu überspielen. Wirkt echt."
24 - Offenheit

sehr zugänglich, wirkt offen, offen, sehr offen, aufgeschlossen, offene Art, kontaktfreudig, erzählt viel, relativ offener Typ, „erfolgreich aufgrund seiner offenen, gesprächigen Art", offene Kommunikation, ist sehr offen, erweckt aufgeschlossenen Eindruck
25 - Freundlichkeit
nett, lächelt viel, fast charmant, freundlich, lächelt sie an, „höflich, charmanter Kerl", charmant, charmante Art macht das Äußere wett, er war charmant, netter Mann, netter Typ, charmante Art, Freundlichkeit, nette Gesellschaft, lächelt sie süß an, charmantes Lächeln, lacht viel, nettes Lächeln, lächelt nett, „höflich; fragt, ob er sich setzen darf", sehr nett
26 - Humor
lustiges Gespräch, humorvoll, lustig
27 - Sympathie
wirkt sympathisch, sympathisch, wirkt im Gespräch relativ sympathisch, sympathische Art, sympathisches Auftreten, relativ sympathischer Typ, erweckt sympathischen Eindruck
28 - Selbstbewusstsein
sicher, Selbstbewusstsein, er wirkte selbstsicher genug, selbstsicheres Auftreten, wirkt selbstsicher, selbstsicher, selbstbewusstes Auftreten, selbstbewusstes Lächeln, sehr sicher
29 - Entspanntheit
Locker, er wirkt locker, ruhig, wird zunehmend locker, in sich ruhend, durch seine lockere Art kann er den Altersunterschied überbrücken
30 - Entschlossenheit
ergreift Initiative, „starker Typ - weiß, was er will", wirkt ziemlich motiviert, „direkt, aber irgendwie angenehm", weil er zielstrebig ist, sehr direkt, er kommt direkt auf den Punkt, ein wenig forsch, kommt schnell zur Sache, „zielstrebig, aber nicht zu unfreundlich forsch", entschlossen, direkt aber nicht aufdringlich, mutig, wirkt zielsicher, sehr direkt und entschlossen, „die direkte Art kommt an, wirkt als hätte er Ziele im Leben", direkt gewesen
31 - Geschickte Gesprächsführung
bricht das Eis, gesprächsleitend, lenkt das Gespräch charmant auf ein Essen, punktet durch seine Direktheit. Macht ihr sofort ein Kompliment.", einfallsreich, sprachlich fit , guter Gesprächsstil, Gespräch entwickelt sich schnell, sprachgewandt, „harmonisches, aber dennoch direktes Gespräch", gutes Thema, offenes und nettes Gespräch, „er konnte charmant überreden, er übernimmt direkt die Gesprächsführung ohne ihr über den Mund zu fahren"
32 - Bringt Gesprächspartnerin zum Lachen
bringt sie zum Lachen
33 - Reife
erwachsen, erwachsene Kommunikation
34 - Gute Selbstdarstellung
gute Selbstdarstellung
35 - Attraktivität

attraktiver Mann
36 - Wirkt interessant
interessant
37 - Sonstige
[…]

VII. Auflistung der ersten Sätze (der Vorstellung)

Absolute Beginner
P: Entschuldigung, ist hier noch frei? F: Ja, ist frei P: Darf ich mich setzen?
F: Hallo! P: Hallo! F: Na, alles klar? P: Ja, und bei Ihnen?
F: Hallo! P: Ich bin der [NAME], und du?
F: Hallo. P: Hallo. Ist bei Ihnen der Platz noch frei?
F: Hallo. P: Hallo. (Pause) [NAME].
F: Hallo! P: Hallo. Kann ich mich noch dazu setzen?
P: Hallo! Morgen! F: Morgen! P: [NAME], hi. F: Hi, [NAME]. P: [NAME], hallo. P: Darf ich mich… F: Ja, klar. P: …hier hin setzen? F: Setz dich.
P: Hallo. F: Hallo! P: Guten Tag. Dürfte ich mich zu Ihnen setzen?
P: Hi! P: Hallo! P: Hi. F: Hi. Ich bin der [NAME].
P: Einen schönen guten Tag. F: Hallo. P: Ist bei Ihnen noch ein Platz frei?
Single-Männer
P: Hallo! Ich bin [NAME].
F: Hallo. P: Hallo. Ist hier noch frei? F: Ja. P: Darf ich mich setzen?
P: Hallo! F: Hallo! P: Ich bin der [NAME].
P: Guten Tag. F: Hallo! P: Ist hier noch frei? Darf ich mich hinsetzen?
P: Ist hier noch frei? F: Ja! P: (setzt sich) F: Hi. P: Darf ich mich vorstellen? [NAME].
P: Hallo! F: Hallo! P: Ich bin der [NAME].
P: Hallo! F: Hallo! P: [NAME]!
P: Guten Abend. Darf ich mich setzen?
F: Hallo! P: Hallo! Darf ich mich setzen? F: Ja, klar. P: Super! Ich bin der [NAME].
P: (flüsternd) Hi! F: Hallo! P: (flüsternd) Ist noch frei?
P: Hallo. F: Hallo! P: Ist hier noch frei bei Ihnen?
P: Hallo! F: Hallo! P: Hi. F: Hi. P: [NAME].
P: Hallo! F: Hallo! Guten Tag! F: Guten Tag! P: Mein Name ist [NAME]!
P: Ist hier noch frei? F: Ja! P: Ja…darf ich mich auch hinsetzen?
P: N'Abend, hallo! F: Hallo! P: Auch alleine hier? Oder…?
P: Hallo! F: Hallo! P: Hier ist noch frei?
F: Hallo! P: Hi! Hallo. F: Hallo. P: Ich komme aus Duisburg.
P: Hallo, ist der Platz noch frei? F: (bestätigend) Hm. P: Ähm…wie geht's denn so?
Männer in fester Partnerschaft

P: N'Abend. Darf ich mich zu Ihnen setzen? Oder haben Sie Besuch?
F: Hallo! P: Oh, hallo! Ich hab dich gesehen. Ich fand dich nett. Kann ich mich setzen?
F: Hallo! P: Hallo! F: Na? P: Hi, ich bin [NAME].
F: Hallo! P: Hallo! Ja: Na? P: [NAME]! F: Hi, [NAME]! P: Wie geht's?
P: Einen wunderschönen guten Tag. F: Hallo. P: Ich bin [NAME].
P: Hallo, ist der Sitz noch frei? F: Ja! P: Okay. F: Hallo. P: Wie geht's?
F: Hallo! P: Hallo! F: Hi. P: Darf ich mich dazu setzen? F: Ja, klar. P: Ist zwar noch viel frei, aber sich setz' mich trotzdem dazu. F: Ja, gerne (lacht).
F: Hallo. P: Hallo. Darf ich mich setzen? F: Ja, klar.
P: Hallo! F: Hallo! P: Darf ich mich zu dir setzen?
P: Hallo! F: Hallo! P: Na? F: Na? P: Wie geht's?
P: Hallo! F: Hallo! P: Ist hier noch frei oder darf ich mich dazu setzen?
P: N'Abend. (muss lachen) Ist hier noch frei?
P: Hallo! F: Hallo! P: Ich bin der [NAME].
P: Hi! F: P: Hi! Ist hier noch frei? F: Ja. P: Darf ich mich hier hinsetzen?
P: Hallo! F: Hallo! P: Darf ich mich zu Ihnen setzen?
P: Hallo! F: Hallo! P: Ich bin [NAME]!
P: Hallo! F: Hallo! P: Darf ich mich setzen?

VIII. Auflistungen der Einladungs-Formulierungen

Absolute Beginner
P: So und dann…was ist mit dem Essen?
KEINE
P: Ja, hast du vielleicht Lust auf ein Abendessen oder so? Vielleicht mal?
P: Ja…(Pause)...hätten Sie denn Interesse, ähm…nachher noch ...mit mir e..(stotternd)..essen zu gehen?
P: Ja. Könnte man ja überlegen, mal essen zu gehen.
KEINE
P: Was machst du denn heute Abend? F: Bis jetzt habe ich noch nichts vor. P: Bis jetzt hast du noch nichts vor? F: (bestätigend) Hm. P: Darf ich dich…könnt ich dich heute Abend auf ein Essen einladen?
P: Ja also…wir sollten eigentlich so tun, als ob wir schauspielern. Aber das tun wir nicht. Ich rede eigentlich was Wahres. F: Ja, ich weiß. P: Ja und wer weiß, vielleicht würdest du gerne hinterher meine Handynummer haben?
P: Hast du mal Lust, dass wir uns…die Tage mal treffen? F: Ja, können wir machen! P: Zum…Essen gehen oder ich weiß nicht…zum Kino oder…
P: Wie gesagt…italienisch isst du gerne? F: Ja. P: Hättest du Lust, mit mir mal italienisch essen zu gehen bei euch in [Stadt]?
Single-Männer
KEINE
P: Was machen Sie heute noch…so? F: Ähm…ja eigentlich habe ich noch nichts vor. P: Noch gar nix? F: Nö. P: Vielleicht Lust, heute Abend…was essen zu gehen? Oder so?
P: Hättest du Lust, mal was essen zu gehen?
P: Aber mal 'ne ganz andere Frage… F: Ja! P: Hättest du vielleicht Lust, mal mit mir so was zu

machen? Weil...du kommst echt nett rüber jetzt. F: (lacht) Ja! Danke! P: Ich fall vielleicht jetzt etwas mit der Tür ins Haus, aber... F: (lacht) Ja, klar, können wir einfach noch mal was essen gehen. P: Das fände ich schön!
P: Was hast du noch vor heute? F: Bis jetzt noch nix. P: Gar nichts? F: Nö. P: Hast du Lust, vielleicht irgendwie was zu machen heute Abend oder so? Also ich bin...
P: Ja, keine Ahnung...ich hab mich vorhin mit Freunden getroffen und... F: Ja? P: Ja, ich hab dich schon länger beobachtet und äh...ja...wollt fragen, ob du mit mir mal...was trinken gehst? 'Nen Abendessen zu zweit?
P: Hast du nicht Lust, irgendwie...die Tage mal was mit mir zu unternehmen? F: Ja, klar. Kann man ja mal machen. P: Können wir ja irgendwie was trinken gehen oder so?
P: Ja, der Grund, warum ich hier bin...ich bin durch die Tür rein gekommen irgendwie und dann habe ich Sie gesehen... F: (bestätigend) Hm. P: Und ja...dann dachte ich so: Das ist eine sympathische Frau. Mit der würde ich gerne mal essen gehen.
P: Hast du mal Lust, mal was essen zu gehen?
P: Hast du danach Lust, was zu machen? F: Ja klar, können wir gerne machen. P: Wat essen?
P: Ja, würdest du dann nachher noch hingehen? F: Ja, würde ich eventuell machen! P: Ja? F: (bestätigend) Hm. P: Ja das ist doch super. Dann geh ich mir hier gleich noch einen Kaffee holen... F: Ja? P: ...und ähm...würd dich nochmal abholen!
P: Ja...ähm...ich hab dich hier gerade so sitzen sehen, da wollte ich mal fragen, ob du Lust hast, mit mir essen zu gehen?
P: Willst du etwas essen? F: Ja! P: Ja dann können wir ja was bestellen!
P: Ja, pass auf, ich muss los. F: (bestätigend) Hm. P: Hast du Bock, nochmal irgendwie was zu machen oder so? F: Ja klar, können wir gerne machen. P: So'n Abendessen oder so?
P: Also du hast auch noch gar nichts vor? F: Ne, ich hab auch noch nichts vor. (lacht) P: Ja wenn du magst, könnte ich dir vielleicht vorschlagen, dass wir... F: Ja, hört sich auf jeden Fall gut an. P: ...nachher 'ne Kleinigkeit essen gehen. Ich kenne hier 'nen sehr guten Chinesen...
P: Hast du mal Lust, mir vielleicht [Stadtteil] zu zeigen, im Sommer?
KEINE
P: Ich wollte dich fragen...kann ich dich auf ein Abendessen einladen?
Männer in fester Partnerschaft
P: Wenn ich dich überreden kann, mit mir zu einem Abendessen zu gehen, würde ich mir natürlich auch die Zeit nehmen!
P: Ja, vielleicht kann man mal was machen? Vielleicht kann man mal was zusammen essen gehen? Kaffee trinken...
P: Du sag mal, wie wäre es denn mit einem Abendessen, eigentlich?
P: Was ist dein Lieblingsgericht? F: Ähm...ich esse gern alles mit Krabben und Gambas und so... P: Krabben und Gambas? F: Ja. (Pause) Zum Beispiel Nudeln mit Shrimps oder so...fänd ich gut. P: Könnte man dir was kochen? F: Könnte man machen. P: Könnte man machen? F: Ja. P: Auf ein Abendessen? F: Ja! (lacht)
P: Kannst du dir ja mal aufschreiben: "[Veranstaltungsort]". F: Ja, cool. P: Da kannst du mal hinkommen. P: Ansonsten würde ich dir vorschlagen, wenn du mal Lust hast, da hinzugehen, dann meldest du dich bei mir und dann können wir da gemeinsam hingehen.
P: Kann ich dich zum Abendessen einladen?
KEINE
P: Ich weiß nicht, könnte ich dich mal zum Abendessen einladen? Oder...?
P: Ja, hättste vielleicht Lust, dass wir uns nochmal zu einem Abendessen treffen oder so?
P: (wiederholt ihre Aussage) Sehr viel zu tun...hast du trotzdem mal Zeit, mit mir essen zu gehen?

P: Hast du eine Idee, was man hier so Gutes essen kann? F: Ne, ich war hier eigentlich noch nicht essen. Ne. P: Aber Appetit mitgebracht?
P: Ja mein Bekannter hat da ein cooles Restaurant, kennst du das [Restaurantname] zufällig? F: Ja! P: Ja, wenn du Bock hast…kannst auch jemanden mitbringen. Dann… F: (lacht) P: (lacht)…können wir mal… F: (lacht) Okay! P:..zu Abend essen gehen. (lacht)
P: Ich würd' am liebsten heute irgendwo weggehen. Ich weiß nur noch nicht wo. F: Ja, das kann man ja überlegen. P: Würdest du mitkommen?
P: Möchtest du dich denn irgendwie mal…auf'm Campus irgendwie mal…auf'n Kaffee treffen oder so? Hast du da mal Lust zu?
P: Kennst du dieses Restaurant, wo man im Dunkeln ist? Warst du da schon mal? F: Ne, da war ich noch nicht. P: Kennste? F: Ich hab davon schon mal gehört, aber ich war da noch nicht. Ich weiß auch nicht, wo es ist. P: Ich weiß auch nicht, wo es ist. Aber ich wollt da demnächst mal hingehen. F: Ja? Hättest du Lust, mich zu begleiten?
P: Ja, aber wenn du schon kein Kaffee willst, willst du dann was essen? F: Ja! P: Vielleicht? F: Können wir machen. P: Gibt's denn hier was in der Nähe, oder sollen wir was bestellen?
P: Ich bin der [NAME]… F: Hallo, ich bin die [Name]. P: …ja, ich wollte gerne mal fragen, ob du dich vielleicht mal mit mir treffen möchtest?

IX. Interkorrelationstabelle für die Pretest-Skalen

	hält den Blickkontakt / hält keinen Blickkontakt	nimmt Raum ein / nimmt keinen Raum ein	entspannte Körperhaltung / steife Körperhaltung	offene Körperhaltung / verschlossene Körperhaltung	sprachgewandt / nicht sprachgewandt	gestikulitert viel / gestikuliert wenig	ausdrucksvolle Mimik / ausdruckslose Mimik	interessant / langweilig
	7-1	7-2	7-3	7-4	7-5	7-6	7-7	7-8
7-1		0,523	0,451	0,466	0,389	0,095	0,337	0,467
7-2	0,523		0,658	0,631	0,377	0,334	0,317	0,491
7-3	0,451	0,658		0,750	0,434	0,345	0,428	0,592
7-4	0,466	0,631	0,750		0,434	0,356	0,362	0,534
7-5	0,389	0,377	0,434	0,434		0,240	0,412	0,508
7-6	0,095	0,334	0,345	0,356	0,240		0,292	0,353
7-7	0,337	0,317	0,428	0,362	0,412	0,292		0,548
7-8	0,467	0,491	0,592	0,534	0,508	0,353	0,548	
7-9	0,392	0,496	0,574	0,517	0,408	0,371	0,408	0,600
7-10	0,350	0,312	0,383	0,366	0,472	0,200	0,359	0,434
7-11	0,366	0,393	0,411	0,383	0,487	0,218	0,388	0,513
7-12	0,386	0,489	0,520	0,470	0,514	0,181	0,377	0,536
7-13	0,410	0,457	0,515	0,500	0,474	0,248	0,389	0,644
7-14	0,329	0,288	0,456	0,449	0,396	0,097	0,385	0,479
7-15	0,204	0,245	0,396	0,399	0,235	0,150	0,234	0,339
7-16	0,534	0,521	0,633	0,543	0,604	0,270	0,451	0,655
7-17	0,503	0,545	0,662	0,562	0,642	0,313	0,451	0,656

präsentiert sich / präsentiert sich nicht	erwachsen / kindlich	selbständig / unselbständig	erregt Mitleid / erregt kein Mitleid	männlich / unmännlich	wirkt echt / wirkt gestelzt	Körpersprache und Sprache stimmen überein / ...stimmen nicht überein	Gespräch auf Augenhöhe / Gespräch nicht auf Augenhöhe	Beherrscht die Situation / beherrscht die Situation nicht
7-9	7-10	7-11	7-12	7-13	7-14	7-15	7-16	7-17
0,392	0,350	0,366	0,386	0,410	0,329	0,204	0,534	0,503
0,496	0,312	0,393	0,489	0,457	0,288	0,245	0,521	0,545
0,574	0,383	0,411	0,520	0,515	0,456	0,396	0,633	0,662
0,517	0,366	0,383	0,470	0,500	0,449	0,399	0,543	0,562
0,408	0,472	0,487	0,514	0,474	0,396	0,235	0,604	0,642
0,371	0,200	0,218	0,181	0,248	0,097	0,150	0,270	0,313
0,408	0,359	0,388	0,377	0,389	0,385	0,234	0,451	0,451
0,600	0,434	0,513	0,536	0,644	0,479	0,339	0,655	0,656
	0,400	0,431	0,479	0,492	0,290	0,268	0,540	0,586
0,400		0,681	0,503	0,675	0,335	0,250	0,570	0,565
0,431	0,681		0,604	0,611	0,343	0,285	0,594	0,620
0,479	0,503	0,604		0,640	0,400	0,251	0,633	0,681
0,492	0,675	0,611	0,640		0,461	0,298	0,618	0,656
0,290	0,335	0,343	0,400	0,461		0,503	0,508	0,440
0,268	0,250	0,285	0,251	0,298	0,503		0,362	0,321
0,540	0,570	0,594	0,633	0,618	0,508	0,362		0,809
0,586	0,565	0,620	0,681	0,656	0,440	0,321	0,809	

35728507R00199

Printed in Poland
by Amazon Fulfillment
Poland Sp. z o.o., Wrocław